हरि
कथा
अनन्ता

हरि कथा अनन्ता

राजेंद्र अरुण

प्रभात
प्रकाशन

प्रकाशक

प्रभात प्रकाशन प्रा. लि.

4/19 आसफ अली रोड, नई दिल्ली–110002

फोन : 011–23289777 • हेल्पलाइन नं. : 7827007777

इ–मेल : prabhatbooks@gmail.com ❖ वेब ठिकाना : www.prabhatbooks.com

संस्करण

2024

पेपरबैक मूल्य

चार सौ रुपए

मुद्रक

नरुला प्रिंटर्स, दिल्ली

★

HARI KATHA ANANTA

by Shri Rajendra Arun

Published by **PRABHAT PRAKASHAN PVT. LTD.**

4/19 Asaf Ali Road, New Delhi-110002

ISBN 978-93-5521-632-8

₹ 400.00 (PB)

जीवन-संगिनी वीनू
और दोनों पुत्रों
अनुराग एवं अभिषेक को

अनुक्रम

आभार

करउँ प्रनाम जोरि जुग पानी

रामकथा गंगा की तरह पावन है। उसका ज़ितना गान करिए मन उतना ही निर्मल होता है। राम का चरित्र प्रेरणा का अजस्र स्रोत है। वह बहुरंगी एवं बहुआयामी मानवीय सम्बन्धों को मर्यादा का शिखर प्रदान करता है। राम के आदर्श कभी निरुपयोगी नहीं हो सकते, क्योंकि मनुष्य उत्कर्षकामी होता है। मानवता जब तक मनुष्य के उत्कर्ष की कामना करती रहेगी तब तक उसे उत्कर्ष के सनातन प्रतीक राम की जरूरत पड़ेगी।

रामकथा से बचपन में ही मेरा परिचय हो गया था। माँ की गोद में, 'नानी की कहानियों' के नायक के रूप में मैंने राम को जाना था। बाद में जानने की यह भूख बढ़ती ही गयी। राम भी मेरी बुद्धि और समझ के अनुरूप अपना रूप बदलते ही गये। अनेक रामकथाओं को मैंने पढ़ा, लेकिन तुलसी के राम मुझे बहुत भाये। इस राम में निस्संगता नहीं है। वे सम्बन्धों की मोह-ममता में बँधे हैं। पिता, माँ, भाई, पत्नी, मित्र, भक्त, सेवक आदि सबके प्रति राम व्याकुल होते हैं। परिवार की डोर से बँधा हिन्दू मन राम के इस रूप के प्रति लुभावनी श्रद्धा रखता है। तुलसी ने हमें विश्वास दिलाया कि हमारे प्रभु निराकार, निरपेक्ष और निर्मम (आध्यात्मिक अर्थ में) ही नहीं हैं, वे भक्तों का दु:ख-दर्द दूर करने के लिए सचमुच करुणा-विगलित हो धरती पर उतरते हैं। भक्त की चिन्ता भगवान् को चुभती रहती है।

इसी चिन्ता के बोध से राम को सराबोर कर तुलसी ने उन्हें घर-घर पहुँचा दिया। मेरा मन भी राम के प्रति इसीलिए आकर्षित एवं निवेदित हुआ, क्योंकि राम सम्बन्धों का श्रेष्ठ नियमन करते हैं। कमजोरी को सुधारना और अच्छाई को सँवारना राम के मूलभूत आदर्श हैं। अच्छे समाज के निर्माण के लिए

राम अन्यतम प्रेरणास्रोत हैं।

बात सन् १९८२ के आरम्भ की है। मॉरीशस विश्वविद्यालय के विज्ञान के प्रोफेसर मेरे अन्यतम मित्र डॉ. सुदर्शन जगेसर को सरकार ने मॉरीशस ब्रॉडकास्टिंग कॉरपोरेशन (एम.बी.सी.) की प्रबन्ध-समिति का अध्यक्ष नियुक्त किया। मैं उन्हें बधाई देने गया था। आर्यसमाज के राष्ट्रीय नेता होने तथा अन्य सामाजिक-सांस्कृतिक गतिविधियों में सक्रिय भाग लेने के कारण डॉ. जगेसर हमारे एकदम घनिष्ठ बन गये थे। रामकथा एवं अन्य धर्मग्रन्थों से सम्बन्धित मेरे चिन्तन से वे परिचित थे। उन्होंने मुझसे आग्रह किया कि मैं रेडियो पर 'संस्कृति' से सम्बद्ध कार्यक्रम प्रस्तुत करूँ।

दो-तीन महीने तक विचार-विमर्श चलता रहा। एम.बी.सी. में भारतीय कार्यक्रमों के अध्यक्ष श्री परमानन्द रामलखन ने कार्यक्रम की रूपरेखा के बारे में अनेक सुझाव दिये। डॉक्यूमेंट्री एवं करेंट-अफेयर्स विभाग के अध्यक्ष श्री विजय मधु ने विषयवस्तु एवं तकनीक-सम्बन्धी अनेक पक्षों पर मेरा मार्गदर्शन किया। मॉरीशस की तेजस्वी सामाजिक-सांस्कृतिक संस्था 'मानव सेवा निधि' के अध्यक्ष परम आत्मीय श्री धनदेव बहादुर ने सुझाव दिया कि मॉरीशस में रामकथा को गाकर ही पूर्वजों ने गुलामी की यातना को झेला था; अत: कार्यक्रम की शुरुआत रामकथा से ही हो तो उत्तम रहेगा। इन सभी मित्रों के सुझावों को ध्यान में रखकर मई १९८२ में 'मन्थन' कार्यक्रम की शुरुआत हुई।

नूतनता और आकर्षण के तत्त्व को ध्यान में रखकर मैंने राम के नित्य-नूतन चरित्र को विभिन्न शीर्षकों में बाँटकर सुनाना शुरू किया। दोहों और चौपाइयों के अर्थ से अधिक मैंने उनकी व्यंजना को पकड़ने की कोशिश की। लोगों को यह शैली और व्याख्या-दृष्टि बहुत पसन्द आयी। आज यह कार्यक्रम अपनी लोकप्रियता के शिखर पर है। लोग रेडियो सुनते समय इसे टेप कर लेते हैं, जिससे दुबारा फिर सुन सकें।

मानव सेवा निधि के आमन्त्रण पर अनेक वर्षों से मैं देश के कोने-कोने में रामचरितमानस की कथा के लिए जाता रहा हूँ। 'मॉरीशस अकादमी ऑफ कल्चर' का निदेशक बनने के बाद सांस्कृतिक कार्यों में मेरी व्यस्तता और बढ़ गयी है। अब प्राय: नित्य मुझे कहीं-न-कहीं रामकथा की व्याख्या के लिए जाना पड़ता है।

मैं इसे अपना सौभाग्य मानता हूँ कि मैंने पारम्परिक व्यास पद्धति से रामकथा कहनेवालों को भी सुना है और विश्वविद्यालयों में तुलसी के विद्वान् अध्येताओं के अकादमिक विश्लेषण को भी पढ़ा है। अपने चिन्तन में मैं दोनों को जोड़ता हूँ। मैं

व्यास पद्धति की अतिश्रद्धामयी भावुकता और अकादमिक विश्लेषण की अतिवादी चीर-फाड़ से अपने को बचाकर चलता हूँ। मेरे राम सर्वप्रथम एक अनुकरणीय मनुष्य हैं। आज के बिखरे तनावग्रस्त मानव-समाज के लिए राम का मर्यादामय चरित्र मलय समीर है। आधुनिक सभ्यता के ताप से जलते हुए मनुष्य तक राम के इस शीतल चरित्र को पहुँचाने की मेरी कोशिश है। राम यदि ब्रह्म हैं तो उन्हें मेरा सादर नमस्कार है। यदि ब्रह्म नहीं हैं तो और वन्दनीय हैं, क्योंकि मनुष्य के जीवन को उन्होंने अपने चरित्र से दैवी सार्थकता प्रदान की है।

मॉरीशस में २ नवम्बर, १९८३ को प्रवासी भारतीयों के आगमन की १५०वीं वर्षगाँठ मनायी जा रही है। शुरू से ही हमारे पूर्वज श्रीराम के प्रति अनन्य श्रद्धा से समर्पित रहे हैं। उन्हें सच्ची श्रद्धांजलि देने के लिए मित्रों ने आग्रह किया कि 'मन्थन' की रामकथा को पुस्तकाकार रूप में छपवाया जाये। मानव सेवा समिति के अध्यक्ष भाई धनदेव बहादुर का आग्रह बहुत प्रबल था। उस हेतु मैं भारत आया।

मन्थन की रामकथा को पुस्तकाकार रूप देने के लिए उसके सम्पादन और पुनर्लेखन की आवश्यकता थी। ऐसे बहुत से अंशों को लिखना था, जिन्हें अभी मैंने रेडियो पर प्रस्तुत नहीं किया है। इसके लिए व्यस्त और भीड़भाड़पूर्ण दिल्ली में मुझे नीरव एकान्त की जरूरत थी। दीनदयाल शोध संस्थान ने यह सुविधा मुझे निःशुल्क प्रदान की। भारतीय संस्कृति पर शोधकार्य को प्रोत्साहन देने के लिए प्रतिबद्ध इस संस्थान के अध्यक्ष नानाजी देखमुख और निदेशक देवेन्द्र स्वरूप अग्रवाल ने आवास और अध्ययन की त्रुटिहीन व्यवस्था की। दोनों लोग अपनी व्यस्तता के बावजूद सदा मेरी आवश्यकताओं के बारे में पूछताछ किया करते थे। दो सप्ताह तक मैं अपने को एकदम भूल गया था। संस्थान की अतिथि-व्यवस्था देखनेवाली कुमुद बहन मेरी माँ बन गयी थीं। श्रीकान्त जी, प्रशान्त भाई, गोकुल, संजय और नन्हा राजू मुझे प्रेमपूर्वक चाय, भोजन और शयन का ध्यान दिलाते थे। इन सबके प्रति मैं कृतज्ञ हूँ।

इस अवसर पर मैं मॉरीशस के उन रामकथा-प्रेमियों को भी याद किये बगैर नहीं रह सकता, जिन्होंने बार-बार पत्र लिखकर मेरी शैली को सराहा और राम कथा-सागर में डुबकी लगाकर रत्न निकालने के लिए मुझे प्रेरित तथा प्रोत्साहित किया। मानस-मर्मज्ञ हीरालाल पण्डित के द्वारा दिये गये स्नेहिल प्रोत्साहन को भी मैं कभी नहीं भूल सकता।

रामकथा के रसिक, मेरे लँगोटिया बन्धु, प्रशासनिक अधिकारी यादवेन्द्र दत्त बनकटा ने न केवल महत्त्वपूर्ण सुझाव दिये, अपितु मुद्रण के दौरान पाण्डुलिपि

संशोधन में पाण्डित्यपूर्ण सहयोग भी दिया। वे इतने घनिष्ठ हैं कि उन्हें धन्यवाद देने की औपचारिकता के लिए मेरी कलम ही नहीं चलती।

मेरी रामकथा की प्रथम श्रोता और समीक्षक, 'महात्मा गांधी संस्थान' में संस्कृत एवं भारतीय दर्शन विभाग की प्रवक्ता (अब वरिष्ठ) मेरी धर्मपत्नी डॉ. वीनू अरुण हैं। उन्होंने हमेशा राम के प्रति सम्पूर्ण श्रद्धा, किन्तु मेरे प्रति सम्पूर्ण संशय के साथ रामकथा का श्रवण किया। संशयी होने के कारण वे मेरी व्याख्या की त्रुटियों के प्रति हमेशा सजग रहीं। दोनों बच्चों—अनुराग और अभिषेक के साथ वह प्राय: घण्टों बैठकर मुझसे 'मन्थन' में प्रस्तुति के पूर्व रामकथा सुनती हैं। इससे मुझे कथ्य और तथ्य में परिष्कार का पूरा मौका मिलता है। उनका कहना है कि ऐसा करके वे अर्द्धांगिनी का पारम्परिक कर्तव्य पूरा कर रही हैं। यह उनका धर्म है, और धर्माचरण में धन्यवाद की गुंजाइश नहीं के बराबर होती है।

यह पुस्तक सुधी पाठकों और मानस-मर्मज्ञों के सामने प्रस्तुत कराने में मुझे हर्ष हो रहा है। मेरा निवेदन है कि आप भी इसे मेरे प्रति सशंक और राम के प्रति श्रद्धावान् होकर अपनायें, मेरी त्रुटियाँ मुझे बतायें और राम के गुणों को, जहाँ तक सम्भव हो, अपनायें। अन्त में, मैं आप सबको सिया राममय जानकर हाथ जोड़कर प्रणाम करता हूँ।

१४ जनवरी, १९८४

संस्कृति सदन

१५, लाबुर्दोने स्ट्रीट

क्यूर्पिप, मॉरीशस

—राजेन्द्र अरुण

निदेशक

मॉरीशस अकादमी ऑफ कल्चर

तीसरे संस्करण की भूमिका

सो सुखधाम राम अस नामा

यह प्रभु राम के पावन चरित की महिमा का सुफल है कि 'हरि कथा अनन्ता' का तीसरा संस्करण सुधी पाठकों को समर्पित करने का सौभाग्य मुझे मिल रहा है। राम का भक्त-वत्सल एवं जन-उद्धारक चरित सदैव भक्तों को लुभाता रहा है, लेकिन उनका उदात्त जीवन जीने का संकल्प मानवता के लिए सनातन पाथेय बना हुआ है। मानवीय सम्बन्धों को जिस गरिमा के साथ राम अपने आचरण में साकार करते हैं, वह हर सुसंस्कृत मनुष्य का ललकपूर्ण प्राप्य है। इसीलिए राम कभी पुराने नहीं पड़ते। उनका स्मरण सदैव हमारे मन-प्राण को ताजगीपूर्ण सुवास से भर देता है।

किसी भी जिज्ञासु मन में यह प्रश्न उठना स्वाभाविक है कि आखिर राम जन-मन को इतने प्यारे क्यों हैं? कुछ लोग कहते हैं कि वे भक्तों के उद्धारक और रक्षक हैं, वे पतित पावन और शोक 'नसावन' हैं। लेकिन यह तो परमात्मा के हर अवतार का गुण है। इसमें राम विशिष्ट कहाँ बनते हैं?

मेरी समझ के अनुसार राम का जन-जन के हृदय में प्रिय और पूज्य बनकर बैठना 'हिन्दू चित्त' की एक अनोखी अवधारणा का प्रतिफल है। सनातन काल से 'हिन्दू मन' पारिवारिक और सामाजिक सम्बन्धों में उदात्त आचरण को महत्त्व देता रहा है। राम ने अपने आचरण में घोर विपत्तियों को सहते हुए भी श्रेष्ठ पारिवारिक-सामाजिक मूल्यों को जिया। अत: 'हिन्दू मन' ने उन्हें सिर-माथे पर उठा लिया। राम का चरित्र हिन्दू हृदय का सर्वाधिक वन्दनीय आदर्श बन गया। राम जिन आदर्शों के लिए जिये, उन आदर्शों से तोड़नेवाले को 'हिन्दू मन' ने कभी क्षमा नहीं किया। कैकेयी और विभीषण का चरित्र इस तथ्य के ज्वलन्त उदाहरण हैं।

वाल्मीकि ने स्पष्ट लिखा है कि कैकेयी ने अपने स्वार्थ और पुत्र को सिंहासन दिलाने के लोभ के लिए राम को वन भेजने का षड्यन्त्र रचा। राम चाहते तो इस षड्यन्त्र को समाप्त कर अपनी लोकप्रियता और ज्येष्ठ पुत्र की संवैधानिक वरीयता के बल पर सिंहासन पर बैठ जाते। पर राम ने ऐसा नहीं किया। उन्होंने कैकेयी के स्वार्थ और लोभ के ओछे आचरण को माता की आज्ञा का गौरव प्रदान करके चौदह वर्षों तक वन में कष्ट झेलने का परम त्यागमय आचरण का हिमालयी आदर्श जन-मन में स्थापित किया। ऐसे 'प्यारे' राम को दु:ख देनेवाली कैकेयी को 'हिन्दू चित्त' ने कभी क्षमा नहीं किया। यद्यपि वाल्मीकि के बाद के रचनाकारों ने कैकेयी की सुरक्षा के लिए कई कथाएँ रचीं, पर 'हिन्दू चित्त' ने सभी को खारिज कर दिया। कैकेयी के पाप के घड़े को मन्थरा, सरस्वती और देवताओं के माथे पर फोड़ने की कोशिश पूरी तौर पर निष्फल रही। त्रेतायुग से लेकर आज तक किसी हिन्दू ने अपनी पुत्री का नाम 'कैकेयी' नहीं रखा।

यही हालत विभीषण की भी रही। 'वाल्मीकि रामायण' के अनुसार उसने रावण का परित्याग करके भाई-भाई के पवित्र सम्बन्धों की गरिमा को नष्ट किया था। यद्यपि रामकथा के परवर्ती लेखकों ने विभीषण को भक्त और शरणागत कहकर बचाने का हर सम्भव प्रयत्न किया, लेकिन उन्हें सफलता नहीं मिली। त्रेता युग से लेकर आज तक किसी हिन्दू ने अपने पुत्र का नाम 'विभीषण' नहीं रखा।

बड़े आश्चर्य की बात है कि जिन सन्त-महात्माओं और कथावाचकों ने कैकेयी और विभीषण को बचाने के लिए अथक प्रयत्न किये, उन्होंने भी अपने पुत्र या पुत्री का नाम 'विभीषण' और 'कैकेयी' नहीं रखा। अत: यह स्वयंसिद्ध है कि तमाम लीपापोती के बाद भी वे स्वयं 'हिन्दू चित्त' के 'शिलालेख' को अपने हृदय फलक से धो नहीं पाये।

कैकेयी और विभीषण को जो दण्ड 'हिन्दू चित्त' ने दिया, वह मानवता के इतिहास में अनुपम और अद्वितीय घटना है। संसार के किसी भी समाज ने अपने उदात्त आदर्शों की अवमानना करनेवाले को इतना कठोर दण्ड कभी नहीं दिया है। राम के आदर्श हिन्दू आदर्श हैं, अत: इसे छेड़नेवाले को सावधान रहना चाहिए। राम को पाने के लिए राम के आदर्शों का वरण परम आवश्यक है। जो राम के आदर्शों को त्यागता है, उसे 'हिन्दू चित्त' सदा के लिए त्याग देता है।

मूल्यों और आदर्शों से हीन जीवन 'हिन्दू मन' को कभी रास नहीं आता है। इसीलिए समस्त अवतारी भगवानों में उसने राम को सर्वाधिक दृढ़ता से पकड़ रखा है। मिलन-विछोह में 'राम-राम', दु:ख-दर्द में 'हाय राम' और मृत्यु का सामना

करते समय 'हे राम' कहना उसका स्वभाव बन गया है। इतना ही नहीं, प्राण त्यागने के बाद अपनी शव-यात्रा के समय वह एक अनमोल और अनोखी घोषणा करता है कि 'राम नाम सत्य है'।

मुझे यह घोषणा बहुत प्यारी लगती है। सचमुच, इस सृष्टि में केवल मनुष्य ही सम्बन्धों के महत्त्व को समझ सकता है। मनुष्येतर प्राणी झुण्ड में भले ही रहते हों, पर सम्बन्ध से अजाने होते हैं। मानव के लिए सम्बन्ध ही सबसे बड़ा सत्य और सबसे शीर्षस्थ लक्ष्य है। मनुष्य झुण्ड में रहे या अकेला, वह सदा सम्बन्धों में जीता है। कभी वह संसार के नाते-रिश्ते से जुड़ा रहता है तो कभी परमात्मा से प्रेम की गाँठ जोड़ लेता है। इसलिए यह कह पाना सम्भव हुआ कि 'उदारचरितानां तु वसुधैव कुटुम्बकम्'। उदार जनों के लिए संसार एक परिवार है।

राम का आचरण जीवन में सम्बन्धों की प्रतिष्ठा का मूर्तमन्त प्रतीक है। इसलिए जब तक मनुष्य सम्बन्धों में जीता रहेगा तब तक राम सदैव उसके लिए सत्य बने रहेंगे।

सम्बन्धों में समरसता और सन्तुलन स्थापित करने के लिए अपने समस्त सुखों का त्याग करनेवाले राम को तुलसीदास ने 'सुखधाम' कहा है।

सो सुखधाम राम अस नामा।
अखिल लोकदायक बिश्रामा॥

—जो सुख का भवन और सम्पूर्ण लोकों को शान्ति देनेवाला है, उसका नाम राम है।

ऊपर से देखने में यह कथन बड़ा विचित्र लगता है। राम तो जीवन भर स्वयं दुःख उठाते रहे। फिर उन्हें 'सुखधाम' क्यों कहा गया? जीवन के एक अद्भुत सत्य की घोषणा यहाँ की गयी है। जब कोई अपने दुष्कर्मों के कारण दुःख उठाता है तो वह दुखियारा होता है और जब कोई उच्च आदर्श के प्रति समर्पित होने के कारण कष्ट झेलता है तो वह परम सुखी माना जाता है।

एक और बात। राम समस्त अवतारों में सर्वाधिक दुःख उठानेवाले हैं, इसीलिए सर्वाधिक सुख देनेवाले भी हैं। भक्त-वत्सल प्रभु दुःख की पीड़ा के दंश को स्वयं जानते हैं, अतः वे अपने भक्तों को कभी दुःख की आग में नहीं पड़ने देते। दुष्ट व्यक्ति दुःख पाने पर औरों को और अधिक दुःख देने के अवसर तथा उपाय की खोज करता है, किन्तु सत्पुरुष दुःख पाने पर उस दुःख से औरों को बचाने का प्रयत्न करता है। हमारे प्यारे प्रभु राम दुःख सहते हैं, पर दुःख देते नहीं।

ऐसे सुख और शान्ति को देनेवाले और दुःख-दर्दों को हरनेवाले प्रभु को पाने का उपाय क्या है?

नहिं कलि करम न भगति बिबेकू।
राम नाम अवलंबन एकू॥

—कलियुग में न कर्म है, न भक्ति है और न ज्ञान ही है; राम नाम ही एक आधार है।

यह बड़ा आसान और कारगर नुस्खा है। जिस तरह फल का नाम लेने से उसका स्वाद मन में उभर आता है उसी तरह राम का नाम लेने से राम का गुण हमारे समक्ष उपस्थित हो जाता है। बार-बार राम के नाम के माध्यम से, राम के गुणों का स्मरण करने से जीवन राममय बनता है।

पर राम का नाम कब लेना चाहिए, यह भी एक समस्या है। प्राय: कहा जाता है कि नहा-धोकर, शाकाहार करके, पवित्र मन से पूजा-पाठ करना चाहिए। लेकिन ऐसी स्थिति नित्य जीवन में नहीं आती है। कभी नहाने का समय नहीं मिलता तो कभी सामिष भोजन हो जाता है और कभी मन अपवित्र भावों से भरा होता है, तो क्या ऐसी स्थिति में राम का नाम न लें? तुलसीदास कहते हैं कि नहीं, राम का नाम हमेशा जपो।

भायँ कुभायँ अनख आलसहूँ।
नाम जपत मंगल दिसि दसहूँ॥

—अच्छे भाव से, बुरे भाव से, क्रोध से या आलस्य से—किसी तरह से भी नाम जपने से दसों दिशाओं में कल्याण होता है।

आह! कितनी उदार घोषणा है यह। इसी उदारता के बल पर ही तो भक्ति ने परमात्मा को घर-घर तक पहुँचा दिया। कितना आनन्ददायी है कि जब भी मन आये, प्रभु नाम जपो। नहाने-धोने, खाने-पीने का कोई बन्धन नहीं। भक्ति तो एक भाव-पुष्प है, उसे श्रद्धा से सदैव प्रभु के श्रीचरणों पर चढ़ाओ। किसी शुभ घड़ी की प्रतीक्षा मत करो। मन परमात्मोन्मुख हो तो हर क्षण शुभ बन जाता है।

गोस्वामी तुलसीदास द्वारा वर्णित ऐसे उदार प्रभु राम की कीर्ति-कथा हमने 'हरि कथा अनन्ता' में पिरोने का विनम्र प्रयत्न किया है। इस तीसरे संस्करण में अनेक प्रसंगों को मैंने सँवारा है। कुछ को फिर से लिखा है। अत: इसकी पठनीयता और अधिक बढ़ गयी है। आशा है कि सुधी पाठकों को इसमें अधिक आनन्द आयेगा।

प्रभु राम की यश-गाथा लिखने के लिए सदैव मुझे भारत आना पड़ता है और कोई-न-कोई राम भक्त इस शुभ-कर्म में मेरी सहायता करता है। इस परम रामभक्त श्री एवं श्रीमती टी.एन. अग्रवाल के परिवार ने मेरी देखभाल की। पति-

पत्नी दोनों भक्ति और विनम्रता की प्रतिमूर्ति हैं। उनके पुत्र योगेश अग्रवाल और पुत्रवधू पारुल अग्रवाल हर क्षण मुझे प्रिय पौधे की तरह सींचते रहे। छोटी अवन्तिका सदैव अपनी निर्दोष मुसकान से मुझे आनन्दित करती रही। उनका सहायक अरविन्द सिंह सदा मेरी सेवा में लगा रहा। इन सबको प्रभु राम की कृपा मिले यही प्रार्थना है। श्री हनुमान के परम भक्त सुन्दरकाण्ड के अभिनव गायक श्री अजय याज्ञिक ने मेरी बड़ी सहायता की, उनका भी मैं परम आभारी हूँ।

रामायण के कीर्ति-स्तम्भ के रूप में हम मॉरीशस में 'रामायण सेंटर' की स्थापना कर चुके हैं। मॉरीशस की संसद् ने सर्वसम्मति से इसमें सहयोग दिया। हिन्दू, मुसलमान और ईसाई—सभी संसद् सदस्यों ने 'रामायण सेंटर विधेयक' को पारित करने में हृदय खोलकर सहयोग दिया है। यह विश्व के समस्त देशों के लिए एक उदाहरण है।

रामभक्त पाठकों से मेरा निवेदन है कि यदि वे 'रामकाज' में सहयोग करने के उत्सुक हों तो हमसे अवश्य सम्पर्क करें। विश्व में फैले विशाल राम परिवार को एक सूत्र में बाँधने के विराट् प्रयत्न में हम लगे हुए हैं। आपका सहयोग हमारे लिए बहुत महत्त्वपूर्ण और मूल्यवान् है।

—राजेन्द्र अरुण
अध्यक्ष
रामायण सेंटर, मॉरीशस

संस्कृति सदन
१५, लाबुर्दोने स्ट्रीट
क्यूर्पिप, मॉरीशस
E-mail : rava@intnet.mu

दूसरे संस्करण की भूमिका

बरनउँ रघुबर बिमल जसु

'हरि कथा अनन्ता' क़ा दूसरा संस्करण आपके हाथों में है। यह ज्यों-का-त्यों पहले जैसा नहीं है। इसका संशोधन भी हुआ और परिवर्द्धन भी। कई प्रसंगों को मैंने फिर से सजाया-सँवारा है और कई प्रसंगों को जोड़ा भी है। प्रभु अवतार क्यों लेते हैं, रामचरितमानस में इसकी क्यों और किस तरह से परिकल्पना की गयी है, इसपर मैंने एक अध्याय जोड़ा है। आशा है, राम के पावन चरित्र का अध्ययन-मनन करते समय उनके अवतार लेने के रहस्य का मर्म भी जानना आप पसन्द करेंगे।

भगवान् शिव ने माँ पार्वती से कहा था—हे उमा! प्रभु राम कठपुतली की तरह सबको नचाते हैं। व्यक्तिवादी और अहंवादी मन इस सत्य को स्वीकारने में संकोच करता है। जीवन के गहरे सच केवल सुनने-पढ़ने से नहीं सधते हैं। ऐसा होता तो केवल वेद-शास्त्र पढ़कर, भजन-कीर्तन सुनकर आदमी कब का सन्त हो गया होता। सभी सत्य आदमी को अनुभव से उपलब्ध होते हैं।

मैंने अपने जीवन में भी इसका अनुभव किया। इस वर्ष मैं माँ सीता के चरित्र पर लिखना चाहता था। रामायण के चरित्रों पर रामचरितमानस के आधार पर लिखने की मेरी एक योजना है। पहली रचना मैंने 'हरि कथा अनन्ता' के नाम से प्रभु राम के चरित्र पर की। यह सन् १९८४ में प्रकाशित हुई। दूसरी रचना धर्म को धारण करनेवाले भगवान् राम के प्रिय अनुज भरत पर सन् १९८६ में 'प्रेम पिआसे नैन' के नाम से प्रकाशित हुई। सन् १९८९ में सदा 'राम काज करिबे को आतुर' महावीर हनुमान के चरित्र पर 'रोम-रोम में राम' प्रकाशित हुई। इस वर्ष माँ सीता पर पुस्तक आये, ऐसी मेरी योजना थी। इसे मैं पूरी नहीं कर पाया।

वास्तव में आप सबके प्रेम ने मेरी सारी योजना को चौपट कर दिया। 'हरि कथा अनन्ता' का पहला संस्करण आये सात वर्ष हो गये थे। अब वह बाजार में उपलब्ध नहीं है। पाठकों के पत्र बार-बार आते रहे। पहले तो प्रकाशक और मैंने दोनों ने इसे औपचारिकता समझा, लेकिन जब आग्रह का दबाव बढ़ता गया तो हमें दूसरे संस्करण के बारे में सोचने के लिए बाध्य होना पड़ा। दिक्कत केवल इतनी ही थी कि मैं ज्यों-का-त्यों दूसरे संस्करण को नहीं छापना चाहता था।

तुलसी ने कहा—'राम अनन्त अनन्त गुन अमित कथा बिस्तार।' इस कथा का कोई अन्त नहीं है। यह आपकी हिम्मत पर है कि आप इसमें से कितना मूल्यवान् ज्ञान निकाल पाते हैं। मैंने एक बार हिम्मत की थी, मुझे बहुत कुछ मिला था। उससे उत्साह बढ़ा। दूसरे संस्करण में कुछ नयी प्रस्तुति जोड़ने का संकल्प मैंने किया। वह संकल्प पूरा हो जाने पर अब यह संस्करण आपको समर्पित है।

दूसरे संस्करण के लिए 'हरि कथा अनन्ता' पर काम करने की मेरी योजना नहीं थी। इसको करने के दो ही कारण हैं। दिखाई देनेवाला कारण है—मेरे प्रति आप सब पाठकों का प्रेम। मैं जान-बूझकर नहीं लिख रहा हूँ कि आप सबका राम के प्रति प्रेम। ऐसा न लिखने का एक खास कारण है। राम तो आपको कहीं भी मिल सकते हैं, वह तो कण-कण में व्याप्त हैं। उनको पाने के लिए 'हरि कथा अनन्ता' का पढ़ना अनिवार्य शर्त नहीं है। इस बात को एक और तरीके से समझ लें। हर होटल में भोजन मिलता है। कहीं भी खाने से पेट भरता है। लेकिन कोई खास होटल आपको बहुत पसन्द आ जाता है, वहाँ जाने से आपका पेट भी भरता है और आप तृप्त भी होते हैं। पेट भरना शारीरिक आवश्यकता है, तृप्त होना मानसिक। जब व्यक्ति दोनों को उपलब्ध होता है तो भोजन का आनन्द बढ़ जाता है। मेरा विश्वास है कि 'हरि कथा अनन्ता' आप इसीलिए पढ़ना चाहते हैं, क्योंकि इसमें एक खास होटल की तरह आपको राम-रस छककर जी भर पीने का और तृप्त होने का आनन्द मिलता है। आपका यह आनन्द ही मेरे 'प्रभु यशगान' की सार्थकता है।

न दिखाई देनेवाला कारण है भगवान् शिव की वह उक्ति, जिसमें वह मनुष्य को प्रभु के हाथों की कठपुतली बताते हैं। उनकी इच्छा के विपरीत कुछ हो पाना सम्भव ही नहीं है। आदमी योजनाएँ बना सकता है, लेकिन उसे पूरा करना उसके हाथ में नहीं रहता है। मैं माँ सीता की ओर बढ़ना चाहता था, राम ने अपनी ओर मुझे खींच लिया। माँ सीता उन्हें क्या कहेंगी, मैं नहीं जानता; आधुनिक मनुष्य होने के कारण दूसरे के घर की बातों में दखल देने में मेरी कोई रुचि नहीं है। मैं तो पूरे प्रकरण से इतना ही समझ पाया हूँ कि हम सभी प्रभु के हाथों में कठपुतलियाँ हैं,

वह जैसा चाहता है वैसा ही कराता है, वैसा ही बनाता है। भगवान् शिव ने नारद-मोह के समय माँ पार्वती को बताया था—

बोले बिहसि महेस तब ग्यानी मूढ़ न कोइ।
जेहि जस रघुपति करहिं जब सो तस तेहि छन होइ॥

—भगवान् शिव ने हँसकर कहा—न कोई ज्ञानी है, न मूर्ख। राम जब जिसको जैसा करते हैं, वह उसी क्षण वैसा ही हो जाता है।

बड़ी विचित्र बात है। जिस सत्य को भगवान् शिव हँसकर स्वीकार करते हैं, उसे हम रोकर स्वीकार करते हैं। मूढ़ को, अज्ञानी को ठोकर लगती है तो कहता है कि हाय राम, मार दिया। ज्ञानी को ठोकर लगती है तो कहता है—प्रभु, धन्यवाद! तुमने बचा लिया। मूढ़ सोचता है कि वह तो समझदार है, ठीक से चल रहा था, बचा हुआ था, प्रभु ने गिराया। इसीलिए वह प्रभु को गाली देता है, रोता है। ज्ञानी सोचता है—मैं असावधान था, ठीक से नहीं चल रहा था। गिरने पर ज्यादा चोट लग सकती थी, प्रभु ने कृपा करके बचा लिया। इसीलिए वह प्रभु को धन्यवाद देकर मुसकराता हुआ आगे बढ़ जाता है।

अज्ञानी दुःख उठाता है, ज्ञानी हँसता है। जगत् के इस प्रपंच को पकड़कर अज्ञानी बैठना चाहता है, इसीलिए दुःख उठाता है। कभी आपने इस आश्चर्य का अनुभव किया है कि जिस महल, दुकान, कारखाना और मोटरकार को आप इतना प्यार करते हैं, वह भी आपको प्यार करता है? घर, दुकान और कारखाना जल जाये तो आप रोते हैं, धन-दौलत चोरी हो जाये तो आप आत्महत्या करने पर उतारू हो जाते हैं, मोटर टूट जाये तो आप उदास हो जाते हैं। लेकिन जब आप मरेंगे तो उनमें से कोई नहीं रोयेगा, कोई नहीं उदास होगा। हम अपने को चीजों से बाँधकर रखना चाहते हैं, चीजें हमसे बँधी नहीं होतीं। एक मायने में वे हमसे ज्यादा ज्ञानी हैं।

नारद का मोह सुनकर पार्वती चकित हुई थीं, लेकिन शिव हँसे थे। ज्ञान आदमी को कभी दुःखी नहीं होने देता। या यों कहें कि ज्ञान है तो दुःख हो ही नहीं सकता। शिव हँसकर पार्वती को तनावहीन, दुःखमुक्त जीवन का एक सूत्र बताते हैं—सदा याद रखो, परमात्मा जैसा चाहता है वैसा ही होता है। भगवान् शिव एक बड़ी बात कह रहे थे, जीवन का एक रहस्य बता रहे थे। उन्हें गम्भीर स्वर में भारी-भरकम शब्दों में बोलना चाहिए था। वे हँसे क्यों? हँसने से कथन की गम्भीरता चली जाती है।

आइए, एक बात आज हम समझ लें। जो सचमुच जानता है, वह हँसमुख होता है। सदा प्रमुदित-प्रसन्न रहता है। जो जानने का ढोंग करता है, वह बड़ा

गम्भीर रहता है। विवेकानन्द बहुत मजाकिया थे। रामकृष्ण बात-बात में विनोद किया करते थे। स्वामी रामतीर्थ तो प्रसन्नता की प्रतिमूर्ति थे। उनके चेहरे पर सदा हँसी थिरकती रहती थी। कृष्ण अपनी मुसकान के लिए जगप्रसिद्ध हैं।

जीवन के सच्चे रहस्य का हँसकर बखान करना प्रीतिकर होता है, सुननेवाला बिना किसी अवरोध या तनाव के उसे ग्रहण करता है। प्रसन्नता सबसे श्रेष्ठ वाहन है। इसपर सवार होकर जाने पर कोई भी सन्देश सुननेवाले तक अच्छी तरह पहुँचता है। शिव इसीलिए हँसे थे। पार्वती ने उनकी प्रसन्न वाणी को प्रेमपूर्वक समझ भी लिया।

माँ पार्वती की तरह मैंने भी इस सत्य को समझ लिया। इसीलिए योजना के बावजूद माँ सीता पर न लिख पाने का दुःख मुझे नहीं हुआ। मैंने बिना किसी अवरोध-विरोध के, प्रभु की इच्छा के सामने अपने को समर्पित कर दिया।

इसे संयोग कहें या प्रभु की कृपा, 'हरि कथा अनन्ता' का दूसरा संस्करण सात वर्ष बाद प्रकाशित हो रहा है। प्रभु राम विष्णु के सातवें अवतार हैं। यह संयोग विचित्र लगता है, लेकिन यह भी हरि इच्छा है।

'हरि कथा अनन्ता' को इतने प्यार से आप स्वीकारेंगे, इसकी अपेक्षा मुझे नहीं थी। पर जिस तरह से आपने इसे अपनाया, वह मेरे लिए सौभाग्य और गौरव की बात है। 'प्रेम पिआसे नैन' और 'रोम-रोम में राम' जिस तरह से हाथो-हाथ बिक गये, उससे भी मेरे प्रति आपके प्रेम की पुष्टि होती है। इनके दूसरे संस्करण शीघ्र ही आपको मिल जायेंगे, इनके लिए आपको 'हरि कथा अनन्ता' जितनी प्रतीक्षा नहीं करनी पड़ेगी।

यह संस्करण आपके हाथों में ऐसे समय में पहुँच रहा है, जब पूरे संसार में राम-जन्मभूमि विवाद के कारण रामनाम की धूम है। अयोध्या में जन्मभूमि स्थल पर मन्दिर बनाकर अपनी सांस्कृतिक गरिमा को पुनःप्रस्थापित करने का प्रयत्न किया जा रहा है। हमें आशा है कि प्रभुकृपा से यह प्रयत्न पूरा होगा। यह मन्दिर बना तो अपनी तरह का अनोखा होगा। आज तक सारे मन्दिर धनदान, श्रमदान से बने हैं, यह मन्दिर आत्मबलिदान से बनेगा। ३० अक्तूबर और २ नवम्बर, १९९० को जो लोग वहाँ शहीद हुए हैं, वे ही नींव के पत्थर बनेंगे। मन्दिर के कलश पर उनका बलिदानी रक्त स्वर्ण-पत्र के स्थान पर चमकेगा। सूर्य-किरणें नित्य शहीदों को अर्घ्य देंगी।

रावण ने जब अयोध्या के प्रतिष्ठा के मन्दिर सीता का हरण किया था तब प्रभु राम अकेले थे, फिर भी उन्होंने किसी सत्ताधारी से मदद नहीं ली। वानर-

भालुओं को जुटाया और उन्हें सत्ताधारी बनाया। विभीषण को बचाया और सत्ताधारी बनाया। राम सत्ता से सहयोग लेते नहीं; जो सहयोग देता है, उसे सत्ता देते हैं। राम अपने भक्तों के सुख का सदा खयाल रखते हैं। राम धूप में दु:ख सहते जंगल गये थे, भरत चले तो पथ कोमल हो गया। बादल छाया करने लगे, हवाएँ ठण्डी हो गयीं। रामकृपा से भरत की कष्टकर तीर्थयात्रा पिकनिक बन गयी। राम ने स्वयं समुद्र पार करके लंका जाने के लिए पुल बनवाया था, लेकिन हनुमान केवल राम की कृपा से समुद्र पार कर गये, उन्हें पुल की जरूरत नहीं पड़ी।

जब कोई प्रभु के लिए समर्पित हो जाता है तब प्रभु उसका योग-क्षेम का ध्यान रखते हैं। आज जन्मभूमि-मन्दिर के काम में भक्तगण समर्पण से जुटे हैं, यह कार्य जरूर पूर्ण होगा।

भूखे आदमी को भोजन मिले तो वह रुचि से खाता है। आज पूरे समाज में राम-नाम की भूख है। यह भूख राम की प्रतिष्ठा की है, राम के प्रति निष्ठा की है, राम से कुछ पाने के लिए नहीं। पूरा समाज रामकाज करने के लिए वानर सेना बन गया है। ऐसे समय में 'हरि कथा अनन्ता' की ज्यादा आवश्यकता है। इसे पढ़कर भक्तों का मन रामकाज के लिए और आतुर हो सकेगा। यह आयोजन भी प्रभु की इच्छा है।

मेरा दृढ़ विश्वास है कि आज के युग में राम की बहुत जरूरत है। आज की विसंगतियों से उद्धार के लिए राम सबसे उपयुक्त हैं। ध्यान रखिए, मैं आपको यह सलाह नहीं दे रहा हूँ कि घर-परिवार छोड़कर रामनाम की धूनी रमाइए। कोई रामभक्त राम के नाम पर ऐसी सलाह दे भी नहीं सकता। राम ने स्वयं घर नहीं छोड़ा था। राम सदैव घर-परिवार के प्रति समर्पित रहे। उन्होंने घर-परिवार छोड़कर नहीं, घर-परिवार के लिए वनवास का दु:ख झेला। राम जानते थे कि मनुष्य परिवार में रहते हुए, सम्बन्धों में जीते हुए जीवन की ऊँचाइयों पर चढ़ता है। परिवार ही वास्तविक साधना-क्षेत्र, पावन तपस्थली है। इसे ठीक से जिओ तो जीवन उठता है, इसमें उपद्रव करो तो जीवन मिटता है। इसीलिए राम ने अपने आचरण से परिवार के हर सम्बन्ध को गौरव और गरिमा दी। परिवार में रहकर उठने का मार्ग उन्होंने हमें सिखाया।

आज परिवार में रहकर उठने के सभी रास्ते बन्द दिखते हैं। विवाह करते ही पुत्र अपने माँ-बाप से अलग हो जाता है। सोचता है, माता-पिता के साथ रहने से पत्नी के साथ सुख-शान्ति से नहीं रह सकेगा। पहले अलग होने में लोग दु:खी होते थे, आज अलग होने का सुख पाने के लिए प्रभु से प्रार्थना करते हैं। सुख पाने की

इस कामना में दुःख बढ़ता जा रहा है। पहले जब माता-पिता के साथ जवान पुत्र और बहू रहते थे तो एक-दूसरे के लिहाज के कारण जीवन में मर्यादा रहती थी, आचरण में संयम होता था। अलग रहने के कारण मर्यादा और संयम का खयाल ही आदमी को नहीं रहता। इसीलिए तलाक बढ़ रहे हैं, तनाव बढ़ रहे हैं, पति-पत्नी में तकरार बढ़ रहे हैं। जब बचानेवाला कोई न हो तो आदमी मरेगा ही। अगर हमें बचना है तो पारिवारिक जीवन में समरसता और सहजता लाने के लिए सन्तुलित आचरण करना पड़ेगा। ऐसे आचरण को सीखने के लिए राम की जरूरत हमें हमेशा पड़ेगी, क्योंकि सहज और समरस आचरण की कला केवल राम ही जानते हैं।

आज आदमी ने परिवार के भीतर अपनी प्रगति के द्वार तो बन्द ही कर दिये हैं, परिवार के बाहर भी प्रगति का कोई उपाय नहीं दीखता है। जब मैं प्रगति की बात करता हूँ तो धन-दौलत की बात नहीं करता। यह सब तो आदमी आज बहुत अच्छी तरह से कर रहा है। यह बहुत अच्छा लक्षण है कि आज का मनुष्य समृद्धि के लिए प्रयत्न कर रहा है। समृद्धि के बगैर संसार का कोई अर्थ नहीं है। यक्ष ने युधिष्ठिर से पूछा था—मरा हुआ कौन है? युधिष्ठिर ने पते की बात कही—जो गरीब है, वह मरा हुआ है। तुलसी ने भी मानस में लिखा—'नहिं दरिद्र सम दुख जग माहीं।' दरिद्रता कभी हमारे जीवन का लक्ष्य नहीं रही। दरिद्रता लक्ष्य हो भी नहीं सकती, जीवन में लक्ष्य का न होना दरिद्रता है। धन-दौलत की प्रगति बहुत आवश्यक है, लेकिन यह प्रगति आदमी को इनसान नहीं बनाती है। जिस प्रगति से मनुष्य देवत्व की ओर बढ़ सके, उस प्रगति का मार्ग आज बन्द है।

इस बन्द द्वार को हमें खोलना है। इसके लिए प्रलाप-विलाप से काम नहीं चलेगा। जीवन के सामने एक आदर्श रखना पड़ेगा, जो हमें अपने आचरण से मनुष्य की पूरी गरिमा को सुरक्षित रखते हुए देवत्व तक बढ़ने का स्मरण करा सके। इस काम के लिए राम सबसे सटीक महापुरुष हैं। वे देवी-देवताओं की तरह नहीं हैं। वे मनुष्य की तरह जीते हैं, दुःख-दर्द झेलते, हँसते-रोते हैं। साधारण व्यक्ति की तरह जीवन जीते हुए असाधारण बन जाते हैं, क्योंकि वे झुकते-हारते नहीं।

लेकिन राम जीवन में आयें कैसे? यह कठिन समस्या है। आज तो चारों तरफ जीवन में काम छाया हुआ है। पूजा की अगरबत्ती बेचने के लिए भी अर्द्धनग्न स्त्री का चित्र इस्तेमाल किया जा रहा है। मर्यादा, सदाचरण, पवित्रता और आदर्श की लम्बी-चौड़ी बातें करनेवाला आज का आदमी अपनी निगाहें स्त्री के शरीर पर टिकाये हुए है। उसे जरा सा छू देने के लिए कुत्ते की तरह लार टपका रहा है। जो फ्रायड समझता था कि उसने काम को सबसे अधिक समझा है, वह भी बुढ़ापे तक

काम की कामना से जुड़ा रहा। उसने अपने मित्र को एक पत्र में लिखा—'मैं बाजार में था। एक खूबसूरत लड़की को देखकर उसे छूने की मेरी इच्छा हुई। मेरे भीतर से किसी ने आवाज लगायी—अरे बुड्ढे, क्या सोचता है? अपनी उमर का खयाल कर। लेकिन मेरा मन नहीं माना। मैंने जाकर लड़की को छू ही दिया।'

काम के प्रति यह लोलुपता बहुत ही खतरनाक है। कामनाएँ-वासनाएँ बुरी नहीं हैं। इन्हीं के बल पर और इन्हीं के लिए सांसारिक जीवन में सक्रियता आती है। पर ये जीवन के लिए सर्वोपरि नहीं हैं। घुटनों के बल चलनेवाला बच्चा जब खड़ा होकर चलना सीखता है तो माँ-बाप सहारा देते हैं, मिठाई और खिलौना दिखाकर उसे अपने बल पर उठने-चलने के लिए प्रेरित करते हैं; लेकिन जब बच्चा दोनों पैरों पर उठना और चलना सीख जाता है तो माँ-बाप सहारा देने के लिए नहीं दौड़ते, चलने के लिए उसे खिलौने और मिठाई का प्रलोभन नहीं देते। बच्चा स्वयं सहारे और प्रलोभन के बाँध को पार कर आगे निकल जाता है।

पार निकल जाने के लिए जैसे बच्चे को पैर चाहिए वैसे ही मानवता को राम की जरूरत है। काम जीवन को चलाये और राम तक पहुँचाये तो अति उत्तम; लेकिन यदि वह आदमी को कोल्हू का बैल बनाकर अपने इर्द-गिर्द ही घुमाये तो बहुत भयानक, बहुत त्रासद। आज यही स्थिति है। हमें इस लोलुप काम को राम से अभिमन्त्रित करना है, जिससे जीवन पूर्णकाम बन सके। राम का जीवन, उनका आचरण इस हेतु भी घर-घर तक पहुँचना चाहिए।

राम हमारे कितने काम आ सकते हैं, इसको गिन पाना मुश्किल है। हम अपनी पात्रता जगायेंगे तो राम से हर मनचाहा वरदान ले पायेंगे। 'हरि कथा अनन्ता' आपकी पात्रता को बढ़ाने में तनिक भी सहयोग कर सकेगी तो मैं इसे अपने ऊपर राम की सबसे बड़ी कृपा समझूँगा।

हमेशा की तरह इस संस्करण पर काम करने के लिए भी मुझे दिल्ली आना पड़ा। यहाँ मॉरीशस की तरह मेरा जीवन कोलाहलपूर्ण नहीं रहता। सांसारिक व्यस्तता की माया यहाँ मुझे परेशान नहीं करती। यहाँ ऐकान्तिक भाव से मैं राम से जुड़ जाता हूँ। यहाँ जीवन निश्चिंत और लेखन कार्य सुगम हो जाता है।

दिल्ली में मुझे निश्चिंत बनाने में जिस एक परिवार को बहुत ज्यादा चिन्ता उठानी पड़ती है, वह है हमारे अभिन्न मित्र श्री यादवेन्द्र दत्त बनकटा का परिवार। वे उच्च प्रशासनिक अधिकारी हैं, उन्हें बहुत व्यस्तता होती है, फिर भी वे राम के काम में कभी नहीं चूकते हैं। उनकी पत्नी राजकुमारी भाभी तो मेरी माँ ही बन जाती हैं। इनके बच्चे अनीता, विनीता और सुधांशु भी सेवा में जुटे रहते हैं। मेरे प्रति

इनकी जो चिन्ता और तत्परता होती है, उसे आप मन्दिर की नींव की तरह देख नहीं सकते, लेकिन मेरी आपसे प्रार्थना है कि जब आप 'हरि कथा अनन्ता' पढ़ें तो उन्हें भी याद करें। नींव को याद करना मन्दिर की सबसे उपयुक्त प्रशंसा है, क्योंकि मन्दिर उसी के बल पर बनता और टिकता है।

इस बार मेरे दिल्ली निवास को निश्चिन्त-निरापद बनाने में श्री बनकटाजी के मित्र श्री राजेश तिवारी ने कृपापूर्ण योगदान दिया। हम दोनों एक-दूसरे को पहले नहीं जानते थे। बनकटाजी माध्यम बने। रामकाज में जो सहयोगी बनता है, उस पर प्रभु स्वयं ही कृपा करते हैं, अत: मैं बनकटाजी की तरह प्रभु राम और राजेश तिवारी के बीच माध्यम नहीं बनना चाहता। प्रभु उन पर अपनी कृपा की अनन्त वर्षा करेंगे ही। वे 'अपने जन' को पहचानते हैं।

अन्त में आप सबके चरणों में मेरा प्रणाम। हो सके तो मेरी एक प्रार्थना पर ध्यान दीजिएगा। 'हरि कथा अनन्ता' को पढ़कर आप मेरे दोष मुझे बतायेंगे। गुण बताने की चिन्ता न करें। अपने गुण कौन नहीं जानता है! दोषों की ओर इशारा करें, क्योंकि रामकथा में दोष के लिए स्थान नहीं होना चाहिए। मैं चाहता हूँ कि व्यक्ति के दोष परमात्मा के चरित्र को न छुएँ। आपके बताने से मैं उनका परिमार्जन कर सकूँगा।

संस्कृति सदन
१५, लाबुर्दोने स्ट्रीट
क्यूर्पिप, मॉरीशस
E-mail : rava@intnet.mu

—राजेन्द्र अरुण
निदेशक
मॉरीशस अकादमी ऑफ कल्चर

प्रथम संस्करण की भूमिका

यह सुभ संभु उमा संबादा

तुलसी की रामकथा अन्य रामकथाओं से भिन्न है। आध्यात्मिक क्षेत्र में दुर्लभ अनुभूति प्राप्त कर लेने के बावजूद तुलसी समाज-जीवन की तत्कालीन गुहार के प्रति बहरे नहीं हुए थे। राजकीय अनाचार, सामन्ती शोषण, दीन-दुर्बल जनता का दमन उनके भावुक मन को कचोटता रहता था। वे हमेशा इस बात के लिए चिन्तित रहते थे कि दमन-दलित समाज को वाणी मिले, उसका गूँगापन दूर हो। अपनी इस पीड़ा को सती-दाह के समय तुलसी ने व्यक्त भी किया है—

जद्यपि जग दारुन दुख नाना।
सब तें कठिन जाति अवमाना॥

प्राय: रामचरितमानस के अध्येता इस चौपाई के गौरव और गूढ़ भाव को सती का क्षोभ कहकर उसे प्रसंग की परिधि में ही बाँध देते हैं। किन्तु हमें यह याद रखना चाहिए कि तुलसी प्रसंगों के कथा-गायक नहीं थे। मानस को वे नानी की कहानी के रूप में नहीं लिख रहे थे। रामकथा के माध्यम से वे परिवेश के दर्द को न केवल स्वर देना चाहते थे, अपितु दवा भी मुहैया कराना चाहते थे। सती जब कहती हैं कि यद्यपि संसार में बहुत सारे दु:ख हैं, किन्तु जाति के अपमान का दु:ख सबसे कठिन होता है तब वे शिव के अपमान के बारे में ही नहीं सोच रही होती हैं, उस समय तुलसी के सामने समाज का अशिव रूप होता है। यही उपयुक्त अवसर था उसे व्यक्त करने का। अपनी प्रतिष्ठा बचाने के लिए अबला सती को आत्मदाह करना पड़ता है। तुलसी चाहते हैं कि समाज दमन के खिलाफ आवाज उठाये, बलिदान होने के लिए आगे बढ़े। जो समाज बलिदान देने का साहस खो देता है, उसकी जिजीविषा समाप्त हो जाती है।

तुलसी को यदि केवल शिव के अपमान के प्रति चिन्ता व्यक्त करनी होती तो वे सती से शिव के पर्याय किसी शब्द का इस्तेमाल करवा सकते थे। समाज की अवधारणा का बोध करानेवाले 'जाति' शब्द की कोई विशेष आवश्यकता उस सन्दर्भ में नहीं थी। किन्तु तुलसी सती के माध्यम से समाज की तत्कालीन पीड़ा को साहित्यिक दस्तावेज बना देना चाहते थे। सन्दर्भ पर गम्भीरता से विचार कीजिए। सती को क्षोभ और क्रोध क्यों हुआ था? दक्ष प्रजापति ने यज्ञ में शिव को उनका देय नहीं दिया था। प्रजापति राजा थे। राजा का प्रशासन-कार्य एक यज्ञ होता है, जिसमें प्रत्येक नागरिक को उसका प्राप्य मिलना चाहिए। सबका हिस्सा डकार जाना या किसी को हिस्से के हक से वंचित कर देना अच्छे राजा का कर्तव्य नहीं है। यज्ञ में शिव का हक मारकर प्रजापति राजधर्म से गिर गये थे। इसका प्रतिकार प्रजा की ओर से होना ही था। यह कार्य उनकी पुत्री सती ने किया—आत्मदाह करके उन्होंने यज्ञ का विध्वंस कर दिया। न्याय के नाम पर चल रहा अन्याय-कर्म रुक गया।

तुलसी के जमाने में राजतन्त्र दक्ष प्रजापति जैसा ही था। धरती-पुत्र होने के बावजूद हिन्दू समाज शिव की तरह तिरस्कृत था। इतना ही नहीं, उसके पास सती जैसी कोई शक्ति भी नहीं थी, जो आत्मदाह करके, बलिदान देकर राजतन्त्र की मनमानी का चक्का जाम कर दे। ऐसे संशय और आतंक के वातावरण में जी रहे समाज को तुलसी अपनी ममतामयी आँखों और नवनीत-कोमल हृदय से देख रहे थे।

उस समय केवल समाज का मनोबल ही नहीं टूटा था, वह अपने भीतर से भी चकनाचूर हो गया था। मूल्यों में उसकी आस्था ढोंग बनकर रह गयी थी, आदर्शों में उसकी दृढ़ता अपाहिज हो गयी थी। धर्म, न्याय और नीति की रक्षा के लिए बार-बार अवतार लेनेवाले उनके भगवान् परलोक बनाने के लिए कोठरी में आराधना की वस्तु बनकर रह गये थे। इहलोक को नष्ट और म्लान हुआ देखकर लोग परलोक बनाने के चक्कर में कर्मकाण्डों के वितण्डावाद में फँसकर आत्मा का तेज खो बैठे थे। जिस परिवार से हिन्दू धर्म की सारी सांस्कृतिक जय-यात्रा शुरू होती है, वही प्राणहीन होकर मृतप्राय हो गया था। इसलाम के आक्रामक प्रभाव के कारण समाज की आस्थाएँ हिल गयी थीं। धर्म जीवन और घर से निकलकर साधु-सन्तों के चमत्कारों और मन्दिरों की प्राचीरों में सिमट गया था। धर्म में दायित्व-निर्वाह का दम शेष नहीं रह गया था, वह अपने अस्तित्व की रक्षा के लिए शरण-स्थल की तलाश में भटक रहा था।

तुलसी इस स्थिति से आहत थे। उनके सामने दो ही विकल्प थे। एक तो

यह कि वे हिमालय की कन्दराओं में जाकर ब्रह्म-प्राप्ति की साधना करें या मठाधीश होकर चेले-चपाटे बनायें और दूसरा यह कि वे समाज की संकल्प-शक्ति और शौर्य वृत्ति का जागरण करें, जिससे समाज अपने को पहचानकर उठे और दमन का प्रतिकार कर सके। अपने स्वभाव के अनुरूप तुलसी ने दूसरा विकल्प ही स्वीकार किया। ऐकान्तिक मोक्ष की उन्हें कामना नहीं थी। उनके आराध्य प्रभु राम ने भालू-कपियों तक को मोक्ष दिलाया था, तो भला तुलसी अपने समाज को दमन और उत्पीड़न के नरक में छोड़कर कैसे व्यक्तिगत मुक्ति के लिए कमण्डलु उठाते?

अपना लक्ष्य तय करने के बाद तुलसी ने अपनी रणनीति भी तय की। वे सीधे सत्ता से दो-दो हाथ नहीं करना चाहते थे। उनकी इच्छा थी कि अपना दायित्व निभाने के लिए समाज जगे। समाज का केन्द्र परिवार था। तुलसी इसी परिवार में चेतना की चिनगारी छोड़ना चाहते थे। राम में दोनों खूबियाँ थीं—वे परिवार की मर्यादा के महत्तम प्रतीक थे, और अन्याय-अत्याचार के खिलाफ लड़ने का उनमें असीम पराक्रम और शौर्य था। तुलसी का यही अभीष्ट भी था। वे टूटे एवं बिखरे समाज में मर्यादा का संचार करना चाहते थे और साथ ही इसे पौरुष-सम्पन्न भी देखना चाहते थे।

रामकथा का ताना-बाना बुनते समय इसीलिए उन्होंने एक नयी परिकल्पना सामने रखी। वे हिन्दू समाज की अधिकारवादी और पात्रवादी मानसिकता को समझते थे। उन्हें पता था कि यह समाज कोई बात तभी स्वीकार करता है, जब कहनेवाले पर उसकी श्रद्धा हो। इसीलिए तुलसी ने रामायण स्वयं अपने माध्यम से नहीं गायी—शिव, याज्ञवल्क्य और काकभुशुण्डि को उसका गायक बनाया—स्वयं केवल लिपिकार बने। इन तीनों की समाज के मानस पर जो श्रद्धा थी, वह तुलसी के विचारों, आदर्शों और मान्यताओं से पगी रामकथा को जन-मन में स्वीकृत कराने में सहायक सिद्ध हुई।

शिव को रामकथा का गायक और पार्वती को श्रोता बनाकर तुलसी ने बड़ी नायाब सोच का परिचय दिया है। शिव देवों के देव महादेव हैं। उनके कृपा-कटाक्ष से विश्व का संहार होता है, उनकी प्रसन्न चितवन से मनुष्य का सारा दुःख-दैन्य दूर हो जाता है। ऐसे महादेव यदि श्रद्धा और विश्वास से राम के गुण गायेंगे तो मानना ही पड़ेगा कि राम अवश्य ही महान् हैं, अन्यथा शिव उनके गुण क्यों गाते!

दूसरी महत्त्वपूर्ण बात यह है कि शिव ने राम की कथा पार्वती को सुनायी है। वे यह कथा अपने किसी गण को भी सुना सकते थे, किसी ऋषि-मुनि को भी सुना सकते थे। यदि वे ऐसा करते तो रामकथा की पवित्रता में कोई कमी नहीं

आती। हाँ, तुलसी का मनोरथ सिद्ध नहीं होता। तुलसी पार्वती को श्रोता के रूप में चाहते थे, इसके दो कारण थे—पहला कारण धार्मिक विश्वासों से सम्बद्ध है। सती ने राम पर अविश्वास किया था। वे सीता के लिए व्याकुल होकर बिलखनेवाले मनुष्य राम को ब्रह्म मानने में संकोच कर रही थीं—

ब्रह्म जो ब्यापक बिरज अज अकल अनीह अभेद।
सो कि देह धरि होइ नर जाहि न जानत बेद॥

—जो ब्रह्म सर्वव्यापक, मायारहित, अजन्मा, अगोचर, इच्छारहित और भेदरहित है और जिसे वेद भी नहीं जानते, क्या वह देह धारण करके मनुष्य हो सकता है?

अपनी शंका को मिटाने के लिए सती ने राम की परीक्षा भी ली। वे सीता का रूप धरकर उनके सामने गयी थीं। लक्ष्मण भौंचक हो गये थे, लेकिन राम ने सती को पहचान लिया था—

जोरि पानि प्रभु कीन्ह प्रनामू।
पिता समेत लीन्ह निजं नामू॥

—राम ने हाथ जोड़कर प्रणाम करके, पिता का नाम बताकर अपना परिचय दिया।

राम को प्रणाम करते और अपना परिचय देते देख सती जरूर बौखला गयी होंगी कि सीता के वियोग में राम एकदम पागल हो गये हैं। इसीलिए अब वे सीता को भी नहीं पहचान रहे हैं। लेकिन आगे जैसे ही राम अपनी बात कहते हैं, सती का आश्चर्य ग्लानि में बदल जाता है—

कहेउ बहोरि कहाँ बृषकेतू।
बिपिन अकेलि फिरहु केहि हेतू॥

—राम ने कहा—भगवान् शिव कहाँ हैं? आप जंगल में अकेली कैसे घूम रही हैं?

अपना भेद खुल जाने से सती लज्जित होती हैं। शिव यह सब समझकर सती का परित्याग कर देते हैं, क्योंकि उन्होंने सीता का रूप धरा था। शिव सीता को माँ मानते हैं। इसी मर्यादा के कारण उन्होंने सती को पत्नी के रूप में ग्रहण करने से इनकार कर दिया। बाद में अपने पिता के यज्ञ में शिव का अपमान देखकर सती आत्मदाह करके शरीर त्याग देती हैं और पार्वती के रूप में हिमालय-पुत्री होकर जन्म लेती हैं। पार्वती को रामकथा सुनाकर शिव उनको उनके पूर्वजन्म के संशय और भ्रम से मुक्त करना चाहते हैं—

तुम्हरी कृपाँ कृपायतन अब कृतकृत्य न मोह।
जानेउँ राम प्रताप प्रभु चिदानंद संदोह॥

—हे कृपाधाम भगवान् शिव! अब आपकी कृपा से मैं कृतकृत्य हो गयी। अब

मुझे मोह नहीं रह गया। हे स्वामी, मैं सच्चिदानन्द-घन श्रीरामचन्द्रजी के प्रताप को जान गयी।

दूसरा कारण अत्यन्त महत्त्वपूर्ण है, किन्तु तुलसी धर्मग्रन्थ की मर्यादा और तत्कालीन परिस्थिति की भयानकता के कारण उसके बारे में अधिक मुखर नहीं होते। पार्वती शिव की पत्नी हैं। शिव उन्हें रामकथा सुना रहे हैं। ऐसा तुलसी ने इसलिए किया, क्योंकि घर में पति-पत्नी के बीच से धर्म उठ गया था। तुलसी धर्म को, मर्यादा को घर में लाना चाहते थे। पति-पत्नी यदि घर में आपस में धर्मचर्चा नहीं करेंगे, प्रभु-नाम-चिन्तन नहीं करेंगे तो सन्तान में धर्म, संस्कार और सुनीति की भावना कहाँ से आयेगी? पुस्तकों और मन्दिरों में धर्म व्यवहार में नहीं होता। वे तो धर्म-चिन्तन के अभिलेखागार मात्र हैं। धर्म जीवन, घर और परिवार में जब अवतरित होता है, तब उसके संस्कार आदमी को प्रेरणा दे पाते हैं—उठा पाते हैं। शिव कहें, पार्वती सुनें—यही धर्म-चिन्तन की श्रेष्ठ स्थिति है।

साधारणतया घरों में धार्मिकता तो होती है, लेकिन धर्ममयता नहीं होती। पूजा-पाठ के नाम पर दो-चार बार मन्दिर हो आना या घर में रखी हुई देवी-देवताओं की मूर्तियों पर धूप-बत्ती जलाकर नमस्कार कर लेना ही आज ईश्वर की सेवा मान ली गयी है। यह धर्मभाव नहीं है, यह तो धर्म का आडम्बर है। इसी कारण इसे धार्मिकता कहते हैं। घरों में धर्ममयता लाने के लिए जरूरी है कि माँ-बाप अपने घरों में परिवार के साथ धर्म-चिन्तन करें, धार्मिक कथाओं का पाठ-श्रवण करें। इसी से संस्कार का जागरण होगा और समाज में अभीष्ट परिवर्तन आयेगा। यदि हम यह सोचते रहेंगे कि मन्दिरों और पुस्तकों से भगवान् के प्रति हमारे कर्तव्य की इतिश्री हो जाती है तो कभी हम समाज में सच्चे धर्म की प्रतिष्ठा नहीं कर सकेंगे—हमारे प्रयत्न पानी पर लकीर हो जायेंगे।

इसीलिए तुलसी की इस अवधारणा को हमें पकड़ना होगा कि धर्म-चर्चा घर में हो, पति-पत्नी के बीच हो तथा श्रेष्ठ जनों द्वारा भी हो, जिससे समाज उसका अनुकरण कर सके। अपने समय में तुलसी ने इस सूत्र को अपनाकर सफलता प्राप्त की थी। उन्होंने टूटते हुए हिन्दू समाज को प्रभु राम के मर्यादामय चरित्र के सहारे खड़ा किया था। राम जनसामान्य के लिए पुस्तकीय चरित्र नहीं, साक्षात् प्रभु थे, ऐसे प्रभु, जिन्होंने अपने शौर्य और बल-विक्रम से अन्याय का सर्वनाश किया था—जिनके बल पर पवित्र भारत-भूमि में रामराज्य की स्थापना हो सकी थी।

यह सुभ संभु उमा संबादा।
सुखसंपादन समन बिषादा॥

भवभंजन गंजन संदेहा।
जन रंजन सज्जन प्रिय एहा॥

—शम्भु और उमा का यह शुभ संवाद सुख उत्पन्न करनेवाला और शोक का नाश करनेवाला है। जन्म-मरण का अन्त करनेवाला, सन्देहों का नाश करनेवाला, भक्तों को आनन्द देनेवाला और सज्जनों को प्रिय है।

रामकथा के महत्त्व का वर्णन करते हुए तुलसी कहते हैं कि यह शिव और पार्वती के बीच हुआ शुभ संवाद है। पति-पत्नी के संवाद अकसर शुभ संवाद नहीं हुआ करते। उस जमाने में भी स्थिति आज से बहुत भिन्न नहीं रही होगी। इसीलिए तुलसी को बोलना पड़ा कि शिव-पार्वती में राम के बारे में जो संवाद हुआ, वह शुभ है। कभी-कभी ऐसा होता है कि अच्छे विषय पर भी शुभ संवाद नहीं हो पाता। शिव और सती का संवाद ऐसा ही था। कथा वहाँ भी राम की थी, लेकिन अन्दाज अशुभ हो गया था। अब पार्वती ने सुधारा और राम के चरित्र के बारे में शिव से जो वार्ता की, वह शुभ बन पड़ी।

शिव-पार्वती को रामकथा से जोड़ने के पीछे तुलसी की एक और दृष्टि थी। मानस के आरम्भ में ही उन्होंने शिव-पार्वती की आराधना करते हुए अपनी दृष्टि का संकेत किया है।

भवानीशंकरौ वन्दे श्रद्धाविश्वासरूपिणौ।
याभ्यां विना न पश्यन्ति सिद्धाः स्वान्तः स्थमीश्वरम्॥

—श्रद्धा और विश्वास के स्वरूप भवानी और शंकर की वन्दना मैं करता हूँ, जिनके बिना सिद्धजन अपने अन्तःकरण में स्थित ईश्वर को नहीं देख सकते।

इस श्लोक में कई बातों की ओर संकेत है। आइए, एक-एक करके इनपर विचार करें। पार्वती और शिव को तुलसी श्रद्धा और विश्वास का प्रतिरूप मानते हैं। घर-परिवार में पति-पत्नी को इसी भाव से जीना चाहिए। पत्नी श्रद्धा हो और पति विश्वास हो तो संशय-सन्देह पास नहीं फटकते, जिन्दगी में प्रेम लबालब भरा रहता है। शिव-पार्वती हमारे इतिहास में आदर्श दम्पती माने जाते हैं। अच्छे वर के लिए माँ पार्वती की और अच्छी पत्नी के लिए शिव की आराधना लोग करते हैं। जीवन को जोड़ने और पुष्पित-पल्लवित करनेवाला श्रद्धा-विश्वास का भाव हर घर में भवानी-शंकर बनकर बैठे, यह तुलसी की कामना थी।

तुलसी कहते हैं कि भवानी-शंकर के बिना सिद्धजन अपने अन्तःकरण में बैठे ईश्वर को नहीं देख सकते। शिव-पार्वती के प्रति तुलसी की यह गजब की आस्था है। यह आस्था वह घर-घर तक पहुँचाना चाहते हैं। वह साफ-साफ हमें

बताना चाहते हैं कि शिव-पार्वती की शक्ति क्या है। कोई साधक भगवान् को पाने के लिए शिव-पार्वती का सहारा ले तो आश्चर्य की बात नहीं, लेकिन यहाँ कहा जा रहा है कि सिद्ध भी भवानी-शंकर की कृपा के बिना ईश्वर को नहीं पा सकता। भगवान् बाहर हो तो उसे खोजने के लिए किसी का सहारा लेना समझ में आता है; लेकिन भगवान् हृदय में बैठा हो, फिर भी उमा-शम्भु की कृपा के बिना न दिखाई दे, यह बात ऊपर से देखने पर बुद्धि में आसानी से नहीं बैठती। लेकिन गहराई से विचार करें तो जो खुलासा होता है, वह बड़ा प्रिय है।

सांसारिक, धार्मिक अथवा आध्यात्मिक—किसी भी क्षेत्र में श्रद्धा और विश्वास के बिना कुछ भी अनमोल उपलब्ध नहीं किया जा सकता। परिवार की ही तरह धर्म, अध्यात्म में भी श्रद्धा-विश्वास जरूरी है। सच कहा जाये तो श्रद्धा-विश्वास के पाँवों से चलकर ही व्यक्ति परमात्मा तक पहुँचता है।

शास्त्र कहते हैं कि परमात्मा सबके हृदय में रहता है, लेकिन कितने भाग्यशाली लोग उसे देख पाते हैं? श्रद्धा और विश्वास के अभाव में लोग कस्तूरी मृग की तरह भटकते रहते हैं। साधक, सिद्ध और संसारी—सबके लिए परमात्मा तक पहुँचने का एक ही सूत्र है कि उमा-शम्भु की जोड़ी की तरह श्रद्धा-विश्वास को अपने भीतर जमाये रखा जाये। तर्क और सन्देह व्यक्ति को बहुत दूर तक नहीं ले जाते। वे उसे झक्की और सनकी बनाते हैं। हर बात में तर्क और सन्देह करनेवाला कभी चैन से नहीं रह सकता। श्रद्धा और विश्वास के साथ जीनेवाला व्यक्ति ठगा भले जाये, विक्षिप्त कभी नहीं होता। उसके जीवन में आनन्द के फूल सदा खिलते रहते हैं। उसपर भवानी-शंकर के आशीर्वाद की वर्षा सदा होती रहती है।

तुलसी ने इस कथा में एक और नया तत्त्व दिया है। वे अच्छी तरह जानते थे कि जिस शासन-तन्त्र में वे जी रहे हैं, वह समाज को मान-मर्यादा, सुख-समृद्धि नहीं दे पा रहा है। लोग उत्पीड़न और दमन के शिकार हैं। अत: उन्होंने राजा राम के चरित्र के गुणगान-सम्बन्धी प्रसंगों से पूरे उत्तरकाण्ड को भर दिया है। राम के राज्य का आदर्श आम आदमी को जीने का बड़ा भारी लालच देता है—

दैहिक दैबिक भौतिक तापा।
राम राज नहिं काहुहि ब्यापा॥

—रामराज्य में किसी को कभी शारीरिक, दैविक और सांसारिक दु:ख नहीं हुआ।

आम आदमी को इससे अधिक क्या चाहिए! इन तीनों में से एक भी सुख यदि कोई राजा दे दे तो प्रजा धन्य हो जाये। राम ने तो तीनों दिये थे, अत: राम राजा से अधिक ब्रह्म बन गये थे।

तुलसी ने राजा राम की वन्दना देवताओं, ऋषियों, वेदों आदि सबसे करायी है। तुलसी यह संकेत देना चाहते थे कि यदि कोई राजा अपनी प्रजा को पुत्रवत् मानकर तीनों प्रकार के दु:खों से मुक्त करके सुख और आनन्द का जीवन प्रदान करता है तो वह प्रभु का ऐश्वर्य पा सकता है—वह देवताओं-ऋषियों के लिए भी वन्दनीय बन जाता है। लेकिन जो सत्ता के मद में प्रजापीड़न करता है, उसकी गति महाप्रतापी रावण जैसी होती है। अत: राजा को जन-समर्थन प्राप्त करने के लिए राम के आदर्श पर चलना चाहिए।

मानस में राम के चरित्र के दो तत्त्वों को व्यापकता से उभारा गया है—उनका ब्रह्म रूप और मर्यादा-पालक रूप। समाज को उस समय दोनों रूपों की बहुत जरूरत थी। गीता सहित अनेक पौराणिक आख्यानों में यह घोषणा बार-बार की गयी है कि जब समाज पर संकट पड़ता है तब प्रभु अवतार लेकर दुष्टों का दमन करते हैं और सज्जनों की रक्षा करते हैं। तुलसी के समय में समाज पर जो अत्याचार हो रहे थे, उनको सहते-सहते उनकी आस्था कुण्ठित एवं कुन्द हो गयी थी। राम को दमन का विरोध करनेवाला अवतार घोषित कर तुलसी ने अपने समय के सामाजिक पतन की स्थिति को और आगे बढ़ने से न केवल रोका, अपितु उसे उत्थान की दिशा में मोड़ भी दिया। अब लोग समझने लगे कि यदि प्रतापी रावण का संहार हो गया तो छोटे-मोटे अत्याचारियों का तो होगा ही!

मानसकार की दूसरी चिन्ता मर्यादा को लेकर है। वह चाहता है कि समाज को बाँधनेवाले परिवार-भावना के कोमल तन्तु खण्डित न हों। उनके आधार पर ही श्रेष्ठ समाज-रचना की नींव रखी जा सकती है। इसीलिए राम के चरित्र में पग-पग पर तुलसी ने मर्यादा के फूल खिलाये। राम भूलकर भी ऐसा कोई आचरण नहीं करते हैं, जो समाज की परिवार-भावना में कोई टूटन या कोई दरार पैदा करे। राम का यह आदर्श तब तक ताजा और सनातन रहेगा जब तक मानव जाति एक परिवार के रूप में जीना चाहेगी!

राम के मर्यादा पुरुष रूप की ही विवेचना इस पुस्तक में विविध कोणों से आधुनिक परिप्रेक्ष्य में की गयी है। राम का दिव्य जीवन कभी बासी नहीं होनेवाला है, क्योंकि आदमी अपने जीवन में जिन आदर्शों, मूल्यों और लक्ष्यों की प्राप्ति के लिए कोशिश करता रहता है, उन्हें राम ने अपने जीवन में उतारकर व्यवहार में दिखा दिया है। राम का वही व्यवहार विश्व के हर व्यक्ति के जीवन का स्पर्श करे, यही मानवता की सनातन एवं चिरप्रतीक्षित माँग है।

□

राम-जन्म

कृपासिंधु जनहित तनु धरहीं

हिन्दू धर्म में अवतार की बड़ी महिमा गायी गयी है। परमात्मा भक्तों के दु:खों को दूर करने के लिए किस तरह से आकुल-व्यग्र होकर दौड़ पड़ता है, यह सत्य हम अवतार-कथाओं से समझ पाते हैं। संसार में सम्भवत: हिन्दुओं का ही एकमात्र भगवान् है, जो अपने सारे काम-धाम छोड़कर भक्त की पुकार पर भागता है। भक्त की जरा सी आह पर वह शताधिक करुणा से कराह उठता है।

तुलसी ने 'रामचरितमानस' में भगवान् के इस 'जन-रक्षक' स्वभाव का बहुत मोहक वर्णन किया है। पाठको! आपको ध्यान होगा कि सबसे पहले भगवान् श्रीकृष्ण ने 'गीता' में अधिकारपूर्वक यह घोषणा की थी कि—'हे भारत! जब-जब धर्म की हानि और अधर्म की वृद्धि होती है तब-तब मैं अवतार लेता हूँ। साधु पुरुषों का उद्धार करने के लिए और दुष्टों का नाश करने के लिए तथा धर्म की स्थापना के लिए मैं युग-युग में प्रकट होता हूँ।'* तुलसी ने श्रीकृष्ण की उस घोषणा के आधार पर ही मानस में राम के अवतार की प्रतिष्ठा की है। लेकिन प्रसंग के प्रस्तुतीकरण में भिन्नता पैदा करके तुलसी ने राम के अवतार को एक नया आयाम दे दिया है।

मानस में भगवान् श्रीराम स्वयं कृष्ण जैसी घोषणा नहीं करते हैं। तुलसी ने घोषणा देवों के देव महादेव शिव से करवायी है। भगवान् शंकर माँ पार्वती से कहते हैं—

---

* यदा यदा ही धर्मस्य ग्लानिर्भवति भारत।
अभ्युत्थानमधर्मस्य तदात्मानं सृजाम्यहम्॥
परित्राणाय साधूनां विनाशाय च दुष्कृताम्।
धर्मसंस्थापनार्थाय सम्भवामि युगे-युगे॥

हरि गुन नाम अपार कथारूप अगनित अमित।
मैं निज मति अनुसार कहउँ उमा सादर सुनहु॥

—भगवान् के नाम, गुण, कथा और रूप सभी अपार, अगणित और असीम हैं। फिर भी हे पार्वती! मैं अपनी बुद्धि के अनुसार कहता हूँ, तुम आदरपूर्वक सुनो।

सर्वज्ञ शिव भगवान् की कथा को अपार, अगणित और असीम कहते हैं। पौराणिक प्रतीकों के अनुसार भगवान् शिव हिमाचल के सर्वोच्च शिखर पर वास करते हैं। ऊँचाइयाँ पर्वत शिखर से ही नापी जाती हैं। ऐसे सर्वोच्च शिखर पर बैठनेवाले शिव तो किसी का भी 'कद' नाप सकते हैं, लेकिन अपने आराध्य प्रभु का कद नापने में वे अपनी असमर्थता व्यक्त करते हैं। समर्थ जब असमर्थ बनने की घोषणा करता है तब वह और महान् बनता है। बलवान जब विनम्र होता है तो उसका बल अपरिमित हो जाता है। ज्ञानी जब अज्ञानी बनकर झुकता है तो उसके ज्ञान का सूर्य और अधिक आभा से आलोकित हो उठता है।

भगवान् शिव एक और बात कहते हैं—मैं अपनी बुद्धि के अनुसार प्रभु के गुण, नाम, कथा और रूप का वर्णन करूँगा। वाणी का यह महासंयम महादेव के वश की ही बात है। आजकल तो जो थोड़ा भी जानता है, वह अधिक जानने का घमण्ड करता है। आजकल हर आदमी दूसरे से कहता है—'लो, यह बात मैं तुम्हें अच्छी तरह समझा देता हूँ।' ऐसे कथनों में ज्ञान कम, बड़बोलापन अधिक होता है। शिव में ज्ञान का अथाह सागर है, इसीलिए बड़बोलापन उन्हें छू तक नहीं गया है। वह कहते हैं कि मैं अपनी बुद्धि के अनुसार वर्णन करूँगा। पार्वती को सबकुछ बता देने का अहंकार वे अपने भीतर नहीं पालते हैं, जबकि ऐसा करने की पूर्ण क्षमता उनमें है। भगवान् शिव जानते हैं कि ज्ञान की अहंकारपूर्ण अभिव्यक्ति कहनेवाले को तो गिराती ही है, सुननेवाले को भी उठा नहीं पाती है।

अपने को संयत और अहंकारहीन करने के बाद भगवान् शिव एक आग्रह पार्वती से भी करते हैं। कहते हैं—'हे पार्वती! भगवान् की कथा को तुम सादर सुनो।' शिव का यह कथन बहुत ही अर्थवान् है। कथा जब तक आदरपूर्वक नहीं सुनी जाती है तब तक वह व्यक्ति को भीतर तक भिगोती नहीं है। उसके भीतर श्रद्धा के बजाय संशय पैदा करती है। शिव सती के संशय को पार्वती के भीतर नहीं आने देना चाहते।

वक्ता और श्रोता—दोनों पर नियन्त्रण हो तो कथा से धर्मभाव उमड़ता है, श्रद्धा की गंगा हृदय की गंगोत्तरी से उफन-उफनकर बहती है। यह अंकुश अपने और पार्वती दोनों के ऊपर लगाने के बाद शिव कहते हैं—

सुनु गिरिजा हरिचरित सुहाए।
बिपुल बिसद निगमागम गाए॥

—हे पार्वती! सुनो, वेद-शास्त्रों ने भगवान् के सुन्दर और विशाल चरित्र का गान विस्तार से किया है।

इस प्रसंग में भगवान् शिव हमें दूसरों को गौरव देने की कला सिखाते हैं। दूसरे के सिर को बलपूर्वक दबाकर अपनी ऊँचाई बढ़ाने की 'आधुनिक निपुणता' भगवान् शिव में नहीं है। उन्हें दूसरों को बड़प्पन देने में आनन्द आता है। इसीलिए कहते हैं कि वेद-शास्त्रों ने भगवान् का गुणगान विशद रूप से किया है; लेकिन मैं अपनी बुद्धि के अनुसार करूँगा। जिसके डमरू के नाद से सारा ज्ञान स्फुरित होता है, जिसके भृकुटि-विलास से समूचे संसार का संहार होता है, वह जब कहता है कि मैं अपनी बुद्धि के अनुसार प्रभु के गुण का वर्णन करूँगा तो मन ऐसे विनयी भगवान् शिव के चरणों में शत-शत प्रणाम निवेदित करने के लिए आकुल हो उठता है।

भगवान् शिव उस समय विनम्रता की ऊँचाइयों को छूते हुए दीखते हैं, जब वे कहते हैं—

हरि अवतार हेतु जेहि होई।
इदमित्थं कहि जाइ न सोई॥

—भगवान् का अवतार जिस कारण से होता है, वह कारण 'बस यही है', ऐसा नहीं कहा जा सकता।

बाबा भोलेनाथ का यह कथन बहुत अर्थवान है। विचारों का अन्ध आग्रह ही हठधर्मिता को पैदा करता है। जो लोग यह समझते हैं कि जो वे जानते हैं, वह ही सही है, वे विचार के सहज प्रवाह में बाधा बनते हैं। विचारों के क्षेत्र में सारी बुराइयाँ इस हठ के कारण ही पैदा होती हैं। भगवान् शिव इस 'हठवाद' से हमें बचाते हैं। वह कहते हैं कि कोई आग्रहपूर्वक नहीं कह सकता है कि प्रभु का अवतार क्यों नहीं होता है।

चिन्तन के क्षेत्र में यह लचीलापन ही हिन्दू मनीषा का प्राण रहा है। 'यह ही' नहीं, 'यह भी' के भाव ने भारतभूमि को चिन्तन की दृष्टि से अत्यन्त उर्वर बनाया था। अच्छे विचारों को चारों तरफ से आने की छूट जब तक बनी रहेगी, भारत की ज्ञान-गरिमा कभी धूमिल नहीं होगी।

भगवान् के अवतार की कथा बताते समय भोलेनाथ माता पार्वती को सावधान भी करते हैं।

राम अतर्क्य बुद्धि मन बानी।
मत हमार अस सुनहि सयानी॥

—हे सयानी! सुनो, हमारा मत तो यह है कि बुद्धि, मन और वाणी से राम के स्वरूप की तार्किक विवेचना नहीं की जा सकती।

पार्वती को सावधान करते समय भगवान् शिव उन्हें सयानी कहते हैं। केवल चौपाई की तुक मिलानी होती तो भवानी से भी काम चल सकता था; लेकिन यहाँ 'सयानी' अर्थगर्भित है। जो बात भगवान् शिव कह रहे हैं, वह साधारण आदमी को चक्कर में डाल सकती है। सन्त-महात्मा पात्र को देखकर ही चर्चा करते हैं। सांसारिक से वे कहते हैं कि परमात्मा तुम्हें सुख-सम्पत्ति देगा और साधक से कहते हैं कि वह तुम्हें ज्ञान-वैराग्य देगा। दोनों बातें अपनी-अपनी जगह पर ठीक हैं। गृहस्थ को ज्ञान-वैराग्य हो जायेगा तो उसके भीतर से परिवार-भाव का ही लोप हो जायेगा। फिर साधक पैदा कहाँ से होंगे! यदि सभी साधक सुख-सम्पत्ति की कामना करके अपने भीतर परिवार-भाव जगा लेंगे तो ज्ञान-वैराग्य की गंगा को जन-जन तक पहुँचानेवाले भगीरथ कहाँ से पैदा होंगे? अत: पात्रों की योग्यता को देखकर ही शिक्षा दी जाती है।

भगवान् शिव ऊँची बात कर रहे हैं। राम बुद्धि, मन और वाणी से परे हैं। वास्तव में यदि ऐसी बात है तो पार्वती पूछ सकती हैं कि फिर समय बरबाद करने से क्या फायदा? आदमी चीजों को बुद्धि, मन और वाणी से ही पहचानता है। यदि कोई चीज इनसे परे है तो निष्फल प्रयत्न क्यों किया जाये? सामान्य आदमी चीजों की अनुभूति दैहिक इन्द्रियों से करता है। इन्द्रियों से परे अनुभूति का कोई और साधन है, इसकी जानकारी उसे नहीं होती है। शिव ऐसी बात कह रहे हैं, जो केवल इन्द्रियों की भाषा समझनेवाले सामान्य आदमी के लिए अगम्य है। इसीलिए तुलसी ने भवानी के लिए 'सयानी' शब्द इस्तेमाल किया। श्रोता सयाना हो तो ऊँची बात की जा सकती है। समझदार को इशारा ही काफी होता है।

सयानी पार्वती भगवान् शिव की अभिव्यक्ति की विवशता को समझेंगी। सामान्य आदमी तो मजाक उड़ाते हुए कहेगा—भोले बाबा, यदि राम बुद्धि, मन और वाणी से परे हैं, तो इस प्रसंग को छोड़िए, कोई और बात कीजिए। लेकिन सयाना आदमी ऐसी नायाब चीज को जानने के लिए उत्सुक हो उठेगा। अपनी आस्था की धार को और तेज करेगा। अपनी भक्ति की चादर को वह और गीली करेगा तथा कहेगा—ऐसे इन्द्रियातीत प्रभु के बारे में हमें जरूर बताइए। पार्वती ने ऐसा ही किया। वे सम्पूर्ण आस्था और श्रद्धा के साथ प्रभुकथा सुनने के लिए तत्पर बनी रहीं।

महादेव ने पार्वती की दृढ़ भक्ति-भावना को देखकर कहा कि सन्त, मुनि, वेद और पुराण अपनी-अपनी बुद्धि के अनुसार राम के अवतार की व्याख्या करते हैं। लेकिन राम के अवतार लेने का जो कारण मेरी समझ में आता है, वह मैं तुम्हें सुनाने जा रहा हूँ।

जब-जब होइ धरम कै हानी।
बाढ़हिं असुर अधम अभिमानी॥
करहिं अनीति जाइ नहिं बरनी।
सीदहिं बिप्र धेनु सुर धरनी॥
तब तब प्रभु धरि बिबिध सरीरा।
हरहिं कृपानिधि सज्जन पीरा॥

—जब-जब धर्म का पतन होता है, नीच अभिमानी राक्षस बढ़ जाते हैं और वे ऐसा अन्याय करते हैं, जिसका वर्णन नहीं हो सकता। ब्राह्मण, गाय, देवता और पृथ्वी कष्ट पाते हैं तब-तब कृपानिधान प्रभु विविध शरीर धारण करके सज्जनों के दुःख को दूर करते हैं।

असुर मारि थापहिं सुरन्ह राखहिं निज श्रुति सेतु।
जग बिस्तारहिं बिसद जस राम जन्म कर हेतु॥

—प्रभु असुरों को मारकर देवताओं को स्थापित करते हैं। अपने वेदों की मर्यादा की रक्षा करते हैं। संसार में अपना निर्मल यश फैलाते हैं। श्रीराम के अवतार का यह कारण है।

भगवान् श्रीराम के अवतार का जो कारण शिव देते हैं, वह गीता में श्रीकृष्ण के कथन का अनुवाद मात्र है। इसमें मौलिकता इस बात की है कि यह घोषणा स्वयं राम नहीं, शिव करते हैं। शिव इसे अपना मत कहकर प्रतिपादित करते हैं। यह प्रसंग शैव-वैष्णव सम्प्रदाय धाराओं का बड़ा मोहक संगम है।

अवतार के इस प्रसंग से कुछ सवाल भी उठते हैं, जो मानव-मन को झकझोरते हैं। भगवान् श्रीकृष्ण साधुओं की रक्षा और धर्म की स्थापना की बात करते हैं और शिव 'हरहिं कृपानिधि सज्जन पीरा' और 'असुर मारि थापहिं सुरन्ह राखहिं निज श्रुति सेतु' की चर्चा करते हैं। अब चिन्ता इस बात की होती है कि जिस सज्जन और देवता के लिए प्रभु इतना चिन्तित रहते हैं, वे अपनी चिन्ता खुद क्यों नहीं कर पाते हैं? कमजोर लोगों की रक्षा के लिए भगवान् क्षीरसागर से दौड़े, यह बात तो समझ में आती है, लेकिन वह सज्जनों और देवताओं के लिए अपना समय जाया करें, यह बात गले से नीचे नहीं उतरती। क्या सज्जन होना कमजोर होने जैसा

है? क्या देवता होना डरपोक होने जैसा है? ऐसी सज्जनता, ऐसे देवत्व को पाने के लिए अथक प्रयत्न क्यों किये जायें, जो मनुष्य को कमजोर और कायर बनाते हैं? इससे अच्छा तो अधार्मिक और असुर बनना है, जो प्रभु के अवतार का निमित्त बनता है।

यह बड़ी अजीब बात है। जिन अत्याचारियों और असुरों के पास भगवान् का बल नहीं है, वे उन सज्जनों और देवताओं को पछाड़ते रहते हैं, जिनके पास भगवान् का बल है। समाजशास्त्री मानते हैं कि शासन और पुलिस का निर्माण कमजोर की रक्षा के लिए हुआ है। कमजोर की रक्षा उचित भी है। लेकिन सज्जन की रक्षा क्यों की जाये? सज्जन और साधु का अर्थ है—जो धर्माचरण कर रहा हो, जो जीवन को प्रकृति के साथ जी रहा हो। शास्त्रों ने कहा भी है कि जो धर्म की रक्षा करता है, धर्म उसकी रक्षा करता है। यह ठीक उसी तरह है कि यदि आप शरीर को सन्तुलित भोजन उचित समय से देंगे तो शरीर आपको रोगों से बचायेगा। फिर सज्जनों और साधुओं, जो धर्माचरण करते हैं, को धर्म क्यों नहीं बचा पाता? क्यों भगवान् को धर्म की स्थापना और सज्जनों की रक्षा के लिए 'सम्भवामि युगे-युगे' की घोषणा करनी पड़ती है?

यह मानना भी कठिन है कि 'गीता' में भगवान् श्रीकृष्ण ने और 'मानस' में भगवान् शिव ने जो बात कही है, वह युक्तिसंगत नहीं है। लेकिन यह मानना भी कष्टदायक है कि सज्जन और साधु होना कमजोर और दयनीय होने जैसा है। सज्जनता और साधुता तो व्यक्ति में तब आती है जब उसके भीतर मानवीय गुणों का चरम उत्कर्ष होता है। सज्जन और साधु यदि भय करने लगें तो समाज को निर्भय कौन करेगा? उन्हें धर्माचरण करने के लिए प्रेरणा और मार्गदर्शन कहाँ से मिलेगा?

इस समस्या पर विचार करने पर एक ही बात समझ में आती है कि सज्जन और साधु का जीवन अपनी नियमबद्धता के कारण इतना शान्त और सरल हो जाता है कि अत्याचारी का मुकाबला करने का उसका मन ही नहीं होता है। साधु और सज्जन अपने भीतर प्रकृति के उस गहरे रहस्य को जीने लगते हैं, जो हमें सिखाता है कि सृष्टि सहयोग पर खड़ी है, विरोध और विवाद विकृति है। ऐसी समझ और मानसिकतावाले व्यक्ति के लिए संघर्ष के लिए हथियार उठा पाना मुश्किल काम है। साधु पुरुष अत्याचारी को समझायेगा। लेकिन समझाने से समझ जाने की जिसकी स्थिति होती है, वह अत्याचारी नहीं बनता है। अत्याचार का जन्म ही तब होता है जब व्यक्ति को दूसरे से सीख लेने की इच्छा का द्वार बन्द हो जाये। अत्याचारी तो दूसरे को सीख देने में विश्वास रखता है। इस विकट और विचित्र

स्थिति को देखकर साधु पुरुष भगवान् को पुकारता है कि तूने ही यह दुनिया बनायी है, तू ही इसे सँभाल।

भगवान् के अवतार का यह कारण मनोवैज्ञानिक है। यह ठीक वैसे ही है जैसे आज किसी सज्जन पुरुष को कोई गुण्डा परेशान करे तो वह पुलिस को पुकारता है। वह कानून को अपने हाथ में नहीं लेता है। कानून के अनुसार चलना सज्जनता है और कानून के खिलाफ चलना गुण्डागर्दी। कानून कहता है कि गुण्डे को सजा मिलेगी, लेकिन सजा देने का अधिकार उस 'सज्जन' को नहीं है जिसे गुण्डे ने पीटा है, यह अधिकार शासन के पास है। जिसने सामाजिक-न्यायिक व्यवस्था की है, वही सजा देता है। यह सृष्टि और इसका धर्म भगवान् का बनाया है। इसे जो तोड़ता है, उसे सजा देने का हक भगवान् को ही है। लेकिन रिपोर्ट लिखाने का काम तो सज्जन और साधु को ही करना पड़ेगा। जिस तरह रिपोर्ट न लिखाने पर पुलिस नहीं आती है उसी तरह बिना गुहार लगाये परमात्मा भी नहीं आता है। जब सज्जन गुहार लगाता है तब वह स्वयं आकर सबकुछ ठीक-ठाक करता है।

इस तर्क से लगता है कि परमात्मा अवतार लेकर अपने कर्तव्य को पूरा करता है, किसी पर कोई कृपा नहीं करता है। लेकिन तुलसी ने एक नायाब खोज की। उन्होंने परमात्मा के कर्तव्य को कृपा से जोड़ दिया। सम्भवत: इसीलिए राम के अवतार की चर्चा उन्होंने भगवान् शिव से करवायी। कृष्ण ने गीता में कहा था कि मैं कर्तव्य-भाव से युग-युग में आता हूँ; साधुओं की रक्षा करता हूँ, धर्म की स्थापना करता हूँ, दुष्टों का नाश करता हूँ। ये सारी बातें राम के अवतार के बारे में भगवान् शिव भी बोलते हैं। लेकिन अन्त में वे इससे थोड़ा आगे भी जाते हैं और कहते हैं कि राम अवतार लेकर जग में अपने विशद यश का विस्तार करते हैं। राम ऐसा क्यों करते हैं? आइए, इस बारे में भगवान् शिव से ही सुनें—

सोइ जस गाइ भगत भव तरहीं।
कृपासिंधु जन हित तनु धरहीं॥

—भगवान् के उस यश को गा-गाकर भक्त भवसागर से तर जाते हैं। कृपासागर भगवान् भक्तों के हित के लिए ही शरीर धारण करते हैं।

अवतारवाद को कृपा का यह चोखा रंग भक्ति ने दिया है। पूरा भक्ति-आन्दोलन नाम-स्मरण पर आधारित है। भक्त की जुबान भगवान् के गुण गाते थकती नहीं है। वह किसी और का नाम अपनी जीभ पर नहीं लाता है। इसे वह वाणी का अपमान समझता है।

कीन्हें प्राकृत जन गुन गाना।
सिर धुनि गिरा लगत पछिताना॥

—संसारी मनुष्य का गुणगान करने से वाणी की देवी सरस्वती सिर धुनकर पछताने लगती हैं।

भक्त केवल प्रभु का ही गुण गाता है। गुण तभी गाया जा सकता है, जब भगवान् सगुण हो और सगुण तभी हो सकता है, जब वह शरीर धारण करके लीला करे। प्रभु की यह लीला भक्त के लिए चिन्तन-विषय बनती है। वह इसी का गायन-चिन्तन-मनन करके अपने भीतर प्रभु को पाता है। उसे किसी दूसरे को पाने की इच्छा नहीं होती है। वह किसी और के साथ फोटो खिंचवाने में रुचि नहीं लेता है। सम्राट् अकबर गिड़गिड़ाता रहा कि स्वामी हरिदास उसके दरबार में आकर भजन गायें, पर वह कभी नहीं आये। अकबर को स्वयं चलकर—छुपकर उनके भजन सुनने के लिए तानसेन के साथ जाना पड़ा। चैतन्य महाप्रभु जब जगन्नाथजी के दर्शन के लिए पुरी गये तो उड़ीसा-नरेश उनके दर्शन के लिए व्याकुल हो गये। उन्हें अपने दरबार में बुलाया, लेकिन चैतन्य नहीं गये। महाराज ने स्वयं आकर दर्शन करने की इच्छा व्यक्त की, फिर भी चैतन्य ने मना कर दिया। अन्त में उन्होंने छिपकर छद्मवेश में चैतन्य के दर्शन किये।

चैतन्य उन्हें पहचानकर चीख पड़े, 'अरे! सांसारिक ऐश्वर्य ने मुझे कैसे छू दिया?'

महाराज भी कुछ कम नहीं थे। उन्होंने विनीत भाव से कहा, 'यदि मेरा ऐश्वर्य ही आपके दर्शन में बाधक है तो लीजिए, इसे मैं इसी क्षण उतार फेंकता हूँ; लेकिन प्रभु, आप अपनी कृपा की छाया को मुझपर से न हटायें।'

चैतन्य ने एक क्षण के लिए राजा को अपनी हृदय-भेदती आँखों से देखा और पहचान लिया कि राजा का अन्तर्मन निर्मल है।

भक्त की निष्ठा एकान्तिक होती है। वह प्रभु के अलावा किसी का वन्दन-अभिनन्दन नहीं करना चाहता है। भक्तों के इसी भाव की रक्षा के लिए कृपासिन्धु भगवान् अवतार लेकर सज्जन की पीर को हरने के लिए, धर्म की स्थापना के लिए और देवताओं की पद-प्रतिष्ठा के लिए नर-लीला करते हैं। इस लीला के यश को गा-गाकर भक्त भवसागर से तरते हैं। यह अवतार कर्तव्य से कहीं अधिक भक्तों के प्रति करुणा और कृपा से प्रेरित है।

इस करुणा और कृपा का जीवन्त उदाहरण हमें राजा प्रतापभानु की कथा में मिलता है। राजा प्रतापभानु ब्राह्मणों के शाप के कारण परिवार सहित राक्षस बनते

हैं। रावण, कुम्भकर्ण और विभीषण के रूप में उनके परिवार का जन्म होता है। कठोर तप से रावण प्रतापी बनता है और अपने राज्य-वैभव के विस्तार के लिए आतंक फैलाता है।

सुभ आचरन कतहुँ नहिं होई।
देव बिप्र गुरु मान न कोई॥

—कहीं भी शुभ आचरण नहीं होते थे। देवता, ब्राह्मण और गुरु को कोई नहीं मानता था।

अन्याय, अत्याचार और आतंक जब जीवन में प्रभावी होंगे तब शुभ आचरण की महिमा घट जायेगी। अशुभ आचरण का बढ़ना ही दुष्ट जीवन के उत्कर्ष की निशानी है। मनुष्य जब शुभ आचरण करता है तो देवता, ब्राह्मण और गुरु के प्रति आदर भाव रखता है। ये तीन जीवन में शुभ के आधार हैं। देवता अदृश्य शक्तियों के प्रति हमारे आदरभाव के प्रतीक हैं। हिन्दू मानता है कि जीवन इस लोक में ही समाप्त नहीं होता है। जीवन के अनेक रूप हैं। कुछ पवित्र आत्माएँ अदृश्य रूप में धरती के जीवन में सहायक बनती हैं। इन्हें 'देवता' कहा गया है। इनकी प्रसन्नता हमारे जीवन को शुभ और सुखकर बनाती है। इसलिए हम इनका सम्मान करते हैं।

ब्राह्मण को धरती पर श्रेष्ठ, तप:पूत और ज्ञानवान्, जीवन के मूर्तमन्त स्वरूप में देखा गया है। उसके प्रति आदरभाव रखने से जीवन की गरिमा बढ़ती है। मनुष्य उदात्त आचरण करने के लिए प्रेरित होता है। अत: शुभ आचरण की ओर बढ़ने के लिए ब्राह्मण का आदर परम आवश्यक है।

गुरु की प्रतिष्ठा हमारी संस्कृति में दृश्य भगवान् के रूप में की गयी है। वह अज्ञान से ज्ञान, अन्धकार से प्रकाश और मृत्यु से अमृतत्व की ओर ले जाकर जीवन को गरिमामण्डित करता है। गुरु का अपमान जीवन की इस दैवी गरिमा का क्षरण है। अत: शुभ आचरण करनेवाले देवता ब्राह्मण और गुरु के सम्मान के प्रति आग्रहवान् होते हैं और उनके अपमान से बचते हैं।

बरनि न जाइ अनीति घोर निसाचर जो करहिं।
हिंसा पर अति प्रीति तिन्ह के पापहि कवनि मिति॥

—राक्षस लोग जो घोर अनीति करते थे, उसका वर्णन नहीं किया जा सकता। हिंसा पर ही उनकी प्रीति है, उनके पापों का क्या ठिकाना।

जीवन में जब अशुभ आचरण के प्रति आग्रह बढ़ जाता है तब अनीति का द्वार अपने आप खुल जाता है। फिर अन्याय और अत्याचार व्यक्ति के स्वभाव के अंग बन जाते हैं। जिस तरह कसाई नितान्त ठण्डेपन से हत्या करता है उसी तरह

अत्याचारी सम्पूर्ण सहज भाव से अनीति करता है। हिंसा के प्रति उसे प्रेम हो जाता है। जीवन में हिंसा का घटित होना स्वाभाविक है। किसी को बचाने के लिए या अपनी रक्षा के लिए हिंसा करनी पड़ सकती है। लेकिन हिंसा के प्रति प्रेम होना घातक है। हिंसा स्वभाव में आ जाये तो मनुष्य पतित हो जाता है। रावण के शासनतन्त्र में उसके अनुयायी राक्षसों का जीवन ऐसा ही 'हिंसा प्रिय' हो गया था। इसीलिए उन्हें हिंसा में पाप की गन्ध नहीं आती थी।

हर जीवन का लक्ष्य सुख है। लेकिन उसके मार्ग दो हैं। ये दोनों मार्ग परस्पर विरोधी हैं। एक-दूसरे से आन्तरिक रूप में जुड़े हैं। ये मार्ग हैं—हिंसा-अहिंसा, पाप-पुण्य, अन्याय-न्याय, अधर्म-धर्म और असत्य-सत्य।

हिंसा, पाप, अन्याय, अधर्म और असत्य के मार्ग पर चलनेवाला भी अपने को सुखी देखना चाहता है। उसे हिंसा, पाप, अन्याय और अधर्म करके तथा असत्य बोलकर सुख मिलता है। लेकिन यह सुख उसे जड़ और संवेदनहीन बना देता है।

अहिंसा, पुण्य, न्याय, धर्म और सत्य के मार्ग पर चलनेवाले व्यक्ति को भी सुख की खोज होती है। लेकिन जब उसे सुख मिलता है तब वह परम चैतन्य और करुणावान् हो उठता है।

निषेधात्मक आचरण में मनुष्य दूसरे को दुःख देकर सुखी होता है और विधेयात्मक आचरण में व्यक्ति दूसरे को सुख देकर सुखी होता है। इसलिए यदि उसे दुःख उठाना पड़े तो भी वह चिन्ता नहीं करता है।

इसीलिए सही आचरण से सुख की खोज से रामराज्य का जन्म होता है और गलत आचरण से सुख की खोज से रावण-राज्य की उत्पत्ति होती है। रावण के राज्य की स्थिति देखिए—

बाढ़े खल बहु चोर जुआरा।
जे लंपट परधन परदारा॥
मानहिं मातु पिता नहिं देवा।
साधुन्ह सन करवावहिं सेवा॥

—पराये धन और परायी स्त्री पर मन चलानेवाले, दुष्ट, चोर और जुआरी बहुत बढ़ गये। लोग माता-पिता और देवताओं को नहीं मानते थे और साधुओं से सेवा करवाते थे।

आचरण के ये सारे लक्षण पतनशील समाज के प्रतीक हैं। जहाँ माता-पिता तिरस्कृत होते हैं, वहाँ परिवार से आदर और प्रेम का भाव समाप्त हो जाता है। जहाँ जीवन में देवताओं के प्रति उदासीनता पनपती है, वहाँ भौतिकता का उन्माद प्रबल

हो उठता है। जहाँ सन्त-महात्माओं के प्रति वितृष्णा उत्पन्न होती है वहाँ जीवन के श्रेष्ठ मूल्य पराजित हो जाते हैं। अतः समाज में पराये धन और परायी स्त्री को चाहनेवाले लोलुप पैदा होते हैं; दुष्ट और जुआरी बढ़ते हैं। ये तीनों व्यवसाय लूट के व्यवसाय हैं, आसान और भ्रष्ट तरीके से समृद्ध होने के साधन हैं। दुष्ट आदमी बाहुबल के आतंक से लूटता है। चोर एकान्त और अन्धकार के माध्यम से धन बटोरता है और जुआरी छल-कपट से अपनी जेब भरता है। ये तीनों व्यवसाय समाज को पुरुषार्थ के मार्ग से पतित करते हैं।

पतनोन्मुख समाज के बचने का एक ही उपाय दिखाई देता है। समाज अपने दैवी स्वभाव के कारण अत्याचारी को सहता तो है, पर स्वीकार नहीं करता है। एक-न-एक दिन वह उसके विरुद्ध उठ खड़ा होता है। इसी कारण सत्य की विजय का उद्घोष किया गया है। इसी कारण दैवी शक्ति के अवतार की घोषणा की गयी है।

वास्तव में बाहर से भले ही हाथ जोड़े खड़ा रहे, पर मनुष्य के हृदय में अत्याचारी की कोई कीमत नहीं होती है। मुझे चंगेज खाँ की एक कथा याद आती है। उसने अपनी लूट की यात्रा में सूफी सन्त अहमदी को पकड़ लिया था। वह मोटे-तगड़े थे, अतः चंगेज खाँ उनसे गुलामी करवाता था। वह जब गुलामों को बेचता था तो अहमदी को समझदार गुलाम समझकर अन्य गुलामों की कीमत उनसे अँकवाता था।

एक दिन उसने मजाक में पूछा, 'ए मोटे फकीर! बता, मेरी कीमत क्या है?'

अहमदी शान्त भाव से बोले, 'हुजूर, आपकी कीमत मैं कैसे लगा सकता हूँ!'

चंगेज खाँ ने जिद की, 'नहीं, तुम्हें मेरी कीमत बतानी ही पड़ेगी। बोलो, मैं अपने को बेचूँ तो क्या दाम मिलेगा?'

अहमदी ने शान्त भाव से कहा, '५० दीनार।'

चंगेज खाँ झझक उठा, 'अरे दुष्ट, मैं हजारों गुलामों और करोड़ों की सम्पत्ति का मालिक हूँ। मेरी इतनी कम कीमत, ५० दीनार की तो मेरी शॉल है, जो मैं ओढ़े हुए हूँ।'

अहमदी ने बिना उत्तेजित हुए शान्त भाव से कहा, 'हुजूर, मैंने आपका दाम ५० दीनार इसलिए लगाया, क्योंकि आप शॉल ओढ़े हुए हैं। अगर शॉल आपके ऊपर न होती तो आपका मोल कौड़ी बराबर भी नहीं होता।'

चंगेज खाँ अहमदी की निर्भयता देखकर दंग रह गया।

जैसे अहमदी ने चंगेज खाँ को जवाब दे दिया उसी तरह समाज भी रावण को जवाब देने के लिए सुगबुगा रहा था, पर उठ खड़े होने का साहस नहीं बटोर पा रहा था।

अतिसय देखि धर्म कै ग्लानी।
परम सभीत धरा अकुलानी॥

—धर्म की अत्यन्त गिरावट को देखकर पृथ्वी बहुत भयभीत और व्याकुल हो गयी। धर्म, यानी सृष्टि को धारण करनेवाले नियम। जब ये नियम टूटते हैं, उनके क्रम को कोई उलटता है तो धरती अकुलाती है। पहले यह काम राक्षस करते थे, आज विज्ञान कर रहा है। प्रकृति के रहस्य को जानने की आकांक्षा रखनेवाला विज्ञान यह समझने में अपने को असमर्थ पा रहा है कि प्रकृति के नियमों के टूटने से सृष्टि का क्या होगा।

आईने जैसी एक साफ बात आदमी की समझ में नहीं आती है। यह सृष्टि परमात्मा का एक विशाल कारखाना है। करोड़ों वर्षों से यह कारखाना चल रहा है। लेकिन इसमें कहीं प्रदूषण नहीं है। मनुष्य की कार्बन डाइऑक्साइड पेड़ ले लेते हैं। पेड़ की ऑक्सीजन मनुष्य के काम आती है। मल-मूत्र, सड़ा-गला जो कुछ भी है, उसे धरती माँ खाद के रूप में खाकर हमें अनाज और साग-सब्जी देती है। पर्वत और पेड़ हवा, पानी देते हैं। मनुष्य उन्हें संरक्षण देता है। इस तरह यह कारखाना किसी प्रदूषण के बिना बहुत सन्तुलित ढंग से चलता है।

अब आदमी के कारखाने की ओर निगाह दौड़ाइए। चारों ओर प्रदूषण-ही-प्रदूषण है। हर कारखाना ऐसा कचरा पैदा कर रहा है, जो कहीं भी खपता नहीं है, केवल रोग पैदा करता है; हवा, पानी को दूषित करता है। विज्ञान की प्रगति मनुष्य को भले ही सँवार रही हो, प्रकृति का नाश कर रही है, उसके प्राकृतिक सन्तुलन को तोड़ रही है। इससे पृथ्वी माता अकुला रही है। आज की स्थिति भी रावण के अत्याचार जैसी ही है।

गिरि सरि सिंधु भार नहिं मोही।
जस मोहि गरुअ एक परद्रोही॥

—धरती कहती है—पर्वतों, नदियों, समुद्रों का बोझ उतना भारी नहीं लगता जितना भारी मुझे दूसरे को दुःख देनेवाला एक आदमी लगता है।

बात बड़ी गहरी है। धरती कहती है कि नदी, सागर, पर्वत का बोझ मैं आराम से उठा लेती हूँ, लेकिन एक भी परद्रोही का बोझ मुझसे उठाये नहीं उठता। रावण के राज्य में तो परद्रोही बढ़ते ही जा रहे हैं।

वास्तव में बोझ वजन से नहीं बढ़ता है। बोझ वह चीज बढ़ाती है, जो आपके स्वभाव और रुचि के खिलाफ होती है। आपके घर में कोई 'मान-न-मान मैं तेरा मेहमान' आये तो घण्टे भर में ही बोझ लगने लगता है, लेकिन विदेश में पढ़ रहे आपके बच्चे आ जायें, दूर-दराज से माता-पिता या सास-ससुर आ जायें तो महीने भर उनके साथ रहकर आप न थकते हैं, न ऊबते हैं। परम प्रसन्न रहते हैं।

पहाड़ों पर एक साधु घूम रहे थे। उन्होंने देखा कि एक युवती अपने कन्धे पर दस वर्ष के बच्चे को रखकर पहाड़ की ऊँचाइयों पर चढ़ती जा रही है। थकावट से हाँफ भी रही है। दूसरे के दु:ख में शरीक होने के स्वभाव के कारण महात्माजी उस युवती के पास गये, बोले, 'बेटी, इतना बोझ क्यों उठा रही हो? थक जाओगी। ऊपर तक पहुँचना मुश्किल हो जायेगा। मैं तुम्हारी मदद करूँ?'

युवती ने साधु को देखा और झिड़क-भरे स्वर में बोली, 'बाबा, मैंने कोई बोझ नहीं उठा रखा है, यह मेरा भाई है। बोझ तो आप लादे फिर रहे हैं। अपनी गठरी उतारकर थोड़ा सुस्ता लीजिए।'

महात्माजी के पसीने छूट गये। अबोध युवती से इतना प्रबोध पाने की अपेक्षा उन्होंने नहीं की थी। जीवन के ज्ञान के सामने उनका शास्त्र-ज्ञान फीका पड़ गया।

नदी, पर्वत, सागर धरती के सौंदर्य हैं। इनसे उसका रूप सँवरता है; लेकिन जब कोई प्रकृति के नियमों को तोड़ता है तो धरती काँप उठती है। यह सृष्टि सहयोग पर आधारित है। इसमें द्रोह करना, किसी को दु:ख पहुँचाना उसके नियम को भंग करना है। इससे धरती का बोझ बढ़ता है। इस बोझ को कम करने के लिए नियमों की वापसी जरूरी है, अर्थात् धर्म की प्रतिष्ठा के बगैर धरती का बोझ कम नहीं हो सकता। धरती इस भयानक स्थिति से चिन्तित है।

सकल धर्म देखइ बिपरीता।
कहि न सकइ रावन भयभीता॥

—पृथ्वी सारे धर्मों को विपरीत देख रही है, पर रावण से भयभीत हुई वह कुछ बोल नहीं सकती है।

जीवन में भय से बढ़कर मनुष्य का और कोई शत्रु नहीं है। भय आत्मा के तेज को धूमिल कर देता है। भयभीत मनुष्य सबसे पहले अपने आत्मगौरव को ही खोता है। अत: सच्चा धर्म सदैव निर्भयता की सीख देता है।

भयभीत धरती की समझ में नहीं आ रहा है कि वह क्या करे? अत: उसने

निश्चय किया कि चलकर जीवन के परम सत्य को जाननेवाले श्रेष्ठ जनों से सलाह ली जाये।

धेनु रूप धरि हृदयँ बिचारी।
गई तहाँ जहँ सुर मुनि झारी॥
निज संताप सुनाएसि रोई।
काहू तें कछु काज न होई॥

—हृदय में सोच-विचारकर, गौ रूप धारण कर धरती वहाँ गयी, जहाँ सब देवता और मुनि थे। पृथ्वी ने रोकर उन्हें अपना दु:ख सुनाया, पर किसी से कुछ काम न बना।

हर युग में अन्याय और अत्याचार फैलानेवाले की यह तकनीक रही है कि वह सबसे पहले समाज के श्रेष्ठ जनों को प्रताड़ित करता है। इसका लाभ यह होता है कि जनसाधारण को उठ खड़ा होने की सीख देनेवाला कोई बचता ही नहीं है। अत: समाज सम्पूर्ण रूप से अपने आप को पराजित महसूस करने लगता है। रावण ने भी यही तकनीक अपनायी थी। देवताओं और मुनियों को भयभीत कर रखा था। अमर देवता अपनी सुविधा खोकर दु:खी थे और मर्त्य मुनिगण अपनी जान बचाने के चक्कर में थे। अत: कोई भी रावण का सामना करने के लिए आगे नहीं आ रहा था। धरती की करुण कथा सुनकर भी सभी लोग चुप रहे।

फिर अन्याय और अत्याचार का मुकाबला कैसे किया जाये? इस हेतु सभी मिलकर ब्रह्मा के पास गये।

ब्रह्माँ सब जाना मन अनुमाना मोर कछू न बसाई।
जा करि तैं दासी सो अबिनासी हमरेउ तोर सहाई॥

—ब्रह्माजी सब जान गये। उन्होंने मन में अनुमान किया कि इसमें मेरा कुछ भी वश नहीं चलनेवाला है। तब उन्होंने धरती से कहा—जिसकी तू दासी है वही अविनाशी हमारा और तुम्हारा दोनों का सहायक है।

सभी ब्रह्मा के पास इसलिए गये थे, क्योंकि वे ही जगत् के निर्माता हैं। उन्हें विश्वास था कि जिसने संसार को बनाया है, वही बचायेगा भी। लेकिन ब्रह्मा ने अपनी असमर्थता दिखायी। उन्होंने कहा कि जैसे सांसारिक जीवन में वयस्क पुत्र के समक्ष पिता असमर्थ हो जाता है उसी तरह अत्याचारी रावण के सामने वे असहाय हैं। पर वे अपनी असमर्थता को बताकर चुप नहीं रहे। उन्होंने एक सुझाव दिया। ब्रह्मा का यह सुझाव हिन्दू धर्म की सृष्टि-व्यवस्था का एक सुन्दर पक्ष हमारे सामने रखता है। ब्रह्मा कहते हैं—चलो, हम सभी भगवान् विष्णु के पास चलते हैं।

वे ही सहायता करेंगे।

यहाँ दो बातें महत्त्वपूर्ण हैं। पहली बात यह है कि वह धरती को विष्णु की दासी कहते हैं। हमारे धर्म में धरती को 'विष्णु पत्नी' कहा गया है; क्योंकि जैसे विष्णु पालक हैं उसी तरह धरती भी पालिका है। धरती से उपलब्ध सम्पदा ही हमारे जीवन का संरक्षण करती है। अत: धरती और विष्णु का सम्बन्ध बहुत गहरा है।

दूसरी बात यह कही गयी कि विष्णु निश्चित रूप से सहायता करेंगे। वास्तव में देखा जाये तो हिन्दू धर्म में निर्माता ब्रह्मा, पालक विष्णु और संहारक शिव हैं। लेकिन प्राय: ब्रह्मा और शिव ऐसे लोगों को वरदान दे देते हैं, जो बाद में वरदान के बल से अत्याचार करते हैं। तब विष्णु उन्हें मारने के लिए आगे आते हैं। परिस्थिति विशेष में रक्षक को संहारक बनना पड़ता है। यह दायित्व विपर्यय क्यों होता है, समझना कठिन है; लेकिन इतना कहा जा सकता है कि पालक सदैव न्यायकारी होता है। इसीलिए विष्णु को जीवन में सन्तुलन स्थापित करते दिखाया गया है।

धरती के दु:ख को कम करने के लिए ब्रह्मा एक मनोवैज्ञानिक तरीका अपनाते हैं। वे कहते हैं कि विष्णु भगवान् मेरी और तुम्हारी दोनों की सहायता करेंगे। किसी व्यक्ति की पीड़ा को सहलाने का सबसे उत्तम तरीका यही है कि हम उसकी पीड़ा से अपने को जोड़ दें। पेटदर्द से पीड़ित व्यक्ति को यदि आप यह बता दें कि आप गठिया से पीड़ित हैं तो वह अपने दु:ख-भार को घटता हुआ महसूस करेगा। ब्रह्मा ने ऐसा ही किया, पर इससे धरती का दु:ख कम नहीं हुआ।

वास्तव में दु:खी व्यक्ति भाषण से सुखी नहीं होता। वह अपने दु:ख का तत्काल निवारण चाहता है। ब्रह्मा की बात से धरती की पीड़ा का निवारण तनिक भी नहीं हुआ। लेकिन ब्रह्मा के पास उसके निवारण का कोई तात्कालिक उपाय था भी नहीं। अत: वह एक और सूत्र प्रस्तुत करते हैं—

धरनि धरहि मन धीर कह बिरंचि हरि पद सुमिरु।
जानत जन की पीर प्रभु भंजिहि दारुन बिपति॥

—ब्रह्माजी ने कहा—हे धरती! मन में धीरज धारण करके श्रीहरि के चरणों का स्मरण करो। प्रभु अपने दासों की पीड़ा जानते हैं। वे तुम्हारी कठिन विपत्ति का नाश करेंगे।

दु:ख को सहन करने का सबसे अचूक तरीका यही है कि मनुष्य धीरज धारण करे। लेकिन यह कठिन काम है। दु:ख में मनुष्य सबसे पहले धीरज ही खोता है। अत: दु:ख में धैर्य की बहुत बड़ी आवश्यकता होती है। लेकिन इस धैर्य को

दुःख के समय पाया कैसे जाये? इसके लिए ब्रह्मा कहते हैं कि श्रीहरि के चरणों का स्मरण करो। दुःख के समय प्रभु का नाम ही सबसे बड़ा सहारा होता है। प्रभु का नाम लेने से बड़ी-से-बड़ी पीड़ा का हरण हो जाता है।

लेकिन यदि मन में अखण्ड विश्वास न हो तो यह मानने में बड़ी कठिनाई होती है कि प्रभु-स्मरण से दुःख दूर होता है। प्रायः मनुष्य को अपने दुःख पर विश्वास होता है। इसलिए उसे दूर करने के लिए वह इस भगवान् से उस भगवान् की ओर भागता है। उसे भरोसा नहीं होता है कि भगवान् दुःख दूर कर पायेंगे।

प्रायः दुःख जितना कठिन होता है, परमात्मा पर विश्वास उतना ही कमजोर हो जाता है। जीसस क्राइस्ट को जब पुलिस पकड़कर क्रॉस पर चढ़ाने जा रही थी तो परमात्मा का एकमात्र बेटा कहलानेवाले क्राइस्ट भी हिल गये। उनकी स्थिति बड़ी दयनीय थी। वे धर्मदूत से अपराधी बन गये थे। अभिनन्दन-वन्दन के स्थान पर उन्हें दमन और दण्ड का शिकार होना पड़ रहा था। उनके सभी बारह शिष्य उन्हें छोड़कर भाग गये थे। उनका एक शिष्य जुडास उन्हें पकड़वाने में सहायक बना। एक अन्य शिष्य पीटर साथ रहने की कसम खाकर भी भाग खड़ा हुआ। ऐसी दुःखद-दयनीय स्थिति में क्राइस्ट ने घबराकर कहा, 'प्रभु, तुमने भी मुझे छोड़ दिया!'

यह पीड़ा का वचन था, एक महान् आत्मा के पराभव का वचन था। इसे क्राइस्ट ने तुरन्त समझ लिया और अपने को संयत करते हुए बोले, 'मेरे प्रभु! तेरी इच्छा पूरा हो (लेट दाई विल बी डन)।' इस कथा से पता चलता है कि क्राइस्ट जैसा व्यक्ति भी दुःख में विचलित हो जाता है। फिर साधारण जन की तो बात ही क्या!

इसी हेतु ब्रह्मा धरती के विश्वास को टिकाने के लिए एक और सूत्र प्रस्तुत करते हैं। कहते हैं कि प्रभु भक्तों की पीड़ा को समझते हैं। यह तो बहुत सुखद बात है कि दुःख में धीरज धारण करना चाहिए। धीरज के लिए प्रभु का स्मरण करना चाहिए और मन में यह विश्वास होना चाहिए कि प्रभु भक्तों के दुःख को जानते हैं। लेकिन दुखियारा मन इससे सन्तुष्ट नहीं होता है। उसे इससे कुछ और अधिक चाहिए। दुःखी व्यक्ति अपने को ध्यान में रखकर तर्क करता है। वह सोच सकता है कि प्रभु भले ही मेरे दुःख को जानते हों, लेकिन यदि वह उसे दूर न कर सके तो उसके जानने या न जानने से फायदा क्या? सम्भवतः धरती भी इसी मनःस्थिति में है। अतः ब्रह्मा एक और सान्त्वना देते हैं।

धरती के मन को पूर्ण रूप से विश्वस्त और सन्तुष्ट करने के लिए ब्रह्मा

कहते हैं कि प्रभु तुम्हारी कठिन विपत्ति का नाश करेंगे। आर्त भक्त को इससे बड़ी और कोई गारण्टी नहीं चाहिए। इसे पाकर धरती प्रसन्न हुईं। उन्हें विश्वास हुआ कि प्रभु उनके दु:ख को जानते भी हैं और उसको दूर करने की क्षमता भी रखते हैं। इतनी गारण्टी हो जाने पर भीषण दु:ख में भी जीवन जीने की आशा बँधती है।

इतना होने पर भी एक समस्या बनी रहती है कि ऐसे संकटमोचन भगवान् को पाया कैसे जाये? उन्हें कहाँ खोजा जाये? यह सवाल साधारण भक्त के मन में ही नहीं, देवताओं के मन में भी उठता है।

बैठे सुर सब करहिं बिचारा।
कहँ पाइअ प्रभु करिअ पुकारा॥

—सब देवता बैठकर विचार करने लगे कि प्रभु को कहाँ पावें, ताकि उनके सामने पुकार करें।

यह एक व्यावहारिक समस्या है। जब तक प्रभु के निवास का पता न हो तब तक उन्हें पुकारने का कोई अर्थ ही नहीं होता। अत: सभी देवता प्रभु के ठिकाने के बारे में विचार करने लगे।

पुर बैकुंठ जान कह कोई।
कोउ कह पयनिधि बस प्रभु सोई॥

—कोई बैकुण्ठपुरी जाने को कहता था और कोई कहता था कि वही प्रभु क्षीर-सागर में रहते हैं।

सर्वव्यापी परमात्मा के निवास को खोजने की यह तत्परता श्रेष्ठ भक्त की निशानी नहीं है। श्रेष्ठ भक्त तो सर्वव्यापी प्रभु को कहीं भी खोज लेता है। इसी कारण देवताओं की खोज भगवान् शिव को पसन्द नहीं आयी। उन्होंने परमात्मा को पुकारने की एक अनोखी रीति बतायी।

जाके हृदयँ भगति जसि प्रीती।
प्रभु तहँ प्रगट सदा तेहिं रीती॥

—जिनके हृदय में जैसी भक्ति और प्रीति होती है, प्रभु वहाँ सदा उसी रीति से प्रकट होते हैं।

भक्ति की यह अद्‌भुत महिमा है। परमात्मा स्थानबद्ध नहीं है। वह तो मात्र प्रेमबद्ध है। सर्वव्यापी प्रभु प्रेम का आलम्बन पाकर स्थिर हो जाते हैं। जब भी कोई भाव से पुकारता है, प्रभु उसके लिए दौड़ते हैं। गज, अजामिल, प्रह्लाद और नारद—सभी की पुकार पर प्रभु ने तत्परता दिखायी। वे भक्त की इच्छापूर्ति के लिए पहुँच गये। इसी महिमा के कारण भक्ति-आन्दोलन इतना लोकप्रिय हुआ। इसी करुणा के

कारण भक्तों का भगवान् इतना जन-रंजक हुआ।

तेहिं समाज गिरिजा मैं रहेऊँ।
अवसर पाइ बचन एक कहेऊँ॥

—हे पार्वती! उस समाज में मैं भी था। अवसर पाकर मैंने एक बात कही।

भगवान् शिव का यह वचन बड़ा अनमोल है। वे कहते हैं कि मैंने अवसर पाकर एक बात कही। शिव चाहते तो सबसे पहले अपनी बात कह सकते थे। सभी देवता उनका सम्मान करते थे। किन्तु जो महान् होता है, वह दूसरों को अवसर देता हैं और जो क्षुद्र होता है, वह दूसरों से अवसर छीनता है। इसी मर्यादा का पालन करते हुए भगवान् शिव ने अपनी बात अन्त में कही।

हरि ब्यापक सर्बत्र समाना।
प्रेम तें प्रगट होहिं मैं जाना॥

—मैं तो यह जानता हूँ कि भगवान् सब जगह समान रूप से व्यापक हैं। प्रेम से वे प्रकट हो जाते हैं।

भगवान् शिव के इस कथन में 'जाना' शब्द बहुत महत्त्वपूर्ण है। धर्म दर्शन की सार्थकता तभी है, जब वह अनुभूति का अंग हो। माना हुआ धर्म-दर्शन मात्र शब्दजाल होता है। अत: शिव कहते हैं कि मैं अपना 'जाना' कह रहा हूँ। बनारस में कबीर ने भी शब्दज्ञानी पण्डितों से यही कहा था, 'मैं कहता आँखिन की देखी, तू कहता कागद की लेखी।' इस अनुभूत ज्ञान के कारण ही कबीर की महिमा अपरम्पार हो गयी है। शब्दज्ञानियों को कोई जानता भी नहीं है। भगवान् शिव की बात की सराहना सभी ने की।

मोर बचन सब के मन माना।
साधु साधु करि ब्रह्म बखाना॥

—मेरी बात सबको प्रिय लगी। ब्रह्माजी ने साधु-साधु कहकर बड़ाई की।

सभी देवताओं ने भगवान् के उन्हीं निवासों की चर्चा की थी, जो शास्त्रों में लिखे गये हैं, लेकिन शिव ने उस निवास की चर्चा की, जो भक्त के हृदय में अवस्थित है। भक्त सदैव हृदय की अनुभूतियों की बात करता है। शास्त्र-ज्ञान के पाण्डित्य से वह सदैव दूर भागता है। शिव भक्त-शिरोमणि हैं। अत: उनके कथन ने ब्रह्मा को बहुत प्रसन्न किया। ब्रह्मा के आदेश पर सभी देवताओं ने प्रभु को आर्त होकर पुकारा। प्रार्थना से प्रसन्न होकर प्रभु ने उन्हें आश्वासन दिया।

जनि डरपहु मुनि सिद्ध सुरेसा।
तुम्हहि लागि धरिहउँ नर बेसा॥

हरिहउँ सकल भूमि गरुआई।
निर्भय होहु देव समुदाई॥

—भगवान् ने कहा—मुनि, सिद्ध और देवताओं के स्वामियो! डरो मत, तुम्हारे लिए मैं मनुष्य का तन धारण करूँगा। मैं पृथ्वी का सब भार हर लूँगा। देवताओ! तुम निर्भय हो जाओ।

पृथ्वी और देवताओं की हाहाकारमयी पुकार को सुनकर भगवान् विष्णु ने यह वचन दिया। उन्होंने स्पष्ट कर दिया कि वे जन्म लेकर पृथ्वी पर हो रहे सभी अत्याचारों को समाप्त करेंगे, धर्म की स्थापना करेंगे। भगवान् के इस वचन में उनकी करुणा, दया और कृपा का भाव है। भक्तों के लिए कुछ भी करने की उनकी सनातन तैयारी का सूचक है। इसीलिए प्रभु के आश्वासन के बाद सभी देवता पृथ्वी के साथ शान्त मन से अपने-अपने स्थान को गये।

अवतार का दूसरा कारण भक्त की इच्छा की पूर्ति है। भक्त भले ही भगवान् की इच्छा पूरी न करें, भगवान् सदा उसकी इच्छा को पूर्ण करने के लिए तत्पर रहता है। भक्त की इच्छा दो प्रकार की होती है—एक, अपने उद्धार की और दूसरी, औरों के उद्धार की। आइए, सबसे पहले हम पहली इच्छा की चर्चा करें।

भक्त अपना कल्याण इसी में समझता है कि वह अपनी आँखों से प्रभु के ऐश्वर्य को देख ले। लेकिन कभी-कभी यह लोभ तनिक बढ़ जाता है। वह प्रभु को सदा अपने घर में हँसता-खेलता देखना चाहता है। कश्यप और अदिति ने ऐसा ही किया था। पति-पत्नी दोनों ने तपस्या करके भगवान् को पुत्र रूप में पाने की कामना की थी। भगवान् ने स्वयं अपने मुख से भयभीत देवताओं और पृथ्वी को सान्त्वना देते हुए कहा था—

कस्यप अदिति महातप कीन्हा।
तिन्ह कहुँ मैं पूरब बर दीन्हा॥
ते दसरथ कौसल्या रूपा।
कोसलपुरीं प्रगट नर भूपा॥
तिन्ह कें गृह अवतरिहउँ जाई।
रघुकुल तिलक सो चारिउ भाई॥

—कश्यप और अदिति ने बड़ा भारी तप किया था। मैं पहले ही उन्हें वर दे चुका हूँ। वे ही राजा बनकर दशरथ और कौसल्या के रूप में अयोध्या में प्रकट हुए हैं। उन्हीं के घर में रघुकुल में श्रेष्ठ चार भाइयों के रूप में अवतार लूँगा।

प्रभु ने जैसे कश्यप और अदिति की इच्छा को पूर्ण किया, उसी तरह मनु

और शतरूपा को भी कृतार्थ किया। उन दोनों की इच्छा भी प्रभु को पुत्र रूप में पाने की थी। उन दोनों ने भी कठोर तप किया था। भगवान् ने अपने स्वरूप का दर्शन भी उन्हें कराया। फिर भी वे सन्तुष्ट नहीं हुए। उन्होंने प्रभु को अपने घर-आँगन में देखना चाहा।

दानि सिरोमनि कृपानिधि नाथ कहहुँ सति भाउ।
चाहउँ तुम्हहि समान सुत प्रभु सन कवन दुराउ॥

—मनु ने कहा—हे दानियो में शिरोमणि! हे कृपानिधान! हे नाथ! मैं अपने मन का सच्चा भाव कहता हूँ। मैं आपके समान पुत्र चाहता हूँ। प्रभु से भला क्या छिपाना!

राजा मनु ने जो प्रार्थना परमात्मा से की, वह बड़े काम की है। उससे संसारी और असंसारी दोनों का फायदा हो सकता है। इसमें जीवन की मर्यादा के कई सूत्र जुड़े हुए हैं। आइए, इनपर नजर दौड़ाते हुए चलें।

पहला सूत्र—संवाद में सम्बोधन उपयुक्त होना चाहिए। राजा मनु भगवान् से कुछ पाना चाहते हैं। कुछ पाना उसी से सम्भव होता है जिसके पास देने का मन हो। धन होने से देना सम्भव नहीं होता है। दिल होने से दान हो पाता है।

एक धनी आदमी के पास कुछ लोग चन्दा माँगने पहुँचे। माँगनेवाले उसकी जान-पहचान के थे। उन्हें मना कर पाना मुश्किल था। इसलिए उसने एक उपाय किया। माँगनेवालों से क्षमायाचना करते हुए बोला, 'मैं अपनी सम्पत्ति का बँटवारा कर रहा हूँ। मामला कोर्ट में है, अत: मैं अभी एक पैसा भी खर्च नहीं कर सकता। दो सप्ताह बाद आइएगा।'

मित्रों ने दो सप्ताह बाद फिर दरवाजा खटखटाया।

धनी आदमी ने उनका स्वागत करते हुए टके-सा जवाब दिया, 'मित्रो! मैंने अपनी सम्पत्ति का बँटवारा अपनी पत्नी और पुत्रों में कर दिया है। अब मेरे पास देने को कुछ नहीं है। हाँ, यदि आप कहें तो मैं आपकी चन्दा उगाहनेवाली इस टोली में शामिल हो जाऊँ।'

दिल हो तो दान दिया जाता है। नहीं तो आदमी धन पर कुण्डली मारकर बैठ जाता है। धन बहुतों के पास हो सकता है, लेकिन दिल बहुत कम लोगों के पास होता है। यह दिल संस्कार से भी मिलता है और पुरस्कार से भी। बहुत लोग ऐसे संस्कारी होते हैं, जो स्वभाव से ही दान देते हैं। महाभारत के कर्ण ऐसे ही थे। वह जानते थे कि यदि इन्द्र को कवच-कुण्डल दे देंगे तो उन्हें युद्ध में हारना पड़ेगा, फिर भी उन्होंने दे दिया, क्योंकि दान देना उनका स्वभाव था। इन्द्र का छल जानते हुए भी उनके छल पर उन्होंने ध्यान नहीं दिया। उन्हें केवल अपने व्रत और संकल्प

का ध्यान रहा। राजा शिवि ने कबूतर की रक्षा के लिए अपने अंग काट डाले। महाराज रन्तिदेव ने दूसरे की भूख मिटाने के लिए अपने को न्योछावर कर दिया।

जिनके पास संस्कार नहीं होता है, उन्हें पुरस्कार से प्रेरित किया जाता है। एक धनी कंजूस की कथा मुझे याद आती है। वह कभी किसी को दान नहीं देता था। सन्त, महात्मा, याचक, भिखारी—सभी उसके द्वार से खाली हाथ लौट जाते थे। एक बार उस आदमी के पास एक विचित्र सन्त आये। उन्होंने धनी आदमी से प्रस्ताव किया, 'आप मुझे पाँच हजार का चेक दे दें। मैं इसे कैश नहीं कराऊँगा। दो सप्ताह बाद यह चेक आपको लौटा दूँगा।'

धनी आदमी ने सोचा, यह तो मुझे मुफ्त में दानी होने का मौका मिल रहा है। सन्त के भोलेपन पर उसे दया आयी। उसने चेक काटकर दे दिया। महात्माजी आसपास के इलाके में उस चेक को लेकर घूमते रहे। सबसे कहते रहे—मन्दिर-निर्माण के लिए धनी आदमी ने पाँच हजार दिया है। आपको भी कुछ देना चाहिए। सभी लोग चकित थे। सोचते थे कि यदि कंजूस, मक्खीचूस ने इतना दिया तो हमें जरूर देना चाहिए। दो सप्ताह में महात्माजी ने काफी धन इकट्ठा कर लिया। फिर अपने वायदे के अनुसार वह धनी आदमी के पास चेक लौटाने के लिए गये।

धनी व्यक्ति ने उनके पाँव पकड़ लिये। भाव-भरे स्वर में बोलने लगा, 'महात्माजी, आप जानते हैं, हजारों लोग मेरे घर आकर मुझे बधाई दे गये हैं। मुझे सत्पुरुष कह रहे हैं, क्योंकि मैंने एक अच्छे काम के लिए दान किया, जबकि मैं जानता हूँ कि मैंने दान किया ही नहीं है। मैंने अपने जीवन में केवल संग्रह का स्वाद चखा था, दान के मिठास का स्वाद तो मुझे आपकी कृपा से मिला। यह चेक अब आप ही रखें।'

धनी व्यक्ति संस्कार और पुरस्कार—दोनों से दानी बनता है। लेकिन यदि याचक में शील-संस्कार न हो तो वह समुचित दान नहीं ले पाता है। व्यक्ति का शील-संस्कार उसके व्यवहार से प्रकट होता है। यदि आप गृहिणी से 'माँ' कहकर माँगें तो कुछ अधिक ही मिलेगा। लेकिन यदि उससे 'ऐ बुढ़िया' कहकर माँगेंगे तो गाली ही मिलेगी। ध्यान दीजिए, संसार में हर कोई मीठे स्वर सुनना चाहता है। वाणी के संस्कार पर इसीलिए इतना जोर दिया गया है। शब्दों के अर्थ आपकी 'टोन' के मुहताज नहीं होते, लेकिन उनके भाव और प्रभाव को बेशक आपके 'टोन' की बहुत जरूरत होती है। आदमी पर अच्छा असर डालने के लिए मधुर सम्बोधन बहुत कारगर होते हैं।

मनु को माँगना है, इसीलिए वह भगवान् के लिए पहला सम्बोधन 'दानि

सिरोमनि' का करते हैं। आप कंजूस को भी दानी कह दें तो एक बार पसीज जायेगा। भले ही अन्दर से गाली देगा, लेकिन सम्बोधन की लाज रखने के लिए आपको कुछ-न-कुछ दे ही जायेगा। प्रभु तो विख्यात दानी हैं। सृष्टि की तमाम नियामतों को उन्होंने ही हमें दान में दिया है। यह सर्वविदित है। फिर भी मनु अपनी शिष्टता दिखाते हुए प्रभु को 'दानि सिरोमनि' कह रहे हैं। सबसे पहले भगवान् के उस गुण का उल्लेख कर रहे हैं, जिससे उन्हें काम लेना है। उन्हें दान चाहिए, इसीलिए 'दानि सिरोमनि' के पास आये हैं।

अपने दूसरे सम्बोधन में मनु परमात्मा को 'कृपानिधि' कहते हैं। कोई कितना भी दानी क्यों न हो, लेकिन वह सबको दान नहीं देता। दान दे भी नहीं सकता। यदि आप हर माँगनेवाले को दान देने लगें तो माँगनेवाले धनी होंगे या नहीं, यह तो मैं नहीं जानता, लेकिन इतना जरूर जानता हूँ कि आप भी एक दिन भिखारी हो जायेंगे। इसीलिए दान सोच-समझकर चुने हुए व्यक्तियों को ही दिया जाता है। जिसपर आप कृपा करते हैं, उसे ही दान देते हैं। कारण कुछ भी हो सकता है। हो सकता है कि माँगनेवाले का अन्दाज आपको पसन्द आ गया हो; जिस काम के लिए वह माँग रहा है, वह काम पसन्द आ गया हो। किसी भी स्थिति में दान के लिए कृपा जरूरी है। इसीलिए मनु प्रभु की कृपा को सम्बोधित करते हैं।

तीसरे और अन्तिम सम्बोधन में वे प्रभु को 'नाथ' कहते हैं। यों तो आदमी किसी से भी माँग सकता है, लेकिन उसमें पाने की गारण्टी नहीं होती है। अपमानित और प्रताड़ित होने का भी भय होता है। लेकिन जब आप अपने स्वामी से माँगते हैं तो मिलना लगभग तय होता है, क्योंकि सेवक के लिए स्वामी 'एक भरोसो एक बल, एक आस-विश्वास' होता है। उसके सामने माँगने में लाज-शरम भी नहीं रहती है। न मिलने पर आदमी अपमानित भी नहीं महसूस करता है।

दान माँगने के लिए मनु तीन सम्बोधन इस्तेमाल करते हैं। काम एक से भी चल सकता था, लेकिन तब अन्दर का भाव उमड़ता हुआ नहीं दिखाई पड़ता; सही सम्बोधन के इस्तेमाल के लिए हम मनु की सराहना नहीं करते। संसार से या भगवान् से यदि आप निश्चित रूप से कुछ पाने के लिए माँगना चाहते हों तो सम्बोधन पर मनु की तरह ही ध्यान दें।

दूसरा सूत्र—मनु कहते हैं कि हे प्रभु! मैं आपके सामने अपने मन का सच्चा भाव कह रहा हूँ। आदमी अपने सच्चे भाव में बड़ी कठिनाई से रह पाता है। यदि वह अपने सत्य-भाव में रहे तो संसार में इतना अत्याचार, मिथ्याचार, धोखाधड़ी हो ही नहीं। सत्य-भाव में रहने पर हर आदमी खुली किताब होगा। हर कोई एक-दूसरे

को जानेगा-पहचानेगा। फिर कौन किसको ठगेगा? कौन किससे टकरायेगा? लेकिन आदमी मुखौटे में जीना चाहता है, क्योंकि उसी से वह अपने अहं को कायम रख पाता है। लेकिन दिक्कत यह है कि अहं आदमी को अकेला कर देता है और आदमी अकेले जी नहीं सकता। आदमी परिचय के लिए सत्य-भाव चाहता है और पहचान के लिए मुखौटा भी। मुश्किल यह है कि दोनों एक साथ मिल नहीं सकते। यदि आप दूसरे के हृदय तक बैठना चाहते हैं तो मुखौटे उतारकर सत्य-भाव से जाना होगा। तभी आप व्यक्ति का विश्वास पा सकेंगे। सत्य-भाव से ही विश्वास जनमता है। जब तक विश्वास न जनमे, जीवन में कुछ सार्थक पाया नहीं जा सकता। जिसे जीवन में कुछ सार्थक पाना हो, उसे सत्य-भाव से प्रयत्न करना चाहिए।

तीसरा सूत्र—'प्रभु सन कवन दुराउ'। प्रभु से छिपाना क्या? छिपाना छल है। छल से कुछ पाने की कोशिश करना चोरी है। यह प्राप्ति आदमी को श्रेष्ठ नहीं बनाती है; उसे छोटा करती है।

पुराणों में एक बड़ी अच्छी कथा है। असुरराज बलि के प्रभाव को रोकने के लिए भगवान् विष्णु वामन रूप धारण कर तीन पग धरती माँगने गये थे। बलि ने दान देना सहर्ष स्वीकार कर लिया। तीन पग में बौने भगवान् ने सारा ब्रह्माण्ड नाप डाला। बलि का अहंकार चूर हुआ, लेकिन एक बड़ी प्रेरक बात हमें सीखने को मिली कि चूँकि भगवान् ने छल करके दान माँगा था, अत: उन्हें बौना बनना पड़ा। छल आदमी को छोटा करता है।

'मन में राम बगल में छूरी' का भाव मनुष्य का सबसे बड़ा शत्रु है। सामान्य जीवन में भी इससे कष्ट उठाना पड़ता है। परमात्मा के सामने तो छल और भी भयानक है। लेकिन आदमी किये जा रहा है। दुष्कर्म करनेवाला व्यक्ति भी मन्दिर में जाकर धर्मात्मा बनने की कसमें खा रहा है। स्मगलर मन्दिर बनाकर परमात्मा को रहने का ठिकाना दे रहा है। मन्दिरों-तीर्थों में श्रद्धावान् भक्तों को लूटनेवाले लोग अपने को पण्डित-पुरोहित कह रहे हैं।

अपनी असलियत छिपाकर कुछ पाने की कामना आज इतनी बढ़ गयी है कि अमृतपुत्र कहलानेवाला मनुष्य छल, पाखण्ड-पुत्र बनता जा रहा है। पतन की हद तो इस बात में है कि वह भगवान् को भी छलने में लगा हुआ है। मन्दिर बनवाने का झाँसा देकर वह शराब पीने के लिए लॉटरी खुलवाने की प्रार्थना भगवान् से किये जा रहा है। ऊपर से सोचता यह है कि भगवान् उसके छल को समझ नहीं रहा है।

मनुष्य अपने इस छल और छिपाव की भावना के कारण ही हजारों-हजार प्रार्थनाएँ-याचनाएँ करने के बाद भी परमात्मा से कुछ पा नहीं रहा है। मनु ने मन का दुराव छोड़कर माँगा और क्षण मात्र में मनचाहा पा लिया।

देखि प्रीति सुनि बचन अमोले।
एवमस्तु करुनानिधि बोले॥
आपु सरिस खोजौं कहँ जाई।
नृप तव तनय होब मैं आई॥

—राजा की प्रीति देखकर और उनके अमूल्य वचन सुनकर करुणानिधान प्रभु बोले—ऐसा ही हो। हे राजन्! मैं अपने समान दूसरा कहाँ जाकर खोजूँ? मैं स्वयं ही आकर तुम्हारा पुत्र बनूँगा।

भगवान् दो बातों से प्रसन्न हुए—राजा की प्रीति और वाणी की मिठास से। जब जीवन में सत्य-भाव आता है और मन में कोई दुराव-छिपाव नहीं रहता है, तभी प्रेम उत्पन्न होता है। प्रेम आदमी को स्वत्व प्रदान करता है। परमात्मा प्रेम से ही प्रसन्न होता है। वाणी की मिठास भी बहुत बड़ी चीज है। यह प्रेम-रस में पगी हो तो इसका कहना ही क्या! ऐसी वाणी को सुनकर भगवान् ने 'हाँ' कर दिया। राजा ने भगवान् जैसा पुत्र चाहा था, लेकिन भगवान् ने उससे भी ज्यादा दे दिया। उन्होंने कहा—मैं स्वयं ही पुत्र बनकर आऊँगा।

यह प्रसंग बड़ा मनमोहक है। परमात्मा ने कहा—मैं अपने जैसा कहाँ खोजूँगा। मैं स्वयं ही आऊँगा। समझने लायक पहली बात यह है कि परमात्मा की सृष्टि में डुप्लीकेट के लिए कोई स्थान नहीं है। वास्तव में ईश्वर की सबसे बड़ी शक्ति यही है कि वह एक जैसी दूसरी कोई चीज नहीं बनाता। उसकी रचना में हर कृति अप्रतिम और अपने आप में अकेली होती है। यदि परमात्मा डुप्लीकेट बनाने लगे तो उसकी सृष्टि मनुष्य के किसी कारखाने जैसी हो जायेगी, जहाँ एक ही मोल्ड (साँचे) से हजारों चीजें बनती हैं। परमात्मा तो एक रचना करके उसके साँचे को फेंक देता है।

दूसरी महत्त्वपूर्ण बात यह है कि यदि परमात्मा शरीर से अपने जैसा किसी को बना दे तो वह भी आचरण से उसके जैसा होगा, इसकी क्या गारण्टी है? महात्मा गांधी अपने पुत्र रामदास गांधी को अपने जैसा बनाना चाहते थे, वह उनके जैसा न बनकर पतित हो गया। योगी अरविन्द के पिता चाहते थे कि उनका बेटा शरीर से भारतीय होते हुए भी मन से अंग्रेज बन जाये। उन्होंने प्रयत्न भी किया। अरविन्द को बचपन में ही लन्दन भेज दिया। लेकिन अरविन्द अंग्रेज न बनकर

योगी बन गये। इतना ही नहीं, भगवान् श्रीकृष्ण भी अपने पुत्र साम्ब को सही रास्ते पर चला पाने में समर्थ नहीं हुए।

इन्हीं बातों को ध्यान में रखकर प्रभु ने सभी त्रुटियों की सम्भावना को समाप्त करते हुए स्वयं आने की बात कही।

संसार में ऐसी कोई चीज नहीं है, जिसे प्रेम और मधुर व्यवहार से न पाया जा सके। आदमी जरा सा माँगे, अक्षय भण्डार मिल जाता है। लौकिक-अलौकिक किसी भी तरह की याचना करते समय हमें यह सदा याद रखना चाहिए कि हृदय में प्रेम हो और वाणी में मिठास हो। ऐसे याचक को देकर देनेवाला अपने को धन्य महसूस करता है। स्वयं मनु का पुत्र होने का वर देकर भगवान् प्रसन्न हुए, अपने आपको ठगा नहीं महसूस किया।

कश्यप-अदिति और मनु-शतरूपा ने अपने उद्धार के लिए प्रभु से अवतार लेने की प्रार्थना की थी। यह उनकी व्यक्तिगत इच्छा थी कि जो जगत्पिता है वह उनका पुत्र बने। प्रेम के वश में रहनेवाला भगवान् अपने भक्तों की निहायत व्यक्तिगत इच्छा को भी टाल नहीं सके।

कुछ ऐसे भी भक्त हैं जो अपने लिए नहीं, दूसरों के उद्धार के लिए अवतार लेने हेतु परमात्मा को विवश करते हैं। एक बार सनकादि ऋषियों ने विष्णु के दो प्रिय द्वारपालों—जय और विजय को उनके दुर्व्यवहार के लिए राक्षस होने का शाप दे दिया था। बाद में प्रसन्न होने पर मुनियों ने जय-विजय से कहा—तुम दोनों राक्षस तो होगे, लेकिन परमात्मा स्वयं जन्म लेकर तुम्हारा वध करेंगे। एक जन्म में वे दोनों हिरण्यकशिपु और हिरण्याक्ष हुए। भगवान् ने एक को नृसिंह और दूसरे को वाराह का अवतार लेकर मारा। फिर ये ही रावण और कुम्भकर्ण बने। इन्हें श्रीराम का अवतार लेकर मारा।

नारद-मोह के प्रसंग में जब शिव के दो गणों ने नारद का मज़ाक उड़ाया था तब नारद ने उन्हें राक्षस होने का शाप दे दिया था। दोनों ने जब नारद से क्षमा-याचना की तो नारद प्रसन्न हो उठे।

निसिचर जाइ होहु तुम्ह दोऊ।
बैभव बिपुल तेज बल होऊ॥
भुज बल बिस्व जितब तुम्ह जहिआ।
धरिहहिं बिष्नु मनुज तनु तहिआ॥
समर मरन हरि हाथ तुम्हारा।
होइहहु मुकुत न पुनि संसारा॥

—तुम दोनों जाकर राक्षस होओ। तुम्हें महान् ऐश्वर्य, तेज और बल की प्राप्ति होगी। तुम अपनी भुजाओं के बल से जब पूरे विश्व को जीत लोगे तब भगवान् विष्णु मनुष्य का शरीर धारण करेंगे। युद्ध में भगवान् के हाथों तुम्हारी मृत्यु होगी, जिससे तुम मुक्त हो जाओगे। संसार में फिर जन्म नहीं लोगे।

शिवगणों के उद्धार के लिए जन्म लेने के लिए नारद ने भगवान् को विवश किया। ऐसा ही गौतम ऋषि ने भी किया था। अपनी पत्नी अहल्या को पत्थर बन जाने का शाप देने के बाद जब वे शान्त हुए तो उन्होंने उसके उद्धार का मार्ग बताया। गौतम ऋषि ने कहा कि जब विष्णु राम का अवतार लेंगे तो जनकपुर जाते समय अपने पैरों से छूकर वे तेरा उद्धार करेंगे। गौतम के इस वचन के कारण भी प्रभु को धरती पर आना पड़ा।

अवतार का एक और कारण है। यह सबसे अनोखा भी है। भगवान् शाप के कारण भी अवतार लेता है। जरा सोचिए, हिन्दू धर्म के अलावा संसार का और कौन धर्म है, जहाँ व्यक्ति को परमात्मा को शाप देने की स्वतन्त्रता है? हम देखते हैं, भगवान् लोगों को शाप देता है, वह लोगों पर कहर ढाता है। कोई भगवान् पर कहर नहीं ढा पाता है। भगवान् के लिए अपशब्द भी निकालना दूसरे धर्मों में पाप है। लेकिन हमारे यहाँ भगवान् को भी शाप देने की छूट है।

हमारा भगवान् बड़ा कद्रदान है। वह जैसे प्रेम को स्वीकार करता है वैसे ही शाप को भी। भगवान् किसी का शाप लेने के लिए बाध्य नहीं है। लेकिन हमारा भगवान् 'मीठा-मीठा गप और कड़वा-कड़वा थू' वाला दोमुँहा चरित्र नहीं रखता है। वह पुण्य-पाप दोनों को स्वीकार करता है, गुण-दोष दोनों का प्रसन्नतापूर्वक वरण करता है।

दैत्यराज जलन्धर अपने पराक्रम से देवताओं को हरा रहा था। देवों की सहायता के लिए भगवान् शिव दौड़ पड़े। भयानक संग्राम करके भी शिव उसे मार नहीं पाये। कारण की खोज की गयी तो पता चला कि दैत्यराज की पत्नी परम सती है। जब तक उसका सतीत्व कायम रहेगा तब तक जलन्धर रहेगा, उसे कोई मार नहीं सकेगा। देवतागण विष्णु के पास दौड़ते हुए पहुँचे। विष्णु ने छल करके जलन्धर की पत्नी का सतीत्व भंग किया। रहस्य जानने पर उस कुपित नारी ने विष्णु को शाप दिया।

तासु श्राप हरि दीन्ह प्रमाना।
कौतुक निधि कृपाल भगवाना॥

—लीलाओं के भण्डार भगवान् ने सती नारी के शाप को स्वीकार कर लिया।

विष्णु साधु बनकर जलन्धर की पत्नी वृन्दा के पास गये थे। उसने साधु रूपधारी विष्णु से पूछा—युद्ध का क्या समाचार है?

इतने में जलन्धर के कटे हुए सिर, पैर और हाथ वृन्दा के पास आ गिरे। वह रोने लगी। साधु विष्णु ने कहा—रोती क्यों हो? तुम सती नारी हो। इसके अंगों को जोड़कर इनमें प्राण फूँक दो। वृन्दा ने ऐसा ही किया। जलन्धर जीवित हो गया तो वह उसकी सेवा करने लगी। लेकिन यह नकली जलन्धर था। विष्णु ने उसे माया से पैदा किया था। इस कारण वृन्दा का सतीत्व जाता रहा और असली जलन्धर शिव के हाथों मारा गया।

रहस्य जानकर वृन्दा ने विष्णु को शाप दिया—तुमने मुझे साधु बनकर छला है। मेरा पति भी साधु बनकर तुम्हारी पत्नी को छलेगा। मुझे तुम्हारे कारण पति-वियोग हुआ है, तुम्हें पत्नी-वियोग होगा।

दूसरे जन्म में इसी शाप के कारण जलन्धर ने रावण रूप में सीता का हरण किया और राम को पत्नी-वियोग हुआ।

नारद के शाप की कथा तो जग-जाहिर है। इसे भगवान् शिव के मुख से सुनकर पार्वती भी चकरा गयीं।

गिरिजा चकित भई सुनि बानी।
नारद विष्नु भगत पुनि ज्ञानी॥
कारन कवन श्राप मुनि दीन्हा।
का अपराध रमापति कीन्हा॥
यह प्रसंग मोहि कहहु पुरारी।
मुनि मन मोह आचरज भारी॥

—भगवान् शिव की बात सुनकर पार्वतीजी चकित हुईं—नारद तो विष्णुभक्त और ज्ञानी हैं। उन्होंने किस कारण भगवान् को शाप दिया? भगवान् से क्या अपराध हुआ था? हे भगवान् शिव! यह कथा मुझसे कहिए। मुनि नारद के मन में मोह होना बड़े आश्चर्य की बात है।

पार्वती के आश्चर्य भरे सवालों में बड़ी गहराई है। सबसे पहले वह पूछती हैं कि नारद तो विष्णुभक्त और ज्ञानी हैं, फिर उन्होंने किस मोह के कारण परमात्मा को शाप दिया? पार्वती की बुद्धि सरल है। वह मानती हैं कि भक्त कभी भगवान् को शाप नहीं दे सकता। नारद तो विष्णुभक्तों में सिरमौर हैं। कभी-कभी भक्त 'महाठगिनी माया' के जाल में फँस भी सकता है, लेकिन नारद तो ज्ञानी भी हैं। ज्ञान तो माया के आवरण को चीरकर ही उपजता है। माया हो तो ज्ञान हो ही नहीं सकता।

फिर नारद किस फन्दे में फँसे?

नारद को भक्ति और ज्ञान, दोनों की उपलब्धि थी। भक्त भगवान् को सम्बन्धों में पाता है। जगत् के सारे नाते-रिश्ते वह भगवान् के साथ जोड़ लेता है। उसे सांसारिक सम्बन्धों से वैर नहीं होता। इन सम्बन्धों की स्नेह भरी डोर का इस्तेमाल वह प्रभु को पाने के लिए करता है। ज्ञानी इन सम्बन्धों को प्रभु-दर्शन में बाधा मानता है। इसे वह सांसारिक बन्धन और मायाजाल कहता है। वह सम्बन्धों में नहीं, स्वयं में प्रभु को पाना चाहता है; स्वयं परमात्मा रूप हो जाना चाहता है।

नारद में ये दोनों खूबियाँ हैं, फिर भी वे प्रभु को शाप दे बैठे। चकित-चिन्तित पार्वती पूछती हैं कि प्रभु का अपराध क्या था? अपराध यही था कि वासना के वशीभूत नारद को भगवान् बचाना चाहते थे। सिद्धि के हिमालय से नारद पतन की खोह में कूदना चाहते थे, प्रभु ने उनकी बाँह थाम ली थी; काम को जीतने की पदवी लेने के बाद नारद परम कामुकता के शिकार होना चाहते थे, परमात्मा ने उन्हें बचा लिया था। नारद ने इसे अपराध माना। वासना में डूबा आदमी हर बचानेवाले को अपराधी मानता है। शराबी को आप दूध पीने के फायदे बतायें या उसे मयखाने में जाने के बजाय मन्दिर जाने को समझायें तो वह आप पर बरस पड़ेगा। कामुक को स्त्री से बचने की सलाह दें तो वह आपको छुरा मार देगा। लोभी को साधु बनने की सीख दें तो वह आपको ही लूट लेगा। वासना कोई उपदेश नहीं सुनना चाहती है। उसे अपने लक्ष्य के सिवाय और कुछ सूझता ही नहीं है। वासनाग्रस्त सबसे पहले विवेक खोता है। विवेक न होने के ही कारण बचानेवाला उसे अपराधी लगता है।

साधारण आदमी की वासना का वेग साधारण ही होता है, लेकिन ज्ञानी की वासना तो उद्दाम वेगवती होती है। आप पहाड़ से कागज को गिराइए, रास्ते में कहीं अटक जायेगा, लेकिन वजनदार पत्थर फेंकिए तो वह सीधा अतल गहराइयोंवाली खोह में जाकर गिरेगा। जिसके उठने की कोई सीमा नहीं होती, उसके गिरने की भी कोई सीमा नहीं होती। यह प्रकृति का नियम है, जो शिखर से गिरता है, धरातल पर ही रुकता है और धरातल से उठता है, शिखर पर जा बैठता है। बीच में रुकने का कहीं कोई ठिकाना नहीं होता है। नारद चरित्र के शिखर से एकदम वासना के धरातल पर लुढ़क गये और तुलसी वासना के धरातल से चरित्र के महिमामण्डित शिखर पर जा चढ़े।

पार्वती एक और सवाल उठाती हैं। कहती हैं—मुनि के मन में मोह होने से मुझे आश्चर्य हो रहा है। बात है भी आश्चर्य की। मोह तो साधारण संसारी व्यक्ति को होता है। जो मोह के जाल को काट देता है वही मुनि बनता है, सन्त-महात्मा की

पदवी पाता है। मोह तो मूढ़ की विशेषता है, ज्ञानी की नहीं।

मोह का मनोविज्ञान बड़ा विचित्र है। मूढ़ निरीहता से मोह में फँसता है और ज्ञानी चतुरता से। अज्ञानी आदमी मोह रूपी कसाई के साथ उस निरीह बकरी की तरह हो जाता है, जिसे अंजाम का पता ही नहीं है। ज्ञानी आदमी चतुराई से कुछ पाने के लिए मोह में फँसता है। नारद ने जब शीलनिधि की कन्या को देखा तो उसके रूप से आकर्षित जरूर हुए, लेकिन रूप से ज्यादा उसके लक्षणों ने उन्हें लुभाया।

लच्छन तासु बिलोकि भुलाने।
हृदयँ हरष नहिं प्रगट बखाने॥

—कन्या के लक्षण देखकर मुनि अपने आपको ही भूल गये। हृदय में प्रसन्न हुए, लेकिन प्रकट रूप में उन लक्षणों के बारे में नहीं बताया।

इस प्रसंग में एक बात का खयाल रखना होगा। नारद केवल कन्या के रूप पर ही नहीं मोहित हुए थे। उन्हें कन्या के लक्षणों ने ज्यादा मोहित किया था।

जो एहि बरइ अमर सोइ होई।
समर भूमि तेहि जीत न कोई॥
सेवहिं सकल चराचर ताही।
बरइ सीलनिधि कन्या जाही॥

—लक्षणों को देखकर नारद मन में सोचने लगे—जो इसे ब्याहेगा, वह अमर हो जायेगा। रणभूमि में उसे कोई जीत नहीं सकेगा। शीलनिधि की कन्या जिसका वरण करेगी, सब चर-अचर जीव उसकी सेवा करेंगे।

इन प्रलोभनों ने नारद को डिगा दिया। संसार का सबसे शक्तिशाली पुरुष और सबसे सुन्दरी स्त्री का स्वामी बनने का लोभ वह रोक नहीं पाये। बड़ी चतुराई से उन्होंने अपने मोह को अंजाम देना चाहा। राजा को कन्या के सही लक्षण नहीं बताये। मोह में फँसनेवाला आदमी झूठ बोलने से परहेज नहीं करता। नारद ने भी नहीं किया।

राजा के पास से जाने के बाद नारद केवल यही विचार करते रहे कि किसी भी तरह उनका विवाह राजकुमारी से हो जाये। हर क्षण भगवान् का सुमिरन करनेवाला तपस्वी 'कन्या-सुमिरन' करने लगा। नारद की इस विचित्र स्थिति का मर्म पार्वती नहीं समझ पायीं। इसीलिए उन्होंने भगवान् शिव से कहा कि उन्हें बहुत अचरज हो रहा है। भगवान् शिव ने एक लाइन में ही उनके सारे सवालों का जवाब दे डाला।

बोले बिहसि महेस तब ग्यानी मूढ़ न कोइ।
जेहि जस रघुपति करहिं जब सो तस तेहि छन होइ॥

—महादेव ने हँसकर कहा—न कोई ज्ञानी है, न मूर्ख। राम जब जिसको जैसा करते हैं, वह उसी क्षण वैसा हो जाता है।

शिव का हँसना बहुत मायने रखता है। पार्वती चकित-चिन्तित और गम्भीर हैं। वह सोच रही हैं कि इतने गम्भीर सवाल का जवाब शिव गम्भीरता से देंगे। लेकिन शिव हँस देते हैं। अज्ञान आपको चकित-चिन्तित करता है। रेलगाड़ी जब पहली बार लोहे की पटरी पर दौड़ी तो लोग चकित-चिन्तित थे, पर मैकेनिज्म समझ में आ जाने पर अब किसी को हैरानी नहीं होती। अबोध बच्चा जब कभी पूछता है कि रेल कैसे चलती है, हवाई जहाज कैसे उड़ता है, तो आप उसके आश्चर्य को देखकर हँस देते हैं और जब बच्चे को भी कारण का पता चल जाता है तो वह भी हँस देता है।

संसार की सारी चिन्ताओं और परेशानियों की जड़ अज्ञान में ही है। इसीलिए आदमी अपना भविष्य जानकर निश्चिन्त होना चाहता है। लेकिन यह सम्भव नहीं है। ज्योतिषी भी आपके जीवन की हर घटना की घोषणा नहीं कर सकता। इसकी जानकारी केवल प्रभु को ही होती है। इसलिए यदि आदमी जीवन की सभी चिन्ताओं-परेशानियों से मुक्त होना चाहे तो यह अच्छी तरह से मान ले कि जो कुछ घटित हो रहा है या होगा, प्रभु-इच्छा से ही होगा। फिर आप मस्त-मगन रहेंगे।

प्रसिद्ध दार्शनिक सुकरात को जहर देकर मार डालने की घोषणा की गयी। उनके शिष्य बहुत चिन्तित हुए। एक ने आकर कहा, 'गुरुदेव, आपका जीवन कीमती है, इसे हम बचाना चाहते हैं। आपको छिपाकर यहाँ से ले जाने का इन्तजाम हमने कर लिया है। आप चलने को तैयार हो जायें।'

सुकरात हँसे, 'पुत्र, गुरु के प्रति तुम्हारी भावना का मैं सम्मान करता हूँ। तुम आज मुझे जहर पीकर मरने से बचाना चाहते हो, लेकिन कुछ दिनों बाद जब मौत आयेगी तो मुझे कहाँ छिपाओगे? छिपा भी सकोगे?' शिष्य चुप रहा। सवाल का कोई जवाब नहीं था। मौत से किसी को भी बचाया-छिपाया नहीं जा सकता।

मौन शिष्य को सम्बोधित करते हुए सुकरात ने कहा, 'पुत्र! यदि एक दिन मरना ही है तो तुम यह क्यों चाहते हो कि लोग सुकरात को, तुम्हारे गुरु को भगोड़ा और चोर कहें? मुझे शान से मृत्यु का वरण करने दो। मुझे पता है, शरीर का मरना मरना नहीं होता। मैं सदा जीवित रहूँगा।'

सचमुच! जहर खाकर सुकरात अमर हो गये। यदि भाग गये होते तो लोग कहते कि वे आदर्शों को जीते नहीं थे, केवल शब्दों की ऐयाशी करते थे। जीवन में यह निष्ठा सुकरात को इसी कारण मिल सकी, क्योंकि उन्हें पता था कि जो होना है वही होगा। इसीलिए मौत के समय भी वे हँसते रहे।

शिव भी पार्वती के गम्भीर सवाल पर हँसते रहे। उन्होंने चाहा कि पार्वती भी प्रसन्न हों, इसीलिए कहा—चिन्ता मत करो। इस संसार में कोई ज्ञानी और मूर्ख नहीं है। परमात्मा जब जिसे जैसा बनाता है, वह वैसा ही बन जाता है। जब उन्होंने चाहा, नारद भक्त और ज्ञानी बने। जब चाहा, कामजित् बने और जब चाहा, काम के दास बन गये। यह सब प्रभु की लीला है। पार्वती! इसे शान्त-प्रसन्न होकर देखती जाओ।

नारद-मोह की पूरी कथा भगवान् शिव पार्वती को बताते हैं। उस पूरी कथा को हम सभी जानते हैं, इसलिए उसके विस्तार में मैं नहीं जा रहा हूँ। यहाँ मेरी मंशा इतना ही संकेत करने की है कि भगवान् शाप को भी स्वीकार करता है।

शीलनिधि की कन्या का स्वयंवर खत्म होने पर जब नारद निराश हुए तो वहाँ उपस्थित शिव के गणों ने कहा—निराश होने से पहले अपना मुख जरा पानी में झाँककर देख लीजिए।

नारद ने जब पानी में अपने रूप की छाया देखी तो चकित रह गये। उनका चेहरा तो बन्दर का था। उनके चेहरे पर क्रोध की ज्वालाएँ फूटने लगीं। शिवगणों को उन्होंने तुरन्त शाप दे दिया और भगवान् विष्णु की खबर लेने दौड़ पड़े।

बीचहिं पंथ मिले दनु जारी।
संग रमा सोइ राजकुमारी॥
बोले मधुर बचन सुरसाई।
मुनि कहँ चले बिकल की नाईं॥

—राक्षसों के शत्रु भगवान् उन्हें बीच रास्ते में ही मिल गये। साथ में लक्ष्मीजी और वही राजकुमारी थीं। प्रभु ने बड़े मधुर स्वर में कहा—'हे मुनि! इतने व्याकुल होकर आप कहाँ जा रहे हैं?'

नारद के क्रोध की आग में घी की आहुति देने के लिए भगवान् विष्णु का ही मिलना काफी था; लेकिन यहाँ तो वह राजकुमारी भी थी, जिसके लिए नारद अपने को अपमानित महसूस कर रहे थे। ऊपर से प्रभु ने पूछ लिया—मुनिवर! आप इतने व्याकुल क्यों हैं? गृहस्थ व्याकुल हो तो समझ में आता है। घर-परिवार की चिन्ताएँ उसे घेरे रहती हैं। जीवन और जगत् के बारे में उसे बोध नहीं होता है।

लेकिन सन्त-महात्मा क्यों व्याकुल हो? उसे तो शान्त-स्थिर रहना चाहिए। वह तो जीवन और जगत् के रहस्यों को जानता है। उसे तो पता है कि संसार की आपाधापी, विषमता और विसंगति सतही है, भीतर गहराई में शान्ति का अखण्ड साम्राज्य है। सृष्टि का नियमन करनेवाला परमात्मा 'शांताकारम्' है। इस संसार को चलाते हुए उसके चेहरे पर जरा भी सिकन नहीं आती है। सन्त ज्ञानी इस सत्य को अच्छी तरह जानते हैं, इसीलिए कभी घबराते नहीं हैं। जब चलानेवाला ही शान्त है तो चलनेवाला क्यों हड़बड़ी दिखाये!

आदमी शान्त तब होता है जब निश्चिन्त हो। बुद्ध सदा शान्त रहते थे। विष्णु की वन्दना में जिस 'शांताकारम्' (शांत आकार) की बात की गयी है, बुद्ध उसके मूर्तिमन्त प्रतीक थे। उन्हें कोई आपाधापी, कोई हड़बड़ी अशान्त नहीं कर पाती थी। यह स्थिति तब आती है जब आदमी रचना के रहस्य को जान लेता है। नारद को जब तक सृष्टि की रचना का ज्ञान था, वे मस्त-मगन रहे। पुराणों में उनके जितना मगन रहनेवाला कोई भक्त है ही नहीं। लेकिन जैसे ही मोह का परदा उनके ज्ञान पर पड़ा, वे व्याकुल हो उठे। भगवान् तक की खबर लेने के लिए तैयार हो गये।

नारद ने भगवान् विष्णु के सवालों का जवाब नहीं दिया। सबसे पहले उन्होंने भगवान् को जी भरकर गालियाँ दीं। उन्हें स्वार्थी, कपटी और छली कहा। उन्हें उद्धत और स्वच्छन्द कहा। उन्हें ठग की उपाधि भी दी। एक सभ्य आदमी जो भी खराब-से-खराब गाली दे सकता है, वह उन्होंने भगवान् विष्णु को दी। इससे भी जब उनका क्रोध शान्त नहीं हुआ तो उन्होंने प्रभु को शाप दे दिया।

बंचेहु मोहि जवनि धरि देहा।
सोइ तनु धरहु श्राप मम एहा॥
कपि आकृति तुम्ह कीन्हि हमारी।
करिहहिं कीस सहाय तुम्हारी॥
मम अपकार कीन्ह तुम्ह भारी।
नारि बिरहँ तुम्ह होब दुखारी॥

—जिस नर शरीर को धारण करके तुमने मुझे ठगा है, वही शरीर तुम धारण करो, यह मेरा शाप है। तुमने हमारा रूप बन्दर जैसा बना दिया था, बन्दर ही तुम्हारी सहायता करेंगे। जिस स्त्री को मैं चाहता था, उससे मेरा वियोग कराकर तुमने मेरा अहित किया है, इस कारण तुम भी स्त्री के वियोग में दुःखी होगे।

नारद ने प्रभु को तीन शाप दिये। इन्हीं तीन बातों के कारण नारद को

लज्जित और अपमानित होना पड़ा था। विष्णु ने राजकुमार बनकर सुन्दरी कन्या का वरण किया था। नारद को वानर रूप देकर रूपवती राजकुमारी को पाने से वंचित रखा था और इस प्रकार उनके प्रेम को वियोग में बदलकर नारी-विरह के लिए उन्हें अभिशप्त कर दिया था। नारद जो कुछ भोग रहे थे, चाहते थे कि विष्णु भी वह सबकुछ भोगें। क्रोध में आदमी ऐसा ही करता है। यदि आपको किसी ने सताया है तो क्रोध में उसे कोसते हुए (शाप देने की शक्ति आप में है नहीं) आप यही कहते हैं कि जो दु:ख तुमने मुझे दिया है, वही दु:ख परमात्मा तुम्हें भी दे। जाने क्यों आदमी को इसमें सुख मिलता है। जो गाली देता है उसे गाली देकर हम तृप्त महसूस करते हैं। किसी ने थप्पड़ मारा तो उसे लात मारकर परम प्रसन्न हो जाते हैं।

दुराचरण में 'जैसे को तैसा' का भाव प्रबल होता है, लेकिन सदाचरण में इस नियम के प्रति आदमी का उत्साह ठण्डा पड़ जाता है। मधुर बोलनेवाले से जरूरी नहीं है कि मधुर बोले। विनम्र के साथ जरूरी नहीं है कि विनम्रता बरते। सदाचरण में व्यक्ति मनमानी करता है और दुराचरण में नियमबद्ध रहता है, जबकि होना इसका उलटा चाहिए। कोई गाली दे तो मुसकराने की आदत डालनी चाहिए। कोई अपमान करे तो क्षमा करने की तैयारी अपने भीतर पैदा करनी चाहिए। सदाचरण में नियमबद्ध रहना चाहिए। कोई मीठा बोले तो उससे ज्यादा मीठा बोलना चाहिए। विनम्र के साथ विनम्र बनना चाहिए।

नारद सदाचरण भूल गये थे। क्रोध में आदमी सदाचार कर ही नहीं सकता। क्रोध में जीवन की सहजता मारी जाती है। जहाँ सहजता नहीं वहाँ सदाचरण दिखावा होता है। कभी-कभी आप महसूस करते होंगे कि दफ्तर में आपका उच्चाधिकारी आपको डाँट रहा है, लेकिन आप बड़ी विनम्रता से 'यस सर, यस सर' कहते जा रहे हैं। यह विनम्रता नहीं, दिखावा है। भीतर से तो आप उबल रहे होते हैं। जी कर रहा होता है कि नौकरी का डर नहीं होता तो इस घोंचू राम को मजा चखा देते। आप नौकरी के भय से क्रोध में भी विनम्रता और सहजता दिखाते हैं। योगी बनकर डाँट सुनते रहते हैं। नारद को नौकरी का भय नहीं था। उनकी नौकरी तो राजकुमारी के स्वयंवर के साथ ही जा चुकी थी। उनकी स्थिति ठीक वैसी ही थी जैसी नौकरी खो जाने के बाद कोई अपने 'बॉस' को जी भरकर गालियाँ देता है, वर्षों की कसर पूरी करता है।

श्राप सीस धरि हरषि हियँ प्रभु बहु बिनती कीन्हि।
निज माया कै प्रबलता करषि कृपानिधि लीन्हि॥

—भगवान् ने शाप को स्वीकार कर प्रसन्न हृदय से नारद की बहुत विनती की और फिर अपनी माया की प्रबलता को नारद के ऊपर से खींच लिया।

बिना विचारे शाप देना शक्ति का दुरुपयोग है और ऐसे शाप को भी स्वीकार कर लेना शक्ति का सबसे बड़ा संयम है। भगवान् माया की प्रबलता को पहले भी खींच सकते थे, लेकिन तब नारद के मन का कलुष पूरी तौर पर धुलता नहीं, उनके हृदय का अन्धकार पूरी तौर पर मिटता नहीं। वासना का विकार उनके भीतर कहीं-न-कहीं दबा-बसा रहता। जब अतृप्त वासना से उत्पन्न नारद के सारे विकार प्रभु को फटकारने और शाप देने से निकल गये तब प्रभु ने माया के प्रभाव को हटाया।

भगवान् को जल्दी नहीं होती है, जल्दी हमें रहती है। आपने कभी विचार किया है कि परमात्मा ने वृक्ष पर फल के पकने का एक समय निश्चय किया है। समय पर पकनेवाला फल अपनी प्रकृति के अनुसार रसमय और स्वादमय होता है। हमारी राक्षसी भूख ने इस नियम को भी तोड़ दिया है। फलों को हम पहले ही वृक्ष से तोड़कर जबरदस्ती उन्हें पकाते हैं, फलतः हमें फल का प्राकृतिक स्वाद नहीं मिल पाता। हमारी हड़बड़ी ने जीवन के रस को तो निचोड़ा ही है, प्रकृति के रस को भी चूस लिया है। आज संसार में जल्दी का कल्चर चल रहा है। हम सबकुछ चट-पट और झट-पट चाहते हैं। प्रभु ने हमारे शरीर-मन की रचना जल्दबाजी के लिए नहीं की है। हमारे स्वत्व में शान्तता है और आचरण में जल्दबाजी। इसीलिए हम आज अनगिनत शारीरिक-मानसिक बीमारियों के शिकार हो रहे हैं।

नारद के शाप को स्वीकार कर प्रभु ने अद्‌भुत संयम का परिचय दिया। उन्होंने नारद से एक बार भी नहीं कहा कि क्रोध और वासना के प्रभाव में तुम मर्यादा की सारी सीमाओं को पार कर रहे हो। उन्होंने नारद से यह भी नहीं कहा कि शाप देने से पहले जरा अपने भीतर झाँककर देखो कि तुम मुझे शाप देने लायक हो भी या नहीं। उन्होंने उनके सभी शापों को स्वीकार कर लिया, प्रसन्नचित्त भी बने रहे। शाप की भीषणता ने उन्हें दहशत में नहीं डाला। कृष्ण की स्थिति भी विष्णु जैसी ही थी, जब उन्हें गान्धारी ने शाप दिया था। गान्धारी ने कहा, 'कृष्ण! तुम्हारे कारण ही मेरे कुल का सर्वनाश हुआ। सौ पुत्रोंवाली माँ होकर भी मैं आज अकेली हूँ। मैं तुम्हें शाप देती हूँ, तुम्हारे कुल का नाश भी तुम्हारी आँखों के सामने ही हो जायेगा।' कृष्ण ने सबकुछ सुना, स्वीकारा, किन्तु घबराये नहीं। अपनी मोहिनी मुसकान बिखेरते रहे।

जब फटकार और शाप देकर नारद रुके तो भगवान् ने उनकी विनती आरम्भ की। उनके क्रोध को शान्त करने के लिए सब प्रकार से अनुनय-विनय

किया। जब नारद कुछ समझने की स्थिति में आये तब प्रभु ने अपनी माया के प्रभाव को खींच लिया। नारद अपने स्वत्व को प्राप्त हो गये। वे भयभीत हो उठे। उनकी स्थिति ठीक वैसी ही थी जैसी किसी व्यक्ति द्वारा शराब पीकर अपने स्वामी को गाली देने पर और होश में आने पर उसके पछताने पर होती है। वह भगवान् से क्षमा माँगने लगे, लेकिन प्रभु ने उनपर प्रेम की वर्षा की। कहा, यह सबकुछ मेरी इच्छा से हुआ है।

जो सच्चे भाव से शरण में जाते हैं, उन्हें परमात्मा प्रताड़ित नहीं करता है। वह तो कृपानिधि है। सदा कृपा की ही वर्षा करता रहता है। भगवान् बुद्ध के ऊपर एक बार किसी ने थूक दिया। बुद्ध शान्त रहे, कुछ बोले नहीं। वह आदमी सोचने लगा कि बुद्ध डाँटेंगे, फटकारेंगे, उससे वाद-विवाद करेंगे। इससे उसे आनन्द मिलेगा। लेकिन बुद्ध के मौन ने उसे हिला दिया। वह रात भर ठीक से सो नहीं पाया। दूसरे दिन सुबह आकर वह बुद्ध से क्षमा माँगने लगा। बुद्ध ने कहा, 'जो कल घटा था, वह तो मैं भूल चुका था, तुमने आकर याद दिलाया। क्षमा तो अपराध को भूलने के लिए दी जाती है। मैं तो अपराध को कब का भूल चुका हूँ। फिर क्षमा कैसी?' जिस व्यक्ति ने थूका था, वह उनके चरणों में विनत हो गया।

परमात्मा सदा क्षमाशील होता है। उसने कभी अपने भक्त को शाप नहीं दिया है। भृगु ऋषि ने लात मारी तो भी भगवान् ने क्रोध नहीं किया। प्रभु उस समय सोये थे। आप गहरी नींद में हों और कोई आपकी छाती पर लात मारे तो आप यदि शक्तिशाली होंगे तो उसका पैर तोड़ देंगे, यदि कमजोर हुए तो गाली जरूर देंगे। प्रभु सर्वशक्तिमान् हैं, कुछ भी कर सकते हैं; लेकिन उन्होंने क्षमाभाव अपनाया। भृगु के पैर को अपने हाथ में लेकर कहा—महात्मन्! मेरी कठोर छाती से कहीं आपके पैर को चोट तो नहीं लगी? आप मुझे क्षमा करें। प्रभु के वचनों को सुनकर भृगु ऋषि ठगे से रह गये।

भगवान् को शाप देना, गाली देना और लात मारना हिन्दू धर्म में ही सम्भव है। हिन्दू धर्म का भगवान् ही क्षमाभाव से इसे स्वीकार करता है। वह भक्त का प्रेम भी लेता रहता है और क्रोध भी। वह भक्त को पूर्णता में स्वीकार करता है। इसीलिए उसकी पुकार पर दौड़ता रहता है।

यह प्रसंग मैं कहा भवानी।
हरि मायाँ मोहहिं मुनि ग्यानी॥

—भगवान् शिव कहते हैं—हे पार्वती! मैंने इस प्रसंग को तुम्हें यह बतलाने के लिए कहा कि ज्ञानी मुनि भी भगवान् की माया से मोहित हो जाते हैं।

पार्वती रामकथा सुनने के लिए उत्सुक हैं। बीच-बीच में ऐसी अनेक घटनाएँ आयेंगी, जिनमें कार्य-कारण सम्बन्ध ऊपर से पता नहीं चलेगा। इससे मन में सन्देह पैदा हो सकता है। सती के मन में एक बार सन्देह का बीज पैदा हो चुका है। इसी कारण उन्हें आत्मविसर्जन भी करना पड़ा। शिवजी पार्वती को सभी सन्देहों, सभी मोहों से अलग रखना चाहते हैं। अत: कहते हैं कि माया में मुनि-ज्ञानी भी फँस जाते हैं अपना विवेक खो देते हैं। अत: सावधान होकर सुनना, विवेक मत खोना।

□

आदर्श पुत्र

सुनु जननी सोइ सुत बड़ भागी

इस सृष्टि-चक्र में मनुष्य होकर पैदा होना जीव का अहोभाग्य है। लेकिन परमात्मा का नर तन धारण कर अवतार लेना मानवता का सबसे बड़ा सौभाग्य है। भारत के माध्यम से ही यह सौभाग्य मनुष्य को मिलता है। संसार में और कहीं परमात्मा स्वयं अवतार नहीं लेता है। कहीं उसका दूत जाता है तो कहीं उसका पुत्र। लेकिन भारत में वह स्वयं आता है।

अमेरिका में स्वामी रामतीर्थ से किसी ने एक सवाल पूछा था, 'स्वामीजी, हिन्दू कहते हैं कि परमात्मा सर्वव्यापी है, फिर वह केवल भारत में ही क्यों अवतार लेता है? किसी और देश में अवतार लेने को उसका मन क्यों नहीं होता?'

स्वामीजी ने पूछनेवाले से एक सवाल किया, 'महोदय, आपके घर यदि कोई मिलने आये तो आप उससे कहाँ मिलते हैं?'

सवाल करनेवाले ने झट से कहा, 'ड्राइंग रूम में।'

अब स्वामीजी ने एक मजेदार जवाब दिया, 'यह सच है कि सारा संसार परमात्मा का घर है; लेकिन भारत उसका ड्राइंग रूम है। परमात्मा जब स्वयं किसी से मिलना चाहता है तो अपने ड्राइंग रूम भारत में अवतार लेता है।'

भगवान् का मनुष्य बनना, जीवन के सुख-दु:ख झेलना और इसके बीच से अपने आचरण द्वारा मानव के उदात्त जीवन की दिशा निर्धारित करना हिन्दू मनीषा की एक अनूठी खोज है। राम का अवतार इसी खोज-प्रतिभा का ठोस उदाहरण है।

महाराज दशरथ को प्रारम्भ में बहुत दिनों तक कोई पुत्र नहीं था। अत: जाकर उन्होंने अपना दु:ख गुरु वसिष्ठ को बताया तो गुरु ने कहा, घबराने की जरूरत नहीं है।

धरहु धीर होइहहिं सुत चारी।
त्रिभुवन बिदित भगत भय हारी॥

—हे राजन! धीरज धरो। तुम्हारे चार पुत्र होंगे, जो तीनों लोकों में प्रसिद्ध और भक्तों के भय को हरनेवाले होंगे।

वसिष्ठ ने चार पुत्रों का आश्वासन महाराज दशरथ को पुत्रेष्टि यज्ञ कराने से पहले ही दे दिया था; लेकिन जब तक रानियों को गर्भधारण नहीं हुआ तब तक गुरु के आश्वासन को ठोस आधार नहीं मिल पाया था। अब जैसे ही गर्भधारण हुआ, चारों ओर प्रसन्नता फैल गयी।

जा दिन तें हरि गर्भहिं आए।
सकल लोक सुख संपति छाए॥

—जिस दिन से भगवान् गर्भ में आये, सब लोकों में सुख-शान्ति छा गयी।

गृहस्थ के लिए सन्तान ही सबसे मूल्यवान् सुख-सम्पत्ति होती है। यह सन्तान यदि ढलती उम्र में मिले तो उसका मोल और बढ़ जाता है। यदि स्वयं प्रभु ही पुत्र बनकर आ रहे हों तो उस परिवार के भाग्य का कहना ही क्या!

मंदिर महँ सब राजहिं रानीं।
सोभा सील तेज की खानीं॥

—शोभा, शील और तेज से परिपूर्ण सब रानियाँ राजभवन में सुशोभित हो रही हैं।

साधारण सा बच्चा भी यदि गर्भ में आता है तो स्त्री का रूप-रंग निखर उठता है। कहते हैं कि अपनी आयु के सोलहवें वर्ष में स्त्री जितनी रूपवती लगती है, उससे कहीं अधिक वह गर्भवती होने पर दिखती है। यौवन में कदम रखते समय नारीत्व उसके भीतर फूटता-सा दिखता है और गर्भवती होते समय वह अपनी पूर्ण गरिमा को प्राप्त कर लेता है। दशरथ की रानियों के गर्भ में स्वयं प्रभु अपने अंशों के साथ बैठे थे, अतः उनके रूप-रंग का शोभा, शील और तेज से सम्पन्न होना स्वाभाविक है।

समय पाकर चैत्र के महीने के शुक्ल पक्ष की नवमी के दिन, जब अभिजित् नक्षत्र था तब, दोपहर के समय प्रभु का जन्म हुआ। इस जन्म में एक विचित्रता थी। उन्होंने पैदा होते ही अपना अद्भुत चतुर्भुज रूप माता कौसल्या को दिखा दिया। राम का यह अलौकिक रूप दशरथ कभी नहीं देख पाये। उन्होंने प्रभु को पुत्र रूप में माँगा था, इसलिए उन्हें वही रूप मिला। जो परमात्मा को जिस रूप में पाना चाहता था, प्रभु उसे उसी रूप में मिलते हैं।

मनु ने पुत्र रूप में प्रभु को माँगा था, लेकिन देवी शतरूपा अपने पति से कई

कदम आगे निकल गयी थीं। जब भगवान् ने उनसे कहा कि देवि, तुम भी कोई वर माँगो, तो उन्होंने कहा कि हे प्रभु! यदि आप मुझे अपना जन समझते हैं तो मुझे अपने जन की गति दीजिए।

सोइ सुख सोइ गति सोइ भगति सोइ निज चरन सनेहु।
सोइ बिबेक सोइ रहनि प्रभु हमहिं कृपा करि देहु॥

—हे प्रभु! आप कृपा करके हमें वही सुख, वही गति, वही भक्ति, वही अपने चरणों में प्रेम, वही विवेक, वही रहन-सहन दें, जो अपने भक्तों को देते हैं।

भगवान् ने देवी शतरूपा की सारी इच्छाएँ पूरी कर दीं और अपनी ओर से भी कुछ उपहार दे दिये।

मातु बिबेक अलौकिक तोरें।
कबहुँ न मिटहि अनुग्रह मोरें॥

—हे माता! मेरी कृपा से तुम्हारा अलौकिक ज्ञान कभी नष्ट नहीं होगा।

इस वरदान की पूँजी के बल पर ही कौसल्या राम के चतुर्भुज रूप को देख सकीं। महाराज दशरथ के पास ऐसी कोई पूँजी नहीं थी, इसीलिए वह राम को चतुर्भुज नहीं देख सके। हाँ, एक बात उन्होंने विष्णु से माँगी थी, जो पूरी हुई।

मनि बिनु फनि जिमि जल बिनु मीना।
मम जीवन तिमि तुम्हहि अधीना॥

—मनु ने कहा—हे भगवान्! जैसे मणि के बिना साँप और जल के बिना मछली का जीवन नष्ट हो जाता है वैसे ही मेरा भी जीवन आपके अधीन रहे।

हम सभी जानते हैं कि दशरथ के रूप में मनु ने अपना यह वरदान प्राप्त किया। जैसे ही राम वनवासी हुए, दशरथ ने अपने प्राण त्याग दिये।

प्रभु राम ने दो बार माता कौसल्या को अपना अलौकिक रूप दिखाया— पहली बार पैदा होते ही और दूसरी बार बाल-लीला करते हुए। दोनों बार वह डर गयीं। इसके बाद उन्होंने स्वयं ही कह दिया कि हे प्रभु! यह रूप अब मत दिखाना। मैं इसी में धन्य हूँ कि तुम मेरे पुत्र हो। मेरा पुत्र-भाव सदा बनाये रखना।

इसके बाद राम सदा मनुष्य के रूप में आचरण करते हैं। एक सामान्य बच्चे की तरह हँसते-बोलते हैं, खेलते-कूदते हैं। समय आने पर महाराज दशरथ चारों भाइयों का नामकरण करवाते हैं। इसके लिए वे वसिष्ठ को बुलवाते हैं।

नामकरन कर अवसरु जानी।
भूप बोलि पठए मुनि ग्यानी॥

—नामकरण संस्कार का समय जानकर राजा ने ज्ञानी मुनि वसिष्ठ को बुला भेजा।

कुछ लोग इस चौपाई पर सवाल उठाते हैं। कहते हैं कि महाराज दशरथ को वसिष्ठ के आश्रम जाना चाहिए था। उन्होंने दूत से वसिष्ठ को बुलवाकर मुनि का अपमान किया और शिष्टाचार का उल्लंघन भी किया। यह तर्क बहुत सतही है। वास्तव में दशरथ ने अच्छी तरह शिष्टाचार निभाने के कारण ही दूत भेजा था। आइए, इसपर थोड़ा विचार कर लें।

दशरथ के दरबार में वसिष्ठ के पास तीन पद थे—गुरु, पुरोहित और मन्त्री। महाराज दशरथ जिस पद के अनुरूप उनसे काम लेते थे, उसी तरह का शिष्टाचार निभाते थे। जब राजा को गुरु वसिष्ठ से कुछ जानना होता था तो वे वसिष्ठ के आश्रम जाते थे। जब वे पुत्र पाने के लिए व्याकुल थे तो स्वयं चलकर गुरु गृह गये थे।

गुरु गृह गयउ तुरत महिपाला।
चरन लागि करि बिनय बिसाला॥

—राजा तुरन्त गुरु के घर गये और चरणों में प्रणाम कर बहुत विनय की।

राम का राज्याभिषेक करने के लिए जब महाराज दशरथ ने सोचा, तब भी वह सलाह करने वसिष्ठ के घर गये थे।

यह बिचारु उर आनि नृप सुदिनु सुअवसर पाइ।
प्रेम पुलकि तन मुदित मन गुरहि सुनायउ जाइ॥

—हृदय में राम को युवराज बनाने का विचार लाकर राजा दशरथ ने शुभ दिन और सुन्दर समय पाकर प्रेम से पुलकित शरीर हो, प्रसन्न मन से गुरु वसिष्ठ को वह विचार जा सुनाया।

राजा को जब वसिष्ठ की जरूरत पुरोहित के रूप में होती थी तो उन्हें दूत भेजकर बुलवाते थे; जैसा उन्होंने राम के पैदा होने पर और नामकरण के समय किया।

वसिष्ठ जब मन्त्री की भूमिका निभाते थे तब महाराज का सन्देश लेकर जाया करते थे। दशरथ के कहने पर राम को युवराज पद की सूचना देने के लिए वसिष्ठ राम के महल में स्वयं गये थे। वसिष्ठ अपनी हर भूमिका के अनुरूप स्वयं आचरण करते थे।

वसिष्ठ जब राजकुमारों का नामकरण करने के लिए राजभवन में पहुँचते हैं तो महाराज दशरथ उनका सम्मान करते हैं।

करि पूजा भूपति अस भाषा।
धरिअ नाम जो मुनि गुनि राखा॥

—मुनि की पूजा करके राजा ने कहा—हे मुनि! आपने मन में जो विचार रखे हों, वे नाम बच्चों को दीजिए।

इस चौपाई में एक रहस्य की बात है। दशरथ मुनि से यह नहीं कह रहे हैं कि महाराज, पंचांग देखकर राशि के अनुसार बच्चों का नाम बताइए। वह कहते हैं कि विचार करके आपने जो सोचा हो, वह नाम बच्चों को दीजिए।

पंचांग और राशि के चक्कर ने हिन्दू नामों का बड़ा अहित किया है। पण्डित ऐसे अक्षरों से नाम बताते हैं, जिन्हें खोजना मुश्किल हो जाता है, फिर लोग बेसिर-पैर के अर्थहीन नाम रखते हैं। भारत में कितना अहित हो रहा है, नहीं मालूम; लेकिन विदेशों में, खासकर मॉरीशस में, हालत बहुत शोचनीय है। लोग मेरे पास आते हैं। कहते हैं—पण्डित ने कहा है कि 'थ' अक्षर से नाम होना चाहिए। 'ठ' अक्षर से नाम होना चाहिए। कोई सुन्दर नाम बताइए। मैंने कहा—मेरे भाई 'थ' से 'थोबड़ा' और 'ठ' से 'ठेंगा' से अच्छा और कोई नाम नहीं हो सकता। इसे ले जाकर पण्डित को दिखाइए।

हमें राशिनाम के इस पचड़े से उबरना होगा, नहीं तो सारे नाम कूड़ेदान में फेंकने लायक हो जायेंगे। गुरु वसिष्ठ की तरह हमें अपने पुरोहित को कहना चाहिए कि वे बच्चों का अर्थपूर्ण और मधुर नाम रखें। यदि भविष्य देखने के लिए किसी को अपनी कुण्डली बनवानी हो तो वह तिथि, नक्षत्र आदि नोट करके रख ले। लेकिन इतनी सी बात के लिए बच्चों का नाम न बिगाड़े।

इन्ह के नाम अनेक अनूपा।
मैं नृप कहब स्वमति अनुरूपा॥

—हे राजन्! इनके अनेक अनुपम नाम हैं, फिर भी मैं अपनी बुद्धि के अनुसार कहूँगा।

वसिष्ठ मुनि ने स्पष्ट रूप से कहा कि इनके अनेक नाम हैं, लेकिन जो मेरी बुद्धि से सर्वोत्तम लगता है, उसे मैं कह रहा हूँ। आखिर वसिष्ठ ने नामों के बारे में कैसे विचार किया होगा? मेरी समझ में यही आता है कि उन्होंने जातक की जन्म-पत्री बनायी होगी और उसके आधार पर उनमें जो प्रदीप्त गुण हैं, उनको आधार मानकर नाम रखा होगा। इसकी पुष्टि आगे के प्रसंग से होती है।

जो आनंद सिंधु सुख रासी।
सीकर तें त्रैलोक सुपासी॥
सो सुखधाम राम अस नामा।
अखिल लोक दायक बिश्रामा॥

—ये जो आनन्द के समुद्र और सुख की राशि हैं, जिनके एक कण से तीनों लोक सुखी होते हैं उनका नाम राम है, जो सुख का भवन और सम्पूर्ण लोकों को शान्ति देनेवाला है।

राम में जो सर्वाधिक महत्त्वपूर्ण गुण है, उसके आधार पर वसिष्ठ उनका नाम रखते हैं। तुलसीदासजी राम के इस गुण की चर्चा बार-बार करते हैं। अपने समय के हारे-दुखियारे समाज को वे सुख प्रदान करने के लिए सुखदायी या सुख के स्वरूप राम के निकट लाते हैं। वे कहते हैं—

जोग लगन ग्रह बार तिथि सकल भए अनुकूल।
चर अरु अचर हर्ष जुत राम जनम सुखमूल॥

—योग, लग्न, ग्रह, वार और तिथि—सभी अनुकूल हो गये। जड़ और चेतन, सभी हर्ष से भर गये। श्रीराम का जन्म सुख का मूल है।

यहाँ हिन्दू मन की सुन्दर अभिव्यक्ति हुई है। मनुष्य को प्रसन्नता केवल अपने व्यक्तिगत स्वार्थमय कर्म से नहीं मिल सकती। परम और गहन सुख की प्राप्ति के लिए उसे सृष्टि से एकाकार होना पड़ेगा। जब सृष्टि के सभी कारक तत्त्व अनुकूल और प्रसन्न होंगे, तभी मनुष्य प्रसन्न हो पायेगा। राम के जन्म में नियति ने प्रसन्नता का यही विराट् उत्सवी आयोजन किया है। विराट् से एकाकार होना ही सुख का सर्वोत्तम उपाय है।

सुख के मूल श्रीराम जब पैदा होते हैं तब एक और अनुकूलता वातावरण में गमक उठती है।

सुर समूह बिनती करि पहुँचे निज निज धाम।
जगनिवास प्रभु प्रगटे अखिल लोक बिश्राम॥

—देवताओं के समूह विनती करके अपने-अपने लोक में जा पहुँचे। समस्त लोकों को शान्ति देनेवाले जगदाधार प्रभु प्रकट हुए।

तुलसी ने 'सुख मूल', 'सुख धाम' राम को 'विश्राम' से जोड़ा। यह जीवन की एक गहरी सूझ है। जीवन का वास्तविक सुख विश्राम में ही है। जब तक शान्ति की उपलब्धि नहीं हो जाती, हर सुख दुःख को निमन्त्रण देनेवाला होता है। राम परम सुख देते हैं, इसीलिए उन्हें परम 'विश्रामदायक' भी कहा गया। वे केवल अपने को, अपने परिवार को ही सुख-शान्ति नहीं देते हैं, वे 'दायक अखिल लोक बिश्रामा' हैं। उनसे सम्पूर्ण जगत् शान्ति प्राप्त करता है।

अन्य पुत्रों का नामकरण करते समय भी वसिष्ठ उनके गुणों का ही वर्णन करते हैं।

बिस्व भरन पोषन कर जोई।
ताकर नाम भरत अस होई॥

—जो संसार का भरण-पोषण करते हैं, उनका नाम भरत होगा।

जाके सुमिरन तें रिपु नासा।
नाम सत्रुहन बेद प्रकासा॥

—जिनके स्मरण मात्र से शत्रु का नाश होता है, उनका वेदों में प्रसिद्ध शत्रुघ्न नाम है।

लच्छन धाम राम प्रिय सकल जगत आधार।
गुरु बसिष्ट तेहि राखा लछिमन नाम उदार॥

—जो शुभ लक्षणों के धाम, श्रीराम के प्यारे और सारे जगत् के आधार हैं, गुरु वसिष्ठ ने उनका 'लक्ष्मण' ऐसा श्रेष्ठ नाम रखा।

इस तरह हम देखते हैं कि सर्वत्र गुणों के आधार पर ही नाम की महिमा का बखान किया गया है।

धरे नाम गुर हृदयँ बिचारी।
बेद तत्व नृप तव सुत चारी॥

—गुरु वसिष्ठ ने हृदय में अच्छी तरह विचारकर चारों पुत्रों के नाम रखे और राजा से कहा कि तुम्हारे चारों पुत्र वेद के तत्त्व हैं।

राजा ने मुनि से कहा था कि जो आपने 'गुनि राखा' है, वही नाम बच्चों को दीजिए। वसिष्ठ ने हृदय में विचारकर नामकरण किया। कहीं भी पंचांग में विचारने का संकेत नहीं आया है।

□

राम की बाल-लीला का वर्णन करते हुए तुलसी ने एक जगह बड़ा मार्मिक अंकन किया है।

भोजन करत बोल जब राजा।
नहिं आवत तजि बाल समाजा॥

—भोजन करते समय जब राजा बुलाते हैं तब राम अपने बाल समाज को छोड़कर नहीं आते।

कौसल्या जब बोलन जाई।
ठुमुकु ठुमुकु प्रभु चलहिं पराई॥

—जब माँ कौसल्या बुलाने जाती हैं तो राम धीरे-धीरे भागते हैं।

इन दोनों चौपाइयों में बाल मनोविज्ञान का भी वर्णन है और भक्त-भगवान्

के मनोविज्ञान का भी। आप अपनी जगह पर खड़े होकर यदि बच्चे को पुकारें तो बच्चा नहीं आता है, अपने में ही मस्त रहता है। लेकिन यदि आप पुकारते हुए उसकी तरफ बढ़ें तो वह आपकी तरफ बढ़ता है। यदि बच्चा जरा नटखट है तो वह धीरे-धीरे दूर भागने का बहाना करता है; लेकिन चाहता है कि आप उसे पकड़ लें। दशरथ अपनी जगह पर खड़े होकर पुकार रहे थे, राम नहीं आये। कौसल्या उन्हें बुलाने के लिए आगे बढ़ीं तो राम धीरे-धीरे भागने लगे, जिससे वे माँ की पकड़ में आ जायें।

बच्चे कभी पिता की पकड़ में नहीं आ पाते, उन्हें माँ ही पकड़ती है। पिता में हुकुम चलाने का अहं होता है। वह स्वयं नहीं हिलता, बच्चे को हिलाना चाहता है। छोटा बच्चा 'हुकुम' की भाषा नहीं जानता, इसीलिए बाप की नहीं सुनता। माँ की भाषा में प्रेम की पुचकार होती है। वह अपनी पुकार के साथ अपने स्वत्व को भी जोड़ देती है। इसीलिए जैसा उसका स्वर बच्चे की ओर बढ़ता है, उसके कदम भी बच्चे की ओर चल पड़ते हैं। माँ कभी बच्चे को खड़े-खड़े पुकार ही नहीं पाती है। जो पुकारती है वह माँ नहीं, माँ की डुप्लीकेट होती है।

भगवान् और भक्त के रिश्ते में भी ऐसा ही होता है। जो पिता की तरह अपनी जगह खड़े होकर औपचारिकतावश, सामाजिकता के कारण भगवान् को पुकारते हैं, प्रभु उनके पास कभी नहीं जाता है। वे अपनी जगह, प्रभु अपनी जगह। कभी मिलन नहीं होता है। जो माँ की तरह दौड़कर प्यार भरे हृदय से परमात्मा को पुकारते हैं, वे उसे पा लेते हैं। भागने का नाटक करके भी परमात्मा स्वयं को पकड़ा देता है। सच्चे भक्त को माँ की तरह होना चाहिए।

बालचरित करते हुए राम सबकी आँखों के तारे बन जाते हैं।

जिन्ह बीथिन्ह बिहरहिं सब भाई।
थकित होहिं सब लोग लुगाई॥

—चारों भाई जिन गलियों में खेलते हैं उन गलियों के सभी स्त्री-पुरुष उनको देखकर स्नेह से शिथिल हो जाते हैं।

चारों भाई अपने स्वभाव, आचरण और चरित्र से पूरे अयोध्यावासियों का मन मोह लेते हैं। नर-नारी, वृद्ध और बालक—सभी राम के दीवाने हैं—'प्रानहु से प्रिय लागत सब कहुँ राम कृपाल।'

प्रातकाल उठि कै रघुनाथा।
मातु पिता गुरु नावहिं माथा॥

—राम रोज सवेरे उठकर माता-पिता और गुरु को प्रणाम करते हैं।

आप सोचते होंगे कि आज इस आदर्श की क्या जरूरत? लेकिन आज ही इसकी जरूरत अधिक है। आज समाज में अहंकार और अहं का बोलबाला है। तनिक भी बड़ी बात सुनने का धीरज आदमी में नहीं रह गया है। छोटा हो या बड़ा, हर आदमी अपने को महान् समझने के घमण्ड में चूर रहता है। इसी घमण्ड को खत्म करने के लिए ही हिन्दू संस्कृति में 'प्रणाम' की व्यवस्था की गयी है। बच्चा जब सिर झुकाकर अपने से बड़े को प्रणाम करता है तो वह बड़ों से केवल आशीर्वाद ही नहीं पाता, बल्कि नित्य इस तरह के आचरण से उसके जीवन में विनम्रता का संस्कार भी उत्पन्न होता है। इस विनम्रता के कारण समाज में सहज जीवन जीने में उसे सुविधा होती है। जो घमण्डी या अहंकारी होते हैं, उनके अहं को जरा भी चोट लग जाये तो वे हताश या उत्तेजित होकर गलत निर्णय कर बैटते हैं।

आज अमेरिका की सबसे बड़ी समस्या है बच्चों का लालन-पालन। बहुत सारे सुकुमार बच्चे आत्महत्या कर रहे हैं, माता-पिता से विद्रोह कर रहे हैं। माता-पिता ने किसी बात के लिए डाँटा तो लड़का इसे अपना अपमान समझता है और आत्महत्या कर लेता है। अभी कुछ दिन पहले खबर आयी कि 'पॉकेट मनी' न मिलने के कारण एक बच्चे ने अपने पिता की हत्या गोलियों से कर दी। एक बच्चे ने पिटाई होने पर पुलिस में रिपोर्ट कर दी। अपने ही पुत्र को दण्ड देने के अपराध में पिता को पुलिस ले गयी। जब पिता ने पुत्र से माफी माँगी तब मामले का निपटारा हुआ।

यह सब रोकने के लिए बच्चों के भीतर विनम्रता का संस्कार लाना जरूरी है। प्रणाम इसका सबसे सहज और सटीक तरीका है।

एक महात्मा रोज सुबह उठकर श्मशान जाते थे। वहाँ जितनी जली हुई खोपड़ियाँ होती थीं, उन्हें प्रणाम करते थे। यह उनका रोज का नियम था। एक दिन एक आदमी ने पूछ लिया—बाबा! इन जली हुई खोपड़ियों को क्यों प्रणाम करते हैं?

साधु ने बताया—जली हुई खोपड़ियों को रोज प्रणाम मैं अपनी इस सही-सलामत खोपड़ी को बताने के लिए करता हूँ कि ज्यादा घमण्ड न कर, एक दिन तुझे यहीं आना है। यहाँ तुम शरीर के जल जाने पर आदमियों और पशुओं के पैरों तले रौंदी जाओगी।

अहंकार कभी जीवन का आधार नहीं बन सकता। इसे मिटाने या साधने के लिए संस्कार चाहिए। पहले यह संस्कार परिवार से मिलता था, गुरु से मिलता था,

समाज से मिलता था। आज के जीवन में संस्कार के ये केन्द्र निर्जीव हो गये हैं। प्रगतिशील मनुष्य ने संस्कारों को ही प्रतिक्रियावादी मान लिया था। मनोवैज्ञानिकों ने फतवा दे दिया था कि माँ-बाप को अपने विचार-संस्कार बच्चों पर थोपने नहीं चाहिए। उन्हें अपने अन्तर्निहित व्यक्तित्व को विकसित करने का खुला अवसर मिलना चाहिए। सुनने में यह 'फतवा' बड़ा प्यारा लगता है। माँ-बाप भी सोच में पड़ जाते हैं कि हम अपने विचार बच्चों पर क्यों लादें!

हमारी इच्छा कुछ भी हो, लेकिन एक बात निश्चित है कि बच्चा संस्कार के बिना बढ़ ही नहीं सकता। मनोवैज्ञानिक माँ-बाप को संस्कार देने से रोक सकता है; लेकिन बच्चा तो कोरा कागज है, उसपर कोई-न-कोई तो लिखेगा ही। पास-पड़ोस से, संगी-साथी से, स्कूल-कॉलेज के मित्रों से, रेडियो-टेलीविजन से, पत्र-पत्रिकाओं से, होटल-क्लबों से बच्चा अपने दिमाग के कोरे कागज पर कुछ-न-कुछ लिखता ही रहता है। मनोवैज्ञानिक ने माँ-बाप के हाथ तो बाँध दिये, लेकिन अन्य माध्यमों के हाथ खुले हैं। माँ-बाप जीवन्त माध्यम थे, ये मृत हैं। माँ-बाप को बच्चे से एक आन्तरिक लगाव था, जबकि इन माध्यमों में न कोई आन्तरिकता है, न कोई लगाव। इसीलिए बच्चा पहले 'राम' बोलता था, रामायण की चौपाइयाँ पढ़ता था, गायत्री मन्त्र याद करता था; मगर अब फिल्मी गीत गाता है, पॉप म्यूजिक सुनता है। पहले वह राम-कृष्ण, दुर्गा, लक्ष्मी के बारे में जानता था; आज गायकों, फिल्मी स्टारों के बारे में जानता है।

आज बच्चे के जीवन में सही संस्कार नहीं आ रहे हैं। माता-पिता और गुरु को फिर से संस्कार के केन्द्र में लाना होगा। हाँ, इतना जरूर किया जा सकता है कि हम माँ-बाप की दृष्टि बदल दें, नये ढंग से संस्कार देने की योग्यता प्रदान करने के लिए उन्हें प्रशिक्षित करें। लेकिन अपने ही घर में अपनी सन्तान अनाथ जैसी छोड़ देने की स्थिति से माता-पिता को हमें बचाना होगा।

जीवन में संस्कार लाने का सबसे बड़ा विद्यालय परिवार है। यह विद्यालय केवल राम के ही युग में नहीं था, आज भी है। राम ने इसका लाभ उठाया, लेकिन हम उसका तिरस्कार कर रहे हैं। मैं बार-बार आग्रह करता हूँ कि बच्चों को यह आदत दीजिए कि वे सुबह उठकर माँ-बाप को चरण छूकर प्रणाम करें। राम गुरु को भी प्रणाम करते थे, लेकिन आज उस युग जैसे गुरु नहीं रहे। लेकिन इसका एक रास्ता है। आप अपने घर में कुलदेवता का चित्र रखिए, कुलदेवता की परम्परा न हो तो किसी भी देवता का चित्र रखिए। आप देवता न मानते हों तो ओम् को रखिए, आप अधार्मिक हों तो अपने किसी प्रिय महापुरुष का चित्र घर में रखिए। बच्चे को

इसी चित्र को प्रणाम करने के लिए कहिए। समय-समय पर चित्र का परिचय भी बच्चे को बताइए।

यह जरूरी नहीं है कि ऐसा करने से बच्चा राम बन जायेगा, लेकिन ऐसी आशा जरूर की जा सकती है कि वह रावण बनने से बचा रहेगा। इन संस्कारों से जीवन का सही पथ खोजने, उपयुक्त आदर्श चुनने में उसे सहायता मिलेगी। सच कहा जाये तो संस्कार का काम ही इतना है। वह पथ का द्वार खोलता है, चलने का काम तो स्वयं हमें ही करना होगा। बचपन में मिले संस्कार व्यक्ति को कठिनाइयों में सँभालते हैं और आनन्द में संयत रखते हैं। अपने परिवेश में सही ढंग से ग्रन्थिहीन होकर जीने की कला का नाम ही संस्कार है। राम ने इसे अपने परिवार से पाया था और अपने जीवन में उन्होंने इसका भरपूर उपयोग भी किया।

अनुज सखा सँग भोजन करहीं।
मातु पिता अग्या अनुसरहीं॥

—राम अपने छोटे भाइयों और सखाओं के साथ भोजन करते हैं और माता-पिता की आज्ञा का पालन करते हैं।

बचपन में जो संस्कार व्यक्ति पर पड़ जाते हैं, उनका असर दीर्घकालिक होता है। इसीलिए बच्चों को अच्छी संगति में डालने के लिए कहा जाता है। अच्छे मित्र चुनने की बात उनसे कही जाती है। अच्छे मित्रों और परिवारजनों के साथ रहने से व्यक्ति में अनायास संस्कार आते हैं। इसके लिए अलग से प्रवचन करने या कक्षा चलाने की जरूरत नहीं पड़ती।

इस सन्दर्भ में मैं एक निवेदन करना आवश्यक समझता हूँ। परिवार नियोजन के इस युग में बहुत से माता-पिता केवल एक बच्चा ही पैदा करते हैं। मेरी समझ से यह उचित नहीं है। यदि बच्चा घर में अकेला है तो वह स्वार्थी बन जायेगा। सब कुछ अकेले खायेगा और सब पर अकेले अधिकार जमायेगा। अत: कम-से-कम दो बच्चों का परिवार होना चाहिए। दोनों बच्चे साथ-साथ खायें और खेलें। इसपर ध्यान देना चाहिए। इससे बच्चे 'केयर' और 'शेयर' करना सीखते हैं। उनके आचरण में सहज रूप से एक-दूसरे की चिन्ता करने और एक-दूसरे के साथ मिल बाँटने का संस्कार आता है। परिवार में समरसता और मित्रता उत्पन्न करने का यह सबसे सरल और प्रभावी सूत्र है।

कभी-कभी ऐसा भी होता है कि परमात्मा किसी को एक ही बच्चा देता है। ऐसी स्थिति में माँ और पिता को चाहिए कि उनमें से कोई स्वयं बच्चे के साथ खाये। उसके किसी मित्र को कभी-कभी घर बुलाकर साथ खिलाये। मैं उपदेश देने

की सनक में यह नहीं कर रहा हूँ कि बच्चा अकेला हो तो आप रोज किसी-न-किसी मित्र को उसके साथ खाने-खेलने के लिए बुलायें। फिर तो आपका घर धर्मशाला बन जायेगा।

इस प्रसंग में हमें यही सीखना है कि बच्चों को स्वार्थी न बनने दें। राम की तरह उन्हें भाई-बहनों और मित्रों के साथ खेलने-खाने का अवसर प्रदान करें, जिससे बच्चे एक-दूसरे के प्रति प्रेमपूर्ण बन सकें, एक-दूसरे के प्रति त्याग कर सकें।

राम अपने भाइयों और मित्रों के साथ हँसते-बोलते और खेलते-खाते हैं। अपनापन का गाढ़ा और अटूट सम्बन्ध इसी में से निखरता है। माँ कैकेयी ने चाहा तो भी भाइयों में फूट नहीं पड़ सकी। सत्ता और सम्पत्ति का आकर्षण न राम को डिगा सका, न भरत को। इस अटूट स्नेह-सम्बन्ध की नींव बचपन के खेल-कूद में ही पड़ी थी।

बचपन में राम अपने माता-पिता की आज्ञा के अनुसार व्यवहार करते थे। बच्चा जीवन में प्रवेश कर रहा होता है और माँ-बाप जीवन जी रहे होते हैं, अतः जीवन जीने की कला को बच्चा माता-पिता की आज्ञा मानकर सीखता है। उसके सही और सुरक्षित विकास के लिए यह जरूरी भी है।

बच्चा बड़ा हो जाये तो व्यवहार का नियम भी बदल जाता है। बड़े बच्चे को पिता हर बात में आज्ञा नहीं देता है। समझदार बच्चा अपने निर्णय स्वयं लेता है, लेकिन उन्हें कार्यरूप देने से पहले पिता से पूछता, सलाह करता है। इससे पिता को प्रसन्नता होती है। राम ऐसा ही करते थे।

आयसु मागि करहिं पुर काजा।
देखि चरित हरषइ मन राजा॥

—राम आज्ञा लेकर राज का काम करते हैं। उनके चरित्र को देख-देखकर राजा मन में प्रसन्न होते हैं।

इस चौपाई में जीवन का एक बहुत महत्त्वपूर्ण सूत्र है, जो आज लुप्त हो गया है। हमारे पूर्वजों ने मनुष्य के जीवन को चार आश्रमों में बाँटा था—पहला ब्रह्मचर्य, दूसरा गृहस्थ, तीसरा वानप्रस्थ और चौथा संन्यास। आज की परिस्थिति में हम इन आश्रमों को ज्यों-का-त्यों लागू नहीं कर सकते, लेकिन उनके मूल तत्त्व को अपने ढंग से जरूर उपयोग में ला सकते हैं। जब तक विद्यार्थी हैं, संयम से रहें। गृहस्थ बनकर अपने घर-परिवार की देखभाल अपनी पूरी योग्यता से करें। जब घर में पुत्र १८ वर्ष से ऊपर की आयु का हो जाये तो उसे घर के हर निर्णय में शरीक

करें और जब वह घर सँभालने की योग्यता पा ले तो आप घर से मुक्त होकर सामाजिक कार्य करें।

आश्रम-व्यवस्था के इस मूल तत्त्व को पकड़े रखना आज भी सम्भव है; लेकिन हम पकड़ना नहीं चाहते। बूढ़े हो जाने पर भी हम घर से चिपके रहते हैं। अपना अधिकार, दबदबा बनाये रखना चाहते हैं, हर निर्णय में टाँग अड़ाते रहते हैं, बेटे और बहू को उपदेश देते रहते हैं। बच्चा बड़ा हो गया है, यह मानने को हम तैयार ही नहीं होते। इसीलिए परिवार टूट रहा है। पुत्र पिता से, बहू सास से दूर भागना चाहती है। बाप मरते दम तक अधिकार छोड़ना नहीं चाहता, इसीलिए आधुनिक पुत्र मन्दिर में जाकर प्रार्थना करते हैं कि 'हे भगवान्, इस बूढ़े को धरती से उठाकर मेरा कल्याण करो।' पहले प्रार्थना होती थी कि मेरे पिता का दुःख हरो, उन्हें दीर्घ जीवन दो, जिससे वे मेरा मार्गदर्शन करते रहें। लेकिन आज मार्गदर्शन करनेवाला पिता मार्ग में दीवार बनकर खड़ा हो गया है। अतः प्रार्थनाएँ बदल गयी हैं।

दशरथ अपने को अधिकारों से मुक्त करने के लिए और राम को राजपद सँभालने के लिए तैयार कर रहे हैं। चौपाई में यह नहीं कहा गया है कि दशरथ जो आज्ञा देते हैं, उसे राम करते हैं। ऐसा कहा जाता तो यह चौपाई दो टके की भी नहीं होती। कहा यह गया है कि राम आज्ञा माँगकर काम करते हैं। राम जब अपने काम को अच्छी तरह कर लेते हैं तो राजा प्रसन्न होते हैं।

वानप्रस्थ आश्रम पुत्र को दायित्व की ट्रेनिंग के लिए था। पिता बच्चे को गृहस्थ धर्म के सूत्र को समझाकर संन्यास की तैयारी करता था। वानप्रस्थ आश्रम में पिता केवल सलाह देता था, आज्ञा नहीं। आज्ञा देना गृहस्थ का काम है। पुत्र सलाह माने तो ठीक, न माने तो स्वयं निर्णय ले। इस तरह बिना किसी तनाव या जेनरेशन-गैप के मानवता के अनुभव की थाती फलती-फूलती रहती है।

मैंने एक सेठ की कहानी सुनी थी। वह बहुत धनी था। अपने बुद्धि-कौशल से उसने अपार सम्पत्ति अर्जित की थी। लेकिन अब उसकी उम्र ढल रही थी। उसकी पत्नी ने कहा—चलो, तीर्थयात्रा को चलें। बहुत हुआ धन कमाना।

सेठ ने कहा—पुत्र को काम सँभाल लेने दो तो चलते हैं। मैं समझता हूँ कि एक वर्ष में वह व्यापार को समझ जायेगा। पुत्र अभी-अभी पढ़कर आया था। पिता ने उसे काम पर लगा दिया। स्वयं दुकान के पीछे एक कमरे में बैठा रहता था। साल बीत गया। पत्नी ने कहा—चलो, चलें। सेठ ने कहा—अभी नहीं। लड़का दुकान सँभालने लायक नहीं हुआ है। अभी जब कोई दुकान में आता है

और किसी चीज का दाम कम करने को कहता है तो पुत्र बोलता है—'इतने कम दाम पर पिताजी नहीं देंगे, मैं उनसे पूछकर बताऊँगा।' यह सुनकर मुझे लगता है कि पुत्र स्वयं निर्णय अभी नहीं ले पा रहा है। अभी इन्तजार करो। अगले वर्ष तीर्थ पर जायेंगे।

एक वर्ष और बीता। पत्नी ने पति को तीर्थयात्रा की फिर याद दिलायी। पत्नी चाहे सेठ की हो या गरीब की, वह अपने लाभ की बात कभी नहीं भूलती है। पति को सदा याद दिलाती रहती है। सेठ ने पत्नी को फिर मना कर दिया—भागवान! बच्चा अब सीखने के रास्ते पर है। मैं पीछे के कमरे से बराबर देखता हूँ। अब वह ग्राहकों को नयी भाषा बोल रहा है। कोई दाम कम करने को कहता है तो वह कहता है—क्षमा कीजिए, हम इतने दाम में आपको नहीं दे सकते। उसने यह कहना छोड़ दिया है कि पिताजी से पूछकर बताऊँगा। वह खुद निर्णय ले रहा है। लेकिन निर्णय लेते समय 'हम' बोलकर वह मुझे भी निर्णय में शामिल कर रहा है। कुछ दिन और इन्तजार करो, इस 'हम' को बच्चे की जुबान से उतरने दो, फिर हम तीर्थयात्रा को चल देंगे।

और कुछ दिन बाद सेठ आनन्द से उल्लसित हो अपनी पत्नी के पास आया और बोला—करो तीर्थयात्रा की तैयारी। हम कल ही चलते हैं।

पत्नी ने चकित हो कहा—अरे! आपका धर्म-भाव ऐसे कैसे जाग्रत् हो गया?

सेठ ने बताया—मेरा धर्म-भाव नहीं, बेटे का दायित्व-भाव जाग्रत् हो गया है। अब वह ग्राहक से बोलने लगा है—'क्षमा कीजिए, मैं इतने दाम में आपको माल नहीं दे सकता। यह मेरे लिए सम्भव नहीं है।'

पुत्र ने 'मैं' बोलकर पिता को दायित्व से एकदम अलग कर दिया। लेकिन यह अनुभव उसे तब मिला जब पिता ने उसे दायित्व सँभालने का मौका दिया। अवसर मिलने पर हर पुत्र दायित्व सँभाल सकता है। पिता को दायित्व देने का मन्त्र सीखना चाहिए। दशरथ को यह मन्त्र पता था। इसीलिए राम को राजकाज करते देखकर वह प्रसन्न होते थे।

इस विवेचना में एक और तथ्य पर गौर कीजिए। राम आज्ञा लेकर राजकाज करते हैं और महाराज दशरथ उनके कार्य को देखकर प्रसन्न होते हैं। इसमें दो बातें हैं। दायित्व सँभालनेवाले पुत्र को पिता की सलाह लेकर काम करना चाहिए और सलाह देनेवाले पिता को पुत्र का उत्साह बढ़ाना चाहिए। कुछ लोग ऐसे होते हैं कि हर बात में अपने पुत्र को झिड़कते रहते हैं, डाँटते-फटकारते रहते हैं। कहते हैं—

बड़ा आया था दायित्व सँभालने। सब काम चौपट कर दिया।

यह दृष्टि बहुत नकारात्मक और गलत है। आदमी बिना कुछ चौपट किये कभी कुछ सीखता नहीं। कितनी स्लेटें तोड़कर आदमी ककहरा सीखता है। सीखने की प्रक्रिया में प्रताड़ना नहीं, प्रोत्साहन काम आते हैं। आप बच्चे को प्रोत्साहित करेंगे तो वह काम को मनोयोग से करेगा, जल्दी सीखेगा और आपको अधिक आदर भी देगा। अपने जीवन में आपके अनुभवों से लाभ उठानेवाला आपका पुत्र सदा आपका ऋणी रहेगा।

राम सदैव अपने माता-पिता के ऋणी रहे। उन्होंने अपना जीवन सर्वस्व इस ऋण को चुकाने में ही लगा दिया। आदमी जो पाता है, वही लौटाता है। यदि पुत्र को अच्छे संस्कार और ऊँचे आदर्श दिये जायें तो वह कठिन परिस्थिति में भी व्यवहार करते समय कभी ओछा नहीं होगा। भौंरा चाहे भूखों मर जाये, लेकिन वह कभी गोबर नहीं खाता है। राम ने अपने माता-पिता से जीवन में उच्च आदर्श पाये थे, इसीलिए माता-पिता के प्रति एक पुत्र के नाते उनका व्यवहार बहुत ही श्रेष्ठ रहा।

राजा दशरथ उन्हें युवराज बनाना चाहते थे। गुरु वसिष्ठ और राज्य के मन्त्रीगण राजा दशरथ के निर्णय से प्रसन्न हो उठे, अयोध्या के नागरिक खुशी से नाच उठे। लेकिन जब राम के पास यह सन्देश पहुँचा तो युवराज बनने के लोभ में वे उन्मत्त नहीं हुए। उन्हें तो यह पद स्वीकार करने में भी संकोच हो रहा था—

जनमे एक संग सब भाई।
भोजन सयन केलि लरिकाई॥

—राम कहते हैं—यह क्या हो रहा है? हम सभी भाइयों ने एक साथ जन्म लिया, एक साथ खाया और सोया। हमने बचपन में साथ-ही-साथ तरह-तरह के खेल भी खेले।

बिमल बंस यहु अनुचित एकू।
बंधु बिहाइ बड़ेहि अभिषेकू॥

—किन्तु आज रघु के निर्मल वंश में एक खराब बात यह हो रही है कि अन्य भाइयों को छोड़कर बड़े भाई को युवराज बनाया जा रहा है।

ऐसे थे राम के विचार! उन्होंने पिता दशरथ और गुरु वसिष्ठ की आज्ञा मानने के लिए ही युवराज का पद स्वीकार किया।

जरा सोचिए, यदि उन्हें राज्य का लोभ होता तो वे कैकेयी की बात क्यों मानते? लेकिन राम को तो हिन्दू जीवन के आदर्श की स्थापना करनी थी, इसीलिए

जब कैकेयी ने उनसे कहा कि राजा दशरथ ने अब निर्णय लिया है कि राज्य भरत को मिलेगा और तुम चौदह वर्ष वनवास में रहोगे, तो वे कुद्ध या क्षुब्ध नहीं हुए। इतनी कठोर बात को भी माता-पिता की आज्ञा मानकर उन्होंने स्वीकार किया—

सुनु 'जननी सोइ सुत बड़ भागी।
जो पितु मातु बचन अनुरागी॥
तनय मातु पितु तोषनिहारा।
दुर्लभ जननि सकल संसारा॥

—उन्होंने कैकेयी से कहा—सुनो माता, वह पुत्र बड़ा सौभाग्यशाली होता है, जो माता-पिता के वचनों में प्रीति रखता है। क्योंकि माता-पिता को प्रसन्न रखनेवाला पुत्र संसार में दुर्लभ है।

यह है राम का आदर्श! यदि राम राज्य पाने के लिए अड़ जाते तो शायद कैकेयी और दशरथ को झुकना पड़ता, क्योंकि राम बड़े पुत्र थे—शासन पर उनका कानूनी अधिकार था। लेकिन ऐसा होता तो आज राम को कौन याद करता! दुनिया के इतिहास में करोड़ों राजा हुए हैं, जिन्होंने राज्य पाने के लिए खून बहाया है, पर उन्हें कौन याद करता है! कोई याद भी करता है तो घृणा से। लेकिन राम आज राजा के रूप में नहीं, भगवान् के रूप में भी पूजे जाते हैं, क्योंकि उन्होंने पुत्र के आदर्श की स्थापना के लिए राज्य को ठुकरा दिया था।

राम ने कैकेयी के परम दुःखदायी वचन को परम सुखदायी निवेदन के रूप में देखा। यह राम के चरित्र की अद्भुत विशेषता है।

मुनिगन मिलनु बिसेषि बन सबहि भाँति हित मोर।
तेहि महँ पितु आपसु बहुरि संमत जननी तोर॥

—वन में विशेष रूप से मुनियों का मिलाप होगा, जिसमें मेरा सभी प्रकार से कल्याण है। उसमें भी, फिर पिता की आज्ञा और हे जननी! तुम्हारी सम्मति है।

भरतु प्रान प्रिय पावहिं राजू।
बिधि सब बिधि मोहि सनमुख आजू॥

—और प्राणप्रिय भरत राज्य पायेंगे। आज विधाता सब प्रकार से मेरे अनुकूल है।

किसी दुःखदायी वचन को दुःखपूर्ण समझकर स्वीकार कर लेना या तो कमजोरी है या लाचारी। लेकिन उसमें सुख की खोज कर लेना चरित्र की दिव्यता का परिचायक है। राम ऐसे ही दिव्य चरित्र का प्रदर्शन करते हुए कैकेयी के दुस्सह वचन में चार सुख खोज लेते हैं। वे कहते हैं कि हे माँ, वन जाने में मुझे कोई दुःख नहीं। इसमें तो अनेक सुख भरे हुए हैं। अयोध्या का युवराज बनता तो सांसारिक

लोगों से ही मिलना-जुलना होता। अब वन जाने से श्रेष्ठ ऋषिजनों से मिलूँगा। जिनसे मिलने का सौभाग्य वानप्रस्थ आश्रम में जाने पर मिलता उनसे अभी मिल सकूँगा। साथ-ही-साथ पिता की आज्ञापालन करने का भी सौभाग्य मिलेगा। और इससे भी ऊपर माँ! तुम्हारी इच्छा भी पूरी होगी। सबसे बड़ी विधाता की कृपा मुझपर यह होगी कि मेरे वन जाने से मेरे परम प्रिय भाई भरत को राजा बनने का अवसर प्राप्त होगा।

राम के इस आचरण में उच्च आदर्शों की चरम और सहज अभिव्यक्ति है। वे कैकेयी के वचन से राज्य में छाये संकट का व्यवस्थापन करते हैं, कैकेयी के विध्वंसक आचरण के प्रहार का नियमन करते हैं। राम के इस आचरण को आधुनिक शब्दावली में 'क्राइसिस मैनेजमेण्ट' (संकट व्यवस्थापन) और 'डैमेज कण्ट्रोल' (विध्वंस नियमन) कहा जा सकता है। वे अपने आचरण से संकट और विध्वंस को और बढ़ाते नहीं, बल्कि उनका शमन करते हैं।

राम का यह आचरण दिखावा नहीं, विधेयक चरित्र की निर्मल अभिव्यक्ति है। वे जब वन में वाल्मीकि से मिलते हैं तब भी इसी तरह की बात करते हैं।

तात बचन पुनि मातु हित भाइ भरत अस राउ।
मो कहुँ दरस तुम्हार प्रभु सब मम पुन्य प्रभाउ॥

—हे प्रभो! पिता की आज्ञा, माता का हित और भरत जैसे भाई का राजा होना और मुझे आपका दर्शन होना—यह सब मेरे पुण्य का प्रभाव है।

राम चाहते तो कह सकते थे कि मेरा वन आना कैकेयी के षड्यन्त्र और मेरे पाप का प्रभाव है। दु:ख झेल रहे राम के मुख से ऐसा शब्द निकलना सहज भी होता। लेकिन तब राम साधारण रह जाते। उनके भीतर का असाधारण अभिव्यक्त नहीं होता।

राम हँसी-खुशी से वनवास करने के लिए चल पड़ते हैं। उनके मन में माता-पिता के प्रति कोई दुर्भाव या क्षोभ नहीं होता। जब राजा दशरथ के मन्त्री सुमन्त्र, राम को वन में छोड़कर जाने लगते हैं तो पिता के प्यार से राम व्याकुल हो उठते हैं। राम को याद आता है कि पिता दशरथ को बेहोशी की हालत में छोड़कर वे वन में आये हैं। महाराज दशरथ उनकी याद में तड़प रहे होंगे। इसीलिए राम सुमन्त्र से कहते हैं—

हे सुमन्त्र, पिताजी के पाँव पकड़कर मेरी ओर से प्रार्थना करना कि वे मेरे लिए चिन्ता न करें। उनकी कृपा, दया और पुण्य से जंगल का रास्ता मेरे लिए मंगलकारी बन जायेगा।

करबि पाँय परि बिनय बहोरी।
तात करिअ जनि चिंता मोरी॥
बन मग मंगल कुसल हमारें।
कृपा अनुग्रह पुन्य तुम्हारें॥

वन में कष्ट झेल रहे राम पिता की पीड़ा के प्रति कितने व्याकुल हैं! आराम से जिन्दगी बितानेवाला आज का पुत्र यदि अपने बूढ़े पिता के लिए राम की व्याकुलता के एक अंश के बराबर भी व्याकुल हो जाये तो बूढ़े माता-पिता की जिन्दगी में अमृत घुल जाये।

इतना ही नहीं, जब भरत चित्रकूट में जाते हैं और अयोध्या लौटकर राजा बनने के लिए राम से कहते हैं तो भी राज्य के लोभ में पड़कर या भाई के प्रेम में आकर पुत्र के आदर्श को राम नहीं भूलते हैं—

मोर तुम्हार परम पुरुषारथु।
स्वारथु सुजसु धरमु परमारथु॥
पितु आयसु पालिहिं दुहु भाईं।
लोक बेद भल भूप भलाईं॥

—वे भरत से कहते हैं—हे भाई, तुम्हारा-हमारा परम पुरुषार्थ, सुयश, धर्म और परमार्थ इसी में है कि हम दोनों पिता की आज्ञा पालन करें। उन्होंने मुझे वन और तुम्हें राज दिया है। पिताजी की आत्मा की शान्ति से ही हमारे धर्म का समुचित पालन होगा।

राम की अटूट निष्ठा और प्रेम-भावना अकेले पिता के प्रति ही नहीं है, वे वन भेजनेवाली (भरत की माँ) कैकेयी के प्रति भी मन में कोई घृणा या दुर्भावना नहीं रखते। चित्रकूट में जब कैकेयी उनसे मिलती हैं तो संकोच और सोच में डूबी होती हैं। राम अपनी प्यारी माँ को भला ऐसी स्थिति में कैसे देख सकते थे! वास्तव में कौसल्या से अधिक कैकेयी की गोद में राम खेले थे। सोच और संकोच में डूबी माँ को सहज और शान्त करना राम का कर्तव्य था। पर इस कर्तव्य-निर्वाह में राम को बड़ी सावधानी बरतनी थी। जरा सी भी त्रुटि से, अपराध-बोध से ग्रस्त कैकेयी को यह लग सकता था कि राम विनम्रता का दिखावा करके भरी सभा में उनका अपमान कर रहे हैं। इस नाजुक स्थिति को राम ने बड़ी शालीनता और गरिमा से सँभाला—

भरत मातु पद बंदि प्रभु सुचि सनेहँ मिलि भेंटि।
बिदा कीन्ह सजि पालकी सकुच सोच सब मेंटि॥

—राम ने कैकेयी को सच्चे प्रेम से पाँव छूकर प्रणाम किया। उनके संकोच और सोच को दूर कर राम ने उन्हें विदा किया।

जिस कैकेयी ने राम को सिंहासन से उतारकर जंगल की खाक छानने के लिए कहा था, उसके प्रति भी राम का यह प्रेम भरा व्यवहार पुत्र के आदर्श का अनुकरणीय उदाहरण है।

कैकेयी के प्रति राम का मन बड़ा निर्मल है। जब वह अपनी माँ कौसल्या के पास यह बताने के लिए आते हैं कि अब उन्हें अयोध्या का नहीं, जंगल का राज्य मिल गया है, तो वे यह नहीं कहते कि ऐसा माँ कैकेयी के कारण हुआ है—

पिताँ दीन्ह मोहि कानन राजू।
जहँ सब भाँति मोर बड़ काजू॥

—राम कहते हैं—हे माँ, पिताजी ने मुझे जंगल का राज्य दिया है, जहाँ सभी तरह से मेरा बड़ा कार्य पूर्ण होगा।

यदि राम कैकेयी के प्रति निर्मल प्रेम की भावना नहीं रखते तो अपनी माँ से कैकेयी की निन्दा बढ़-चढ़कर करते, पिता के असहाय और अवश होने का रोना रोते। ऐसा होने पर परिवार में कुहराम मच सकता था। कौसल्या अधिकारपूर्वक कैकेयी से पूछ सकती थीं कि तुम होती कौन हो मेरे बेटे को वन भेजनेवाली? राम सारे घटनाचक्र को पुत्र के रूप में अपने मर्यादित आचरण से सुखद बनाने का प्रयत्न करते हैं। इसीलिए वे माँ कैकेयी का नाम न लेकर कहते हैं कि पिता ने उन्हें वन जाने को कहा है।

माता कौसल्या से जब राम कहते हैं कि मुझे पिता ने वन का राज्य दिया है, तो वे अच्छी तरह जानते हैं कि इससे माँ का हृदय फट जायेगा। सिंहासन का सुख पानेवाले पुत्र को जब वन के काँटों के मार्ग पर चलना पड़ेगा तो किस माँ को दु:ख नहीं होगा। इसीलिए राम इस दु:खद स्थिति में मधु-सी मिठास घोलते हैं। कहते हैं कि वन में मेरा बड़ा कार्य पूर्ण होगा। यह उसी तरह है जैसे विदेश में छात्रवृत्ति पानेवाला पुत्र अपनी ममतामयी माँ को समझाये कि विदेश जाने से उसका बड़ा कार्य पूरा होगा। राम माँ को दु:ख की निम्न स्थिति से विचलित नहीं करना चाहते। वे भविष्य का सुनहरा स्वप्न दिखाकर उन्हें आनन्दित करना चाहते हैं।

वस्तुत: हिन्दू धर्म ने माना है कि सन्तान का जन्म माँ को आनन्दित करने के लिए ही होता है। राम जब प्रकट होते हैं तो तुलसी लिखते हैं—'भए प्रगट कृपाला दीन दयाला कौसल्या हितकारी।' राम कृपा के कारण प्रकट होते हैं। वे कर्म-बन्धन से बँधे नहीं हैं। उनकी कृपा केवल श्रीमन्तों के लिए नहीं है, वह दीनों पर कृपा

करते हैं। समाज के निम्नतम स्तर पर जो है, प्रभु अपनी चिन्ता करता है। इन सबसे ऊपर वह अपनी माँ का कल्याण करने के लिए आता है।

भगवान् श्रीकृष्ण के बारे में भी कवि ने यही लिखा—'देवकी परमानन्दम्'। वे अपनी माँ देवकी को परम आनन्द देनेवाले हैं। वास्तव में देखा जाये तो श्रीकृष्ण ने देवकी माँ को तनिक भी सुख नहीं दिया था। वह तो पैदा होते ही रात के अँधेरे में फुर्र हो गये थे। उनका लालन-पालन तो यशोदा माँ ने किया था। फिर क्यों कहा गया कि वे देवकी को परम आनन्द देनेवाले हैं।

कारण एक ही है। किसी माँ के लिए यह सबसे बड़ा सौभाग्य है कि वह राम या कृष्ण जैसे यशस्वी और तेजस्वी पुत्र को जन्म दे। दुष्ट पुत्र जीवन भर साथ रहे तो भी माँ रोती है और श्रेष्ठ पुत्र एक क्षण भी साथ रहे तो भी माँ परमानन्द में डूब जाती है। श्रेष्ठ सन्तान को जन्म देना ही ममता का सबसे बड़ा सौभाग्य है। स्त्री की कोख की सबसे वन्दनीय धन्यता है।

कहते हैं कि जब भगवान् बुद्ध अपनी माँ के गर्भ में आने को थे तो उनकी माँ को एक स्वप्न आया। एक ऋषि उनसे कह रहे थे—तेरे गर्भ में एक श्रेष्ठ आत्मा प्रवेश करेगी। वह सारे संसार में वन्दनीय बनेगी। पर तू उसे जन्म देकर मर जायेगी। बोल, तुझे यह सन्तान स्वीकार है?

बुद्ध की माँ ने परम आनन्दित होकर कहा—हाँ, प्रभु! मुझे स्वीकार है। ऐसी महान् आत्मा को जन्म देने का गौरव बड़े भाग्य से मुझे मिल रहा है। मैं इसे खो नहीं सकती।

बुद्ध ने निश्चित रूप से अपनी माँ की कोख को धन्य किया, पर माँ उस धन्यता को देखने के लिए जीवित नहीं रही।

वास्तव में वही पुत्र श्रेष्ठ है, जो अपने आचरण से माँ को गौरवान्वित और महिमामण्डित करे। राम ऐसे ही थे।

पुत्र के आदर्श के पालन में राम किसी भी सुख या स्वार्थ को महत्त्व नहीं देते। भरत का प्यार भी उन्हें अपने व्रत से डिगा नहीं पाता। उनका संकल्प इतना तेजस्वी एवं सशक्त है कि भरत स्वयं उसके प्रभाव में आकर अपना आग्रह वापस ले लेते हैं और राम को पुत्र-धर्म के निर्वाह के लिए अपनी ओर से बन्धन-मुक्त कर देते हैं। चौदह वर्षों तक वन में राम मात्र पुत्र-धर्म के पालन के लिए ही कष्ट झेलते हैं। उनकी निष्ठा ही उन्हें इतिहास-पुरुष बना देती है। इसीलिए आज हर माता-पिता को राम जैसे पुत्र की कामना होती है!

□

आदर्श शिष्य

गुरगृहँ गए पढ़न रघुराई

शिष्य के रूप में राम मर्यादा के शिखर को छूते हुए दिखाई देते हैं। भारतीय जीवन-पद्धति में ज्ञान प्राप्त करने के लिए जो व्यवस्था की गयी थी, वह कितनी सम्पूर्ण और सफल थी, यह राम के चरित्र में दिखाई देता है—

गुरगृहँ गए पढ़न रघुराई।
अलप काल बिद्या सब आई॥

—राम गुरु वसिष्ठ के घर पढ़ने गये और थोड़े ही समय में उन्हें सभी विद्याएँ प्राप्त हो गयीं।

यह चमत्कार कैसे घटित हो गया, इसपर विचार करना आवश्यक है। कुछ लोग यह मानकर सन्तोष कर सकते हैं कि राम भगवान् के अवतार थे, इसीलिए उन्हें जल्दी से सभी विद्याएँ उपलब्ध हो गयीं। यह विश्वास भक्त के लिए भले ही ठीक हो, लेकिन आज के बुद्धिवादी युग में गले से नीचे नहीं उतर पाता।

इस चौपाई के मर्म को समझने के लिए ज्ञान-प्राप्ति की हिन्दू-व्यवस्था की गहराइयों तक उतरना पड़ेगा। चौपाई के पहले चरण में कहा गया है—गुरगृहँ गए पढ़न रघुराई। यह बहुत महत्त्वपूर्ण है। आज पाश्चात्य ढंग की शिक्षण-व्यवस्था में छात्र सीमित समय के लिए स्कूल जाता है। प्राथमिक से लेकर उच्च शिक्षा तक वह केवल कक्षाओं में ही अपने गुरु के सम्पर्क में आता है। गुरु के आचरण से व्यावहारिक ज्ञान पाने का उसे तनिक भी अवसर नहीं मिलता है। इसीलिए आज के छात्र पर न गुरु का कोई नियन्त्रण है और न गुरु पर छात्र की कोई श्रद्धा है। शिक्षा आज विद्यादान नहीं, व्यापार बन गयी है।

इन सारी विसंगतियों से शिक्षा-क्षेत्र को बचाने के लिए व्यवस्था की गयी

थी कि छात्र शिक्षक के घर जाये। गुरु के घर पढ़नेवाला शिष्य केवल किताबी ज्ञान ही नहीं प्राप्त करता, वह गुरु के आचरण से व्यावहारिक जीवन की सीख भी प्राप्त करता है। आज का शिक्षक कहता है कि मेरा चरित्र नहीं, मेरी जानकारी देखो। लेकिन गुरु ऐसा नहीं कह सकता था; वह अपने ज्ञान और चरित्र दोनों से शिष्य को शिक्षा दिया करता था। इसी कारण उस व्यवस्था में गुरु-शिष्य के सम्बन्धों में कोई अराजकता, घुटन या अस्वाभाविकता नहीं थी।

गुरु का आचरण शिष्य को पुस्तक से अधिक प्रेरणा देता था। रात-दिन गुरु के आश्रम में रहने के कारण छात्र अपने जीवन में आदर्श और व्यवहार में समन्वय लाने का अभ्यास करता था। साथ ही गुरु भी अपना आचरण अनुकरणीय बनाये रखने के लिए सतत सजग रहता था। इस तरह गुरु और शिष्य दोनों के जीवन में असंयत एवं अवांछित भाव नहीं आते थे। दोनों एक-दूसरे की मर्यादा के प्रहरी होते थे। इसीलिए शिष्य सभी विद्याएँ अल्पकाल में सीख लेते थे।

आज की स्थिति एकदम उलटी है। गुरु अपनी कक्षा के सभी विद्यार्थियों को पहचानता भी नहीं है। सबकुछ अनौपचारिक और अनासक्त भाव से चल रहा है। गुरु और शिष्य—दोनों अपने दायित्व के प्रति उदास हैं।

किसी ने मुझे एक कहानी बतायी थी। एक इंस्पेक्टर स्कूल का निरीक्षण करने गया। उसने कक्षा में कहा—जो इस कक्षा के प्रथम तीन विद्यार्थी हैं, वे बारी-बारी से ब्लैक-बोर्ड के पास आयें; मैं गणित का एक प्रश्न दूँगा। उन्हें हल करना है।

पुकार लगाते ही वह बच्चा, जो प्रथम था, आगे आया और झट से सवाल हल करके अपनी जगह पर बैठ गया। फिर दूसरा आया। उसने भी सवाल को हल कर दिया। इंस्पेक्टर ने तीसरे को पुकारा। एक बच्चा उठा और धीरे-धीरे आने लगा। इंस्पेक्टर को शक हुआ। भला तेज बच्चा धीरे-धीरे क्यों चलेगा! धीरे तो सुस्त, कमजोर और चोर बच्चे चलते हैं। उसने ध्यान से देखा, यह तो पहला ही बच्चा था। इंस्पेक्टर चीखा—तुम तो पहले बच्चे हो!

बच्चा डर गया। उसने रोनी सूरत में कहा—मैं तीसरे छात्र का दोस्त हूँ। उसे पता नहीं था कि आज आप आयेंगे। वह फुटबॉल मैच देखने गया है। उसने कहा था कि कक्षा में कोई काम हो तो उसकी जगह पर मैं कर दूँ।

बच्चे को छोड़कर इंस्पेक्टर अध्यापक पर बरस पड़ा—आप कैसे अध्यापक हैं? अपनी कक्षा के छात्रों को भी नहीं पहचानते! मैंने एक दिन में पहचान लिया और आप रोज पढ़ाकर नहीं पहचान पाये। मैं आपकी नौकरी ले लूँगा।

अध्यापक गिड़गिड़ाने लगा—हुजूर, यह मेरी कक्षा नहीं है। इस कक्षा का अध्यापक मेरा दोस्त है। उसे शाम को किसी विवाह में जाना है, अत: वह बाजार अपनी पत्नी के लिए साड़ी खरीदने गया है। मैं उसकी कक्षा को केवल रखा रहा हूँ। मैं किसी छात्र को नहीं पहचानता।

क्रोध में भरा इंस्पेक्टर काँपते हुए अध्यापक को कक्षा से बाहर ले आया और फुसफुसाकर बोला—तुम्हारा भाग्य था कि तुम बच गये, असली इंस्पेक्टर सिनेमा हॉल में एक नयी पिक्चर देख रहा है। निरीक्षण के लिए उसने मुझे भेज दिया था। मैं उसका मित्र हूँ।

गुरु-शिष्य के जीवन में व्याप्त अपरिचय और उदासीनता समाज के स्वाभाविक विकास के लिए खतरा बन रही है। जीवन के सभी क्षेत्रों से ज्यादा आज शिक्षा-क्षेत्र में तनाव और टकराव है। उस स्थिति से उबरने के लिए हमें गुरु-शिष्य के बीच के आत्मीय भाव को फिर से जाग्रत् करना होगा। तरीके बदले जा सकते हैं, लेकिन मूल मन्त्र की पकड़ को बनाये रखना होगा।

चौपाई के दूसरे भाग में कहा गया है कि रामचन्द्रजी को थोड़े समय में ही सभी विद्याएँ प्राप्त हो गयीं—अलप काल बिद्या सब आई। ऐसा क्यों हुआ? इसके दो कारण हैं। राम एक अच्छे छात्र थे और गुरु वसिष्ठ एक अच्छे शिक्षक। केवल राम ही अच्छे होते तो भी काम नहीं चलता और केवल गुरु वसिष्ठ ही अच्छे होते तो भी काम नहीं बनता। ज्ञान की उपलब्धि के लिए, श्रेष्ठ शिक्षा की प्राप्ति के लिए गुरु और शिष्य—दोनों का योग्य होना जरूरी है। ऐसा होने पर ही सभी विद्याएँ शीघ्र सीखी जा सकती हैं। आज की शिक्षा-व्यवस्था में यह सम्बन्ध जीवित नहीं है, इसीलिए फेल होनेवालों की संख्या बढ़ रही है। और जो पास हो भी रहे हैं, उन्हें समुचित ज्ञान नहीं मिल रहा है।

आज के विद्यालयों में न गुरु पढ़ा रहा है, न छात्र पढ़ रहा है। बस, दोनों समय काट रहे हैं। गुरु को वेतन चाहिए और शिष्य को सर्टिफिकेट। आधुनिक शिक्षा-पद्धति में बिना कुछ किये दोनों की व्यवस्था है।

मेरे एक मित्र एक महाविद्यालय में प्रोफेसर हैं। इलाहाबाद विश्वविद्यालय में वे मेरे साथ पढ़ते थे। सदा अच्छे नम्बरों से पास होते रहे। संस्कृत में पी-एच.डी. की उपाधि ले रखी है उन्होंने। बहुत दिनों के बाद अपनी इस बार की भारत यात्रा में मैं उनसे मिला। उनका बड़ा पुत्र भी साथ में था। स्वाभाविक रूप से मैंने पूछा—किस कक्षा में पढ़ते हो?

पुत्र ने जवाब दिया—१२वीं में।

मेरा दूसरा सवाल था—किस कॉलेज में जाते हो?

लड़के ने कॉलेज का नाम बताया तो मैं चकित हो गया। मेरे मित्र शहर में अध्यापक हैं और बच्चे को गाँव के कॉलेज में पढ़ने को भेज दिया है। मैंने मित्र से पूछा—गाँव में कोई गुरुकुल पद्धति का विद्यालय है क्या?

मित्र मेरी अबोधता पर हँसे—नहीं, गुरुकुल नहीं है। असल में गाँव के जिस कॉलेज में यह जाता है, वहाँ परीक्षा केन्द्र भी है। गाँव के कॉलेज में नकल करने की सुविधा भी होती है। शहर में बड़ी कड़ाई से परीक्षा-व्यवस्था होती है।

मेरा माथा ठनक गया। प्रोफेसर बाप नकल करने की सुविधावाले परीक्षा केन्द्र पर नकल करने के लिए अपने बच्चे को भेज रहा है। बच्चे के सामने खुले-आम यह बात वह मुझसे कह रहा है। ऐसी शिक्षा से सर्टिफिकेट भले मिल जाये, पर जीवन का श्रेष्ठत्व इससे कहाँ विकसित होगा? इस पद्धति से कोई बच्चा राम कैसे बन सकेगा?

गुरु वसिष्ठ के प्रति राम के मन में अपार आदरभाव है। उनकी आज्ञा मानने के लिए सदैव तत्पर रहते हैं। चित्रकूट में जब वसिष्ठ भरत के साथ राम से मिलने गये थे तो उन्होंने राम से कहा था—हे राम, आप सबके भीतर बसते हैं। सबके भले-बुरे भाव को जानते हैं। जिसमें पुरवासियों का, माताओं का और भरत का हित हो, वही उपाय बतलाइए।

राम को गुरु वसिष्ठ बड़ा गौरव देते हैं। कहते हैं, तुम्हीं सबकी भलाई का उपाय बताओ। गुरु के रहते राम अपने आपको इतना ऊँचा समझने का अनुचित कार्य नहीं कर सकते थे। गुरु कह रहे थे कि तुम सबके हृदय में हो। फिर भी राम अपनी विनम्रता नहीं छोड़ते हैं। गुरु के सामने छोटा ही बना रहना चाहते हैं।

सुनि मुनि बचन कहत रघुराऊ।
नाथ तुम्हारेहि हाथ उपाऊ॥
सब कर हित रुख राउरि राखें।
आयसु किएँ मुदित फुर भाषें॥

—मुनि वसिष्ठ का वचन सुनकर रघुनाथजी ने कहा—हे नाथ! उपाय तो आप ही के हाथ है। आपका रुख रखने में और आपकी आज्ञा को सत्य कहकर प्रसन्नतापूर्वक पालन करने में ही सबका हित है।

राम ने गुरु को पूरी गरिमा दी। गुरु के होते हुए शिष्य को अपनी योग्यता दिखाने की ललक नहीं होनी चाहिए। उसे गुरु की उपस्थिति से पूरा लाभ उठाना चाहिए। राम ऐसा ही करते हैं। राम कहते हैं, उपाय आप ही कर सकते हैं। आपका

कहा मानने में ही सबका कल्याण है। राम यदि इतना कहकर रुक जाते तो उसमें कोई बड़प्पन नहीं होता। यह बात औपचारिकता में भी कही जाती है। आजकल आदर्श, नीति और सदाचरण की बातें औपचारिकतावश ही करते हैं। चाहते हैं कि दूसरे आचरण करें, लेकिन स्वयं उनपर चलने की उनकी तैयारी नहीं होती है। लेकिन राम औपचारिकता में नहीं, आन्तरिकता में विश्वास करते थे।

प्रथम जो आयसु मो कहुँ होई।
माथें मानि करौं सिख सोई॥
पुनि जेहि कहँ जस कहब गोसाईं।
सो सब भाँति घटिहि सेवकाईं॥

—गुरुदेव! सबसे पहले मुझे जो आज्ञा हो, मैं उसी शिक्षा को माथे पर चढ़ाकर करूँ। फिर हे नाथ! आप जिसको जैसा कहेंगे, वह सब तरह से सेवा में लग जायेगा।

यह है राम का शिष्य-भाव। सबसे पहले गुरु की आज्ञा मानने के लिए वे स्वयं तैयार होते हैं। यह नहीं कहते हैं कि गुरुदेव, आप जो कुछ कहेंगे, उसे मैं भरत, लक्ष्मण, शत्रुघ्न या अयोध्यावासियों से करवा दूँगा। यदि ऐसा करते तो राम आदर्शवादी नहीं, काइयाँ होते।

आदर्श हमेशा ऊपर से अवतरित होता है। भगवान् श्रीकृष्ण ने भी 'गीता' में कहा है—श्रेष्ठ पुरुष जो-जो आचरण करता है, अन्य पुरुष भी उसी अनुसार आचरण करते हैं। श्रेष्ठ पुरुष जो प्रमाण देता है, लोग उसी अनुसार आचरण करते हैं।* लेकिन यदि ऊपर बैठे लोग केवल भाषणबाजी करते रहें और आचरण में शून्य हों तो नीचे का समाज कभी सत्यवादी, सदाचारी और श्रेष्ठ व्रतधारी नहीं बन सकेगा। राम मानव-व्यवहार के इस सरल गणित को अच्छी तरह जानते थे, इसीलिए उन्होंने गुरु की आज्ञा को मानने के लिए स्वयं को सबसे आगे रखा।

चित्रकूट में राम अपने गुरु पर अगाध श्रद्धा दिखाते हैं। भरत से कहते हैं कि जब पिताजी का स्वर्गवास हुआ था तो अयोध्या अनाथ थी। तुम और शत्रुघ्न ननिहाल में थे, लक्ष्मण और मैं वनवास में। गुरु नहीं होते तो अयोध्या का नाश हो जाता।

तात तात बिनु बात हमारी।
केवल गुरुकुल कृपाँ सँभारी॥

---

* यद्यदाचरति श्रेष्ठ स्तत्तदेवेतरो जनः।
स यत्प्रमाणं कुरुते लोकस्तदनुवर्तते॥ —*गीता, ३/२१*

—हे भाई भरत! पिताजी की मृत्यु के बाद गुरुकुल की कृपा के कारण ही हमारी रक्षा हो सकी।

राम कहते हैं—अयोध्या की रक्षा जब उस कठिन परिस्थिति में गुरु ने कर दी, तो तुम अब क्यों चिन्ता करते हो? अयोध्या के राज्य को हमें नहीं सँभालना है। वह तो गुरु की कृपा से चलेगा।

राज काज सब लाज पति धरम धरनि धन धाम।
गुर प्रभाउ पालिहि सबहि भल होइहि परिनाम॥

—राज्य का सब कार्य, लज्जा, प्रतिष्ठा, धर्म, पृथ्वी, धन, घर—इन सभी का पालन और रक्षण गुरु का प्रभाव करेगा और परिणाम शुभ होगा।

राम इससे भी आगे बढ़कर गुरु की महिमा का बखान करते हैं।

सहित समाज तुम्हार हमारा।
घर बन गुर प्रसाद रखवारा॥

—गुरु की कृपा ही घर और वन में समाज सहित तुम्हारी और हमारी रक्षक है।

गुरु को इतनी प्रतिष्ठा राम ही दे सकते थे। इसीलिए राम जैसे शिष्य की कामना हर गुरु को होती है।

विश्वामित्र के साथ राम का शिष्यत्व अधिक प्रखरता से प्रकट हुआ है। यज्ञ को भंग करनेवाले राक्षसों का नाश करने के लिए विश्वामित्र राम और लक्ष्मण को अपने आश्रम ले जाते हैं। वहाँ राम ने ताड़का और सुबाहु का वध किया तथा मारीच को बाण से मारकर आठ सौ मील दूर फेंक दिया। राम के पराक्रम पर मुग्ध होकर विश्वामित्र ने उन्हें अनेक विद्याओं की शिक्षा दी।

इस अवसर पर तुलसीदास एक अद्‌भुत बात कहते हैं—

तब रिषि निज नाथहि जियँ चीन्ही।
बिद्यानिधि कहुँ विद्या दीन्ही॥

—ऋषि विश्वामित्र ने प्रभु रामचन्द्र को सब विद्याओं का भण्डार समझकर भी अनेक विद्याओं का दान किया।

इस चौपाई में गुरु-शिष्य सम्बन्धों को बड़े मार्मिक ढंग से प्रस्तुत किया गया है। राम विद्या के भण्डार थे; वे आज के किसी छात्र की तरह बोल सकते थे कि क्षमा कीजिए गुरुजी, मुझे यह सब आता है; आप समय बरबाद कर रहे हैं! लेकिन राम ने ऐसा नहीं कहा। उन्होंने विश्वामित्र से श्रद्धा के साथ विद्या सीखी। यही हिन्दू आदर्श है। अपने ज्ञान को पूर्ण न समझना ही ज्ञानी की विशेषता है। सच्चा ज्ञानी हमेशा कुछ-न-कुछ सीखना चाहता है।

सच्चा गुरु भी विश्वामित्र की तरह होना चाहिए, जो अपना ज्ञान योग्य छात्र को सौंपे। ज्ञान योग्य छात्र को देना ही उसकी सार्थकता है। जो जानता है, उसे ही और जानने की इच्छा होती है। गुरु-शिष्य का भारतीय आदर्श इसी सिद्धान्त पर आधारित है। राम इसी आदर्श के प्रतीक हैं।

आयुध सर्ब समर्पि कै प्रभु निज आश्रम आनि।
कन्द मूल फल भोजन दीन्ह भगति हित जानि॥

—सब अस्त्र-शस्त्र समर्पण करके मुनि प्रभु श्रीराम को अपने आश्रम में ले आये; और उन्हें परम हितकारी जानकर भक्तिपूर्वक कन्द, मूल और फल का भोजन कराया।

विश्वामित्र ने सबसे पहले राम को अलौकिक विद्या दी। इसके बाद अलौकिक शस्त्रास्त्र दे रहे हैं। ये दोनों उपयोगी चीजें ताड़का के वध के बाद राम को दी गयीं। कुछ लोग कहते हैं कि अलौकिक ज्ञान और शस्त्र देने से पहले गुरु विश्वामित्र राम की योग्यता की परीक्षा लेना चाहते थे। ताड़का के वध के बाद राम परीक्षा में उत्तीर्ण हुए। मुनि ने उन्हें सबकुछ दे दिया।

कुछ लोग कहते हैं, यह तर्क ठीक नहीं। ऐसा कौन निर्दयी गुरु होगा, जो शस्त्र दिये बगैर दुश्मन से लड़ने के लिए भेज देगा। ऐसे लोग कहते हैं कि विश्वामित्र राम को आश्रम लाकर अलौकिक विद्या और शस्त्र देना चाहते थे; लेकिन आश्रम आने से पहले ही ताड़का अचानक उन्हें मिल गयी। उसमें गुरु का कोई दोष नहीं है।

मेरे विचार से दोनों कारण सही हो सकते हैं। गुरु शिष्य की योग्यता की परीक्षा के लिए यदि उसे संकट में डाल दे तो इसमें निर्दयता की कोई बात नहीं है; क्योंकि खतरे के समय सहायता के लिए गुरु वहाँ हैं। दूसरा तर्क भी ठीक है कि विश्वामित्र ने सोचा नहीं था कि ताड़का अचानक मार्ग में मिल जायेगी।

इस दोहे में एक और बात है। विश्वामित्र राम को आश्रमवासियों जैसा भोजन देते हैं। इसका अर्थ है कि राम की शस्त्र-शिक्षा जारी है। शास्त्र-शिक्षा उन्हें वसिष्ठ से मिली थी, शस्त्र-शिक्षा विश्वामित्र से मिलेगी। राम यहाँ शिष्य हैं, अतिथि नहीं।

राम विश्राम भी करते हैं तो गुरु की आज्ञा से। सोने से पहले राम गुरु के चरण दबाकर उनकी सेवा करते हैं—

जिन्ह के चरन सरोरुह लागी।
करत बिबिध जप जोग बिरागी॥

तेइ दोउ बंधु प्रेम जनु जीते।
गुरु पद कमल पलोटत प्रीते॥
बार बार मुनि आग्या दीन्ही।
रघुबर जाइ सयन तब कीन्ही॥

—जिनके चरणों को छूने के लिए वैरागी लोग अनेक तरह के जप-तप करते हैं, वही राम और लक्ष्मण प्रेम के वश हो गुरु के चरणों को दबा रहे हैं। गुरु के बार-बार कहने पर ही वे सोने जाते हैं।

सीता के विवाह के लिए जो स्वयंवर रचा गया था, उसमें जब कोई धनुष नहीं तोड़ सका तो राजा जनक को बड़ा दुःख हुआ। इसे देखकर गुरु विश्वामित्र ने राम से कहा—

उठहु राम भंजहु भव चापा।
मेटहु तात जनक परितापा॥

—हे राम, उठो। धनुष को तोड़कर जनक का दुःख दूर करो।

यह चौपाई देखने में बड़ी सरल लगती है, लेकिन इसका अर्थ बड़ा चामत्कारक है। कभी आपने सोचा है कि विश्वामित्र ने ऐसा कैसे कह दिया कि हे राम, उठो—धनुष को तोड़ डालो! वास्तव में उन्हें कहना चाहिए था कि हे राम, उठो—तुम भी कोशिश करके देखो!

हिन्दू-परम्परा में सच्चा गुरु वही है, जो अपने शिष्य को अच्छी तरह जानता-पहचानता हो। यदि शिष्य की शक्ति और क्षमता का पूरा ज्ञान गुरु को न हो तो वह गुरु श्रेष्ठ नहीं कहा जा सकता। विश्वामित्र एक श्रेष्ठ गुरु थे, इसीलिए उन्होंने विश्वासपूर्वक राम से कहा कि उठो और धनुष तोड़ दो!

राम ने भी गुरु की आज्ञा का पालन करके अपने को सच्चा और श्रेष्ठ सिद्ध किया—

गुरहि प्रनामु मनहिं मन कीन्हा।
अति लाघवँ उठाइ धनु लीन्हा॥

—राम ने मन-ही-मन गुरु को प्रणाम करके झट से धनुष को अपने हाथों में उठा लिया।

राम जानते थे कि वे धनुष को अपने ही बल से उठा सकते हैं, लेकिन उन्होंने शिष्य की मर्यादा का पालन किया। गुरु को प्रणाम करके ही उन्होंने धनुष उठाया। अपने बल का अहंकार उन्होंने नहीं प्रकट किया। वे सभी राजाओं को पराजित देखकर विश्वामित्र से कह सकते थे कि गुरुजी, आज्ञा हो तो मैं भी जोर

लगाकर देखूँ! लेकिन उन्होंने यह भी नहीं कहा, चुपचाप शान्त बैठे रहे। गुरु का आदेश मिलने पर ही वे उठे। यदि गुरु का आदेश नहीं मिलता तो राम स्वयं धनुष तोड़ने के लिए नहीं उठते—यद्यपि उन्हें सीता से प्रेम हो गया था। मानसिक स्तर पर पुष्प-वाटिका में राम-सीता एक-दूसरे के नजदीक भी आ चुके थे। फिर भी राम ने धनुष उठाने के लिए उतावलापन नहीं दिखाया, अपनी भावनाओं को मर्यादा में बाँधकर रखा।

वसिष्ठ और विश्वामित्र के बाद राम ने गुरु जैसा सम्मान वाल्मीकि को दिया है। इसीलिए जब राम उनसे मिलते हैं तो कहते हैं—

देखि पाय मुनिराय तुम्हारे।
भए सुकृत सब सुफल हमारे॥

—हे मुनिनाथ, आपके पाँवों को देखकर मेरे सभी सत्कर्म सफल हो गये हैं।

इतना ही नहीं, जब वाल्मीकि ने राम के वनवास के बारे में दुःख प्रकट किया तो राम ने उन्हें दिलासा देते हुए बहुत मार्मिक बात कही—

तात बचन पुनि मातु हित भाइ भरत अस राउ।
मो कहुँ दरस तुम्हार प्रभु सबु मम पुन्य प्रभाउ॥

—हे मुनियों में श्रेष्ठ वाल्मीकिजी! वन आना मेरे लिए दुःखकारक नहीं, पुण्य का प्रभाव है। इससे कई लाभ हुए हैं—पिता का वचन पूरा हुआ, माँ कैकेयी के हित की रक्षा हुई, भाई भरत को राज मिला और मुझे आप जैसे श्रेष्ठ महात्मा का सत्संग प्राप्त हुआ। मैं अपने को धन्य समझता हूँ।

राम का यह कथन मात्र शिष्टाचार या दिखावटी विनम्रता नहीं है। गुरु के समान वाल्मीकि ऋषि को वे अपने लिए चिन्तित या व्याकुल होता हुआ नहीं देखना चाहते थे। राम यह भी नहीं चाहते थे कि ऋषि को यह आभास हो कि अयोध्या में उनपर बड़ी ज्यादती हुई है। इसलिए राम अपने वनागमन के उज्ज्वल पक्ष को प्रस्तुत करते हैं।

वास्तव में सच्चा शिष्य वही है, जो गुरु को पीड़ा और क्षोभ से बचाये; इतना ही नहीं, गुरु के समस्त क्लेश को अपने ऊपर ओढ़ भी ले। राम ऐसा ही करते हैं। वन में आने को पुण्य प्रभाव कहकर वे वाल्मीकि की सारी मानसिक चिन्ता हर लेते हैं।

□

आदर्श भाई

जौं जनतेउँ बन बंधु बिछोहू

आदर्श भाई के रूप में राम का चरित्र बड़ा प्रेरक है। यद्यपि माँ कैकेयी ने भरत को राजा बनाने का प्रयत्न करके भाइयों के आपसी स्नेह को समाप्त करने का प्रयत्न किया था, किन्तु बचपन से ही राम ने जिस तरह अपने भाइयों की श्रद्धा अपने मृदु-मधुर व्यवहार से प्राप्त कर ली थी, उसके कारण परिवार में कोई भी बिखराव नहीं हो सका।

समूचे घटनाचक्र में केवल पारिवारिक बिखराव की ही रक्षा नहीं हुई, भरत ने अपने आचरण और लक्ष्मण ने अपने समर्पण से भाई-भाई के आपसी प्यार को हिमालय जैसी ऊँचाई दी।

राम अपने भाइयों को स्वयं से भी ज्यादा प्यार किया करते थे। लक्ष्मण का समर्पित सेवा-भाव और भरत का संत स्वभाव राम के अपने व्यक्तित्व के अभिन्न अंग थे।

भरत और शत्रुघ्न ननिहाल में हैं। पिता दशरथ माँ कैकेयी द्वारा दिये गये सन्ताप से झुलस रहे हैं। राम को वन जाना है। ऐसे में लक्ष्मण भी वन जाने की उत्कण्ठा प्रकट करते हैं। माता-पिता और परिवार की एकता तथा मर्यादा के लिए अपनी आकांक्षाओं का बलिदान करनेवाले राम दुविधा में फँस जाते हैं। उनकी अनुपस्थिति में अयोध्या में लक्ष्मण का रहना जरूरी है—

भवन भरतु रिपुसूदन नाहीं।
राउ बृद्ध मम दुखु मन माहीं॥
मैं बन जाउँ तुम्हहि लेइ साथा।
होइ सबहि बिधि अवध अनाथा॥

—राम कहते हैं—हे भाई! भरत और शत्रुघ्न घर पर नहीं हैं। महाराज दशरथ वृद्ध हैं और मेरे दुःख से पीड़ित हैं। ऐसे समय में यदि मैं तुम्हें लेकर वन जाऊँगा तो अयोध्या के लोग सब तरह से अनाथ हो जायेंगे।

राम की चिन्ता पिता के प्रति भी थी और प्रजा के प्रति भी। वे लक्ष्मण को घर पर रोककर इन दोनों चिन्ताओं से अपने को मुक्त करना चाहते थे। लेकिन लक्ष्मण तो राम से अलग होने के लिए तैयार नहीं थे। उनके नयनों से व्याकुलता बरस रही थी—

मोरें सबइ एक तुम्ह स्वामी।
दीनबंधु उर अंतरजामी॥

—उन्होंने राम से स्पष्ट शब्दों में कह दिया—हे स्वामी, हे दीनबन्धु, हे सबके हृदय को समझनेवाले प्रभु! मेरे तो सबकुछ आप ही हैं।

लक्ष्मण के इस विनीत समर्पण से राम भीतर तक हिल उठते हैं। पिता और प्रजा की चिन्ता से व्याकुल उनका हृदय भाई की भक्ति के आगे झुक जाता है—

मागहु बिदा मातु सन जाई।
आवहु बेगि चलहु बन भाई॥

—राम ने कहा—हे भाई! माता सुमित्रा से आज्ञा लेकर जल्दी आओ और वन चलने के लिए तैयार हो जाओ।

राम ने भाई की श्रद्धा, भक्ति और आस्था के सामने झुककर अपनी उदात्त भ्रातृ-भावना का परिचय दिया है।

भाई के प्रति राम के हृदय का प्यार उस समय अपनी पूरी निष्ठा के साथ मुखर होता है, जब लक्ष्मण को मेघनाद की शक्ति के कारण जानलेवा बेहोशी आती है। हनुमान यदि समय पर संजीवनी बूटी नहीं ला सके तो लक्ष्मण की मृत्यु भी हो सकती है। ऐसे समय में राम का संवेदनशील हृदय जिस तरह रोता है, वह अतुलनीय प्यार का प्रतीक है—

जौं जनतेउँ बन बंधु बिछोहू।
पिता बचन मनतेउँ नहिं ओहू॥

—यदि मुझे पता होता कि वन में भाई का बिछोह हो जायेगा तो मैं पिता की आज्ञा का भी पालन नहीं करता।

दुस्सह वेदना के क्षण में राम का यह कथन मर्माहत व्यक्ति का प्रलाप नहीं है; इसमें उनके प्यार की खुशबू है। पिता की आज्ञा का पालन करने के लिए सिंहासन छोड़ देनेवाले राम जब यह कहते हैं कि वे पिता का वचन मानने से इनकार

कर देते तो समझना चाहिए कि उनका कलेजा लक्ष्मण की जानलेवा बेहोशी के कारण फटा जा रहा है, अन्यथा राम इतना असंयत कैसे हो सकते थे? जब सीता का हरण हुआ था तब भी राम मर्माहत हुए थे। उनका हृदय क्षत-विक्षत हुआ था, लेकिन उस अकल्पनीय पीड़ा में भी राम ने यह नहीं कहा कि यदि मुझे पता होता कि वन में पत्नी से बिछोह हो जायेगा तो मैं पिता की उस बात को नहीं मानता!

प्राण से भी प्यारी सीता के दुःख को राम संयम के साथ झेल गये थे, लेकिन लक्ष्मण की बेहोशी ने उनके संयम का बाँध तोड़ दिया था। वे पश्चात्ताप में जल उठे थे—

जैहउँ अवध कौन मुहु लाई।
नारि हेतु प्रिय भाइ गँवाई॥

—मैं अयोध्या में कौन मुँह लेकर जाऊँगा? लोग कहेंगे कि पत्नी के लिए लड़ाई लड़कर मैंने भाई को गँवा दिया।

राम मात्र अपयश के भय के कारण ऐसा नहीं कर रहे हैं। यह अपयश या कलंक उन्हें सीताहरण के बाद भी लग सकता था। लोग कह सकते थे—राम इतने निर्बल हैं कि अपनी पत्नी की भी रक्षा नहीं कर सके! पर राम ने कभी इस तरह के मनोभावों को मुखरित नहीं होने दिया। किन्तु आज भाई के प्रति अगाध प्रेम के कारण वे मुखर ही नहीं, भावविह्वल भी हो उठे हैं। पत्नी की तुलना में भाई को अधिक महत्त्व देना पारिवारिक मर्यादा का उत्तम उदाहरण है।

भरत के प्रति तो राम और भी स्नेह-कातर हैं। भरत की चिन्ता उन्हें हमेशा सताती रहती है। कैकेयी ने जब उन्हें वन जाने को कहा तो राम ने जो कारण बताते हुए प्रसन्नता प्रकट की, उनमें एक कारण भरत भी थे—

भरतु प्रानप्रिय पावहिं राजू।
बिधि सब बिधि मोहि सनमुख आजू॥

—राम ने कहा—हे माँ! प्राण से प्यारे भरत को राज्य मिलेगा, इससे बढ़कर सुखद बात मेरे लिए क्या होगी! लगता है, विधाता सब तरह से मेरे अनुकूल है!

राम का यह कथन न तो व्यंग्य है, न औपचारिकता। यह हृदय के भीतर के प्रेम का निष्कपट प्रकटीकरण है। यह प्रेम इतना अमृतमय है कि कैकेयी के वरदानों की तलवार उसे काट नहीं पायी।

चित्रकूट में भरत के आगमन का समाचार सुनकर लक्ष्मण उत्तेजित और सशंक होकर राम से कहते हैं कि यह हमें जंगल में अकेला जानकर मारने के लिए आ रहा है, ताकि हमेशा के लिए निष्कण्टक होकर राज कर सके।

राम को कितना अखण्ड विश्वास है भरत पर! उन्हें लक्ष्मण की शंका तनिक भी छू नहीं पाती—

भरतहि होइ न राजमदु बिधि हरि हर पद पाइ।
कबहुँ कि काँजी सीकरनि छीरसिंधु बिनसाइ॥

—राम कहते हैं—हे लक्ष्मण! भरत को कभी राजमद नहीं हो सकता, चाहे उसे ब्रह्मा, विष्णु, महेश का भी पद क्यों न मिल जाये। क्या कभी काँजी की एक बूँद से क्षीर-समुद्र में खराबी आ सकती है?

राम का भरत के प्रति प्रेम भाई-भाई के प्रेम की ऊँचाइयों को चरम उत्कर्ष प्रदान करता है। राम जब कभी किसी पर प्रसन्न होते हैं तो उसे भरत जैसा कहते हैं। निषाद से प्रसन्न होकर राम उन्हें भरत जैसा कहते हैं। जब हनुमान संजीवनी बूटी लाकर लक्ष्मण को जाग्रत् करने में सहयोगी बनते हैं, तो राम उनकी बड़ाई 'भरत-सा भाई' कहकर करते हैं। तुलसीदास ने राम के इस प्यार को बड़ा गौरव दिया है—

भरत सरिस को राम सनेही।
जगु जप राम रामु जप जेही॥

—भरत जितना स्नेहपूर्ण कौन होगा? सारा संसार राम को भजता है और राम भरत को भजते हैं।

देखने में यह स्थिति विचित्र है, लेकिन व्यवहार में बड़ी संगत और उचित है। जो राम और भ़रत को जानते हैं, वे इस आन्तरिक स्नेह को भी पहचानते हैं। राम के अपार प्यार का संकेत भरत चित्रकूट में देते हैं। वे भाव-विभोर होकर कहते हैं—

मो पर कृपा सनेह बिसेषी।
खेलत खुनिस न कबहूँ देखी॥

—राम ने हमेशा मुझपर विशेष कृपा की है। खेल में भी कभी मुझपर नाराज नहीं हुए—

मैं प्रभु कृपा रीति जियँ जोही।
हारेहुँ खेल जितावहिं मोही॥

—मैं प्रभु राम की कृपा की रीति को अच्छी तरह जानता हूँ। जब मैं खेल में हार जाता था तो भी वे मुझे जिता दिया करते थे, जिससे मैं हताश न होऊँ।

राम का भरत के प्रति प्यार आज भी हमारे लिए कितना अनुकरणीय है! स्नेह से कितना लबालब रहा होगा राम का हृदय, जो खेल में भी नाराजगी का भाव अपने भीतर नहीं आने देता था।

बाँटी बिपति सबहिं मोहि भाई।
तुम्हहि अवधि भरि बड़ि कठिनाई॥

—चित्रकूट में भरत की व्याकुलता देखकर राम कहते हैं—मेरी विपत्ति को तो सब लोगों ने बाँट लिया है, लेकिन चौदह वर्षों तक तुम्हारी कठिनाई का तो अन्त ही नहीं है!

इतने चिन्तित थे राम भरत को लेकर। वे सोच रहे थे, जंगल में उन्हें तो सब कुछ मिल गया है। केवट-सा भक्त, निषादराज-सा मित्र, ऋषियों का सत्संग, सीता जैसी संगिनी का सहवास और लक्ष्मण जैसा समर्पित प्रहरी। राम इन सबके सहारे चौदह वर्षों का दुःख आसानी से काट सकते हैं; लेकिन भरत के सामने कितनी चुनौतियाँ, कितनी आपदाएँ हैं—कौन गिन सकता है! राम का वियोग, पिता का अवसान, विधवा माताओं का दारुण क्रन्दन, व्याकुल प्रजा का विचलित मनोबल, जाने कितने दुःख के भार हैं भरत पर!

यह सब जान-समझकर ही राम भरत को सान्त्वना देते हुए कहते हैं—

होहिं कुठायँ सुबंधु सहाए।
ओड़िअहिं हाथ असनिहु के घाए॥

—हे भाई! कठिन समय में सच्चा भाई ही सहायक होता है। वज्र की चोट भी हाथ से ही रोकी जाती है।

सचमुच, राम और भरत—दोनों ने विधाता के वज्राघातों को अपने हाथों पर झेलकर भाई के श्रेष्ठ आदर्श को चरितार्थ किया। सामान्य नियम के अनुसार, भरत राम के वैरी थे, क्योंकि भरत के कारण ही राम को वन की विपत्ति झेलने और सिंहासन छोड़ने के लिए बाध्य होना पड़ा था। लेकिन राम ने भरत को अपनी बाहुओं में भरकर इतना ऊँचा उठा दिया है कि भरत आज सच्चे भाई के पर्याय बन गये हैं। राम के प्रेम का ही प्रताप था कि भरत ने अयोध्या के राज्य को ठुकरा दिया। सुख-वैभव के जीवन को लात मारकर वे चौदह वर्षों तक राम की प्रतीक्षा में संन्यासी बनकर रहे।

लंका-विजय के बाद राम की भरत के प्रति विह्वलता उनके भ्रातृ-प्रेम का बड़ा पावन प्रसंग है। विभीषण उनसे कहते हैं कि प्रभु, युद्ध के बाद आप बहुत थके होंगे। चलिए, राजभवन में स्नान-विश्राम कीजिए। यह बड़ा आकर्षक प्रस्ताव था। पिछले चौदह वर्षों में राम ने राजा की तरह स्नान-विश्राम नहीं किया था। साधारण आदमी होता तो डिग जाता, लेकिन राम रो पड़े। उन्होंने कहा—मेरे भाई, तुम्हारा कहना सच है। मैं थका भी हूँ, स्नान-विश्राम की इच्छा भी है; लेकिन मेरे

सामने एक आदर्श भी है। उस आदर्श के लिए मैं अपनी सारी व्यक्तिगत सुख-सुविधाओं को ठुकरा सकता हूँ। यदि सचमुच तुम मुझे प्रसन्न देखना चाहते हो तो जल्दी-से-जल्दी एक काम करो। मुझे भरत तक पहुँचाने का प्रबन्ध करो। लंका-विजय के बाद भरत से मिलन ही मेरे जीवन का सबसे बड़ा आदर्श, सबसे महान् लक्ष्य है।

बीतें अवधि जाउँ जौं जिअत न पावउँ बीर।
सुमिरत अनुज प्रीति प्रभु पुनि पुनि पुलक सरीर॥

—यदि मैं चौदह वर्ष की अवधि बीतने पर जाता हूँ तो भाई को जीवित न पाऊँगा। छोटे भाई भरत की प्रीति का स्मरण करके राम का शरीर बार-बार पुलकित हो रहा है।*

पिता के वचनों की बाध्यता के कारण राम चौदह वर्षों तक भरत को अपनी साँसों में बाँधे रहे। संसार राम को भजता रहा और राम भरत को भजते रहे। भरत राम के प्रति अपनी निष्ठा के कारण बिना किसी की आज्ञा की बाध्यता के चौदह वर्षों तक नन्दिग्राम में सन्त बनकर रहे। हर पल उनकी साँसों में केवल राम ही बसे रहे। भाई-भाई का यह आदर्श प्रेम परिवार को एकता के सूत्र में बाँधता भी है और ऊँचा भी उठाता है।

बड़े भाई का आचरण करते हुए राम आदेश की मुद्रा में कभी नहीं आते। वे अपने किसी भाई को क्रोध में डाँटते हुए नहीं देखे गये। लक्ष्मण का स्वभाव आक्रोशमय है। वे परशुराम से भिड़ गये। पिता दशरथ को अपशब्द कह गये। भरत पर शक कर बैठे। ऐसे आचरण को सहना राम के स्वभाव में नहीं है; लेकिन राम धैर्य और सन्तुलन नहीं खोते। वे लक्ष्मण को मधुर मुसकान से मना करते हैं। अपनी इच्छा को आज्ञा नहीं, सलाह के रूप में अपने भाइयों तक पहुँचाते हैं। इसीलिए उनकी इच्छा जानने के लिए, उसे पूरी करने के लिए उनका हर भाई उतावला रहता है। राम के प्रति कभी इनकार या विद्रोह का प्रश्न ही नहीं उठता। राम का यही आदर्श परिवार को स्नेह-बन्धन में बाँधता है।

□

---

* राम और भरत के प्रेम की विस्तृत व्याख्या का आनन्द लेने के लिए भरतचरित पर लिखी लेखक की पुस्तक 'भरत गुन गाथा' (प्रभात प्रकाशन द्वारा प्रकाशित) पढ़ें।

आदर्श प्रेमी

सहज पुनीत मोर मनु छोभा

तुलसीदास मर्यादा के कवि रहे हैं। उन्होंने अपने समय के टूटते और बिखरते हिन्दू समाज को एकता और मर्यादा में बाँधने के लिए ही राम का चरित गाया। क्योंकि राम के हर व्यवहार में मर्यादा है। मर्यादा का अर्थ मानवीय भावनाओं को दबाना या अस्वीकार करना नहीं, अपितु उन्हें एक सुन्दर स्वरूप देना है। यही भाव राम ने अपने हर व्यवहार में प्रकट किया है।

राम सीता को प्रेम करते हैं। यह प्रेम पहली ही बार देखने में हो जाता है। जब राम पुष्प-वाटिका में पूजा के लिए फूल लेने जाते हैं और सीता वहाँ माँ पार्वती की पूजा के लिए आती हैं, तभी वहाँ दोनों का मिलन होता है। इस मिलन में प्यार की सम्पूर्ण उत्तेजना और कसक होते हुए भी मर्यादा बनी हुई है। 'हाय सीता, तुमने मार डाला'—कहकर राम पवित्र प्यार को वासना का उफान नहीं बनने देते और न सीता ही दौड़कर उनसे लिपटकर अपनी प्रीति प्रकट करती हैं। यह प्यार जितना भावनामय और ललकपूर्ण है उतना ही पवित्र और मर्यादित भी।

पुष्प-वाटिका में राम और सीता का मिलन प्रेम और मर्यादा का अनूठा संगम है। राम गुरु के लिए पूजा के फूल लेने बाग में लक्ष्मण के साथ आये थे। सीता अपनी सखियों के साथ माँ गौरी की पूजा के लिए वहाँ आयी थीं। दोनों लगभग एक ही समय में बाग में उपस्थित थे। फैसला यह होना था कि कौन किसको पहले देखता है। विधाता ने यह गौरव राम को दिया। सीता राम को पहले क्यों नहीं देख पायीं, इसकी एक अलग रोचक कथा है, जिसकी चर्चा हम इसी अध्याय में आगे करेंगे। आइए, अभी हम देखें कि राम सीता को देखने के लिए क्या कर रहे हैं।

कंकन किंकिन नूपुर धुनि सुनि।
कहत लखन सन राम हृदयँ गुनि॥
मानहुँ मदन दुंदुभी दीन्ही।
मनसा बिस्व बिजय कहँ कीन्ही॥

—कंगन, करधनी और पायल की ध्वनि सुनकर राम ने हृदय में विचारकर लक्ष्मण से कहा—हे भाई! इस ध्वनि के द्वारा मानो कामदेव ने विश्व को जीतने का संकल्प करके डंके पर चोट मारी है।

राम ने अभी सीता को देखा नहीं है। केवल उनके जेवरों की आवाज सुनी है। जेवर किसने पहन रखे हैं, उन्हें पता नहीं। इसीलिए जेवरों की ध्वनि सुनकर वह गुनते हैं, अच्छी तरह विचार करते हैं।

एक बात और! राम के साथ लक्ष्मण भी थे। लक्ष्मण ने ध्वनि सुनी या नहीं, हमें नहीं मालूम। लेकिन इतना हमें पता है कि लक्ष्मण ने ध्वनि के प्रति कोई प्रतिक्रिया नहीं प्रकट की।

इससे एक बात समझ में आती है। राम अधिक सजग हैं। उनकी इन्द्रियाँ ज्यादा संवेदनशील हैं। लक्ष्मण छोटे हैं और राम पर आश्रित हैं। उनके मन में यह खयाल रहता है कि कुछ होगा तो भैया राम बता ही देंगे। इसीलिए लक्ष्मण अलक्ष्य स्थितियों के प्रति उतने संवेदनशील नहीं दीखते। हो सकता है कि उन्होंने सोचा हो कि जनकपुरी की कोई स्त्री उधर से गुजर रही है। जेवरों की आवाज से स्त्री की उपस्थिति का अन्दाज लगाना सरल है। लेकिन कैसी स्त्री है, इसका अन्दाज लगाना कठिन है। यह कठिन काम राम ने किया।

स्त्री चलेगी तो घुँघरू बजेंगे ही। लेकिन समझदार आदमी घुँघरुओं की ध्वनि के अन्दाज को सुनकर बता देगा कि उन्हें पहननेवाली स्त्री दासी है या राजकुमारी, आभिजात्य है या साधारण। बस, उसे जरा ध्यान से सुनना पड़ेगा। रेडियो पर बजते सितार को सुनकर हर आदमी नहीं बता सकता है कि रविशंकर बजा रहे हैं या लपड़घोंघू। लेकिन जिसके पास संगीत की समझ होगी, वह थोड़ी देर सुनते ही बता देगा।

राम ने ध्वनि को सुना और हृदय में गुना। समझ गये कि किसी असाधारण स्त्री के चलने से जेवरों की लयात्मक ध्वनि आ रही है। फिर लक्ष्मण से कहा—'लगता है, कामदेव ने विजय का डंका बजा दिया है।'

विजय-यात्रा में डंका पहले सुनाई देता है और विजेता बाद में आता है। उसके आते ही सभी विनम्रता से झुकते हैं, श्रद्धा से देखते हैं और उसके व्यक्तित्व

से बँध जाते हैं।

राम की स्थिति ऐसी ही होती है। लक्ष्मण से वह अभी इतना कह ही पाये थे कि सीता उन्हें दिख गयीं। राम अपना सम्भाषण भूल गये।

अस कहि फिरि चितए तेहि ओरा।
सिय मुख ससि भए नयन चकोरा॥

—अपनी बात खत्म करते-करते राम ने उस ओर फिर देखा, जिस ओर से जेवर की ध्वनि आ रही थी। फिर क्या था! सीता का मुख चाँद बन गया और राम के नयन चकोर।

चकोर सदा एकटक चन्द्रमा को निहारता रहता है। राम भी सीता को एकटक अभिभूत होकर निहारते रहे। लक्ष्मण चुपचाप साक्षी भाव से देख रहे हैं, राम की भावप्रवणता में बाधा नहीं बनते हैं। राम का प्रेम कितना आन्तरिक है! सीता को देखकर वे अपनी स्थिति-परिस्थिति को भूल गये हैं। उनके लिए सीता के अलावा बाकी सबकुछ अनुपस्थित हो गया है।

देखि सीय सोभा सुख पावा।
हृदयँ सराहत बचनु न आवा॥

—सीता के रूप को देखकर राम को बड़ा सुख मिला। हृदय में वे सीता की बड़ाई करते रहे, लेकिन मुख से कोई आवाज नहीं निकली।

राम की यह स्थिति उनके सच्चे प्रेम की प्रतीक है। आदमी जब सचमुच प्यार करता है तो उसकी स्थिति इसी तरह हो जाती है। हृदय भावनाओं से इतना भर उठता है कि मुँह से कुछ बोलने को रह ही नहीं जाता। आन्तरिक प्यार मुखर नहीं, मौन होता है।

सीता के प्रति प्रेमपूर्ण होकर राम वासना के कीचड़ में नहीं गिरते। सीता के प्रवेश के बाद उनका हृदय और पवित्र एवं उन्मुक्त हो उठता है। वे लक्ष्मण को अपने मन की सभी बातें बता देते हैं।

सिय सोभा हियँ बरनि प्रभु आपनि दसा बिचारि।
बोले सुचि मन अनुज सन बचन समय अनुहारि॥

—हृदय में सीता की शोभा का वर्णन कर और अपनी दशा सोचकर शुद्ध मन से राम ने लक्ष्मण से कहा—

तात जनकतनया यह सोई।
धनुष जग्य जेहि कारन होई॥
जासु बिलोकि अलौकिक सोभा।
सहज पुनीत मोर मनु छोभा॥

—हे लक्ष्मण! यह वही जानकी हैं, जिनके कारण धनुष-यज्ञ हो रहा है। इनकी अलौकिक शोभा को देखकर स्वभाव से पवित्र मेरा मन भी क्षुब्ध हो गया है।

राम का यह कथन दो दृष्टियों से महत्त्वपूर्ण है। एक इसलिए कि वे लक्ष्मण पर अटूट विश्वास करते हैं। किसी लड़की से प्यार हो जाने की बात सामान्यत: कोई बड़ा भाई छोटे भाई से नहीं कहता। वह सोचता है कि सुनकर छोटा भाई उसकी इज्जत नहीं करेगा। लेकिन राम ने उलटा किया, उन्होंने अपना हृदय लक्ष्मण के सामने खोल दिया। ठीक ऐसे जैसे वे स्वयं अपने से ही सब बातें कह रहे हों। ऐसा था राम का हृदय, जहाँ ऐसी कोई भी चीज नहीं है, जो लक्ष्मण से छिपाने लायक हो।

दूसरा इसलिए कि सीता के प्रति अपने आकर्षण को राम अनैतिक नहीं मानते हैं। उनका सहज पुनीत मन जो क्षुब्ध हुआ, उसका कारण विधाता की रचना है। सीता के प्रति अपने प्यार को राम पूर्वजन्मों का सुफल मानते हैं। इसीलिए वे लक्ष्मण से बिना किसी संकोच के सबकुछ बता देते हैं।

सीता के प्रति राम का मन कितना आकर्षित और लुभायमान है, इसकी एक मनोहर झाँकी तुलसीदासजी बड़े ही अनूठे ढंग से पेश करते हैं—

करत बतकही अनुज सन मन सिय रूप लोभान।
मुख सरोज मकरंद छबि करइ मधुप इब पान॥

—रामचन्द्रजी बात तो लक्ष्मण से कर रहे थे, लेकिन उनका मन सीता के रूप में फँसा हुआ था। राम का मन सीता के कमलरूपी मुख के शोभारूपी रस को भौंरे की तरह पी रहा था।

यह वर्णन बहुत ही प्यारा और काव्यमय है। प्रेमी हृदय के मनोविज्ञान को इस दोहे में जितनी सादगी से प्रस्तुत किया गया है, वह प्रशंसनीय है। राम लक्ष्मण से बात करके सीता की ओर से अपने मन को हटाना चाहते हैं, लेकिन मन है कि सीता की ओर ही भाग रहा है, जैसे भौंरा रस भरे फूल की ओर भागता है।

राम सीता को देखते हैं और लक्ष्मण को उनके रूप के बारे में बताते हैं, जिसका विवेचन हमने अभी किया। अब आइए, देखें कि सीता कैसे राम को देखती हैं। सीता को उनकी एक सहेली राम का दर्शन कराती है। होता यह है कि फुलवारी देखने में मगन एक सहेली सीता से अलग हो जाती है और वह राम-लक्ष्मण को फूल चुनते हुए देख लेती है। दौड़ती हुई आकर वह सन्देश देती है कि जनकपुरी के मन को मोहनेवाले श्यामल-गौर राजकुमार इसी बाग में हैं।

तासु बचन अति सियहि सोहाने।
दरस लागि लोचन अकुलाने॥

—सखी के वचन सीताजी को बहुत प्रिय लगे। राम के दर्शन के लिए उनके नेत्र आकुल हो उठे।

सीता राम का दर्शन करना चाहती थीं; लेकिन दर्शन के लिए वह स्वयं आगे-आगे नहीं चलीं।

चली अग्र करि प्रिय सखि सोई।
प्रीति पुरातन लखइ न कोई॥

—उस प्यारी सखी को आगे करके सीताजी चलीं। उनकी पुरानी प्रीति को कोई जान नहीं पाया।

सीता ने राम को कितनी ललक और प्रीति के साथ देखा, इसकी चर्चा हम यहाँ नहीं करेंगे। इसके लिए सीता-चरित पर एक पुस्तक 'जग जननि जानकी' मैंने लिखी है, उसमें आपको इस मिलन की रसमयी झाँकी मिल सकेगी; लेकिन यहाँ इतना ही जान लें कि सीता ने सखी के माध्यम से राम को देखा। इसमें सामाजिक मर्यादा भी है और आध्यात्मिक गूढ़ता भी। सामाजिक अर्थ में देखने पर पता चलता है कि पहले कन्या अपने होनेवाले पति से बहन, सखी, भाभी आदि के साथ मिला करती थी। यही उस समय की मर्यादा थी।

आध्यात्मिक दृष्टि से इसका गूढ़ अर्थ है। राम ने सीता को बिना किसी माध्यम, बिना किसी सहारे के देखा। अर्थ है, संसार को देखने के लिए परमात्मा स्वयं सक्षम है, उसे किसी माध्यम की जरूरत नहीं पड़ती।

इसमें एक और बात है। परमात्मा केवल सच्चा स्वरूप देखता है, भ्रम और मुखौटे उसे भरमा नहीं पाते हैं। सती माँ जब सीता बनकर राम को जाँचने-परखने गयी थीं तो उस समय उन्हें पहले राम ने नहीं देखा था।

लछिमन दीख उमाकृत बेषा।
चकित भए भ्रम हृदयँ बिसेषा॥

—सती के बनावटी वेश को देखकर लक्ष्मण चकित हो गये और उनके हृदय में बड़ा भ्रम हो गया।

भ्रममयी सती को पहले लक्ष्मण देखते हैं और उन्हें भ्रम हो जाता है। लेकिन जब सती को राम देखते हैं तो सारा भ्रम, सारा मुखौटा उसी तरह से उतर जाता है जैसे सूखे नारियल की गरी से खोल उतर जाये। प्रभु हों तो भ्रम रह ही नहीं सकता। प्रकाश हो तो अँधेरा टिक ही नहीं सकता। जब तक लक्ष्मण सामने थे, सती सीता

थीं, जब राम सामने आये तो सती सती हो गयीं।

पुष्प-वाटिका में यथार्थ की सीता थीं। राम ने उन्हें देख लिया। फिर लक्ष्मण को दिखाया। जीव को यथार्थ और सच्चाई का ज्ञान परमात्मा देता है।

सीता ने सखी के माध्यम से राम को देखा। उसको सीता ने 'प्रिय सखि' कहा। यह सखी सीता की गुरु बनती है प्रिय तक पहुँचाने के लिए। जो प्रिय तक पहुँचा दे, वही सर्वाधिक प्रिय होता है। यहाँ सीता भक्त हैं, राम प्रभु। यदि भक्त प्रभु को जल्दी पाना चाहे तो उसे गुरु की जरूरत पड़ती है। गुरु उसे शीघ्र परमात्मा तक पहुँचा देता है। रामकृष्ण परमहंस ने प्रभु को पाने के लिए वर्षों घोर तपस्या की, लेकिन अपने शिष्य विवेकानन्द को क्षण मात्र में दर्शन करा दिया। बुद्ध ने चालीस वर्ष का जीवन तप-साधना में बिताकर ज्ञान पाया, लेकिन शिष्यों को वे उसे खुले हाथ लुटाते रहे।

सखी सीता की गुरु बन गयी थी। इसीलिए सीता उसे आगे करके चल रही थीं। सामान्य स्थिति में राजकुमारी आगे चलती है, सहेलियाँ पीछे; अधिक प्रिय सहेली हुई तो साथ-साथ भी चल लेती है, लेकिन आगे कभी नहीं चलती। आज सहेली आगे है, सीता पीछे, क्योंकि प्रिय को पाना है, पुरातन प्रीति को फिर से जगाना है।

पुष्प-वाटिका में राम-सीता का प्रथम मिलन सामाजिक मर्यादा के साथ-साथ गूढ़ आध्यात्मिक अर्थ को भी स्पष्ट करता है, क्योंकि तुलसी केवल लौकिक प्रणय-प्रसंगों के चितेरे नहीं हैं।

इस मिलन से राम और सीता दोनों एक-दूसरे की ओर खिंच गये थे। यद्यपि दोनों ने एक-दूसरे को एक साथ भर आँखों नहीं देखा था। दोनों के प्रेम की ललक का बड़ा अनूठा वर्णन मानस में हुआ है। सीता जब छककर राम का रूप अपनी आँखों से पी लेती हैं तो उनकी आँखें बन्द हो जाती हैं।

लोचन मग रामहि उर आनी।
दीन्हे पलक कपाट सयानी॥

—नेत्रों के रास्ते से राम को हृदय में लाकर चतुर सीता ने अपनी पलकों के दरवाजे को बन्द कर दिया।

सीता किसी कीमत पर भी राम को अपने हृदय से बाहर नहीं जाने देना चाहती थीं, क्योंकि जिसे प्यार किया जाता है, उसे हृदय में ही रखा जाता है। राम ने भी ऐसा ही किया।

प्रभु जब जात जानकी जानी।
सुख सनेह सोभा गुन खानी॥

परम प्रेममय मृदु मसि कीन्ही।
चारु चित्त भीतीं लिखि लीन्ही॥

—भगवान् राम ने जब सुख, स्नेह, शोभा और गुणों की खान सीता को जाती हुई जाना तो अपने परम प्रेम की कोमल स्याही बनाकर उनके स्वरूप को अपने सुंदर चित्तरूपी दीवार पर चित्रित कर लिया।

राम ने सीता को सुख, स्नेह, शोभा और गुण की खान कहा। एक आदर्श पत्नी में ये चारों तत्त्व होने चाहिए। सीता में ये तत्त्व हैं। ऐसी आदर्श सीता को, जिन्हें राम प्यार करते हैं, हृदय में चित्रित करके रख लेते हैं। प्रेम तो स्वयं ही कोमल होता है। लेकिन राम कोमल प्रेम को और कोमल करते हैं, क्योंकि उन्हें परम कोमल सीता का चित्र अपने हृदय पर उतारना है। प्रेम की स्याही यदि तनिक भी कठोर होगी तो कोमलांगी सीता के चित्र को चोट लगेगी। सीता के चित्र पर भी राम कोई चोट नहीं सह सकते। एक बात और! वे कठोर स्याही से अपने दिल पर भी कोई चोट नहीं लगने देना चाहते। जिस दिल पर घाव होगा, उसमें सीता को कैसे रखा जा सकेगा? सीता के लिए तो हृदय प्रेम भरा होना चाहिए। इसे कहते हैं समर्पित प्यार।

राम और सीता, दोनों एक-दूसरे के दिल में हैं। प्रेमी-प्रेमिका को, पति-पत्नी को सदा एक-दूसरे के दिल में ही रहना चाहिए। लेकिन आज स्थिति विचित्र है। मैं पत्नी को कहते सुनता हूँ—मेरा पति मेरी मुट्ठी में है। मैं पति को कहते सुनता हूँ—मेरी पत्नी मेरी मुट्ठी में है। मुझे बहुत कोफ्त होती है। जिन्हें एक-दूसरे के दिल की गहराइयों में रहना चाहिए, वे अब मुट्ठियों में रह रहे हैं। जाहिर है कि मुट्ठी में कोई चीज बहुत दिनों तक नहीं रह पाती। इसीलिए प्रेम की दीवार कमजोर हो गयी है। विवाह से पहले प्रेमी-प्रेमिका अलग हो जाते हैं। विवाह के बाद पति-पत्नी अलग हो जाते हैं। यह स्थिति भयानक है। इसे खत्म करने के लिए राम और सीता के गहरे प्रेम की भावना का भाव हमें अपने भीतर लाना होगा।

एक-दूसरे को हृदय में रख लेने के बाद राम और सीता अलग होते हैं। सीता गौरी माँ का पूजन करने चली जाती हैं, जहाँ राम को वर के रूप में पाने की प्रार्थना करती हैं और राम गुरु के पास लौट पड़ते हैं।

राम के मन पर सीता इस कदर छा जाती हैं कि उन्हीं के रूप का वर्णन लक्ष्मण से करते हुए वे गुरु के पास आते हैं और उनसे भी सभी बातें कह डालते हैं—

हृदयँ सराहत सीय लोनाई।
गुर समीप गबने दोउ भाई॥

राम कहा सबु कौसिक पाहीं।
सरल सुभाउ छुअत छल नाहीं॥

—सीता के रूप के बारे में बातचीत करते हुए राम और लक्ष्मण गुरु के पास आये। छल-कपट से दूर, सरल स्वभाववाले राम ने सभी बातें गुरु विश्वामित्र को बता दीं।

गुरु के सामने अपने हृदय की बात कहकर जहाँ राम ने यह दिखाया है कि गुरु और शिष्य के बीच कोई बात छिपाने लायक नहीं होती, वहीं यह भी प्रदर्शित किया है कि वे सीता के प्रति अपने मन के भाव को अत्यन्त पवित्र मानते हैं।

राम के इस निश्छल व्यवहार का एक और सुखद परिणाम हमें आगे देखने को मिलता है। जब धनुष-यज्ञ के समय कोई राजा धनुष नहीं तोड़ पाता है तो जनक की विषाद भरी चुनौती सुनकर लक्ष्मण तिलमिला उठते हैं। वे क्रोध में उन्मत्त होकर राम से कहते हैं—

जौं तुम्हारि अनुसासन पावौं।
कंदुक इव ब्रह्मांड उठावौं॥

—यदि आपकी आज्ञा पाऊँ तो मैं गेंद की तरह ब्रह्माण्ड को उठा लूँ।

अपने सामर्थ्य का बखान करते हुए लक्ष्मण आगे कहते हैं कि मैं धनुष को कच्चे घड़े और मूली की तरह तोड़ सकता हूँ।

लक्ष्मण के इस पराक्रम-प्रदर्शन को देखकर कोई विचित्र बात भी घट सकती थी। राम तो चुपचाप बैठे थे। अतः लक्ष्मण से विश्वामित्र कह सकते थे कि 'बेटा, तू धनुष को तोड़कर दिखा दे।' तब तो अनर्थ हो जाता। यद्यपि लक्ष्मण जानते थे कि राम को सीता से प्यार है, लेकिन यह रहस्य भरी सभा में उत्तेजना और गहमागहमी के क्षण में कहा नहीं जा सकता था। गुरु की आज्ञा मानकर विवश होकर लक्ष्मण को धनुष तोड़ना पड़ता। वह धनुष न तोड़ने का बहाना भी नहीं कर सकते थे, क्योंकि अभी-अभी उन्होंने उसे माटी के कच्चे घड़े और मूली की तरह तोड़ने का संकल्प प्रदर्शित किया था। ऐसी स्थिति में राम, लक्ष्मण और सीता—सभी बुरी तरह फँसते।

यह अच्छा हुआ कि राम ने लक्ष्मण और विश्वामित्र—दोनों को बता दिया था कि वे सीता को प्यार करते हैं, नहीं तो राम अपनी सादगी में मारे जाते। अगर लक्ष्मण को पता नहीं होता कि वे सीता के प्रति प्रेमोत्सुक हैं तो लक्ष्मण कह सकते थे कि भैया, ऐसे छोटे धनुष को आप क्यों नाहक हाथ लगायेंगे, मैं ही इसे तोड़ देता हूँ। लेकिन वे राम-सीता की अन्तःकथा जानते थे। अतः वातावरण तो बनाया, पर स्वयं उसमें संलग्न नहीं हुए। गुरु विश्वामित्र भी राम के पूर्वराग को उनके मुख से

सुन चुके थे। अतः उन्होंने समय देखकर बिना ज्यादा सोच-विचार किये राम से कह दिया, 'राम! उठो! शिव के धनुष को तोड़कर जनक के दु:ख को दूर कर दो।'

परिस्थिति को पूर्ण रूप से जानने के कारण गुरु और लक्ष्मण दोनों ने सही समय पर सही निर्णय लिया। इसीलिए राम को इतनी सरलता से धनुष तोड़ने का अवसर प्राप्त हो सका।

राम जब सीता-मिलन के बारे में गुरु को सबकुछ बता देते हैं तो गुरु उन्हें आशीर्वाद देते हैं।

सुफल मनोरथ होहुँ तुम्हारे।
रामु लखनु सुनि भए सुखारे॥

—तुम्हारे मनोरथ सुफल हों। यह सुनकर राम और लक्ष्मण सुखी हुए।

गुरु के आशीष ने राम को और उत्साहित किया। अभी तक सीता को ही गौरी माँ का आशीर्वाद मिला था। आज राम को गुरु का आशीर्वाद प्राप्त हो गया। दोनों तरफ से सफलता की सम्पुष्टि हो गयी।

राम दिन भर गुरु के साथ कथा-वार्त्ता करते रहे। गुरुवर ने अनेक पुराण कथाओं के द्वारा अपने प्रिय शिष्यों का ज्ञान बढ़ाया। शाम होते ही गुरु की आज्ञा पाकर दोनों भाई सन्ध्या करने गये।

यहाँ तुलसीदासजी एक परम प्रेमपूर्ण काव्यात्मक प्रसंग की रचना करते हैं। सन्ध्या-वन्दन के लिए जा रहे राम चन्द्रमा को देख लेते हैं। अतः वह सन्ध्या को भूलकर सीता को याद करने लगते हैं।

प्राची दिसि ससि उदय सुहावा।
सिय मुख सरिस देखि सुखु पावा॥

—पूर्व दिशा में सुन्दर चन्द्रमा उदित हुआ। श्रीराम ने उसे सीता के मुख के समान देखकर सुख पाया।

राम का मन सीता के रूप में इतना रम गया है कि वे चन्द्रमा को देखकर उसे सीता के मुख-सा कह बैठते हैं। लेकिन प्रेमी राम को तत्काल अपनी ही बात पर विश्वास नहीं रह जाता। वे कह उठते हैं—नहीं, भला चन्द्रमा कैसे सीता की बराबरी कर सकता है!

एक सामान्य आदमी भी अपनी प्रेमिका को संसार की सुन्दर-से-सुन्दर वस्तु से अधिक सुन्दर मानता है। फिर राम सीता को चन्द्रमा से सुन्दर क्यों नहीं मानते? वे तो रूप की जीवित-जाग्रत् प्रतिमा ही थीं।

राम सीता की तुलना चन्द्रमा से करते हैं—

जनमु सिंधु पुनि बंधु बिषु दिन मलीन सकलंक।
सिय मुख समता पाव किमि चंदु बापुरो रंक॥

—खारे समुद्र में तो इसका जन्म, फिर विष उसका भाई, दिन में यह मलिन रहता है और कलंकपूर्ण है। बेचारा गरीब चन्द्रमा सीता के मुख की बराबरी कैसे कर सकता है!

पहले तो नारी-मुख के सौन्दर्य के प्रतीक चन्द्रमा को देखकर राम सीता की छवि चन्द्रमा में ही देख लेते हैं। उन्हें इसमें सुख भी मिलता है, पर क्षण मात्र में उन्हें लगता है कि भला चन्द्रमा कैसे सीता के लुभावने रूप की समानता कर सकता है। उसमें तो अनेक दोष हैं।

राम पूरी तरह से सीता के रूप में रम गये हैं। वे अनेक रूपों में सोच रहे हैं कि चन्द्रमा कभी सीता जैसा रूपवान् नहीं हो सकता।*

सिय मुख छबि बिधु ब्याज बखानी।
गुरु पहिं चले निसा बड़ि जानी॥

—इस प्रकार चन्द्रमा के बहाने सीता के मुख की छवि का वर्णन करके बड़ी रात हो गयी जान वे गुरु के पास चले।

यहाँ एक मजेदार बात है। तुलसी ने कहीं नहीं लिखा है कि राम ने सन्ध्या-पूजन किया। प्रेमी राम को सीता मुख-पूजन में हमारे कविहृदय-सम्राट् तुलसी बाबा ने लगा दिया। यह प्रेमांकन का परम उदात्त स्वरूप है। सन्ध्या के स्थान पर सीता का चिन्तन प्रेमी राम के हृदय की रससिक्त विजय है।

रूप की इस प्रतिमा को राम किसी क्षण भी नहीं भूले। जब शिव के धनुष को तोड़ने के लिए राम उठते हैं और धनुष के पास पहुँचते हैं तो वे विशेष रूप से व्याकुल सीता की ओर देखना नहीं भूलते—

देखी बिपुल बिकल बैदेही।
निमिष बिहात कलप सम तेही॥

—राम ने सीता को बहुत व्याकुल देखा। उनका एक-एक पल हजारों वर्ष जैसा बीत रहा था।

सीता की यह व्याकुलता राम को बड़ी अच्छी लगी। हर प्रेमी चाहता है कि उसे प्रेम करनेवाली लड़की उसके पौरुष और पराक्रम पर भरोसा रखे। सीता को

---

* इस प्रसंग के विस्तृत वर्णन के लिए लेखक की पुस्तक 'जग जननि जानकी' ('प्रभात प्रकाशन' से प्रकाशित) पढ़ें।

राम पर पूरा भरोसा था। धनुष और किसी से नहीं टूटा था। राम उसे तोड़ने जा रहे थे। जो काम किसी से नहीं हुआ, वह ऐसा व्यक्ति करने जा रहा है, जिसे सीता हृदय से प्यार कर रही हैं। इसीलिए वे व्याकुल हैं—

प्रभु पुलके लखि प्रीति बिसेषी।

—यह विशेष प्रीति देखकर राम बहुत आनन्दित हुए, क्योंकि क्षण भर बाद ही धनुष तोड़कर वे अपनी प्रिया सीता की व्याकुलता को दूर करने जा रहे थे।

धनुष तोड़ने के बाद भी राम में अहंकार नहीं आता। लोग उनकी ओर देखते हैं, पर वे किसी की ओर नहीं देखते। धनुष तोड़ने से पूर्व उन्होंने व्याकुल सीता को निहारा; पर धनुष तोड़ने के बाद परम प्रसन्न और आनन्द में डूबी सीता की ओर भी नहीं देखते। कोई साधारण आदमी होता तो घमण्ड से कहता—देखा, तड़ से तोड़ दिया न! पर राम तो आदर्श व्यवहार के प्रतीक हैं। वे ऐसा कैसे सोचते!

उपलब्धि का अहंकार जिन्हें होता है, वे श्रेष्ठ आचरण के प्रतीक नहीं माने जाते। उपलब्धि में विनयी होना ही मर्यादा है। यह आचरण हर व्यक्ति के लिए सहज सम्भव नहीं हो सकता। इसके लिए अभ्यास की जरूरत होती है। सोचिए—धनुष किसी से नहीं टूटा था, राम उसे तोड़ने के लिए आगे बढ़ते हैं। सीता व्याकुल हैं। राम धनुष को छूने से पहले सीता की मन:स्थिति को निरखते हैं। जानते हैं कि अभी सीता जितनी विकल और व्याकुल हैं, धनुष टूटने के बाद उतनी ही उल्लसित और उमंगित हो जायेंगी। अपने प्रिय के पौरुष और पराक्रम को सार्थक होते देखकर प्रेयसी कितनी उत्फुल्ल होती है, यह देखने का क्षण धनुष-भंग के बाद उपस्थित होनेवाला था।

राम ने उस क्षण का उपयोग नहीं किया। उस जमाने के बड़े-से-बड़े राजा जिस धनुष को नहीं तोड़ सके थे, उसे राम ने क्षण मात्र में तोड़ा था। गर्व करने के लिए, अहंकार से भर उठने के लिए इतना ही काफी था। किन्तु राम ने वृत्तियों की इन क्षुद्रताओं पर विजय प्राप्त कर ली। व्याकुल सीता को राम ने देखा था, पर प्रसन्न सीता को उन्होंने नहीं देखा। वे ऐसा करते तो विनय, नीति और मर्यादा के विरुद्ध होता। राम ने अपना बल दिखाने के लिए या मण्डप में अपने शौर्य की धाक जमाने के लिए धनुष नहीं तोड़ा था। उन्हें गुरु की आज्ञा और सीता के प्रति उनके हृदय में उपजे प्यार ने प्रेरित किया था। राम के लिए यही सबसे बड़ा सुख था कि धनुष टूट जाने के बाद प्रिया सीता की आकुलता मिट गयी।

राम ने अपने इस सुख से सीता को पूरी तौर से भिगो दिया। धनुष टूटते ही

सीता ऐसे हर्षित हुईं जैसे चातक को स्वाति का जल मिल जाये। राम प्रेमी के रूप में सीता को इससे बड़ी और कोई सौगात नहीं दे सकते थे। यह धनुष ही एक ऐसी दीवार थी, जो राम और सीता के मिलन को रोक सकती थी। इसे राम ने ढहा दिया। सीता के लिए राम के हृदय में जो प्यार था, वह राम के पौरुष को प्रेरित कर रहा था। सच्चा प्यार वही है, जो प्रेरित और गतिशील करे। राम और सीता का प्रेम इस दृष्टि से अत्यन्त श्रेष्ठ है कि दोनों एक-दूसरे को प्रभावित और प्रेरित करते हैं।

□

आदर्श पति

प्रिया हीन डरपत मन मोरा

एक आदर्श पति के रूप में राम का जीवन भी तुलसीदास ने रामचरितमानस में बड़े अनूठे ढंग से प्रस्तुत किया है। विवाह के बाद राम अभी अपने गृहस्थ जीवन के दो-चार दिन भी ठीक से नहीं बिता पाये थे कि वनवास की व्यवस्था माँ कैकेयी ने कर दी।

सीता यह समाचार पाकर व्याकुल हो उठीं। लेकिन राम ने उन्हें अपने कुल और परिवार की मर्यादा तथा परम्परा के अनुरूप समझाया—

आपन मोर नीक जौं चहहू।
बचनु हमार मानि गृह रहहू॥
आयसु मोर सासु सेवकाई।
सब बिधि भामिनि भवन भलाई॥

—हे सीते! यदि तुम अपना और मेरा भला चाहती हो तो घर में ही रहो। इससे मेरी आज्ञापालन और सास की सेवा का सुफल तुम्हें मिलेगा।

राम सीता से ऐसा क्यों कह रहे हैं, यह समझना जरूरी है। उन्हें अपने माता-पिता के दुःखों की जानकारी है। वे समझते हैं कि सीता के न रहने से यह दुःख और बढ़ेगा। सीता को देखकर महाराज दशरथ और माँ कौसल्या को राम का वियोग कुछ कम सतायेगा। इसीलिए राम सीता को सेवा का आदर्श और वन के दुःखों की बातें बताते हैं।

राम सबसे पहले अपने वचन का वास्ता देते हैं, फिर बहू के कर्तव्य का। और अन्त में वह नारी धर्म के प्रति भी सीता का ध्यान खींचते हैं।

एहि ते अधिक धरम नहि दूजा।
सादर सासु-ससुर पद पूजा॥

—आदरपूर्वक सास-ससुर के चरणों की पूजा (सेवा) करने से बढ़कर दूसरा कोई धर्म नहीं है।

राम का दायित्व दोहरा है। वह अपनी माँ के सामने खड़े हैं। अत: सीता को पत्नी का धर्म न बताकर बहू का धर्म बता रहे हैं। यहाँ 'सादर' शब्द बहुत महत्त्वपूर्ण है। राम चाहते तो कह सकते थे—'पावन पद पूजा'। किन्तु तब सेवा का महत्त्व घट जाता। जब पावन की पूजा हम करते हैं तो बड़प्पन हमारा नहीं होता, वह 'पावन' के भीतर होता है। किन्तु यदि हम सादर पूजा करते हैं तो यह हमारा बड़प्पन है। राम जानते हैं कि उनके वृद्ध माता-पिता कभी सीता को भला-बुरा भी कह सकते हैं। इससे सीता को क्रोध आ सकता है। इसीलिए कहते हैं कि 'सादर' सेवा करना। उनके बुढ़ापे की सनक से प्रभावित न होना। उन्हें भाव-कुभाव हर मन:स्थिति में सम्मान देना।

लेकिन सीता पति की सीख को स्वीकार नहीं कर पाती हैं। वे राम को स्त्री के आदर्श का स्मरण कराते हुए कहती हैं कि स्त्री का कल्याण पति के साथ रहने में ही है। पति से दूर रहकर स्त्री का जीवन अर्थहीन हो जाता है।

सीता के इस मार्मिक तर्क के सामने राम निरुत्तर हो जाते हैं। एक आदर्श पति के नाते पत्नी की धर्मसंगत मनोकामना को पूर्ण करना वे अपना कर्तव्य समझते हैं—

कहेउ कृपाल भानुकुल नाथा।
परिहरि सोचु चलहु बन साथा॥

—दयामय राम ने सीता से कहा—सभी सोच छोड़कर मेरे साथ वन चलने की तैयारी करो।

वन में राम के साथ लक्ष्मण और सीता पैदल चल रहे हैं। कभी जमीन पर पाँव न धरनेवाली सीता का इस तरह से वन में पैदल चलना कितना असह्य रहा होगा, उसकी कल्पना हम कर सकते हैं। लेकिन पत्नी के धर्म को निष्ठा और विश्वास से निभानेवाली सीता ने अपना दु:ख किसी से नहीं कहा। पर राम तो पत्नी की अवस्था जानते थे। वे कैसे नहीं सीता की पीड़ा को समझते!

जानी श्रमित सीय मन माहीं।
घरिक बिलंबु कीन्ह बट छाहीं॥

—सीता को थकी हुई जानकर राम ने बरगद की छाया में बैठकर थोड़ी देर विश्राम किया।

राम ने सीता से यह नहीं कहा कि तुम थक गयी हो, अब तुम्हें थोड़ा आराम देने के लिए हम यहाँ बैठते हैं। यदि राम ऐसा कहते तो सीता का मनोबल टूट जाता। वे सोचतीं कि राम दया कर रहे हैं। इससे उनको बड़ी हताशा होती। इसीलिए राम ने खुद विश्राम करने की इच्छा व्यक्त की, जिससे बिना कुछ कहे सीता को आराम करने का अवसर मिल जाये।

पंचवटी में जब सीताजी सोने के मृग को मारने के लिए राम से कहती हैं तो अपनी प्रिया की इच्छा पूरी करने के लिए वे तैयार हो जाते हैं। सुन्दर वस्तुओं को देखकर उन्हें अपने पास रखने की इच्छा करना स्त्रियों का स्वभाव होता है। इसीलिए सीता ने मृग की स्वर्णमयी खाल को पाने की कामना की। राम उन्हें खुश करने के लिए मृग को मारने चल पड़े। शायद पहली बार सीता ने राम से कुछ माँगा। राम उसे कैसे नहीं पूरा करते!

सुनहु देव रघुबीर कृपाला।
एहि मृग कर अति सुंदर छाला॥
सत्य संध प्रभु बधि करि एही।
आनहु चर्म कहति बैदेही॥

—सीता ने कहा—हे कृपालु रघुवीर! सुनिए। इस मृग की छाल बहुत ही सुन्दर है। हे सत्यप्रतिज्ञ प्रभो! इसको मारकर इसका चमड़ा ला दीजिए।

संसार-सुख पाने के लोभ में सीता प्रेम-सुख को दाँव पर लगा देती हैं। वह राम से कहती हैं कि हे सत्यसन्ध! इस मृग की छाल को लाओ। इसमें 'सत्यसन्ध' कहना सीता के लिए भारी पड़ा। वह अपनी मनचाही वस्तु पाने के लिए राम पर दबाव डाल रही हैं। यदि वह कहतीं कि हे स्वामी! छाल ला दो तो यह पत्नी का स्वाभाविक आग्रह होता, लेकिन जब वह कह रही हैं कि हे सत्यसन्ध, छाल ला दो, तो वह राम को संकेत कर रही हैं कि देखना, बहाना मत कर देना। 'सत्यसन्ध' का अर्थ होता है कि जो कहा जाये, उसे किया जाये। सीता मृगछाल के प्रति इतनी लालायित हो गयी थीं कि उन्हें लग रहा था कि कहीं राम साधारण पतियों की तरह बहाना न बना दें कि मैं मृग के पीछे दौड़ा, पर वह भागकर छुप गया, या मैं दौड़ते-दौड़ते थक गया।

सीता की यह अमर्यादित ललक उनके हृदय के आन्तरिक प्रेम को कमजोर बना गयी। राम मृगछाल लेने अपनी प्रिया के प्रेम के कारण गये अवश्य, पर सीता उस मृगछाल का उपयोग नहीं कर पायीं। अमर्यादित लोभ जीवन के लिए कितना दुःखदायी होता है, इस प्रसंग से हम सीख सकते हैं।

तब रघुपति जानत सब कारन।
उठे हरषि सुर काजु सँवारन॥

—तब रघुनाथ श्रीराम सब कारण जानते हुए भी देवताओं का कार्य बनाने के लिए हर्षित होकर उठे।

'सत्यसन्ध' कहकर सीता ने राम के हाथों में हथकड़ी डाल दी थी। यदि राम कहते कि यह सोने का मृग झूठा है तो सीता समझतीं कि राम मृग मारने की झंझट से बचने के लिए बहाना कर रहे हैं। वन में रहते हुए सीता की यह प्रथम मुखर और ललकपूर्ण माँग थी। राम भयानक भविष्य की आशंका को जानते हुए भी प्रिया की लालसा को पूरी करने के लिए तत्पर हो उठते हैं। सीता की ललक और राम की प्रिया की इच्छापूर्ति की चाह के बीच में तुलसी ने 'सुर काजु सँवारन' को जोड़ दिया है। किन्तु उससे राम का प्रिया-प्रेम धूमिल नहीं होता है। वन में दुखियारे पति के साथ कष्ट झेलती कोमलांगिनी प्रिया के मन की ललक को पूरा करना राम ने अपना परम कर्तव्य समझा। यही राम की महानता है।

कहते हैं, वियोग प्रेम की कसौटी होता है। राम इसमें भी खरे उतरे। जब वन में सीता का हरण हो जाता है तो राम साधारण आदमी की तरह रो पड़ते हैं। वे अपनी सुध-बुध इस हद तक खो बैठते हैं कि पशु-पक्षियों से सीता के बारे में पूछने लगते हैं—

हे खग मृग हे मधुकर श्रेनी।
तुम्ह देखी सीता मृगनैनी॥

—हे पक्षियो, मृगो और भौंरो! तुम लोगों ने कहीं मृगनयनी सीता को देखा है?

राम का सीता के प्रति इस तरह तड़प उठना उनके आन्तरिक प्यार का प्रतीक है।

राम के वियोग को तुलसी ने इतनी श्रेष्ठता से अंकित किया है कि हर आदमी राम के दुःख को अपना दुःख मानने लगता है। एक झाँकी देखिए। वसन्त ऋतु का समय है। जंगल सुगन्धित फूलों से भरा हुआ है। मनभावनी हवा बह रही है। ऐसे में आदमी के हृदय को नाच उठना चाहिए; लेकिन राम लक्ष्मण से कहते हैं—

देखहु तात बसंत सुहावा।
प्रिया हीन मोहि भय उपजावा॥

—हे लक्ष्मण! देखो, वसन्त ऋतु कितनी सुहावनी है! लेकिन प्रिया के बिना यह मेरे मन में भय पैदा कर रही है।

सीता के वियोग से उत्पन्न असहाय स्थिति का मार्मिक अंकन राम के ऋतु-वर्णन के प्रसंगों में मिलता है। वसन्त-वर्णन के समय राम स्पष्ट शब्दों में लक्ष्मण से कहते हैं, 'सुहावनी वसन्त ऋतु मुझे डरा रही है।' यह बड़ा यथार्थपरक चित्रण है। प्रणय-भावनाओं का उद्दीपन वसन्त में सबसे अधिक होता है। ऐसे में हर सद्गृहस्थ यह चाहता है कि उसकी प्रिया उसके साथ रहे, जिससे उसके पतन की गुंजाइश न रहे। यहाँ राम अपने को अकेला पा रहे हैं। वसन्त और कामदेव के सम्मिलित प्रहार को झेलने के लिए उन्हें सीता की याद आ रही है। यह उनके अनुपम गृहस्थ धर्म की मर्यादा का प्रतीक है।

वर्षा ऋतु के वर्णन में भी राम अपने आपको अकेला पा रहे हैं। बादल, बिजली और बरसात के समय सुखी गृहस्थ अपनी संगिनी के साथ नाच उठता है। विधाता ने राम से यह सुख भी छीन लिया था—

घन घमंड नभ गरजत घोरा।
प्रिया हीन डरपत मन मोरा॥

—आकाश में बादल घुमड़-घुमड़कर घोर गर्जना कर रहे हैं। प्रिया सीता के बिना मेरा मन डर रहा है।

वसन्त और वर्षा ऋतु के सम्मिलित आघात ने राम के वियोग को और बढ़ा दिया है। वे सीता के लिए व्याकुल हो उठते हैं। राम शरद् ऋतु की शीतलता और शुचिता का वर्णन करते-करते सीता की याद में खो जाते हैं—

बरषा गत निर्मल रितु आई।
सुधि न तात सीता कै पाई॥

—हे लक्ष्मण! वर्षा बीत जाने के बाद शरद् ऋतु आ गयी है, किन्तु सीता की कोई खबर अभी तक नहीं मिल पायी है।

बड़ा मार्मिक प्रसंग है! राम एक आदर्श पति के नाते सीता के वियोग में हमेशा उदास रहते हैं। उनकी प्रिया उनकी साँसों में बसी हुई हैं। किसी तरह समय काटने के लिए वे इधर-उधर की बातें लक्ष्मण से कर लिया करते हैं, ऋतुओं का वर्णन करके अपने मन को बहलाते हैं और लक्ष्मण को भी व्यस्त रखते हैं। यदि सीता की याद में राम हमेशा बेचैन रहेंगे तो लक्ष्मण की हालत तो और बुरी हो जायेगी। वे प्रभु के सन्ताप को तनिक भी नहीं सह पायेंगे। राम का दायित्व बड़ा नाजुक है—उन्हें अपने आपको भी सँभालना है और लक्ष्मण को भी। राम खुद को टूटता हुआ बरदाश्त कर सकते हैं, लेकिन लक्ष्मण को तनिक भी बेचैन होता हुआ नहीं देख सकते। इसीलिए राम अपने मन को इधर-उधर टिकाने की कोशिश करते

हैं। पर वह घूम-फिरकर सीता के पास आ जाता है।

जब सुग्रीव राम से कहते हैं कि हे नाथ, एक दिन जब मैं अपने साथियों सहित यहाँ बैठा था तो आकाश-मार्ग से किसी स्त्री की करुण आवाज सुनाई पड़ी थी। वह 'राम-राम' पुकार रही थी और उसने कुछ कपड़े नीचे गिरा दिये थे, जिन्हें हमने रख लिया है। यह सुनकर राम सीता की याद में खो जाते हैं—

मागा राम तुरत तेहिं दीन्हा।
पट उर लाइ सोच अति कीन्हा॥

—राम ने तुरन्त उस वस्त्र को माँगा, जिसे सुग्रीव ने दिया। राम उस वस्त्र को छाती से लगाकर बहुत उदास हो उठे।

सीता की याद में उनके वस्त्र ही राम के लिए सीता बन गये थे। प्रिया के दूर होने पर उसका छोटा प्रतीक भी कितना सन्तोष देता है, यह तथ्य राम के व्यवहार में प्रकट हुआ है।

जब हनुमानजी सीता की खोज के लिए चलने को तैयार रहते हैं तो राम उन्हें अपनी अँगूठी देते हुए कहते हैं—

बहु प्रकार सीतहि समझाएहु।
कहि बल बिरह बेगि तुम्ह आएहु॥

—हे हनुमान! तुम सीता को सब प्रकार से समझाना और मेरे बल तथा विरह के बारे में उसे बताकर जल्दी वापस आना।

यह चौपाई बड़ी गूढ़ है। इसमें राम अपने 'पति के आदर्श' को पूरी गरिमा के साथ चरितार्थ करते हैं। वे हनुमान से कहते हैं कि तुम सीता से मेरा बल और विरह—दोनों कहना और जल्दी लौटना। इसमें तीन बातें हैं—पहली, सीता को यह पता होना चाहिए कि राम में इतना बल है कि वे अपनी प्रिया को दुष्ट रावण की कैद से मुक्त कर सकें, अतएव सीता को निराश होने की जरूरत नहीं है। हनुमान यदि राम के उस बल का वर्णन सीता से करेंगे तो दुःख को सहने की शक्ति सीता को मिलेगी।

दूसरी बात यह है कि सीता यह भी जानें कि राम उनसे इतना प्यार करते हैं कि उनके वियोग में व्याकुल हैं। रावण की कैद में रहनेवाली सीता के प्रति राम का हृदय नित्य रो रहा है। राम का प्यार विरह-वियोग में सीता के प्रति और मजबूत हुआ है। यह सुनकर कौन प्रिया आनन्द में नहीं डूब जायेगी! घोर यातना में भी जीने का उत्साह उसे मिल जायेगा। राम यही उत्साह सीता को देना चाहते थे।

तीसरी बात है, जल्दी लौटकर आना। इसमें भी, राम के हृदय में सीता के

प्रति जो अगाध प्यार है, उसकी झलक मिलती है। सीता जैसी प्राण से प्यारी पत्नी को राम शीघ्र पाना चाहते हैं, इसीलिए हनुमान से कहते हैं—समाचार लेकर जल्दी आना, जिससे मैं रावण का संहार कर सीता को शीघ्र-से-शीघ्र पा सकूँ।

अशोक-वाटिका में हनुमान ने राम के प्यार का बड़ा मार्मिक अंकन किया है। सीता के धैर्य, मनोबल और साहस को बढ़ाने के लिए यह जरूरी था—

जनि जननी मानहु जियँ ऊना।
तुम्ह ते प्रेमु राम कें दूना॥

—हनुमान कहते हैं—हे सीता माँ! मन में ग्लानि मत कीजिए! श्रीरामचन्द्रजी के हृदय में आपसे दूना प्रेम है।

पति के हृदय के इतने सुन्दर भावों को सुनकर कौन स्त्री धन्य नहीं हो जायेगी! सीता तो जैसे अपना दुःख ही भूल गयीं। सीता को भाव भरा देख हनुमान ने राम के प्यार को और विस्तार से व्यक्त किया। राम के लिए सुखद ऋतुएँ दुश्मन बन गयी हैं। फूल भाले बन गये हैं। बादल खौलता हुआ तेल बरसाने लगते हैं। दुःख कहने से घटता है, पर राम कहें किससे? सुननेवाली तो दूर जा पड़ी है—

तत्व प्रेम कर मम अरु तोरा।
जानत प्रिया एकु मनु मोरा॥

—राम कहते हैं—हे प्रिये! मेरे और तुम्हारे प्रेम का तत्त्व सिर्फ मेरा मन ही जानता है—

सो मनु सदा रहत तोहि पाहीं।
जान प्रीति रसु एतनेहि माहीं॥

—मेरा वह मन सदा तुम्हारे पास रहता है। बस, मेरे प्रेम का सार तुम इतने में ही समझ लो!*

यहाँ राम ने कुछ कहने के लिए छोड़ा ही नहीं। सीता के प्रेम में पगा हुआ उनका मन उनके पास नहीं रहता, वह तो हमेशा सीताजी के पास ही टँगा रहता है। प्रेम की कितनी समर्पित अभिव्यक्ति है यह! राम हमेशा मन से सीता के पास रहते हैं। उनका शरीर भले ही अपनी प्रिया से दूर हो, पर मन हमेशा उसके बेहद करीब ही रहता है।

---

* इस प्रसंग की विस्तृत व्याख्या का रस लेने के लिए 'हनुमानचरित' पर 'प्रभात प्रकाशन' से प्रकाशित लेखक की पुस्तक 'रोम-रोम में राम' पढ़िए।

प्रभु संदेसु सुनत बैदेही।
मगन प्रेम तन सुधि नहिं तेही॥

—प्रभु का सन्देश सुनते ही जानकीजी प्रेम में मग्न हो गयीं। उन्हें शरीर की सुधि ही नहीं रही।

राम के सच्चे प्यार ने सीता पर समुचित प्रभाव डाला, क्योंकि सीता का प्यार भी सच्चा था। गृहस्थ-धर्म ऐसे ही प्यार के पालने पर पलता है; वहाँ अविश्वास और शक की गुंजाइश नहीं होती। दोनों हृदयों में लबालब और निश्छल प्यार भरा होता है। राम और सीता दोनों के दिलों में प्यार का एक ही संगीत बज रहा था, विरह की एक ही आग जल रही थी।

सीता की खोज करके जब हनुमान लंका से लौटते हैं और राम से उनकी करुण कथा कहते हैं तो राम रो पड़ते हैं—

सुनि सीता दुख प्रभु सुख अयना।
भरि आए जल राजिव नयना॥

—सीता के दुःख को सुनकर सब सुखों के धाम प्रभु राम के कमल जैसे नेत्र आँसू से भीग गये।

इस चौपाई में तुलसी का शब्द-चयन बड़ा उत्तम है। राम को 'सुखों का घर' कहा गया है। सुख देनेवाला भी यदि किसी का दुःख सुनकर रो पड़े तो समझिए, उसने दुःख को कितनी गहराई से महसूस किया होगा!

लंका-विजय के बाद जब सीताजी को अशोक-वाटिका से हनुमान, अंगद और विभीषण लाते हैं तो राम के हृदय की क्या हालत होगी, यह कल्पना आप कर सकते हैं। अपनी मर्यादा के कारण वे सीता को देखते ही दौड़कर गले नहीं लगा सकते थे। उन्हें एक उपाय सूझ गया। वे कहते हैं—सीता को पालकी से उतारकर पैदल लाओ, ताकि सारे भालू-बन्दर उनको अच्छी तरह देख सकें। जिस माँ सीता के लिए उन्होंने रावण से अथक संघर्ष किया, उसकी छवि देखे बगैर उनके श्रम को सार्थकता कैसे मिलेगी! साथ-ही-साथ राम भी सीता को अच्छी तरह देख सकेंगे। प्रभु की यह चतुराई जानकी को अवश्य ही प्रिय लगी होगी।

राम अपने प्यार को एक और तरह से भी प्रकट करते हैं। वे पुष्पक विमान में एक ऊँचे सिंहासन पर अपने पास सीता को बैठाते हैं। यह स्थिति कितनी रुला देनेवाली रही होगी सीता के लिए! कितने दिनों से वे राम के दिल में रहकर भी उनके बगल में कभी नहीं बैठ सकी थीं।

आकाश-मार्ग से जाते हुए राम उन्हें अपनी सेना का प्रताप बताते और

दिखाते हैं। जहाँ उन्होंने कुम्भकर्ण और रावण को मारा, वह स्थान तथा जहाँ लक्ष्मण ने मेघनाद को मारा, वह स्थान राम उन्हें दिखाते-बताते चलते हैं। यह सब बताकर राम सीता के प्रति अपना प्यार जता रहे हैं। राम का प्यार अपनी मर्यादा के कारण उफनता नहीं, पर बहने का उसका भी जी चाहता है। अंत: वह अपने लिए अन्य मार्ग खोज लेता है। वे सीता के प्रति नितान्त आत्मीय और घनिष्ठ होकर अपने हृदय को उड़ेल देते हैं।

यही प्यार पति-पत्नी की जिन्दगी को रसमय बनाता है—यातना, वियोग और विरह में एक-दूसरे को बाँधे रहता है।*

□

---

* राम और सीता के प्रेमपूर्ण जीवन की विस्तृत जानकारी के लिए 'प्रभात प्रकाशन' से प्रकाशित लेखक की कृति 'जग जननि जानकी' और 'रोम-रोम में राम' पढ़िए।

आदर्श मित्र

जे न मित्र दुख होहिं दुखारी

मित्र के रूप में राम का चरित्र श्रेष्ठता के शिखर को छूता है। रामचरितमानस में तुलसी ने राम से तीन व्यक्तियों की घनिष्ठ मित्रता का वर्णन किया है। वन जाते समय अयोध्या से निकलते ही राम को निषादराज मिलते हैं। राम उन्हें अपना मित्र बना लेते हैं। सीता-हरण के बाद सुग्रीव मिलते हैं, राम उन्हें भी अपनी मित्रता की डोर में बाँध लेते हैं। युद्ध से पहले रावण के अत्याचार से दुःखी विभीषण जब उनकी शरण में आते हैं तो राम उन्हें भी अपने गले लगा लेते हैं।

इन तीन चरित्रों के माध्यम से राम की मित्र-भावना का मार्मिक अंकन तुलसी ने किया है। निषाद उच्च जाति के नहीं थे, लेकिन राम ने उन्हें मित्र का समान स्थान दिया, उन्हें अपने गले से लगाकर ऊँच-नीच के नकली भेदभाव को व्यर्थ सिद्ध कर दिया। सुग्रीव वानर थे। भाई के अत्याचार से दुःखी होकर पहाड़ पर अपने दिन काट रहे थे। राम ने उन्हें भी अपना लिया। विभीषण अपनी सज्जनता और ईश्वर-भक्ति के कारण रावण के क्रोध के शिकार हुए थे। जब वे हताश होकर राम के पास आये तो राम ने उन्हें भी मित्रभाव से स्वीकारा, रावण का भाई या भेदिया समझकर दुत्कारा नहीं।

राम जब लक्ष्मण और सीता के साथ शृंगवेरपुर पहुँचते हैं तो निषादराज को समाचार मिलता है। वे अनेक उपहारों के साथ राम के पास पहुँचते हैं। निषाद समझते हैं कि राम राजा दशरथ के बेटे हैं। बिना उपहार लिये उनके पास कैसे जाया जा सकता है! वह स्वयं भी तो निषादों का राजा है। एक राजा से दूसरे राजा का मिलन बिना उपहार के कैसे सम्भव हो सकता है?

लेकिन राम ने उपहारों से अधिक निषादराज की प्रेम-भावना को महत्त्व दिया—

सहज सनेह बिबस रघुराई।
पूँछी कुसल निकट बैठाई॥

—सहज प्रेम के वश में रहनेवाले राम ने निषादराज को अपने निकट बैठाकर कुशल-मंगल पूछा।

उस युग की मान्यता और परम्परा के अनुसार, जिस निषादराज को दूर से ही राम को प्रणाम करना चाहिए था, उसे राम ने अपने एकदम निकट बैठा लिया। यह उस समय के शिष्टाचार के नियमों के विरुद्ध एक चामत्कारक घटना थी, लेकिन राम ने यह दिखाया कि यदि हृदय की भावना पवित्र और सच्ची हो तो सभी बाहरी बन्धन व्यर्थ और त्याज्य हो जाते हैं।

निषाद राम से कहता है कि हे स्वामी! मेरे अहोभाग्य कि आप पधारे।

अब आप यहीं रहकर हमारे कुल-परिवार को भाग्यशाली बनाइए। राम उसके आन्तरिक प्रेम से मुग्ध होकर उसे मित्र के रूप में सम्बोधित करते हुए कहते हैं—

कहेहु सत्य सबु सखा सुजाना।
मोहि दीन्ह पितु आयसु आना॥

—हे चतुर मित्र! आपने सब सत्य कहा है; लेकिन मुझे पिता ने कुछ और ही करने की आज्ञा दी है।

निषाद ने राम की मित्रता को पूरी तौर से निभाया। जब भरत दुःखी होकर राम से मिलने के लिए वन में पहुँचते हैं तो निषाद को शंका होती है कि शायद भरत राम को मारने के लिए आ रहे हैं। वह भरत का मुकाबला करने के लिए तैयार हो जाता है और अपने साथियों से कहता है—

सनमुख लोह भरत सन लेऊँ।
जिअत न सुरसरि उतरन देऊँ॥

—हम भरत से भयानक युद्ध करेंगे। जीते-जी उन्हें गंगा के पार नहीं उतरने देंगे!

भरत से युद्ध करना कम जोखिम का काम नहीं था। इसमें प्राण भी जा सकते थे, लेकिन मित्र राम के लिए निषाद प्राण देने को भी तैयार है। उसे इसमें लाभ-ही-लाभ दिखाई दे रहा है—

समर मरनु पुनि सुरसरि तीरा।
राम काजु छनभंगु सरीरा॥

स्वामि काज करिहउँ रन रारी।
जस धवलिहउँ भुवन दस चारी॥
तजउँ प्रान रघुनाथ निहोरें।
दुहूँ हाथ मुद मोदक मोरें॥

—कितना अच्छा होगा कि यह क्षणभंगुर शरीर राम के काम के लिए माँ गंगा के तट पर युद्ध में समाप्त होगा। युद्धभूमि में मैं अपने स्वामी राम के कार्य के लिए मरकर सारे संसार में अपने यश को बढ़ाऊँगा। राम के लिए प्राण त्यागने में मेरे दोनों हाथों में लड्डू ही रहेगा।

ऐसी थी निषादराज में अपने मित्र राम के प्रति बलिदान होने की भावना! यह भावना राम ने केवल 'मित्र' कहकर चामत्कारक ढंग से उसमें उत्पन्न कर दी थी। राम का मित्र होना निषादराज के लिए तब कितना गौरवपूर्ण रहा होगा, जब वसिष्ठ मुनि उसे रामप्रिय जानकर स्नेहपूर्वक आशीर्वाद देते हैं और भरत से उसका परिचय कराते हैं—

राम सखा सुनि संदनु त्यागा।
चले उतरि उमगत अनुरागा॥

—निषाद को राम का मित्र जानकर भरत रथ से कूद गये और पैदल ही प्रेमपूर्वक उसकी ओर बढ़ने लगे।

भेंटत भरतु ताहि अति प्रीती।
लोग सिहाहिं प्रेम कै रीती॥

—अत्यन्त प्यार से भरत ने निषाद को गले लगा लिया। लोग इस प्रेम की रीति को देखकर बड़ाई करने लगे।*

कौन कह सकता है कि निषाद भरत को नजदीक से छू भी सकता था, यदि राम ने उसे अपना मित्र बनाकर बड़ाई नहीं दी होती! तुलसी ने इसका बड़ा मार्मिक वर्णन किया है—

राम राम कहि जे जमुहाहीं।
तिन्हहि न पाप पुंज समुहाहीं॥
यह तौ राम लाइ उर लीन्हा।
कुल समेत जगु पावन कीन्हा॥

---

* भरत-निषाद सम्बन्ध की विस्तृत व्याख्या के लिए 'प्रभात प्रकाशन' से प्रकाशित लेखक की पुस्तक 'भरत गुन गाथा' पढ़िए।

—जो लोग राम-राम कहकर जँभाई लेते हैं, पापों के समूह उनके पास भी आने से डरते हैं। निषादराज को तो स्वयं राम ने अपने गले से लगाकर (संसार में) कुल-परिवार सहित पवित्र कर दिया था।

निषादराज को राम के घनिष्ठ और आत्मीय मित्र के रूप में चित्रित करने के लिए तुलसी अधीर दिखाई देते हैं। जहाँ भी उन्हें मौका मिलता है, वे निषाद को रामसखा का सम्बोधन दे बैठते हैं। ऐसा लगता है कि तुलसी निषाद में अपनी छवि देखते हैं। जैसे दीन-हीन तुलसी को राम ने अपने गले से लगा लिया है, उसी तरह निषाद जैसे नीचे कुल में जनमे व्यक्ति को भी राम ने अपने हृदय से बाँध लिया है।

तुलसी की कुछ उक्तियाँ देखिए—

राम सखहि मिलि भरत सप्रेमा।
पूँछी कुसल सुमंगल खेमा॥

—रामसखा से प्रेमपूर्वक मिलकर भरत ने कुशल-मंगल पूछा।

रामसखा कर दीन्हें लागू।
चलत देह धरि जनु अनुरागू॥

—रामसखा के हाथ में हाथ डाले भरत ऐसे चल रहे हैं जैसे प्रेम ही देह धारण करके चल रहा हो।

प्रात पार भए एकहि खेवाँ।
तोषे रामसखा की सेवाँ॥

—सवेरे एक ही बार में सभी नदी पार कर गये। राम-सखा निषाद की सेवा में सभी प्रसन्न हुए।

रामसखाँ तेहि समय देखावा।
सैल सिरोमनि सहज सुहावा॥

—रामसखा निषाद ने भरत को चित्रकूट के सुन्दर पहाड़ दिखांये।

रामसखा रिषि बरबस भेंटा।
जनु महि लुटत सनेहु समेटा॥

—चित्रकूट में गुरु वसिष्ठ ने राम के मित्र निषाद को ऐसे गले से लगा लिया जैसे पृथ्वी पर गिरे हुए स्नेह (तेल) को उन्होंने उठा लिया हो।

इतना ही नहीं, निषाद को 'लक्ष्मण जैसा' कहने में भी तुलसीदास संकोच नहीं करते—

निरखि निषादु नगर नर नारी।
भए सुखी जनु लखनु निहारी॥

—निषाद को देखकर सभी नर-नारी ऐसे सुखी हुए जैसे उन्होंने लक्ष्मण को देख लिया हो।

राम की मित्रता का चमत्कार निषादराज के प्रसंग में बहुत अच्छी तरह दिखाई देता है। महर्षि वसिष्ठ की छाया को भी जिसे दूर से प्रणाम करना चाहिए था, वही इतना पावन हो गया है कि वसिष्ठ उसे गले लगा लेते हैं। वसिष्ठ के पाँव से उठकर हृदय के आलिंगन तक निषादराज का पहुँचना राम के प्रताप से ही सम्भव था। अयोध्यावासी निषाद में लक्ष्मण की छवि देखते हैं। यह बहुत स्वाभाविक है, किन्तु दिल को भर देनेवाला प्रसंग है। सभी लोग जानते हैं कि राम के हर दु:ख को दूर करने के लिए लक्ष्मण छाया की तरह खड़े रहते हैं। निषादराज ने भी ऐसा ही किया था। शृंगवेरपुर में राम का कोई नहीं था। उन्हें एक अनाम और अनाथ जिन्दगी जीनी थी। किन्तु निषादराज गुह ने राम को पूर्ण गौरव और गरिमा देकर वन के सन्ताप से मुक्त कर दिया। लक्ष्मण भी तो राम के सन्ताप को हरने के लिए ही हर क्षण उतावले रहते हैं, इसलिए दोनों को समान बताना सहज-संगत है।

निषाद से राम की मित्रता सहज-स्वाभाविक थी। राम ने उसे अपनी उदारता के कारण अपनाकर अपने जैसा बना लिया था। लेकिन सुग्रीव से राम की मित्रता कूटनीतिक और राजनीतिक आधार पर बनी थी। हनुमान इसके माध्यम थे।

अपने भाई बालि के भय से सुग्रीव ऋष्यमूक पर्वत पर अपने मन्त्रियों सहित रहते थे। सुग्रीव को कोई ऐसा प्रतापी पुरुष चाहिए था, जो बालि को हराकर उन्हें राजा बना सके और राम को ऐसा सहयोगी चाहिए था, जो सीता की खोज में सहायक हो सके। राम को हनुमान ने संकेत दिया—

नाथ सैल पर कपिपति रहई।
सो सुग्रीव दास तब अहई॥
तेहि सन नाथ मयत्री कीजे।
दीन जानि तेहि अभय करीजे॥
सो सीता कर खोज कराइहि।
जहँ तहँ मरकट कोटि पठाइहि॥

—हे नाथ! पहाड़ पर वानरों के राजा सुग्रीव रहते हैं। उस दु:खी व्यक्ति से मित्रता करके आप उसे अभय कर दें। वह चारों ओर अपनी वानर-सेना को भेजकर सीता की खोज करायेगा।

यहाँ मित्रता गले लगाकर उस तरह नहीं हुई जैसे निषाद से हुई थी। इसमें अग्नि को साक्षी रखा गया, क्योंकि दोनों को एक-दूसरे का सहयोगी बनना था—

तब हनुमंत उभय दिसि की सब कथा सुनाइ।
पावक साखी देह करि जोरी प्रीति दृढ़ाइ॥

—तब हनुमानजी ने दोनों ओर की सब कथा सुनाकर अग्नि की साक्षी देकर राम और सुग्रीव में दृढ़ प्रीति करा दी।

मित्रता जब निर्हेतुक स्नेह की होती है तब किसी को बाहर से साक्षी बनाने की आवश्यकता नहीं पड़ती है। हृदय स्वयं गवाह रहता है। धड़कनों में प्रेम का स्पन्दन मित्रता के आदर्श को अहर्निश जीवन्त रखता है। वहाँ न कोई भूलता है, न भागता है। सच्चा मैत्री सम्बन्ध विभ्रम और विस्मृति से परे होता है। राम और निषाद की मित्रता ऐसी ही थी।

लेकिन जहाँ स्वार्थों के कारण सम्बन्ध बनते हैं, वहाँ बाहरी साक्ष्य की जरूरत पड़ती है। हनुमान ने राम और सुग्रीव को अग्नि की साक्षी दिलायी। बात ऐसी नहीं थी कि राम या सुग्रीव पर हनुमान को विश्वास नहीं था। उन्हें तो दोनों पर विश्वास था, लेकिन उनके विश्वास से कुछ होना-जाना नहीं था। विश्वास की गाँठ तो राम और सुग्रीव के बीच पक्की होनी थी। ये दोनों एक-दूसरे से अपरिचित थे। अपरिचय जब परिचय की ओर कदम बढ़ाता है तो उसे साक्षी की जरूरत होती है।

साक्षी हनुमान भी हो सकते थे, लेकिन तब बात बनती नहीं। हनुमान तो सुग्रीव के चाकर थे। उनकी गवाही राजनीति की दृष्टि से एकतरफा और पक्षपातपूर्ण भी हो सकती थी। इसीलिए ऐसा साक्षी चुना गया, जो निष्पक्ष हो। अग्नि तेजस्वी भी है और निष्पक्ष भी। प्रकाश सदा से आदमी के लिए प्रिय और पूज्य रहा है। आकाश में सूर्य और धरती पर अग्नि प्रकाश के स्रोत हैं। मनुष्य इन दोनों के सामने झुकता है, इनका आदर करता है। इसी कारण राम और सुग्रीव की मित्रता अग्नि की साक्षी से आरम्भ हुई और बराबर तेजस्वी बनी रही।

लक्ष्मण ने राम के दुःख की सब कथा सुग्रीव को बतायी। सुग्रीव ने राम को दिलासा देते हुए कहा—

कह सुग्रीव सुनहु रघुबीरा।
तजहु सोच मन आनहु धीरा॥
सब प्रकार करिहउँ सेवकाई।
जेहि बिधि मिलिहि जानकी आई॥

—हे रामचन्द्रजी, सोच त्याग दीजिए और मन में धीरज धरिए! मैं वह सबकुछ करूँगा, जिससे सीताजी आपको मिल जायें।

सुग्रीव के इस वचन ने राम के दिल को छू लिया। अपने दुःख को भूलकर

वे सुग्रीव की चिन्ता करने लगे—

सखा बचन सुनि हरषे कृपासिंधु बलसींव।
कारन कवन बसहु बन मोहि कहहु सुग्रीव॥

—मित्र सुग्रीव की बात सुनकर कृपा के सागर तथा बल के सीमान्त राम प्रसन्न हुए और बोले—हे सखा! आप किस कारण वन में रहते हैं, मुझसे कहिए?

यह दोहा गहरे अर्थ से भरा हुआ है। ऊपर के प्रसंग में आपने देखा कि लक्ष्मण जब राम के दु:ख का वर्णन करते हैं तो सुग्रीव उन्हें दिलासा देते हुए कहते हैं कि प्रभु, आप सोच त्याग दीजिए। सीता की खोज में मैं मदद करूँगा! इस दोहे में तुलसी बड़ी कुशलता से राम के महान् व्यक्तित्व को प्रस्तुत करते हैं। वे राम को कृपासिन्धु और बलसींव कहते हैं। 'कृपासिन्धु' इसलिए कि सुग्रीव की आत्मीयता देखकर राम उनका दु:ख जानने के लिए व्याकुल हो गये। 'बलसींव' शब्द बहुत गूढ़ है। राम बल के सीमान्त हैं। उनके भृकुटि-विलास से सृष्टि का लय हो सकता है। फिर भी वे सुग्रीव के आश्वासन से राहत महसूस करते हैं।

सुग्रीव को तो इसी बात की प्रतीक्षा थी कि राम भी उनके दु:ख-दर्द की खोज-खबर लें। कृपासिन्धु ने ऐसा किया भी। सुग्रीव अपने दु:ख की कहानी राम को सुनाते हैं। किस तरह बालि ने उनकी पत्नी तक को छीन लिया है, किस तरह वह सुग्रीव की जान लेने पर तुला है—यह सब सुग्रीव राम से कहते हैं।

मित्र पर हुए अत्याचार को सुनकर राम की भुजाएँ फड़क उठती हैं—

सुनु सुग्रीव मारिहउँ बालिहि एकहिं बान।
ब्रह्म रुद्र सरनागत गएँ न उबरहिं प्रान॥

—हे सुग्रीव, सुनो! मैं बालि को एक ही बाण मारूँगा। ब्रह्मा और महादेव की शरण में जाने से भी उसके प्राण नहीं बचेंगे।

सुग्रीव के सामने राम पहली बार कोई ऐसी घोषणा कर रहे थे, जिसे राम की शक्ति को जाननेवाला स्वाभाविक वीरोक्ति और न जाननेवाला बड़बोलापन समझ सकता था। राम बोलते समय परिस्थितियों के प्रति सजग नहीं थे, वह अपने मित्र के दु:ख को सुनकर आकुल उद्‌गार प्रकट कर रहे थे।

तुलसी ने लिखा नहीं है, लेकिन मुझे पक्का विश्वास है कि सुग्रीव राम की इस उक्ति से आश्वस्त होने से अधिक चकित हुए होंगे, क्योंकि राम की अमोघ शक्ति का ज्ञान उन्हें नहीं था। राम के भोलेपन की कथा उन्हें जरूर मालूम थी कि सोने का मृग मारने गये और पत्नी का हरण हो गया।

भौंचक सुग्रीव को राम ने अपना प्रण सुनाते समय आँखों में आँखें डालकर

जरूर देखा होगा। राम सुग्रीव की मन:स्थिति अवश्य ताड़ गये होंगे। इसीलिए उन्होंने मित्र के श्रेष्ठ गुणों का निरूपण सुग्रीव के सामने करना शुरू किया।

राम अच्छे मित्र के गुणों की लम्बी-चौड़ी सूची देते हैं। इनमें सबसे असरदार उनका शुरू का वचन है।

जे न मित्र दुख होहिं दुखारी।
तिन्हहि बिलोकत पातक भारी॥

—राम कहते हैं कि जो मित्र के दु:ख से दु:खी नहीं होता, उसे देखने से भी बड़ा पाप लगता है।

राम सुग्रीव को यह विश्वास दिलाना चाहते हैं कि उन्होंने बालि-वध की प्रतिज्ञा मित्रता के इन्हीं श्रेष्ठ आदर्शों के तहत की है। फिर भी सुग्रीव के चेहरे पर निर्भयता की चमक नहीं आती है। मन-मुरझाये सुग्रीव को देखकर राम एक और आश्वासन देते हैं।

सखा सोच त्यागहु बल मोरें।
सब बिधि घटब काज मैं तोरें॥

—हे मित्र! मेरे बल पर तुम अपनी सारी चिन्ताएँ छोड़ दो। मैं सब प्रकार से तुम्हारे काम आऊँगा।

सुग्रीव भगवान् श्रीराम के प्रताप से अजाने थे। उनकी सहज वीरोक्तियों को वे किसी भोले व्यक्ति का साधु-कथन मान बैठे। जैसे कोई बलशाली मार रहा हो और एक दुर्बल आदमी बचाने का वचन दे रहा हो। सुग्रीव को लगा कि राम को बता ही देना चाहिए कि जिस बालि को मारने की बढ़-चढ़कर बात वह कर रहे हैं, वह एक महान् योद्धा है। उसे वाणी के प्रताप से नहीं, भुजाओं के पराक्रम से मारा जा सकता है।

कह सुग्रीव सुनहु रघुबीरा।
बालि महाबल अति रनधीरा॥

—सुग्रीव ने कहा—हे रघुवीर! बालि महाबली और रणधीर है।

भगवान् राम इतने में ही समझ गये कि सुग्रीव कहना क्या चाहते हैं! वे सुग्रीव पर खफा नहीं हुए। भयभीत आदमी को और भय दिखाने की इच्छा सत्पुरुष में नहीं होती है। अत: राम ने प्यार से पूछा—मैं क्या करूँ कि तुम्हें विश्वास हो जाये कि मैं बालि को मार सकता हूँ।

राम का यह कथन सुग्रीव को पसन्द आया। यदि राम यह कहते कि मेरे साथ चलो, मैं अभी बालि को मारकर दिखाता हूँ, तो या तो सुग्रीव जाने से इनकार

कर देते या यदि लिहाजवश जाते भी तो बालि को देखते ही 'राम नाम सत्य' बोल जाते। विधाता को लाख-लाख धन्यवाद कि राम ने सुग्रीव से अपने बल को प्रदर्शित करने का अवसर माँगा। सुग्रीव ने राम को दुन्दुभि राक्षस की हड्डियाँ तथा ताल के सात वृक्ष दिखलाये और कहा कि यदि आप इसे एक बाण में यहाँ से फेंक दें तो मुझे आपके बल पर विश्वास हो जायेगा। राम ने क्षण भर में बिना परिश्रम के ही उन्हें फेंक दिया।

देखि अमित बल बाढ़ी प्रीती।
बालि बधब इन्ह भइ परतीती॥

—राम का अपार बल देखकर सुग्रीव का प्रेम बढ़ गया। उसे विश्वास हो गया कि राम बालि का वध अवश्य करेंगे।

भयभीत आदमी एक ही चीज से प्रभावित होता है, वह है बल। सुग्रीव बालि के बल के भय से काँप रहा था। अब जब उसे राम का बल मिल गया तो उसके मन से बालि का भय जाता रहा। अभी तक वह राम को एक निर्वासित साधनहीन राजकुमार समझता था, अब उनके बल और पराक्रम पर विश्वास करने लगा। बल का भरोसा आदमी में भाषण से नहीं आता है। बल जब व्यवहार में प्रकट होता है तब आश्वस्त करता है। जब तक राम केवल बोल रहे थे तब तक सुग्रीव के मन पर कोई असर नहीं पड़ रहा था। जब उन्होंने दुन्दुभि की हड्डियों और ताल वृक्षों को ढहा दिया तो राम के बिना भाषण दिये सुग्रीव उनके कदमों पर बिछ गये।

बार बार नावइ पद सीसा।
प्रभुहि जानि मन हरष कपीसा॥

—सुग्रीव बार-बार राम के चरणों पर सिर झुकाने लगे। राम को पहचानकर उन्हें बहुत प्रसन्नता हुई।

अभी तक सुग्रीव ने राम को जाना था, लेकिन अब पहचान भी गये। जानना औपचारिक है, पहचानना आन्तरिक। अब, जबकि राम के बल से सुग्रीव अपने को अभय महसूस करने लगे थे, राम उनके नितान्त अपने हो गये थे। अब सुग्रीव ने पहचाना कि राम वास्तव में हैं कौन? अभी तक वे सोच रहे थे कि राम से मित्रता करके उन्होंने राम पर कृपा की है; लेकिन अब उन्हें समझ में आया कि प्रभु पर कृपा की नहीं जाती है, उनसे तो कृपा ली जाती है।

उपजा ग्यान बचन तब बोला।
नाथ कृपाँ मन भयउ अलोला॥

—जब ज्ञान उत्पन्न हुआ तब सुग्रीव ने कहा—हे नाथ! आपकी कृपा से अब मेरा

मन स्थिर हो गया।

प्रभु को पहचानने के बाद सुग्रीव में ज्ञानोदय हुआ। वे कहने लगे—अब मेरा मन शान्त हो गया है। भय के कारण ही मन अस्थिर होता है, काँपता है। आदमी शीत से कम, भूत से ज्यादा काँपता है। शीत ठण्डक देती है और भूत भय देता है। वर्षों से बालि के प्रताप के भूत से सुग्रीव थर-थर काँप रहे थे। राम ने अपने पराक्रम की एक झलक दिखाकर उन्हें भयमुक्त कर दिया। उनका मन निर्भय और स्थिर हो गया।

एक सच्चे मित्र के नाते राम यही चाहते थे कि सुग्रीव निर्भय हो जायें। बालि को मारकरं उन्हें न केवल अभय किया, अपितु राजसिंहासन पर बिठा भी दिया।

राम जब बालि का वध करके सुग्रीव को राजा बना देते हैं तो सुग्रीव सत्ता के मद में चूर होकर मित्र के दु:ख में दु:खी होने का आदर्श एकदम भूल जाते हैं; वैभव और भोग-विलास में ही डूब जाते हैं। ऐसी स्थिति में राम की मन:स्थिति क्या रही होगी, इसका अनुमान करना कठिन नहीं है। जिस मित्र को, उसके सभी दु:खों को दूर करके, राम ने राजा बना दिया था वही मित्र राम को भूल गया है। सीता की खोज करने के लिए व्याकुल राम का हृदय मित्र सुग्रीव के इस व्यवहार से कितना टूटा होगा—इसकी कल्पना आप राम के इस कथन से कर सकते हैं—

बरषा गत निर्मल रितु आई।
सुधि न तात सीता कै पाई॥
एक बार कैसेहुँ सुधि जानौं।
कालहु जीति निमिष महुँ आनौं॥

—हे लक्ष्मण, वर्षा बीत गयी और शरद् ऋतु का आगमन हो गया है, लेकिन सीता की कुछ भी खबर नहीं मिली। यदि एक बार किसी तरह उसका पता लग जाये तो मैं काल को भी जीतकर सीता को पल भर में ले आऊँ।

राम कितने व्याकुल हैं सीता के लिए! ऐसे कठिन समय में सुग्रीव ने उन्हें भुला दिया है। राम क्रोधित हो उठते हैं—

सुग्रीवहुँ सुधि मोरि बिसारी।
पावा राज कोस पुर नारी॥
जेहिं सायक मारा मैं बाली।
तेहिं सर हतौं मूढ़ कहँ काली॥

—हे लक्ष्मण, सुग्रीव ने भी मेरी याद भुला दी है; क्योंकि वह राज्य, खजाना और

स्त्री पा गया है। जिस बाण से मैंने बालि को मारा है उसी बाण से मूर्ख सुग्रीव को भी मैं कल ही मारूँगा।

राम का यह क्रोध बड़ा स्वाभाविक है। मित्रता का आदर्श स्थापित करनेवाले राम मित्रता के आदर्श को गन्दा करनेवाले सुग्रीव को भला कैसे क्षमा कर सकते थे! किन्तु क्रोध में भी राम की करुणा-भावना कम नहीं होती। जब लक्ष्मण सुग्रीव को मारने के लिए अपना धनुष-बाण उठा लेते हैं तो राम पिघल जाते हैं। उन्हें पता है कि लक्ष्मण क्रोध में सुग्रीव की जान लेने में तनिक भी संकोच नहीं करेंगे। अतः वे कहते हैं—

तब अनुजहि समुझावा रघुपति करुना सींव।
भय देखाइ लै आवहु तात सखा सुग्रीव॥

—लक्ष्मण को समझाते हुए कृपा के सीमान्त राम ने कहा—हे भाई, मित्र सुग्रीव को केवल भय दिखाकर यहाँ ले आना।

सुग्रीव को लक्ष्मण राम के पास ले आते हैं। राम के क्रोध को समझकर सुग्रीव करुण स्वर में उनकी विनती करते हैं। राम अपने क्षणिक क्रोध को भूलकर मित्रता के प्रेम-सागर में डूब जाते हैं।

तब रघुपति बोले मुसुकाई।
तुम्ह प्रिय मोहि भरत जिमि भाई॥
अब सोइ जतनु करहु मन लाई।
जेहि बिधि सीता कै सुधि पाई॥

—राम ने हँसकर कहा—हे सुग्रीव, तुम मुझे भरत के समान प्रिय हो। अब मन लगाकर वही उपाय करो, जिससे सीता की ख़बर मिल सके।

इस चौपाई में राम सुग्रीव को 'भरत-सा भाई' कहकर क्षमा ही नहीं करते, अपितु उसे मित्र के आदर्श की याद दिलाते हुए कहते हैं कि सीता की खोज का उपाय करो। अपने आदर्श से भटके हुए सुग्रीव को राम सही मार्ग पर लाते हैं।

राम का अपनी भावनाओं पर अद्‌भुत अधिकार है। जब सुग्रीव धन, सत्ता और भोग के मद में मस्त होकर राम को भूल जाता है तो अपनी प्राणप्रिया सीता के विरह से व्याकुल राम अत्यन्त भावुक होकर सुग्रीव को मार डालने तक की बात लक्ष्मण से कह बैठते हैं। किन्तु जैसे ही लक्ष्मण उनकी आज्ञा को चरितार्थ करने के लिए चलने को तैयार होते हैं, राम अपने आप पर नियन्त्रण कर लेते हैं। वे लक्ष्मण को समझाते हुए कहते हैं—सुग्रीव को मारना नहीं, केवल भय दिखाकर ले आना!

लेकिन जब भय और ग्लानि में डूबे सुग्रीव राम के पास पहुँचते हैं तो भावनात्मक रूप से राम एकदम स्वस्थ हो चुके होते हैं। उनके भीतर का आवेश शान्त हो चुका होता है।

राम अपनी मधुर मुसकान के साथ सुग्रीव का स्वागत करते हुए, उन्हें मित्र से भी अधिक महत्त्व देते हुए भरत जैसा भाई कहते हैं। किसी को भरत जैसा कहना राम के लिए औपचारिकता नहीं है। यह कथन इस सत्य का उद्घाटन करता है कि राम गहराई से उस व्यक्ति को चाहते हैं। भरत के प्रति राम का प्यार किसी भी उपमा से आँका नहीं जा सकता। जब राम किसी को ऐसे भरत के समान कहते हैं तो वह धन्य हो जाता है। यह धन्यता, यह सम्मान जो राम अपने जनों को प्यार से देते हैं, वही तो उनके मनोबल को, कर्तव्य-भाव को जाग्रत् एवं गतिशील रखती है। इसीलिए सबको कामकाज करने में सफलता मिलती है।

राम सुग्रीव को अपने से छोटा नहीं मानते। मित्र को मित्र से बराबरी का जो स्थान मिलना चाहिए, वही राम सुग्रीव को देते हैं।

यदि राम सुग्रीव को औपचारिक रूप से मित्र मानकर उन्हें उचित सम्मान नहीं देते तो सुग्रीव राम का कुछ बिगाड़ नहीं पाते; लेकिन तब वे राम के लिए प्राणपण से जूझने के लिए, अपना सबकुछ समर्पित करने के लिए हृदय की गहराइयों से तैयार नहीं होते। मित्रता का महान् आदर्श राम और सुग्रीव के बीच स्थापित नहीं हो पाता। दोनों का सम्बन्ध केवल स्वार्थों की पूर्ति का समझौता माना जाता। राम ने ऐसा नहीं होने दिया। यही राम की महानता है।

राम ने सुग्रीव को दिखावे के लिए मित्र नहीं बनाया है। उन्हें मित्र का पूरा स्थान दिया है। हर बात में उनकी राय लेते हैं। जब रावण का भाई विभीषण राम की शरण में आता है तो राम सुग्रीव से सलाह लेते हैं—

कह प्रभु सखा बूझिए काहा।
कहइ कपीस सुनहु नरनाहा॥

—राम ने कहा—हे मित्र, तुम्हारी क्या राय है? तब सुग्रीव ने कहा—

भेद हमार लेन सठ आवा।
राखिअ बाँधि मोहि अस भावा॥

—यह दुष्ट हमारा भेद लेने आया है। मेरा विचार है कि इसे बाँधकर रखा जाये।

सुग्रीव की उस सलाह का समर्थन करते हुए राम कहते हैं—

सखा नीति तुम नीकि बिचारी।
मम पन सरनागत भयहारी॥

—हे मित्र, नीति तो तुमने ठीक विचारी है, लेकिन मेरा प्रण तो शरण में आये हर व्यक्ति की रक्षा करना है।

राम ने विभीषण से भी मित्रता की थी। लेकिन वह मित्रता निषादराज और सुग्रीव की मित्रता से एकदम अलग थी। राम ने निषाद को उसकी श्रद्धा और भक्ति के कारण स्वयं आगे बढ़कर अपनाया था। सुग्रीव से उनकी मित्रता हनुमान ने करायी थी। सीता की खोज के लिए राम को सहायक और समर्थक की जरूरत थी। उसकी कमी सुग्रीव ने पूरी की थी। लेकिन विभीषण तो और ही तरीके से राम के पास पहुँचा था।

विभीषण राम के पास शरण लेने आया था, क्योंकि अपने भाई रावण से उसे तिरस्कार मिला था। उसे एक ऐसी जगह चाहिए थी, जहाँ वह अपने को मान-सम्मान के साथ खड़ा रख सके। इसी आशय से वह राम के पास आया था, जिससे भक्तवत्सल राम उसे अपना लें।

सरनागत कहुँ जे तजहिं निज अनहित अनुमानि।
ते नर पावँर पापमय तिन्हहि बिलोकत हानि॥

—जो अपनी हानि होने की आशंका से शरणागत को त्याग देते हैं, वे नीच और पापमय हैं; उन्हें देखने से पुण्य की हानि होती है।

राम के इस वचन में हिन्दू संस्कृति का आदर्श भरा हुआ है। हमारे समाज का यही आदर्श रहा है कि दूसरों की भलाई के लिए अपना स्वार्थ छोड़ देना चाहिए। इसीलिए राम सुग्रीव से कहते हैं कि हो सकता है, विभीषण नाटक रचकर हमारा भेद लेने आया हो, लेकिन वह शरणागत के रूप में आया है। अतः 'निज अनहित अनुमानि' करके मैं उसे अपने दरवाजे से भगा नहीं सकता—यह पाप होगा।

हिन्दू समाज के इस ऊँचे आदर्श की बड़ी महिमापूर्ण व्याख्या राम करते हैं—

कोटि बिप्र बध लागहिं जाहू।
आएँ सरन तजउँ नहिं ताहू॥

—यदि किसी को करोड़ों विद्वानों के वध का पाप लगा हो तो भी यदि वह मेरी शरण में आये तो मैं उसे स्वीकार कर लेता हूँ।

राम के स्वीकार करते ही जीव की हालत क्या होती है?

सनमुख होइ जीव मोहि जबहीं।
जन्म कोटि अघ नासहिं तबहीं॥

—मेरे सामने आते ही जीव के करोड़ों जन्मों के पाप नष्ट हो जाते हैं।

तुलसीदास ने राम के मुख से जब यह कहला दिया कि घोर-से-घोर पापी भी मेरे सम्मुख आये तो उद्धार हो जायेगा, तब भोले तुलसी बाबा को होश हुआ होगा कि अरे, इस तरह से तो सभी पापी स्वर्ग चले जायेंगे! कोई रोक-टोक नहीं रहेगी। इसीलिए आगे की चौपाइयों में तुलसीदासजी ने अपना पैंतरा बदल दिया—

पापवंत कर सहज सुभाऊ।
भजनु मोर तेहि भाव न काऊ॥

—राम ने कहा—हे सुग्रीव, पापी का यह सहज स्वभाव होता है कि उसे मेरा भजन प्रिय नहीं लगता। लेकिन हनुमान की सूचना के अनुसार, लंका में भी विभीषण राम के नाम का भजन करता रहा है। और इससे भी बढ़कर—

जौं पै दुष्ट हृदय सोइ होई।
मोरें सनमुख आव कि सोई॥

—यदि कोई दुष्ट हृदय का होगा तो मेरे सामने आयेगा ही नहीं।

राम के मुख से यह कहलाकर तुलसी बाबा ने सभी दुष्टों को स्वर्ग जाने से बचा लिया। राम को पाने के लिए क्या जरूरी है, यह सुनिए—

निर्मल मन जन सो मोहि पावा।
मोहि कपट छल छिद्र न भावा॥

—राम कहते हैं कि मुझे पाने के लिए छल, कपट और द्वेष छोड़कर निर्मल हृदय बनना होगा।

विभीषण का हृदय ऐसा ही था। क्योंकि रावण की लंका में बिना निर्मल हृदय हुए कोई राम का भजन कैसे कर सकता था? इसीलिए राम ने विभीषण को, शत्रु का भाई होते हुए भी, स्वीकार कर लिया। राम ने लक्ष्मण के बगल में विभीषण को बैठाकर उन्हें केवल सम्मान ही नहीं दिया, अपितु भविष्य का संकेत करते हुए उन्हें 'लंकेश' भी कहा—

अनुज सहित मिलि ढिग बैठारी।
बोले बचन भगत भयहारी॥
कहु लंकेस सहित परिवारा।
कुसल कुठाहर बास तुम्हारा॥

—भाई लक्ष्मण सहित मिलकर विभीषण को पास बैठाकर भक्तों के भय को दूर करनेवाले राम बोले—हे लंका के राजा! परिवार सहित अपनी कुशल कहो। तुम्हारा

निवास बुरे स्थान पर है।

इन दोनों चौपाइयों में तुलसी का शब्द-प्रयोग बहुत सटीक और मनोहारी है। राम को उन्होंने 'भगत भयहारी' कहा है। विभीषण रावण से मार खाकर आया था। उसे भय था कि पता नहीं, राम उसके साथ क्या व्यवहार करेंगे! पर राम ने उसे अपना लिया। इसीलिए तुलसी ने यहाँ राम को भक्तों का भय दूर करनेवाला कहा है।

फिर राम ने विभीषण को 'लंकेश' कहा। यह भी उचित नहीं था। लंका का राजा रावण था। लेकिन विभीषण को 'लंकेश' कहकर राम ने उसके मन में बसे रावण के भय को एकदम खत्म कर दिया। विभीषण ने मन में यह समझ लिया कि रावण मरेगा और लंका का राज राम खुद न हड़पकर उसे देंगे। राम ने एक वाक्य में विभीषण के भय और आशंका को समाप्त कर दिया।

राम ने जब विभीषण को 'लंका का राजा' कहकर भय और आशंका से मुक्त कर दिया और उसे राजा की पदवी दे दी, तब उसे मित्र कहा—

खल मंडलीं बसहु दिनु राती।
सखा धरम निबहइ केहि भाँती॥

—हे मित्र, लंका में दुष्टों के बीच रहते हुए तुम अपने धर्म का निर्वाह कैसे करते रहे?

लंकेश कहने के तुरन्त बाद की चौपाई में राम विभीषण को 'सखा' कहते हैं।

राजनयिक मर्यादा की दृष्टि से यही उपयुक्त भी है। मित्र को राजा बनाना स्वार्थ हो सकता था, लेकिन राजा से मित्रता करना राजनीतिक सिद्धान्त का अंग था। राम ने भावावेश में भी सिद्धान्तों से अपने को चूकने नहीं दिया।

राम मित्रता के आदर्श को उस क्षण तो शिखर तक ले जाते हैं, जब विभीषण का अपने हाथों राजतिलक कर देते हैं।

जदपि सखा तव इच्छा नाहीं।
मोर दरसु अमोघ जग माहीं॥
अस कहि राम तिलक तेहि सारा।
सुमन बृष्टि नभ भई अपारा॥

—राम ने कहा—हे विभीषण, यद्यपि तुम्हारी कुछ भी इच्छा नहीं है, लेकिन मेरे दर्शन का फल अवश्य ही मिलता है! ऐसा कहकर राम ने विभीषण का राजतिलक कर दिया। आकाश से फूलों की अपार वर्षा हुई।

वनवासी राम ने अपने मित्रों को अपार स्नेह और सम्मान दिया था, लेकिन सम्राट् राम ने भी आदर और सम्मान में कोई कमी नहीं आने दी।

अयोध्या लौटने पर राम को घर-परिवार का अगाध प्रेम और आदर मिलता है, लेकिन राम उसमें खो नहीं जाते हैं। वह अपने दु:ख के दिनों के मित्रों को पास बुलाकर कहते हैं—

पुनि रघुपति सब सखा बुलाए।
मुनि पद लागहु सकल सिखाए॥

—फिर राम ने सभी मित्रों को बुलाया और सबको सिखाया कि मुनि के चरणों में लगो।

अभिवादन पूरा हो जाने के बाद राम अपने मित्रों का परिचय गुरु वसिष्ठ से करवाते हैं—

ए सब सखा सुनहु मुनि मेरे।
भए समर सागर कहँ बेरे॥
मम हित लागि जन्म इन्ह हारे।
भरतहु ते मोहि अधिक पिआरे॥

—हे मुनि! सुनिए, ये सब मेरे सखा हैं। ये संग्राम रूपी समुद्र में मेरे बेड़े (जहाज) के समान हुए। मेरे हित के लिए इन्होंने अपने जन्म तक हार दिये। ये मुझे भरत से भी अधिक प्रिय हैं।

राम जब किसी को सम्मान देते हैं तो उसे 'भरत सम' कहते हैं, लेकिन यहाँ राम अपने मित्रों को 'भरत से अधिक प्यारा' कह रहे हैं। राम के सन्दर्भ में यह सम्मान की पराकाष्ठा है। राम इससे अधिक गौरव और कुछ भी नहीं दे सकते। राम के पास सम्बन्ध की तिजोरी में जो सर्वोत्तम है, उसे उन्होंने दाँव पर लगा दिया। गुरु वसिष्ठ के सामने यह सम्मान पाकर सभी सखा तृप्त हो गये।

सुनि प्रभु बचन मगन सब भए।
निमिष निमिष उपजत सुख नए॥

—प्रभु के वचन सुनकर सब प्रेम और आनन्द में मग्न हो गये। इस प्रकार पल-पल में उन्हें नये-नये सुख उत्पन्न हो रहे हैं।

राजा राम ने वनवासी राम से भी अधिक गरिमा से अपने मित्रों का सम्मान किया। उन्हें अयोध्या से विदा करते समय राम मित्र की मर्यादा को हिमालय का शिखर प्रदान करते हैं। वे अपने मित्रों को बुलाकर कहते हैं कि यद्यपि मुख पर बड़ाई करना उचित नहीं है, फिर भी मेरे मन की जो वास्तविक स्थिति है वह मैं

अवश्य बताऊँगा।

अनुज राज संपति बैदेही।
देह गेह परिवार सनेही॥
सब मम प्रिय नहिं तुम्हहि समाना।
मृषा न कऊँ मोर यह बाना॥

—छोटे भाई, राज्य, सम्पत्ति, जानकी, अपना शरीर, घर, कुटुम्ब और मित्र—ये सभी मुझे प्रिय हैं, पर तुम्हारे समान नहीं। मैं झूठ नहीं कहता—यह मेरा स्वभाव है।

राम के इस वचन में कितनी आन्तरिकता है, मानवीय सम्बन्धों की कितनी गरिमा है, यह राम के अन्तर्मन को समझे बिना जान सकना कठिन है। किन्तु राम को समझनेवाले उनके मित्र उनकी वाणी को अपने हृदय-तल में गहराई तक उतार रहे थे।

अब गृह जाहु सखा सब भजेहु मोहि दृढ़ नेम।
सदा सर्वगत सर्वहित जानि करेहु अति प्रेम॥

—हे सखागण! अब सब लोग घर जाओ। वहाँ दृढ़ नियम से मुझे भजते रहना। मुझे सदा सर्वव्यापक और सबका हित करनेवाला समझकर अत्यन्त प्रेम करना।

राम जानते हैं कि विछोह का वियोग बड़ा पीड़ादायी हो गया। इसलिए साकार राम निराकार का सहारा लेते हैं। कहते हैं कि अब तक तुम लोगों ने दृढ़ नियम से मेरे साथ रहकर मेरा काम किया। अब दृढ़ भाव से ही मेरा नाम जपना। अब तक तुमने साक्षात् मेरी सेवा भक्ति-भाव से की। अब मुझे 'सर्वगत' और 'सर्वहित' जानकर एकनिष्ठ प्रेम करना। मैं सदैव तुम्हारे पास ही रहूँगा।

सुग्रीव और विभीषण तो राम से कुछ पाने के लिए राम के मित्र बने थे। अत: सभी को उनका प्राप्य देकर राम ने उन्हें मान-सम्मान से सराबोर करके विदा किया। उन्हें फिर आने के लिए नहीं कहा। इसका एक कारण यह था कि किष्किंधा और लंका की अयोध्या से दूरी अधिक थी और दूसरा कारण यह था कि राम से सुग्रीव और विभीषण की मित्रता पूरी तरह फलित हो चुकी थी। इसीलिए राम ने कहा कि मुझे सर्वव्यापी समझकर घर से नमस्कार-प्रणाम कर लेना। हाँ, राम के ऐसा कहने के बाद भी यदि कोई कुछ दिनों में उनसे मिलने आ जाता तो अवश्य ही इसे निस्स्वार्थ प्रेम कहा जाता।

इन सब मित्रों के बीच एक मित्र ऐसा भी था, जिसे राम ने उपदेश तो अन्य मित्रों जैसा ही दिया, लेकिन उसे अपने सभी मित्रों से अधिक आत्मीय स्थान प्रदान किया।

पुनि कृपाल लियो बोलि निषादा।
दीन्हे भूषन बसन प्रसादा॥
जाहु भवन मम सुमिरन करेहू।
मन क्रम बचन धर्म अनुसरेहू॥

—फिर कृपालु राम ने निषादराज को बुला लिया और उसे भूषण, वंस्त्र आदि प्रसाद में दिये और कहा—अब तुम भी घर जाओ। वहाँ मेरा स्मरण करते रहना और मन, वचन तथा कर्म से धर्म के अनुसार चलना।

इतना उपदेश तो राम ने सभी मित्रों को दिया था, पर निषाद पर वह अपनी कृपा की बरसात कर देते हैं।

तुम मम सखा भरत सम भ्राता।
सदा रहेहु पुर आवत जाता॥

—तुम मेरे मित्र हो और भरत के समान भाई हो। अयोध्या में सदा आते-जाते रहना।

निषादराज से यह आग्रह राम केवल भौगोलिक निकटता को ध्यान में रखकर नहीं कर रहे हैं। निषाद उनके हृदय के भी निकट है, क्योंकि उसने अकिंचन और अनिकेत राम को मित्र बनाया था। राम इसे कैसे भूलते!

राम मित्रता को बहुत अधिक महत्त्व देते थे। मानवीय सम्बन्धों में मित्रता का स्थान बहुत ऊँचा है। परिवार से बाहर त्याग, स्नेह और विश्वास पर आधारित यही सम्बन्ध होता है। इसीलिए राम मित्रभाव को सर्वोपरि महत्त्व देते हैं; अपना सर्वस्व बलिदान करने के लिए तैयार रहते हैं।

□

आदर्श शत्रु

प्रभुसर प्रान तजे भव तरऊँ

राम का चरित्र अद्‌भुत है। उसे आप किसी भी कोण से जाँचिए, परखिए—प्रेरक तत्त्व मिल ही जायेगा। राम को जिन्होंने अपने अन्तर्मन से चाहा, भक्ति-भावना से पूजा, उन्हें तो मुक्ति मिली ही; लेकिन जिन्होंने राम को शत्रु-रूप में स्वीकार किया उन्हें भी प्रभु ने अपने भीतर समेट लिया। अपने शत्रु के लिए भी राम के हृदय में करुणा का सागर छलकता रहता है।

वास्तव में राम से किसी को कोई वैर हो ही नहीं सकता। वे तो कृपा और करुणा के भण्डार हैं। इसीलिए जो शत्रु-भाव से भी उनके पास जाता है, उसे भी राम (उसका वध करके) अपना लेते हैं।

सर्वप्रथम राम ने ताड़का-वध किया था। यह राक्षसी रावण की आतंकपूर्ण व्यवस्था का अंग बनकर ऋषि-मुनियों को पीड़ित कर रही थी। जब विश्वामित्र के साथ राम और लक्ष्मण वन में पहुँचे तो सबसे पहले उन्हें ताड़का मिली। उन्हें आता हुआ देखकर वह क्रोध करके दौड़ी—

एकहिं बान प्रान हरि लीन्हा।
दीन जानि तेहि निज पद दीन्हा॥

—राम ने एक ही बाण में ताड़का का प्राण ले लिया और उसे दीन समझकर अपना पद दिया।

यह बड़ा मार्मिक प्रसंग है! आखिर ऋषि-मुनियों का खून पीनेवाली ताड़का को राम ने दीन कैसे समझा? अन्याय और अत्याचार का साथ देनेवाली क्रूर राक्षसी को अपना धाम देने की आवश्यकता राम को क्यों पड़ी? हम गहराई से विचार करें तो पता चलेगा कि ताड़का स्वयं की प्रेरणा से अत्याचार नहीं करती थी—वह रावण

की व्यवस्था का एक पुर्जा मात्र थी। स्त्री होने के नाते वह चाहकर भी रावण से संघर्ष नहीं कर सकती थी। राम के खयाल में यह बात जरूर रही होगी। रावण ताड़का की दुर्बलता और मजबूरी का फायदा उठा रहा है। राम ने ताड़का के अपराधों को कम नहीं आँका, उसका वध किया। किन्तु अपराधी शरीर में छटपटाती हुई बेबस स्त्री की आत्मा को राम ने पहचाना और मुक्त कर दिया। राम मारीच को जान से नहीं मारते। उसे फलहीन बाण से सौ योजन दूर समुद्र में फेंक देते हैं, क्योंकि भविष्य में राम को मारीच की जरूरत थी। सुबाहु को भी राम उसके सैन्य सहित मारते हैं, लेकिन उसे मुक्ति नहीं देते। रावण की व्यवस्था में वह अत्याचार और अन्याय का प्रतीक था। वह हृदय से कुण्ठित था। बराबर अत्याचार करते रहने के कारण उसकी आत्मा के तेज का क्षय हो चुका था। राम अपने हाथों मारकर भी उसे मुक्त नहीं कर सके। उसके कर्म मुक्ति-मार्ग में बाधक बन गये थे।

राम के साथ इन्द्र के पुत्र जयन्त ने भी शत्रुता की थी। यह शत्रुता बहुत ही कुटिलता और नीच वृत्ति की प्रतीक थी। राम वन में पहली बार प्रसन्नतापूर्वक निश्चिन्त होकर चमचमाती शिला पर बैठे थे। उन्होंने प्रयत्नपूर्वक सुन्दर फूलों को चुनकर अपने हाथ से सीता के लिए आभूषण तैयार किया था—

सीतहि पहिराए प्रभु सादर।
बैठे फटिक सिला पर सुंदर॥

—सुन्दर धवल शिला पर बैठे राम ने फूलों के आभूषण सीता को आदरपूर्वक पहनाये।

'सादर' शब्द में राम के हृदय का प्यार छलकता हुआ दिखाई देता है। वन में सीता केवल राम के सहारे हैं। वह अयोध्या में होतीं तो घर-परिवार का प्यार मिलता। नौकर-चाकर उन्हें हाथों में सँभाले फिरते। यहाँ कोई नहीं है। पति का प्यार ही उनका सर्वस्व है। राम इस स्थिति को समझकर जानकी के लिए अपना हृदय उड़ेल देते हैं।

'सादर' शब्द में पति-पत्नी के सम्बन्धों की मर्यादा का भी सुन्दर संकेत है। केवल पत्नी का ही यह दायित्व नहीं है कि वह पति को आदर दे, बल्कि पति का भी यह परम कर्तव्य है कि वह पत्नी के साथ आदर से पेश आये। परस्पर आदर की भावना से ही परिवार में संस्कारक्षम वातावरण का निर्माण होता है। पत्नी को पति हमेशा दुत्कारता रहे या पत्नी हमेशा पति का अनादर करती रहे, तो साथ रहने पर भी न सच्चा प्यार पनपेगा और न परिवार में संस्कार की सिद्धि होगी। गृहस्थ-धर्म की सम्पूर्ण मर्यादा को तुलसी ने 'सादर' शब्द में गूँथ दिया है।

इस अत्यन्त कोमल एवं मधुर क्षण में, जबकि राम सीता को अपने प्रेम के सागर में नहला रहे होते हैं, जयन्त अपघात करता है—

सीता चरन चोंच हति भागा।
मूढ़ मंदमति कारन कागा॥

—कौए का वेश धारण किये, मूढ़ मन्दमति जयन्त सीता के चरण पर चोंच मारकर भाग गया।

अपनी प्रिया सीता का मन बहला रहे राम के लिए जयन्त का यह दुष्कर्म असह्य था। राम क्षुब्ध होते हैं, पर क्षोभ के क्षणों में भी वे अपना विवेक नहीं खोते हैं—

चला रुधिर रघुनायक जाना।
सींक धनुष सायक संधाना॥

—जब रक्त बहने लगा तो राम ने स्थिति को समझा और धनुष पर सींक का बाण चढ़ाकर जयन्त की ओर चला दिया।

ध्यान दीजिए! राम के पास एक-से-एक अच्छे बाणों की कमी नहीं थी, लेकिन उन्होंने जयन्त के लिए उनका उपयोग नहीं किया। कोई बड़ा बाण चलाकर राम एक क्षुद्र दुश्मन को मारकर कोई गौरव नहीं देना चाहते थे। इसीलिए उन्होंने जयन्त को मारने के लिए सींक का बाण मारा। मारने के लिए सींक से ज्यादा कमजोर चीज और क्या होगी! राम ने जयन्त को भी सींक-सा ही कमजोर माना था। शत्रु के बल को समझने का अद्‌भुत विवेक राम में था।

राम के बाण से घबराकर जयन्त इधर-उधर भागने लगा। उसके पिता इन्द्र तक ने उसे शरण नहीं दी। व्याकुल और परेशान जयन्त पर नारद को दया आयी। उन्होंने उसे राम के पास जाकर क्षमा माँगने के लिए कहा।

राम के पास जाकर जयन्त दया की प्रार्थना करने लगा—

सुनि कृपाल अति आरत बानी।
एकनयन करि तजा भवानी॥

—शंकरजी कहते हैं कि हे भवानी! प्रभु राम ने उसकी आर्त्त वाणी को सुनकर दया करके, एक आँख फोड़कर उसे छोड़ दिया।

जयन्त ने राम से शत्रुता की थी—प्राण से प्यारी पत्नी पर अकारण प्रहार करके सीता के शील और राम के पौरुष पर प्रहार किया था। लेकिन दया के सागर राम ने उसके साथ शत्रुता नहीं निभायी, उसकी करुण पुकार सुनकर उसे क्षमा कर दिया।

वन में राम को विराध नामक राक्षस मिला था। यद्यपि उसने प्रभु से कोई शत्रुता नहीं दिखायी थी, लेकिन राम ने निशाचरों को मारने का जो प्रण कर रखा था उसके कारण विराध को देखते ही उन्होंने उसका वध कर दिया, ताकि कोई अनिष्ट न हो सके—

तुरतहिं रुचिर रूप तेहिं पावा।
देखि दुखी निज धाम पठावा॥

—मरते ही विराध को सुन्दर रूप मिल गया। उसे दुःखी देखकर राम ने अपने धाम को भेज दिया।

राम ने विराध को अकारण मारा था, शायद इसलिए कि वह दुःखी था। उसके दुःख की तीव्रता को समझकर ही राम ने उसे मुक्त कर दिया।

शूर्पणखा की नाक कटने के बाद उसके भाई खर-दूषण अपनी विशाल सेना के साथ राम पर चढ़ाई कर देते हैं। राम अकेले भयानक युद्ध करके राक्षसों को मार डालते हैं—

राम राम कहि तनु तजहिं पावहिं पद निर्बान।
करि उपाय रिपु मारे छन महुँ कृपानिधान॥

—राक्षस गण 'यही राम है, इसे मारो'—कहकर राम का नाम उच्चारण करते हुए मरकर मोक्ष पा जाते हैं। इस प्रकार उपाय करके राम ने क्षण भर में शत्रुओं का संहार किया।

राक्षसों ने शत्रु-भाव से राम को पुकारा था। किन्तु युद्ध के समय शत्रु-भाव से ही सही—उनके मन, प्राण और हृदय में राम के सिवा और कोई नहीं था। वे कामना और वासना से हीन हो चुके थे। इसीलिए उन्हें मोक्ष मिला।

मारीच का वध करके राम ने उसे मुक्ति दी थी। ताड़का को राम ने दीन समझकर और विराध को दुःखी समझकर मुक्त किया था। मारीच को राम ने उसके अन्तर्मन के प्रेम को पहचानकर तारा था—

प्रान तजत प्रगटेसि निज देहा।
सुमिरेसि रामु समेत सनेहा॥

—मृग बने मारीच को जब राम ने मार दिया तो उसने प्राण छोड़ते समय स्नेह के साथ राम का नाम स्मरण करते हुए अपना असली शरीर प्रकट कर दिया।

'समेत सनेहा' में बहुत भाव भरा है। खर-दूषण आदि ने राम का नाम स्नेह से नहीं, वैर-भाव से लिया था, फिर भी उन्हें मोक्ष मिला था। मारीच ने मरते समय राम को स्नेह से, हृदय के भीतरी द्वार से पुकारा था—

अंतर प्रेम तासु पहिचाना।
मुनि दुर्लभ गति दीन्हि सुजाना॥

—मारीच के हृदय के आन्तरिक प्रेम को पहचानकर राम ने उसे मुनियों के लिए भी दुर्लभ गति दे दी।

दुर्वासा ऋषि के शाप से राक्षस बने गन्धर्व कबन्ध को भी मारकर राम ने मुक्ति प्रदान की।

बालि की राम से कोई प्रत्यक्ष दुश्मनी नहीं थी। लेकिन मित्र सुग्रीव के साथ बालि ने अन्याय ओर अत्याचार किया था। घोषित नैतिक मान्यताओं के भी खिलाफ बालि ने आचरण किया था, इसीलिए राम ने उसे मारा—

अनुज बधू भगिनी सुत नारी।
सुनु सठ कन्या सम ए चारी॥
इन्हहि कुदृष्टि बिलोकइ जोई।
तासु बधें कछु पाप न होई॥

—राम ने कहा—छोटे भाई की पत्नी, बहन, पुत्रवधू और पुत्री एक समान होती हैं। इनपर जो कुदृष्टि रखता है, उसका वध करने में कोई पाप नहीं लगता।

राम से नीति-वचन सुनकर बालि अपना अपराध स्वीकार कर लेता है। पश्चात्ताप से उसका हृदय भर उठता है। बालि के हृदय की निर्मलता को देखकर राम पसीज उठते हैं।

राम बालि निज धाम पठावा।

—राम ने बालि को अपने धाम भेज दिया।

बालि ने अपने अपराधों को स्वीकार करके अपनी आत्मा के कलुष को धो दिया था, अतएव मुक्ति पाने में उसे कोई कठिनाई नहीं हुई। राम के चरणों में दृढ़ प्रीति रखकर बालि ने वैसे ही शरीर त्याग दिया जैसे हाथी अपने गले से फूलों की माला के गिरने को नहीं जानता। प्रभु के हाथों मरकर औरों की तरह बालि भी मुक्त हो गया। प्रीति ही नहीं, वैर से भी मुक्ति का द्वार खुलता है, बशर्ते आत्मा की गहराइयों से कोई अपने अपराधों को मान ले।

कुम्भकर्ण को भी मारकर राम ने सद्गति दी थी। यह प्रसंग बहुत अर्थवान् है। कुम्भकर्ण रावण की ओर से लड़ता है, लेकिन उसके भीतर राम के प्रति वैर-भाव नहीं है। वह रावण को समझाने की भी कोशिश करता है। रावण ने राम के साथ सम्बन्धों की जो रणनीति तैयार की थी, उसमें युद्ध के अलावा और कोई विकल्प नहीं था। मारकर परम प्रतापी बनना या मरकर मुक्त होना—रावण के दोनों

हाथों में लड्डू थे। वह कुम्भकर्ण की बात क्यों मानता!

वास्तव में, कुम्भकर्ण भी रावण की बात नहीं मान रहा था। वह बार-बार कह रहा था—

अजहूँ तात त्यागि अभिमाना।
भजहु राम होइहि कल्याना॥

—हे भाई, आज भी अभिमान को त्यागकर तुम राम का नाम भजो, तुम्हारा कल्याण होगा!

रावण को ऐसे किसी कल्याण की आवश्यकता नहीं थी। कुम्भकर्ण के माध्यम से वह अपनी हार को जीत में बदलना चाहता था। उसके सामने कठिनाई यह थी कि जागने के बाद कुम्भकर्ण सात्त्विक हो गया था। उसकी आसुरी वृत्तियाँ सुप्त थीं, क्योंकि आसुरी वृत्तियों को जाग्रत् करनेवाला तामसिक भोजन पच चुका था। अतः रावण ने विवाद के पचड़े में न पड़कर कुम्भकर्ण के लिए 'उचित' भोजन का प्रबन्ध किया, जिससे उसकी आसुरी वृत्ति उसके अन्दर जगी हुई सात्त्विकता को कुचल दे—

राम रूप गुन सुमिरत मगन भयउ छन एक।
रावन मागेउ कोटि घट मद अरु महिष अनेक॥

—श्रीराम के रूप और गुणों को याद करके कुम्भकर्ण एक क्षण के लिए प्रेम में डूब गया। फिर रावण ने करोड़ों घड़े मदिरा और भैंसे मँगवाये।

महिष खाइ करि मदिरा पाना।
गर्जा वज्राघात समाना॥

—भैंसे खाकर और मदिरा पीकर वह वज्राघात के समान गरजने लगा।

प्रसंग की गहराइयों में डूबिए! सात्त्विक वृत्ति से रावण को उपदेश देनेवाला कुम्भकर्ण एक क्षण में क्या-से-क्या हो गया। राम को याद करके आनन्दित होनेवाले कुम्भकर्ण ने राम से युद्ध करने की तैयारी कैसे कर दी? उत्तर स्पष्ट है—भोजन ने उसकी वृत्ति को बदल दिया था। मदिरा और मांस के भक्षण के कारण उसकी सद्वृत्तियों का लोप हो गया था। भोजन केवल पेट ही नहीं भरता, वह व्यक्ति की वृत्ति का भी निर्माण करता है। कुम्भकर्ण इसका जीवन्त एवं प्रत्यक्ष उदाहरण है।

कुम्भकर्ण ने घोर संग्राम किया। अभी तक के युद्ध में राम मैदान में नहीं उतरे थे। लक्ष्मण और वानर योद्धाओं ने युद्ध का संचालन किया था। अब राम को युद्धभूमि में उतरना पड़ा। याद कीजिए, पहली बार खर-दूषण को मारने के लिए राम ने युद्ध किया था। उन राक्षसों का पराक्रम भी कम नहीं था—

खर दूषन मोहि सम बलवंता।
तिन्हहि को मारइ बिनु भगवंता॥

—अपने भाइयों की मृत्यु का समाचार शूर्पणखा से पाकर रावण ने कहा था—खर और दूषण मेरे समान बलवान थे। उन्हें भगवान् के सिवा और कोई नहीं मार सकता!

रावण के इस कथन से जहाँ उसके भाइयों का पराक्रम प्रकट होता है, वहीं शत्रु की शक्ति को पहचानने की राम की क्षमता का भी ज्ञान होता है। जब राम ने खर-दूषण को मारा था तब लक्ष्मण साथ थे; लेकिन उन्होंने लक्ष्मण को युद्ध करने को नहीं कहा, उन्हें सीता की रखवाली करने का काम दिया था।

मुकाबले के शत्रु से भिड़ने में राम को उपयुक्त लगता है। खर-दूषण के बाद आज कुम्भकर्ण से राम युद्धरत हुए हैं। राम के ही समान कुम्भकर्ण भी महान् योद्धा है। उसने अपने युद्ध-कौशल से राम की वानर-सेना को तहस-नहस कर डाला था। वानर-भालू रक्षा के लिए करुण स्वर में राम को पुकार रहे थे।

अपनी सेना का टूटता मनोबल देखकर राम सामने आते हैं। कुम्भकर्ण के शौर्य से वे मुग्ध हैं। हनुमान, सुग्रीव, अंगद आदि सेनानियों को प्राण बचाकर भागने के लिए उसने बाध्य कर दिया था। ऐसी स्थिति में राम युद्धभूमि में अपने तीक्ष्ण बाणों का संधान करते हैं—

तब प्रभु कोपि तीब्र सर लीन्हा।
धर ते भिन्न तासु सिर कीन्हा॥

—राम ने तीव्र बाण छोड़कर कुम्भकर्ण के सिर को धड़ से अलग कर दिया।

तासु तेज प्रभु बदन समाना।
सुर मुनि सबहिं अचंभव माना॥

—मृत्यु के बाद कुम्भकर्ण की आत्मा का तेज राम के भीतर समा गया। उसे देखकर देवता और मुनियों को बड़ा आश्चर्य हुआ।

तामसी शरीर का क्षय हो जाने के बाद कुम्भकर्ण के भीतर जो निर्मल आत्मा थी—उसे अपना वास्तविक स्वरूप मिल गया। उसे देवलोक या बैकुण्ठ जाने की जरूरत नहीं पड़ी, वह सीधा प्रभु में लीन हो गया। राम ने कुम्भकर्ण को योद्धा के रूप में बराबर का सम्मान दिया।

यही बराबरी का सम्मान राम ने रावण को भी दिया। कुम्भकर्ण की मृत्यु के बाद रावण का मनोबल क्षीण हो गया था। अपने महान् योद्धाओं को खोकर वह अक़ेला रह गया था। युद्धभूमि में राम से मुलाकात करने के सिवा और कोई

सम्मानित विकल्प उसके पास बचा नहीं था।

रावण युद्धभूमि में उतरता है और राम से घोर संघर्ष करता है। वाल्मीकि ने इस युद्ध को अतुलनीय माना है। तुलसी भी राम के प्रबल पक्षधर होने के बावजूद रावण के पराक्रम और युद्ध-कौशल के कायल हैं।

रावण को मारने में राम देरी कर रहे हैं। इसके दो कारण बताये गये हैं। जब भयानक शर-संधान के बाद भी रावण नहीं मरता तो राम विभीषण की ओर देखते हैं—

मरइ न रिपु श्रम भयउ बिसेषा।
राम बिभीषन तन तब देखा॥

—बहुत परिश्रम के बाद भी रावण नहीं मर रहा था। तब राम ने कारण जानने के लिए विभीषण की तरफ देखा।

विभीषण समझ जाते हैं कि राम को वह मूल मन्त्र चाहिए, जिससे रावण का वध किया जा सके। राम का काम करने और अपने अपमान का बदला लेने का इससे अधिक उपयुक्त अवसर विभीषण के लिए और क्या हो सकता था!

नाभिकुंड पियूष बस याकें।
नाथ जिअय रावनु बल ताकें॥

—हे नाथ, रावण की नाभि में अमृत-कुण्ड है। इसी कारण वह मर नहीं रहा है। विभीषण से रावण की मृत्यु की कुंजी पाकर राम अत्यन्त प्रसन्न होते हैं।

रावण को मारने में इतनी देरी क्यों हो रही थी, इसका प्रथम कारण उसकी नाभि में अमृत-कुण्ड का होना था। पर दूसरा कारण, जो सीता को त्रिजटा बताती है—बड़ा काव्यात्मक, मनोहर और मर्मस्पर्शी है। युद्ध के प्रथम चक्र में जब रावण की मृत्यु नहीं होती तो सीता व्याकुल हो उठती हैं। वे सोचती हैं कि उन्हीं के कारण राम को इतने कष्ट उठाने पड़ रहे हैं। सीता के भीतर हताशा और अपराध के भाव प्रबल हो उठते हैं। ऐसे समय में त्रिजटा रावण की मृत्यु का रहस्य बताकर सीता का बहुत उपयुक्त मनोवैज्ञानिक उपचार करती है—

कह त्रिजटा सुनु राजकुमारी।
उर सर लागत मरइ सुरारी॥

—त्रिजटा ने कहा—हे सीता, रावण तब मरेगा जब राम उसके हृदय में बाण मारेंगे।

यह सुनकर सीता को आश्चर्य होता है—यदि रावण का मरना इतना आसान है तो प्रभु उसके हृदय में बाण मारते क्यों नहीं? इसमें कृपानिधान को क्या कठिनाई हो रही है? त्रिजटा समाधान करती है—

प्रभु ताते उर हतइ न तेही।
एहि के हृदयँ बसति बैदेही॥

—रावण के हृदय में प्रभु राम बाण इसलिए नहीं मार रहे हैं, क्योंकि उसमें जानकी बसती हैं।

आह! एक सन्ताप झेल रही पत्नी के लिए इससे बड़ा सन्तोष क्या हो सकता है कि पति उसका इतना खयाल रखता है कि शत्रु के हृदय को इसलिए नहीं बेध रहा है, क्योंकि उसमें उसकी प्राणेश्वरी बैठी है। सीता अपने सभी अपराध-बोध को भूलकर राम के दैवी प्यार की स्मृति में डूब जाती हैं—

एहि के हृदयँ बस जानकी जानकी उर मम बास है।
मम उदर भुअन अनेक लागत बान सब कर नास है॥

—त्रिजटा अपनी बात को आगे बढ़ाती है—रावण के हृदय में जानकी हैं और जानकी के हृदय में राम हैं। राम के हृदय में सारा ब्रह्माण्ड समाया हुआ है। राम एक व्यक्ति का वध करने के लिए समूचे जगत् का संहार नहीं करना चाहते। अपने स्वार्थ के लिए सृष्टि का नाश मर्यादा-विरुद्ध होगा!

सुनि बचन हरष बिषाद मन अति देखि पुनि त्रिजटा कहा।
अब मरिहि रिपु एहि बिधि सुनहि सुंदरि तजहि संसय महा॥

—त्रिजटा की बात सुनकर सीता के मन में बहुत हर्ष और विषाद होता है। यह देखकर त्रिजटा कहती है कि हे सुन्दरी, अब मैं बताती हूँ कि राम रावण को कैसे मारेंगे—

काटत सिर होइहि बिकल छुटि जाइहि तव ध्यान।
तब रावनहि हृदय महुँ मरिहहिं रामु सुजान॥

—जब सिर कटने के कारण रावण शारीरिक पीड़ा से विकल होगा तब तुम्हारा ध्यान टूट जायेगा। राम ऐसे समय में रावण के हृदय में बाण मारेंगे।

इस समूचे प्रसंग की मार्मिकता का विश्लेषण हम एक साथ करते हैं। रावण के वध में हो रही देरी का कारण जानकर सीता को हर्ष और विषाद दोनों होता है। ये शब्द बड़े सटीक और मार्मिक हैं। सीता को हर्ष इसलिए हुआ कि वे राम के प्राणों में अभी तक ताजगी के साथ बसी हुई हैं। इस प्यार को जानने के बाद सीता और जाने कितने सन्ताप झेलने का साहस जुटा सकती थीं। राम का अलौकिक और उफनता हुआ प्रेम उन्हें हर्ष से विभोर कर देता है।

सीता का विषाद भी कम महत्त्वपूर्ण नहीं है। वह सोचती हैं कि चूँकि रावण ने मुझे अपने हृदय में बसा रखा है, इसलिए राम उसे नहीं मार पा रहे हैं। मेरे ही

कारण युद्ध लम्बा होता जा रहा है।

रावण को मारने के लिए राम विभीषण द्वारा बतायी युक्ति का सहारा लेते हैं। त्रिजटा की मार्मिक कथा सीता का मनोबल और साहस बढ़ाने के लिए लायी गयी है।

राम एक साथ इकतीस बाण छोड़ते हैं। एक नाभि के अमृत को सोख लेता है, शेष तीस उसकी बीस भुजाओं और दस सिरों को काट डालते हैं। रावण के शरीर के टुकड़े-टुकड़े हो जाते हैं—

तासु तेज समान प्रभु आनन।
हरषे देखि संभु चतुरानन॥

—मृत्यु के बाद रावण की आत्मा का तेज प्रभु के मुख में समा जाता है। इसे देखकर शंकर और ब्रह्मा अत्यन्त प्रसन्न होते हैं।

रावण का तेज प्रभु के मुख में समा गया, यह कोई विचित्र बात नहीं है। युद्धभूमि में प्रभु के हाथों मारे जाने में यह तो होने ही वाला था! इस प्रसंग में ब्रह्मा और शिव का प्रसन्न होना आपको विचित्र लग सकता है। किन्तु इसमें भी विचित्रता उतनी नहीं है जितनी रम्यता। आखिर ब्रह्मा और शिव के वरदानों के कारण ही तो रावण इतना अन्याय और अत्याचार कर सका था। इन देवताओं का स्वभाव भी बड़ा विचित्र है। वे दुष्टों को मनमानी करने का वरदान दे देते हैं। मानवता के ये शत्रु अत्याचार और अन्याय को ही शक्ति समझकर उत्पीड़न का चक्र चलाते रहते हैं। आखिर आम आदमी क्या करे? शिव और ब्रह्मा द्वारा संरक्षित रावण से कोई युद्ध कैसे कर सकता था! शायद प्रभु को इसीलिए अवतार लेना पड़ता है। मेरी समझ से अन्यायियों और अत्याचारियों को विष्णु ने कभी कोई वरदान नहीं दिया। ऐसा वरदान हमेशा शिव और ब्रह्मा ही दिया करते हैं। इसके पीछे पौराणिक कथाकारों की क्या मानसिकता थी, यह विद्वानों के लिए शोध का विषय है। उसके विस्तार में हम यहाँ नहीं जायेंगे।

ब्रह्मा और शिव को रावण की मृत्यु से उतना संतोष नहीं होता जितना उसकी मुक्ति से हुआ। मोक्ष हो जाने से रावण को सांसारिक आवागमन से छुटकारा मिल गया। अब ब्रह्मा को फिर उसके लिए शरीर गढ़ने की जरूरत नहीं रही। शिव से अब वह वरदान माँगने नहीं आयेगा। अत्याचार और अन्याय का नया अध्याय अब फिर शुरू नहीं होगा, मानवता के माथे पर कलंक नहीं लगेगा। उत्पीड़ित-दलित जनता सुख-शान्ति का जीवन जी सकेगी। इसी कारण प्रसन्न थे ब्रह्मा और शिव।

रावण का अन्त करके राम ने उसे सदा-सर्वदा के लिए मुक्त कर दिया। प्रभु से वैर भी कितना लुब्धकारी है!

ऋषियों के सामने भुजा उठाकर किये गये अपने प्रण को पूरा राम ने रावण को मारकर किया। धर्म की स्थापना और अन्याय-अत्याचार के अवसान के लिए जन्म लेने की जो घोषणा प्रभु ने कर रखी थी, उसकी पूर्ति उन्होंने की। उन्होंने राक्षसों को केवल मारा ही नहीं, वे दुबारा पृथ्वी का बोझ बनने के लिए, मानवता को दुःख देने के लिए न आ सकें, इसकी भी व्यवस्था प्रभु ने उन्हें आवागमन से मुक्त करके दे दी। मनुष्यता के उद्धार के लिए उनकी यही चिन्ता उनके चरित्र को पूज्य और पावन बनाती है, उन्हें जन-जन के मन-प्राण में बिठाती है।

□

आदर्श स्वामी

सहज सनेह बिबस रघुराई

स्वामी के रूप में भी श्रीराम अपने चरित्र में आदर्श की स्थापना करते हैं। जिन लोगों ने उन्हें राजपुत्र के रूप में चाहा, उन्हें भी और जिन लोगों ने उन्हें परमात्मा के रूप में स्वीकार किया, उन्हें भी राम ने अपना सहज स्नेह प्रदान किया। जो भी राम से प्यार करता है, उसके पास राम खिंचे चले आते हैं। केवट, निषादराज और शबरी के प्रेम को प्रभु ने विनीत भाव से स्वीकारा था। हनुमान को उन्होंने अपने हृदय से लगाकर 'भरत जैसा' कहा था।

अयोध्या के भावी नरेश के रूप में राम बचपन से ही जन-जन के हृदय में बैठ गये थे, क्योंकि वह सबके अनुकूल आचरण करते थे।

जेहि बिधि सुखी होहिं पुर लोगा।
करहिं कृपा निधि सोइ संजोगा॥

—जिस प्रकार नगर के लोग सुखी हों, कृपानिधि श्रीराम वही संयोग (लीला) करते हैं।

प्राय: राजपुत्र अपने अहंकार में रहते हैं। वे चाहते हैं कि लोग उनके हर कार्य की प्रशंसा करें, उनकी हर रीति-नीति की सराहना करें। राजपुत्र अपने अनुरूप प्रजा को आदेश देते हैं। लेकिन राम तो प्रेम के वश में रहनेवाले हैं। अत: वह सबको दण्ड या भयपाश से नहीं, प्रोत्साहन और प्रेम से बाँधते हैं। उनके आचरण में जनता का सुख केन्द्र में होता है। वे प्रजा के सुख को ध्यान में रखकर अपने आचरण को नियोजित करते हैं। जब राजा प्रजा के सुख से प्रेरित होता है तब सबके हृदय में बस जाता है और जब अपने सुख के प्रेरित होता है तो सबके हृदय से उतर जाता है। अपने मधुर स्वभाव के कारण राम अयोध्यावासियों के हृदय में समा गये थे।

विवाह के पश्चात् जब राम जनकपुरी से वापस आते हैं तो सभी अयोध्यावासी राम के सिंहासन पर बैठने की कामना करने लगते हैं। स्वाभाविक रूप से विवाह के बाद पुत्र गृहस्थ धर्म में प्रवेश करके अपने पिता के व्यवसाय का उत्तराधिकारी बनता है। किन्तु राम के लिए स्थिति एकदम भिन्न है। राम राजा का पद सँभालें, यह राजा दशरथ या गुरु वसिष्ठ नहीं कह रहे हैं। यह कामना प्रजा प्रकट कर रही है।

सबके उर अभिलाषु अस कहहिं मनाइ महेसु।
आप अछत जुबराज पद रामहि देउ नरेसु॥

—सबके हृदय में ऐसी अभिलाषा है और सब महादेवजी को मनाकर कहते हैं कि राजा अपने जीते-जी राम को युवराज पद दे दें।

यहाँ यह ध्यान देने लायक है कि महाराज दशरथ स्वयं बड़े धर्मात्मा और न्यायप्रिय राजा हैं। उनके स्थान पर यदि प्रजा राम को राजा बनाने के लिए सोच रही है तो निश्चित रूप से राम अपनी प्रजा के अन्तर्मन में समाये हुए हैं। राम के सिंहासनारूढ़ होने के लिए प्रजा का भगवान् शिव से विनत-भाव से प्रार्थना करना राम के निर्मल चरित्र को और धवल बनाता है। राम के इस जनमोहन स्वभाव के कारण ही अयोध्या की प्रजा दशरथ के जीते-जी उन्हें अयोध्या के सिंहासन पर देखना चाहती है। यह दशरथ का तिरस्कार नहीं है; यह तो राम के जन उरवासी चरित्र के लिए सर्वाधिक मूल्यवान् पुरस्कार है। इसीलिए अयोध्यावासी जब राम के अभिषेक की बात सुनते हैं तो आनन्द से विभोर हो उठते हैं।

राम राज अभिषेकु सुनि हियँ हरषे नर नारि।
लगे सुमंगल सजन सब बिधि अनुकूल बिचारि॥

—राम का राज्याभिषेक सुनकर सभी स्त्री-पुरुष हृदय में हर्षित हो उठे। विधाता को अपने अनुकूल समझकर सब सुन्दर मंगल सजावट करने लगे।

पुरवासियों का राम के प्रति इतना आन्तरिक स्नेह था। राम के राजा बनने की खबर उनके लिए विधाता का वरदान बन गयी थी। अपने पुरवासियों के प्रति राम का भाव भी कम आन्तरिक नहीं था। जब राम वन जाने लगे तो पुरजन उन्हें पहुँचाने काफी दूर तक गये। राम सबको अपने साथ नहीं ले जा सकते थे। उन्होंने सबको लौटने के लिए कहा। इस समय राम ने गुरु वसिष्ठ से जो कुछ कहा, वह उनके स्नेह का अतुलनीय उदाहरण है—

सब कै सार सँभार गोसाईं।
करबि जनक जननी की नाईं॥

—वे गुरु से बोले—हे पूज्यवर! इन सबकी देखभाल आप माता-पिता के

समान करते रहिएगा।

राम की यह उक्ति सुनकर किसका कलेजा नहीं फट जायेगा। जिन लोगों ने राम की देखभाल बचपन से की थी, जो लोग हमेशा राम से आदर-सम्मान पाते रहे थे, वे आज अनाथ हो रहे हैं, क्योंकि राम उन्हें छोड़कर जा रहे हैं। इनमें से कितने तो राम के लौटने तक जीवित भी नहीं बचेंगे। यही अन्तिम दर्शन है।

राम को तो अपने दुःख से व्याकुल होना चाहिए था, जानकी और लक्ष्मण को सँभालना चाहिए था। लेकिन राम अपने को भूलकर उनके बारे में सोच रहे हैं, जो सदैव राम की सुख-सुविधा के बारे में सोचा करते थे। गुरु से वे कह रहे थे—नौकर-चाकरों को माँ-बाप का प्यार देना। लोग अपने परिवार के सदस्य के प्रति भी इतनी आन्तरिक भावना नहीं रख पाते; सेवक के बारे में इतना व्यग्र होना तो नितान्त दुर्लभ है!

राम बार-बार हाथ जोड़कर अयोध्यावासियों से याचना करते हैं—

सोइ सब भाँति मोर हितकारी।
जेहि तें रहै भुआल सुखारी॥

—राम कहते हैं—वही सबसे अधिक मेरा कल्याण करेगा, जो अपने प्रयत्नों से महाराज दशरथ को सुखी रखेगा।

अपनी माताओं के बारे में भी चिन्तित होकर राम अपनी प्रजा से कहते हैं—

मातु सकल मोरे बिरहँ जेहिं न होहिं दुख दीन।
सोइ उपाय तुम्ह करेहु सब पुर जन परम प्रबीन॥

—हे परम चतुर पुरवासियो! आप सब लोग वही उपाय कीजिएगा, जिससे मेरी सब माताएँ मेरे वियोग से दुःखी न हों।

राम ने अपने परिजनों और पुरजनों से अपने लिए कुछ नहीं माँगा, उन्हें किसी विद्रोह के लिए नहीं भड़काया। सब लोग उन्हें असीम प्यार करते थे। राम ने इसका फायदा नहीं उठाया। वे महाराज दशरथ को सुखी रखने की प्रार्थना प्रजा से कर रहे थे। प्रजा का उनपर जो स्नेह था, उसके बल पर राम अपने माता-पिता के दुःख को दूर करने के लिए उनसे कह रहे थे। राम की प्रार्थना व्यर्थ नहीं गयी। चौदह वर्षों में कोई अप्रिय घटना अयोध्या में नहीं घटी।

राम को अयोध्या में आया जान केवल तपस्वी ऋषि ही उनके पास नहीं आये, वनवासी कोल-किरात भी राम के दर्शनों के लिए आये। वे राम को अपने बीच पाकर प्रसन्नता से फूले नहीं समा रहे थे। राम को शिकार खेलाने तथा नाना प्रकार के स्थानों पर भ्रमण कराने के लिए अपनी-अपनी सेवाएँ अर्पित कर रहे थे।

राम किरात-कोलों की निश्छल वार्त्ता को ऐसे सुन रहे थे जैसे कोई पिता बालकों की बातें सुनता है। राम की मन:स्थिति को देखकर तुलसी लिखते हैं—

रामहि केवल प्रेमु पिआरा।
जानि लेउ जो जाननिहारा॥

—रामचन्द्रजी को केवल प्रेम प्यारा है। जो जानना चाहें, इसे जान लें।

राम को प्यार के अलावा किसी प्रकार से नहीं पाया जा सकता। राम को हनुमान इसीलिए इतने प्रिय हैं, क्योंकि वे राम से इतना प्यार करते हैं कि उसके सामने संसार की सभी नियामतें उन्हें तुच्छ लगती हैं। सेवक के रूप में वे राम का काम करने के लिए हमेशा आगे रहते हैं। इसीलिए राम उन्हें जो सम्मान और स्थान देते हैं, वह मुनियों के लिए भी दुर्लभ है।

जब हनुमान सीता की खबर लेकर आते हैं तो राम उन्हें 'पुत्र' कहकर सम्बोधित करते हैं—

सुनु सुत तोहि उरिन मैं नाहीं।
देखेउँ करि बिचार मन माहीं॥

—हे पुत्र! मैंने विचार करके देख लिया है कि तुमसे उऋण नहीं हो सकता।

राम की यह महानता है कि अपने सेवक हनुमान को इतना गौरव दे रहे हैं। उऋण न होने की बात कहकर राम ने हनुमान को ही अमर नहीं कर दिया, अपितु सेवा-वृत्ति को भी मृत्युंजयी बना दिया। सेवक को 'पुत्र' कहकर राम ने सेवा-भावना को बहुत बड़ी महिमा दे दी है।*

जब हनुमान संजीवनी बूटी लाकर लक्ष्मण के प्राण बचाने में सहायक बनते हैं, तब भी राम कृतज्ञता से भर उठते हैं।

हरषि राम भेटेउ हनुमाना।
अति कृतग्य प्रभु परम सुजाना॥

—राम ने हर्षित होकर हनुमान को गले लगा लिया। प्रभु अत्यन्त कृतज्ञ हो उठे।

हनुमान की सेवा को सराहने के लिए राम कुछ पुरस्कार दे सकते थे। कृतज्ञ होने की कोई अनिवार्यता उनके सामने नहीं थी। मर्यादा के रक्षक राम मूल्यों और मान्यताओं की सर्जना के लिए अवतरित हुए थे। अत: उन्होंने जिस भी भाव, वृत्ति या चरित्र को छुआ, उसे गगनचुम्बी बना दिया।

---

* हनुमानजी के चरित की विशद व्याख्या के लिए लेखक की 'प्रभात प्रकाशन' से प्रकाशित पुस्तक 'रोम-रोम में राम' पढ़ें।

चौदह वर्षों के वनवास के बाद जब राम लौटते हैं तो सभी से प्रेम-भाव से मिलते हैं। और फिर राजा बनने के बाद राम का आचरण और महिमामण्डित हो जाता है। वे सभी को अपने दरबार में बुलाते हैं। विद्वान् और सामान्य जन सभी आते हैं। कुछ कहने के पहले राम अपनी प्रजा को जो अभय देते हैं, वह आज की लोकतान्त्रिक व्यवस्था में भी दुर्लभ है—

सुनहु सकल पुरजन मम बानी।
कहउँ न कछु ममता उर आनी॥

—हे नागरिको, मेरी बात सुनो! मैं अपने स्वार्थ के लिए कुछ नहीं कह रहा हूँ।

नहिं अनीति नहिं कछु प्रभुताई।
सुनहु करहु जो तुम्हहि सोहाई॥

—मैं न अनीति करना चाहता हूँ और न सत्ता की धौंस दिखाना चाहता हूँ। मेरी बात सुनो, और यदि अच्छी लगे तो उसके अनुसार आचरण करो।

इतना ही नहीं, राम हद से ज्यादा लोकतान्त्रिक हो जाते हैं—

जौं अनीति कछु भाषौं भाई।
तौ मोहि बरजहु भय बिसराई॥

—यदि मैं कोई अनीति की बात कहूँ तो भय छोड़कर तुम लोग मुझे रोक सकते हो।

प्रजा के साथ राम का इतना तादात्म्य था। वे निरंकुश आज्ञा में नहीं, स्नेहिल संवाद में विश्वास रखते थे। अपनी प्रजा को अपने विरुद्ध कहने-सुनने की अनुमति देकर राम ने केवल शासक के रूप में उदारता ही नहीं दिखायी थी, बल्कि प्रजा के प्रति अपना आन्तरिक प्रेम भी प्रकट किया था।

आज अनेक देशों में लोकतन्त्र के नाम से आधुनिक शासन-पद्धति चल रही है, लेकिन व्यवहार में इतना अभय शायद ही किसी देश की जनता को प्राप्त हो जितना राम ने अपने राज्यवासियों को दिया था। शासन विरोध नहीं, समर्थन की कामना करता है। उसका प्रिय वही होता है, जो आँखें मूँदकर उसकी हर इच्छा को आज्ञा के रूप में स्वीकार करे। शासन की इस प्रवृत्ति का समर्थन राम भी करते हैं—

सोइ सेवक प्रियतम मम सोई।
मम अनुसासन मानै जोई॥

—वही मेरा सेवक और वही मेरा प्रिय है, जो मेरी आज्ञा मानता है।

राम की इस समर्थनप्रियता और एक निरंकुश शासक की समर्थनप्रियता में बहुत बड़ा अन्तर यह है कि राम विरोध का अधिकार ही नहीं देते, विरोधी को शासन की तरफ से होनेवाले हर तरह के भय से मुक्त कर देते हैं। जिस व्यवस्था में

विरोध के लिए अभय मिलता है, वहाँ समर्थन के लिए सच्चे और नि:शंक लोग मिलते हैं। चाटुकारों की दाल वहाँ नहीं गलती। विरोध को जो शासन अभय नहीं देता, वहाँ समर्थन के रूप में चाटुकारों और चापलूसों की भीड़ लग जाती है।

राम समर्थन चाहते हैं राज्य चलाने के लिए और विरोध चाहते हैं राजा को सचाई जताने के लिए। इसीलिए रामराज आज की सभी राजनीतिक व्यवस्थाओं का आदर्श लक्ष्य बन गया है।

□

आदर्श शिव-भक्त

कोउ नहिं सिव समान प्रिय मोरें

राम का जीवन बहुमुखी है। उन्होंने पारिवारिक सम्बन्धों में समरसता, मधुरता और मृदुता लानेवाला आदर्श अपने व्यवहार में प्रकट किया। समाज में समन्वय, सहकार और सद्‌भावना से जीने के लिए जिस तरह की नीति और मर्यादा की आवश्यकता होती है, उसे भी उन्होंने अपने व्यवहार में उतारा था। धार्मिक विश्वासों में मतवादी हठधर्मिता न आये, आपसी सौहार्द बना रहे, इसके लिए भी उनका आचरण अनुकरणीय है।

राम विष्णु के अवतार माने जाते हैं। किन्तु शिव के प्रति उनकी अनन्य भक्ति है। शिव भी राम के गुण गाते रहते हैं। धार्मिक विश्वासों के बीच सौहार्द का इससे श्रेष्ठ उदाहरण और क्या हो सकता है? आज के युग में जब आदमी अपने मत-वादों की श्रेष्ठता प्रदर्शित करने के लिए नाना प्रकार के प्रपंच रच रहा है, राम की शिव-भक्ति बरबस हमारा ध्यान अपनी ओर खींचती है।

विष्णु का अवतार कहे जानेवाले राम के लिए तनिक भी आवश्यकता नहीं थी कि वे शिव के गुण गायें। आज तो अपने को भगवान् माननेवाले छोटे-छोटे साधु-संन्यासी भी अहं में इतने चूर रहते हैं कि उन्हें अपने सिवा कोई दीखता ही नहीं। आज का एक 'भगवान्' दूसरे भगवान् को 'राक्षस' कहने में भी नहीं चूकता। एक-दूसरे को अपमानित करने, नीचा दिखाने में ही वह अपनी शान समझता है। अपनी इसी क्षुद्रता के कारण आज के 'भगवान्' बौने दिखाई देते हैं। जीवन के श्रेष्ठ मूल्यों के प्रति आस्था न भगवानों में दिखायी देती है और न उनके भक्तों में।

राम आज के बौने भगवानों जैसे नहीं थे। वे जानते थे कि किसी का अपमान करके नहीं, सबको सम्मान देकर ही श्रद्धा और आस्था के शिखर पर पहुँचा

जा सकता है। जो दूसरों का अपमान करके शिखर पर पहुँचना चाहते हैं, वे दानव होते हैं। उनके प्रति लोग श्रद्धावान् नहीं होते, भय और आतंक से ग्रस्त होते हैं। ऐसे भगवान् चन्द दिनों के मेहमान होते हैं। हिरण्यकशिपु, रावण और कंस ऐसे ही 'भगवान्' थे । मानवता ने इनके माथे पर श्रद्धा का तिलक नहीं लगाया, इन्हें घृणा की सौगात मिली है। यह स्वत:सिद्ध तथ्य है कि जो आदर पाने की आकांक्षा रखता है, उसे आदर करने की आदत भी डालनी चाहिए। यह समन्वय ही जीवन की सुगन्ध है!

राम विष्णु के अवतार हैं। विष्णु भगवान् शिव को कितना आदर देते हैं, इसका एक मार्मिक प्रसंग नारद मोह प्रसंग में उपस्थित हुआ है। विष्णु को शाप देने के बाद नारद बहुत क्षुब्ध हो उठे हैं। भगवान् ने अपनी माया की प्रबलता जब खींच ली तो नारद को अपने यथार्थ रूप का ज्ञान हुआ। उन्हें अनुभव हुआ कि प्रभु को शाप देकर, दुर्वचन कहकर उन्होंने बड़ा भारी पाप किया है। इस भयानक पाप को धोने के लिए नारद कोई उपाय चाहते थे।

मैं दुर्बचन कहे बहुतेरे।
कह मुनि पाप मिटिहिं किमि मेरे॥

—मुनि ने कहा—मैंने आपको अनेक दुर्वचन कहे हैं। मेरे पाप कैसे मिटेंगे?

नारद अपना पाप मिटाने के लिए प्रभु से उपाय पूछ रहे थे। यों तो बात कुछ पूछने की थी नहीं। सभी लोग जानते हैं कि पाप हो जाये तो शुद्ध भाव से भगवान् को अन्त:करण की शुद्धि के लिए पुकारना चाहिए। यह मन्त्र नारद को भी पता था, फिर भी वे पूछ रहे थे। नारद के सामने भगवान् विष्णु साक्षात् खड़े थे। मुनि ने उन्हीं के प्रति अपराध किया था। सबसे आसान तरीका था कि वे प्रभु से क्षमा माँग लेते। भगवान् विष्णु प्रसन्न भी थे। नारद के सारे पाप तत्काल धुल जाते। पल भर में सब कुछ वारा-न्यारा हो जाता।

नारद के लिए यह एक पल की बात एक कल्प जैसी थी। साधारण आदमी जब पाप करता है, अपराध करता है तो हृदय की गहराइयों से छटपटाता नहीं है। उसका पाप-बोध, अपराध-भाव क्षणिक होता है। मन्दिर में प्रणाम करके, स्वामी से डाँट खाकर, पुलिस की लात खाकर वह फिर अपराध और पाप की खोह में आ बैठता है। लेकिन सत्पुरुष जब अपराध करता है तो उसका व्यक्तित्व भीतर तक चकनाचूर हो जाता है। उसे प्रायश्चित्त की औपचारिकता और टोटकाबाजी से राहत नहीं मिलती। वह अपराध के तौल का ही प्रायश्चित्त करना चाहता है।

चैतन्य महाप्रभु के जीवन का एक प्रसंग प्रसिद्ध है। जगाई और मधाई नाम

के दो भाई नवगाँव के जमींदार थे—घोर शराबी और अत्याचारी। पूरे गाँव में उनका आतंक था। चैतन्य के परम दयालु शिष्य नित्यानन्दजी महाराज उनका उद्धार करना चाहते थे, पर जमींदार भाइयों का पाप इतना गहरा था कि नित्यानन्द के प्रयत्नों से वह मिट नहीं पा रहा था। उन्होंने पापियों के उद्धार की प्रार्थना चैतन्य से की। नित्यानन्द की कोई बात चैतन्य नहीं टालते थे।

एक दिन प्रातःकाल कीर्तन करते-करते चैतन्य उन जमींदार भाइयों के द्वार पर भी पहुँचे। दोनों भाई शराब में धुत सो रहे थे। कीर्तन के शोर ने उन्हें तिलमिला दिया। हुंकार करते हुए दोनों उठे। एक ने कीर्तन में मगन नित्यानन्द पर प्रहार किया। उनके सिर से खून की धारा बह उठी। नित्यानन्द 'हरि बोल' कहकर नाचते ही रहे, लेकिन चैतन्य नहीं नाच सके। वे दौड़कर जमाई-मधाई के पास आये और चिल्लाये—'अरे, तूने मेरे प्यारे कृष्ण को मार दिया!'

चैतन्य इससे अधिक नहीं बोल पाये। नित्यानन्द के प्रति उनकी प्रीति न्यारी थी। वह उन्हें लेकर अपने आश्रम लौट आये। चैतन्य तो लौट आये, लेकिन जमींदार बन्धु जगाई-मधाई फिर अपनी जगह नहीं लौट पाये। चैतन्य की वाणी ने उनके भीतर तूफान खड़ा कर दिया। उन्हें लगा कि सचमुच, उन्होंने कृष्ण को मार दिया। अपना राजमहल छोड़कर वे चैतन्य की शरण पाने के लिए दौड़े। चैतन्य ने उन्हें क्षमा कर दिया। लेकिन उसके बाद भी दोनों भाइयों का अपराध-बोध नहीं गया। तब चैतन्य ने उनसे कहा—तुम दोनों गंगातट पर जाओ। नहाने जानेवाले और नहाकर आनेवाले हर व्यक्ति से अपने अपराधों के लिए क्षमा माँगो। इसी से तुम्हारा कल्याण होगा।

जिन जगाई-मधाई के सामने लोग सिर झुकाते थे, थरथर काँपते थे, वे लोगों के सामने थरथर काँपते हुए सिर झुका रहे थे। पाप करते समय उन्होंने 'अति' की थी और प्रायश्चित्त करते समय भी वे 'अति' पर थे। पाप गहरा हो तो प्रायश्चित्त उथला हो ही नहीं सकता।

नारद का भी पाप गहरा था। इससे भयानक और कौन सा पाप हो सकता है कि कोई भक्त प्रभु को गाली दे, शाप दे? इसीलिए नारद ने प्रभु से क्षमा की प्रार्थना नहीं की। क्षमा से काम भी नहीं चलता। चैतन्य ने जमींदार भाइयों को क्षमा कर दिया था, लेकिन इससे उनका अपराध-बोध नहीं गया। उनके पाप का पाश नहीं कटा।

नारद ने प्रभु के पाँव पकड़कर प्रार्थना की—हे शरणागत के दुःखों को हरने वाले प्रभु! मेरी रक्षा कीजिए। भगवान् ने रक्षा के लिए नारद को एक सूत्र बताया—

जपहु जाइ संकर सत नामा।
होइहि हृदयँ तुरत बिश्रामा॥

—भगवान् ने कहा—जाकर शंकरजी के शतनाम का जप करो। इससे हृदय में तुरन्त शान्ति होगी।

नारद के सामने कोई विकल्प नहीं था। वह किसी तरह अपने पाप को धोना चाहते थे। लेकिन विष्णु के सामने बहुत सारे विकल्प थे। वह नारद को क्षमा भी कर सकते थे। उन्हें 'विष्णु सहस्रनाम' का जाप करने को भी कह सकते थे। उन्हें वेद-पुराण की कथा सुनने का भी उपदेश दे सकते थे। लेकिन उन्होंने एक अलग और अनोखा विकल्प चुना। कहा—'जाओ, शिव का नाम जपो।' नारद कोई शंका करें, इससे पहले ही विष्णु साफ कर देते हैं—

कोउ नहिं सिव समान प्रिय मोरें।
असि परतीति तजहु जनि भोरें॥

—शिवजी के समान मुझे कोई प्रिय नहीं है। इस विश्वास को भूलकर भी नहीं छोड़ना।

नारद को विष्णु भगवान् शिव के पास क्यों भेज रहे हैं, इसका भी एक कारण है। कामदेव को जीतने के बाद जब नारद को अभिमान हुआ तो उन्होंने सभी को अपनी कीर्तिकथा बतानी चाही। वे सीधे भगवान् शिव के पास पहुँचे। बड़े अभिमान और उत्साह के साथ अपनी विजय गाथा को उन्होंने शिव को सुनाया। नारद के अहंकार को शिव समझ गये। बोलने के अन्दाज से वाणी का मर्म समझ में आ जाता है। शिव ने नारद को एक नेक सलाह दी।

बार बार बिनवउँ मुनि तोही।
जिमि यह कथा सुनायहु मोही॥
तिमि जनि हरिहि सुनावहु कबहू।
चलेहु प्रसंग दुराएहु तबहूँ॥

—हे मुनि, मैं तुमसे बार-बार विनती करता हूँ कि जिस तरह यह कथा तुमने मुझे सुनायी, उस तरह भगवान् विष्णु को कभी मत सुनाना। चर्चा चलने पर भी इसको छिपा जाना।

भगवान् शिव की नेक सलाह पर नारद ने तो ध्यान नहीं दिया, लेकिन आपसे मेरी प्रार्थना है कि आप अवश्य ध्यान दीजिए। नारद को अपनी विजय गाथा सुनाने से शिव मना नहीं करते हैं। अपनी उपलब्धि की चर्चा करना कोई बुरी बात नहीं है। विनम्रता के नाम पर अपने को जबरदस्ती छिपाने का ढोंग भी अच्छा नहीं

होता। जो है, उसकी अभिव्यक्ति होनी चाहिए। झगड़ा अभिव्यक्ति पर नहीं, उसके तरीके पर है, अन्दाज पर है। शिव कहते हैं, जैसे यह प्रसंग तुमने मुझे सुनाया वैसे विष्णु को मत सुनाना। उनकी आपत्ति नारद के अन्दाज पर है। कथा सुनाते समय नारद के एक-एक शब्द में अभिमान और अहंकार भरा हुआ था। शिव उसे रोकना चाहते थे। जो भगवान् चाहता है कि भक्त उसका गुण गाये, वह भला यह कैसे कह सकता है कि वह अपने गुणों की, अपनी उपलब्धियों की चर्चा न करे! यह तो कोई गुण्डा ही कह सकता है कि मेरे गुण गाओ, अपने गुण छिपाओ।

शिव के वचन को हमें ठीक से समझना चाहिए। आपके पास यदि कुछ कहने लायक है तो बेशक कहिए; लेकिन उसको लेकर कोई अभिमान मत पालिए। उपलब्धि पाकर आदमी बड़ा बनता है, उपलब्धि का अहंकार आते ही बौना हो जाता है। बड़ा व्यक्ति अपनी गलती से बौना हो जाये, यह सबसे बड़ी पीड़ा है। शिव नारद को इस दारुण दर्द से बचाना चाहते थे, लेकिन वे बचे नहीं। उन्होंने शिव का कहना नहीं माना।

विष्णु का भक्त शिव का कहना न माने, विष्णु की दृष्टि में यह सबसे बड़ा अपराध है। इसीलिए अपराधी नारद को भगवान् विष्णु सीधे शिव के पास भेज रहे हैं। और इस चेतावनी के साथ भेज रहे हैं कि शिव के समान मुझे और कोई प्रिय नहीं है, यह कभी मत भूलना।

सम्भव था कि नारद चेतावनी भूल जाते। चेतावनी होती ही है इसलिए कि लोग भूल जायें। यदि आदमी चेतावनी भूलता नहीं तो दण्ड की व्यवस्था क्यों की जाती? दण्ड के दो भाव हैं। अपराधी चेतावनी भूलता है तो उसे दण्ड मिलता है, साथ-ही-साथ यदि दण्ड का भय बना रहता है तो वह चेतावनी को याद रखता है। इसलिए विष्णु नारद को चेतावनी देने के बाद दण्ड के बारे में भी बताते हैं।

जेहि पर कृपा न करहिं पुरारी।
सो न पाव मुनि भगति हमारी॥

—हे मुनि! जिसपर भगवान् शिव कृपा नहीं करते, वह मेरी भक्ति नहीं पाता है।

भगवान् शिव के प्रति विष्णु का यह सर्वाधिक गरिमापूर्ण वक्तव्य है। इसमें शिव के प्रति उनकी आन्तरिक श्रद्धा और भक्ति चमकती है। इसे देखकर नारद ही नहीं, कोई भी शिव को विष्णु से जुदा नहीं कर पायेगा।

नारद ही नहीं, हर अभिमानी भक्त के लिए विष्णु की यही दण्ड-व्यवस्था है। शिव को पूजे बगैर विष्णु को पाया नहीं जा सकता। पहले शिव की कृपा का सर्टीफिकेट होगा, तभी विष्णु के बैकुण्ठधाम में प्रवेश मिल सकेगा। जो शिव को

भूलेगा, अनसुना करेगा, तिरस्कृत करेगा, वह विष्णु का प्रिय नहीं बन सकेगा।

विष्णु का यह कथन भक्त के लिए सबसे बड़ा दण्ड है। भक्त तो साधना और तप प्रभु को पाने के लिए करता है। यदि प्रभु नहीं मिलेंगे तो जीवन व्यर्थ जायेगा। जीवन की व्यर्थता को रोकने के लिए भक्त को हमेशा हर युग में विष्णु का यह सूत्र याद रखना चाहिए कि शिव कृपा से विष्णु की भक्ति मिलती है। जो इस नीति-मार्ग पर चलता है, उसको दिव्य फल मिलता है।

अस उर धरि महि बिचरहु जाई।
अब न तुम्हहि माया निअराई॥

—हे नारद! हृदय में ऐसा निश्चय करके जाकर पृथ्वी पर भ्रमण करो। अब मेरी माया तुम्हारे निकट नहीं आयेगी।

आह! कितनी उत्तम व्यवस्था करते हैं प्रभु। नारद से कहते हैं—यदि शिव में श्रद्धा रखते हुए मुझे पाने की साधना करोगे तो मेरी माया तुम्हारे निकट कभी नहीं आयेगी। शिव को साधने से वह सबकुछ मिल जायेगा, जिसके लिए ऋषि-मुनि जन्म-जन्मान्तर तक तरसते रहते हैं। भगवान् विष्णु नारद को मायाहीन होकर शिव-भाव में रहते हुए पृथ्वी पर विचरने को कहते हैं। इसका भी गहरा अर्थ है। शिव और विष्णु का विवाद पृथ्वी पर ही था। देवलोक में तो दोनों एक ही हैं। विष्णु और शिव की एकता का भाव धरती पर ही लाने की आवश्यकता थी। शिव के प्रति भगवान् विष्णु का यह समर्पण नित्य स्मरणीय है। समुद्र पर सेतु बाँधकर राम रावण पर चढ़ाई करने की तैयारी कर रहे हैं। ऐसे में वे शिव की आराधना करना नहीं भूलते। युद्ध का व्यूह रचने में व्यस्त राम आस्था के मानबिन्दुओं को दृष्टि से ओझल नहीं होने देते—

करिहउँ इहाँ संभु थापना।
मोरे हृदयँ परम कलपना॥

—मैं यहाँ शिव की स्थापना करूँगा—मेरे हृदय में यह महान् संकल्प है।

संहार के लिए तैयार हो रहे राम भला संहार के देवता की पूजा क्यों नहीं करते! राम के लिए यही उचित था। जो उचित होता है, उसे राम करते ही हैं। इसीलिए तो वे युग-युगान्तर से सबके हृदयों में बसे हैं।

राम शिवलिंग की स्थापना करके उसकी विधिवत् पूजा करते हैं और अखण्ड विश्वास से कहते हैं—

सिव समान प्रिय मोहि न दूजा।

—शिव के समान मुझे कोई प्रिय नहीं है।

राम के हृदय की इस पुकार को शिव को सुनना ही था। इसीलिए तो तुलसी ने कहा है कि शिव की सेवा के बिना राम के चरणों में किसी की भक्ति प्रगाढ़ हो ही नहीं सकती—

सिव सेवा कर फल सुत सोई।
अबिरल भगति राम पद होई॥

—जो शिव की सेवा करता है, उसी को राम की प्रगाढ़ भक्ति मिलती है। किन्तु जब स्वयं राम ही शिव की सेवा कर रहे हों तो भक्ति-भावना का कहना ही क्या! राम स्वयं भी कहते हैं—

सिव द्रोही मम भगत कहावा।
सो नर सपनेहुँ मोहि न पावा॥

—जो शिव से द्रोह रखता है और मेरा भक्त कहलाता फिरता है, वह मुझे स्वप्न में भी नहीं पा सकता।

कितने उदात्त विचार हैं राम के! शिव से प्रतिद्वन्द्विता नहीं, भेद-विरोध नहीं—मात्र सहयोग और उससे भी ऊपर परस्पर भक्ति—जहाँ तामसिक वृत्तियाँ पहुँच ही नहीं सकतीं। भक्ति के अमृत-प्रवाह में द्वेष, मतभेद और संघर्ष का जहर टिक ही नहीं सकता। राम और शिव जिस बिन्दु पर एक होते हैं, वहाँ प्रेम का सागर सदा लहराता रहता है।

राम अपने और शिव के बीच के सम्बन्धों में कोई छिपाव-दुराव नहीं रखते। आस्था ऐसी चीज भी नहीं है कि छिपायी जाये। सूरज की रोशनी और मुक्त वातावरण में वह फूलती-फलती है। अज्ञान, अन्धविश्वास के लिए अँधेरा चाहिए—प्रकाश में जाकर वे अपनी सत्ता खो बैठते हैं। श्रद्धा और विश्वास रोशनी में और उद्‌भासित होते हैं—

संकरप्रिय मम द्रोही सिव द्रोही मम दास।
ते नर करहिं कलप भरि घोर नरक महुँ बास॥

—जिनको शंकर प्रिय हैं, किन्तु जो मेरे द्रोही हैं अथवा जो शिवद्रोही हैं और मेरे सेवक हैं, वे मनुष्य कल्प-भर घोर नरक में वास करते हैं।

जिसे चाहा जाये, उसके महत्त्व को स्थापित करने के लिए इससे अधिक और क्या कहा जा सकता है! राम शिव के साथ अपने को मजबूती से जोड़ देते हैं। इस बन्धन के टूटने की युग-युगान्तर तक कोई सम्भावना नहीं दिखाई देती। राम शिव के भक्त हैं और शिव राम के भक्त हैं। राम शिव के भगवान् हैं और शिव राम के भगवान् हैं। दोनों का व्यक्तित्व एक-दूसरे से भिन्न होते हुए भी एक बिन्दु पर

जाकर समन्वित हो गया है—जहाँ प्रेम है, विलगाव नहीं—मैत्री है, वैर नहीं—समरसता है, विच्छिन्नता नहीं। दोनों के व्यक्तित्व के मिलन से आध्यात्मिक एवं धार्मिक क्षेत्र का एक नव्य और भव्य रूपान्तरण होता है।

इस सत्य को ही उजागर करने के लिए राम अयोध्यावासियों को सम्बोधित करते हुए एक गुप्त बात बताते हैं—

औरउ एक गुपुत मत सबहि कहउँ कर जोरि।
संकर भजन बिना नर भगति न पावइ मोरि॥

—राम कहते हैं—और भी एक गुप्त मत है, मैं हाथ जोड़कर सबसे उसे कहता हूँ। शंकरजी के भजन के बिना मनुष्य मेरी भक्ति नहीं पा सकता।

इस कथन पर जरा ध्यान दीजिए! राम अपनी प्रजा को एक रहस्य की बात बता रहे हैं। लेकिन गौर कीजिए, वे डाँटकर आज्ञा नहीं देते, हाथ जोड़कर विनयपूर्वक सबसे कह रहे हैं। राजा अपनी प्रजा से उसके ही लाभ की बात विनयपूर्वक कहे तो जरा विचारिए, राजा कितना श्रेष्ठ होगा! आज लोग अपने मतवाद की बात कितने अहं और दर्प से करते हैं; उसमें विनम्रता का लेशमात्र नहीं होता।

शिव की महत्ता बताने में राम अत्यन्त विनय दिखाते हैं। धार्मिक क्षेत्र में यह विनय अति आवश्यक है। राजा न्याय और प्रशासन के क्षेत्र में कठोर तथा कटु हो सकता है, लेकिन धर्म के क्षेत्र में किसी को भी कटु और कठोर होने का हक नहीं है—चाहे वह राजा हो या प्रजा, वक्ता हो या विद्वान्, सन्त-महात्मा हो या गृहस्थ। धर्म विनम्रता सिखाता है और विनम्रता की माँग भी करता है। इसीलिए कठोरता यहाँ अभीष्ट नहीं है।

राम जब विनीत होकर कहते हैं कि शिव का भजन किये बगैर कोई मेरी भक्ति नहीं पा सकता, तो लोगों का विश्वास राम पर जमता है। यह सर्वविदित सत्य है कि राजा में विनम्रता या तो चरित्र शुद्धता से आती है या केवल दिखावे की होती है। दिखावा राम के चरित्र का अंग नहीं था। अत: देशवासियों के मन में राम का कथन भीतर तक उतरता है, क्योंकि वह आचरण की शुद्धता से परिचालित एवं निर्देशित है। राम जैसी ही शुद्धता उपदेशक में हो तो उसका प्रभाव पड़ता है, अन्यथा बड़ी-से-बड़ी लच्छेदार भाषणबाजी कोरा प्रलाप बनकर रह जाती है—कोई उसपर कान नहीं देता।

राम शिव के प्रति समर्पित हैं। उन्हें यह कहने में तनिक भी संकोच नहीं है कि शिवभक्ति के बिना मेरी भक्ति अधूरी है और मेरी भक्ति के बिना शिव-भक्ति मात्र प्रवंचना है। ऐसे निर्भीक और दो-टूक विचारों की धार्मिक तथा आध्यात्मिक

क्षेत्र में हमेशा आवश्यकता होती है। ऐसा न होने से धर्म मतवाद बनकर सड़ने लगता है, उसकी ताजगी समाप्त हो जाती है; उसमें सद्भावना, सौहार्द और समरसता के फूल नहीं खिलते। इस स्थिति को रोकने के लिए ही राम के आदर्श की जरूरत है—धार्मिक क्षेत्र में समन्वय की जरूरत है।

यह समन्वय व्यक्ति-व्यक्ति के जीवन में तभी जन्म लेगा, जब वह राम की तरह अपने बड़प्पन के अहंकार को छोड़कर दूसरे को भी श्रेष्ठ और आदरणीय मानेगा—विभिन्न प्रकार से कहे जानेवाले एक ही सत्य के प्रति श्रद्धा रखेगा—शैली की कटुता बढ़ाकर सत्य को दम नहीं तोड़ने देगा। आज धार्मिक ही नहीं, सभी क्षेत्रों में राम द्वारा स्थापित परस्पर सम्मान का यह आदर्श लाना होगा, तभी हृदयहीन दानवी प्रतियोगिता से मानवता मुक्त हो सकेगी।

□

राम का क्रोध

बोले राम सकोप तब

राम ने अपने प्रत्येक व्यवहार में मर्यादा की रक्षा की है। अपनी भावनाओं पर उनका पूर्ण अधिकार है। वे संकट, आपदा या आवेश के क्षणों में भी शान्त और सहज रहते हैं। दया, करुणा, प्यार और परदु:खकातरता ही राम के जीवन में दिखाई देती है। किन्तु असामान्य परिस्थितियों में राम क्रोध भी करते हैं।

कितनी चामत्कारक बात है! क्रोध भी राम को छूकर अत्यन्त पावन हो जाता है। राम व्यक्तिगत हितों पर चोट होने के कारण क्रोध नहीं करते। कैकेयी द्वारा वनवास देने पर राम मुसकराये थे। सीताहरण होने पर राम रोये थे, उन्होंने क्रोध नहीं किया था। अपने व्यक्तिगत दु:खों को वे बड़ी गरिमा के साथ पी गये थे।

राम को पहली बार क्रोध तब आता है जब वे पंचवटी में ऋषियों की हड्डियाँ देखते हैं। राम ऋषि शरभंग को मुक्ति देकर ऋषि-मुनियों के साथ उनके आश्रमों को देखने के लिए इधर-उधर घूम रहे हैं—

अस्थि समूह देखि रघुराया।
पूछी मुनिन्ह लागि अति दाया॥

—राम मुनियों से करुणा सहित पूछते हैं—यह हड्डियों का ढेर किसका है?

ऋषियों के आश्रम में हड्डियों का ढेर देखकर राम का चकित होना स्वाभाविक था। उन्हें यह समझते देर नहीं लगी कि यह किसी अनर्थ का ही परिणाम है।

आइए, इस अनर्थ के पीछे छिपी रावण की गहरी रणनीति के बारे में पहले हम जान लें। इसके बाद हम राम की चिन्ता की चर्चा करेंगे।

रावण के सैनिक ऋषि-मुनियों को खाते थे और उनकी हड्डियों का ढेर लगाते जाते थे। हड्डियों का ढेर लगाने का मतलब था भय को बढ़ाना। यह भय दो

तरह से बढ़ाने की रावण की नीति थी। पहली यह कि हड्डियों का ढेर देखकर ऋषि-मुनियों को बराबर यह भय सताता रहेगा कि यदि उन्होंने रावण की अधीनता नहीं मानी तो एक-न-एक दिन उनकी हड्डियाँ भी इसी ढेर पर आ जायेंगी। मृत्यु का भयानक भविष्य दिखाकर रावण ऋषियों में कँपकँपी पैदा करना चाहता था। प्रभु को पाने के लिए जो अपना शरीर बचाकर रख रहा हो, उसे राक्षसों को खाने के लिए अपना शरीर देना पड़े, यह दारुण विवशता थी। इस कारण ऋषिगण भयभीत थे।

दूसरी यह कि रावण यह अच्छी तरह जानता था कि आदमी में जीवित से ज्यादा मृतक का भय होता है। हम चलते-फिरते आदमी से कम डरते हैं, लेकिन कंकाल को देखकर हमें पसीना आने लगता है। दिन में जिस रास्ते पर आप मस्त होकर प्रेमगीत गुनगुनाते जाते हैं, रात के अँधेरे में उसी रास्ते पर आप जय दुर्गा, जय हनुमान का नारा लगाने के लिए बाध्य हो जाते हैं। ऐसा आप दुर्गा माँ या हनुमान के प्रति प्रेम के कारण नहीं करते। अदृश्य का भय आपसे हनुमान-चालीसा बँचवाता है, आपको सन्त-महात्मा बना देता है। भय का क्षण गुजरते ही, अँधेरा छँटते ही आप महान् सन्त से घोर संसारी बन जाते हैं।

मन्दिरों और तीर्थों में धर्मप्रेमी सन्तों की भीड़ नहीं होती है, अदृश्य के भय से काँपते संसारी लोग वहाँ पहुँचते हैं। भय दूर हो गया तो फिर उधर नहीं झाँकते। भय बना रहे तो भयदाता की याद भी आती रहती है। रावण कंकालों का उपयोग इसीलिए करता था कि ऋषि-मुनि काँपते रहें।

रावण विद्वान् और ज्ञानी था, इसीलिए सोच-समझकर उसने ऋषियों को भयभीत करने की रणनीति अपनायी थी। वह उन्हें देवताओं की तरह कैद में भी डाल सकता था, लेकिन तब उसका हित-साधन नहीं होता। रावण का हित क्या था—आइए, इस पर विचार करें।

ऋषिगण ब्रह्म-साधना कर रहे थे, प्रकृति के नियमों के रहस्य का उद्‌घाटन कर रहे थे। आदमी सृष्टि के रहस्य को जितना समझता जाता है उतना ही निर्भय होता जाता है। उपनिषदों ने धर्म की चरम उपलब्धि निर्भयता मानी है। निर्भयता तब आती है जब मृत्यु का भय जाता रहे, मृत्यु आपको एक सहज-सामान्य घटना लगे—कपड़े बदलने जैसी, घर के इस कमरे से उस कमरे में जाने जैसी।

ऋषिगण अपने प्रयासों से धर्मभाव का जागरण कर जनसाधारण को मृत्यु के भय से ऊपर उठाना चाहते थे। ऐसा हो जाता तो रावण की कौन सुनता! इसीलिए रावण ने ऋषियों में ही मृत्यु का भय पैदा करने का तरीका अपनाया। कैद में रखता

तो ऋषि वहाँ एकान्त पाकर साधना करते रहते।

भय पैदा करने का सबसे आसान तरीका यह है कि दस-बीस लोगों को सरेआम मारकर उनके कंकाल को खुली जगह में लटका दो। मृत्यु आदमी के लिए अजूबा नहीं है। वह रोज लोगों को मरते देखता है, लेकिन सहज मृत्यु एक सामान्य घटना होती है, उसपर किसी का ध्यान नहीं जाता। गाँव में दस आदमी बुखार से मर जायें तो लोग उतने चिन्तित नहीं होते, लेकिन यदि आतंकवादी कश्मीर या पंजाब में पाँच लोगों को भी मार दें तो लोग उस इलाके में वर्षों जाने का नाम नहीं लेते। कारण यही है कि आतंकवादी द्वारा मृत्यु भीषण दुर्घटना होती है। आदमी दुर्घटना में मरने से डरता है; सोचता है कि समय आने से पहले ही उसे धरती से जाना पड़ रहा है।

पंचवटी में रावण ने मौत को सामान्य घटना के बजाय दुर्घटना बना दिया था। राम इस दुर्घटना को फिर घटना बनाना चाहते थे, इसीलिए ऋषियों से पूछते हैं कि ये कंकाल यहाँ क्यों हैं?

ऋषिगण बड़ी विनम्रता से राम की जिज्ञासा का समाधान करते हैं—

निसिचर निकर सकल मुनि खाए।
सुनि रघुबीर नयन जल छाए॥

—हे अन्तर्यामी प्रभु! राक्षसों की सेना ने ऋषि-मुनियों को मार-मारकर खाया है। उन्हीं की हड्डियों का ढेर यहाँ लगा हुआ है। राम यह सुनकर रो पड़ते हैं।

राम रोते भी क्यों नहीं! हिन्दू समाज में सम्मान का सर्वोच्च स्थान ऋषि-मुनियों को दिया गया है। राजा उनका रक्षक होता है। ज्ञान को समस्त भौतिक अधिकारों और प्रभुत्वों से ऊपर रखने की अवधारणा ही भारतीय संस्कृति की विशेषता है। राक्षसों ने इसी अवधारणा पर चोट की थी। राम आहत होकर बिलख उठे। पर उनका यह बिलखना निर्बल का रुदन नहीं था, बल्कि जीवन-मूल्यों और मान्यताओं पर आघात देखकर विचलित होना था। इस आघात का प्रतिकार करने के लिए उनका पौरुष मचल उठा था—

निसिचर हीन करउँ महि भुज उठाइ पन कीन्ह।
सकल मुनिन्ह के आश्रमन्हि जाइ जाइ सुख दीन्ह॥

—राम ने भुजा उठाकर प्रण किया—मैं इस पृथ्वी को निशाचरों से मुक्त करूँगा। भय और आतंक से व्याकुल ऋषियों के आश्रमों में जा-जाकर राम ने सबको यह आश्वासन दिया।

राम ने क्रोध ऐसे समय में किया, जब उन्होंने सांस्कृतिक मानबिन्दुओं के

कंकाल स्वयं देखे। जिसे मर्यादा की स्थापना करनी हो, वह मर्यादा का हनन कैसे बरदाश्त कर सकता था! राम ने अपने पराक्रम और पौरुष से ऋषियों को आश्वस्त किया, उन्हें अभय-दान दिया। इसीलिए वे हर ऋषि के आश्रम में गये, ताकि सबको यह विश्वास हो जाये कि अब राम के हाथों अन्याय और अत्याचार का अन्त होने वाला है। भारतीय जीवन-दर्शन के प्राणतत्त्व ज्ञानवाहक ऋषि-मुनियों का अब कोई अपमान नहीं कर सकेगा।

प्रथम बार राम ने क्रोध किया था उन राक्षसों पर, जो भारतीय जीवन-मूल्यों के सर्वनाश के लिए तत्पर थे। दूसरी बार राम ने क्रोध किया था मित्र की रक्षा के लिए। मित्रता एक बड़ा पवित्र रिश्ता है। मित्र के लिए कुछ भी त्याग कर देने की हमारी परम्परा है। राम उस परम्परा को चरम उत्कर्ष देते हैं।

ऋष्यमूक पर्वत पर जब सुग्रीव अपने दारुण दुःख की कथा बताते हैं तो राम सीता का वियोग भूल जाते हैं। जिस सुग्रीव को उन्होंने मित्र कहा है, उसके दुःख में डूब जाते हैं। राम की भुजाएँ क्रोध से फड़क उठती हैं—

सुनु सुग्रीव मारिहउँ बालिहि एकहिं बान।
ब्रह्म रुद्र सरनागत गएँ न उबरहिं प्रान॥

—हे सुग्रीव, सुनो! मैं बालि को एक ही बाण मारूँगा। तब उसके प्राण ब्रह्मा और शिव की शरण में जाने पर भी नहीं बच सकेंगे।

राम का यह कथन बड़ा मनोवैज्ञानिक है। सुग्रीव सहमा और डरा है। बालि से टकराने का सामर्थ्य उसमें नहीं है। जो डरा और सहमा है, वह दूसरों की सहायता क्या करेगा! इसीलिए सबसे पहले राम उसे भयमुक्त करना चाहते हैं। एक मित्र के रूप में अपनी सही भूमिका निभाने का यही तो अवसर था! लेकिन सुग्रीव को आसानी से विश्वास होनेवाला नहीं था। जिस बालि से रावण भी भय खाता था, उसे वनवासी राम मार सकेंगे—यह विश्वास कर पाना सुग्रीव के लिए कठिन था। इसीलिए राम पहले उसके विश्वास को जीतने का प्रयत्न करते हैं।

महान् योद्धा बालि को एक ही बाण से मार डालने की बात राम कहते हैं। यदि राम कहते कि युद्ध में अन्धाधुन्ध बाण चलाकर मैं बालि को मार डालूँगा, तो सुग्रीव का भयग्रस्त मन राम के प्रति विश्वस्त नहीं होता। इस संशय को निर्मूल करने के लिए राम ने दो बातें कहीं। एक तो यह कि मैं बालि को एक ही बाण मारूँगा और दूसरी यह कि यदि वह ब्रह्मा और शिव की शरण में जाये तो भी उसके प्राण नहीं बचेंगे।

राम उसके विश्वास को दृढ़ करने के लिए मित्रता के आदर्शों का बखान करते हैं और सुग्रीव के हृदय में यह बैठाने का प्रयत्न करते हैं कि वे उन महान् आदर्शों के प्रति गम्भीरता से समर्पित हैं—

सखा सोच त्यागहु बल मोरें।
सब बिधि घटब काज मैं तोरें॥

—राम कहते हैं—हे मित्र सुग्रीव! अपनी सभी चिन्ताओं को मेरे बल पर छोड़ दो। मैं सब प्रकार से तुम्हारी सहायता करूँगा।

मित्रता की रक्षा के लिए इससे अधिक आश्वासन और कोई क्या दे सकता है! राम ने अपने बल पर सुग्रीव को निश्चिन्त होने को कह दिया। राम मित्रता के पावन आदर्श पर कोई कलंक नहीं लगने देना चाहते थे। अपने दुःख से पहले मित्र सुग्रीव के दुःख को मिटाने के लिए राम ने क्रोध किया था।

राम ने तीसरी बार क्रोध तब किया था जब समुद्र ने विनय, प्रार्थना आदि जीवन-मूल्यों की अवहेलना की थी। रावण से युद्ध करने के लिए राम को लंका जाना था। इस हेतु समुद्र पर सेतु बाँधने की जरूरत थी, लेकिन रावण के प्रताप से भयग्रस्त समुद्र राम की विनय और प्रार्थना पर भी मार्ग देने के लिए तैयार नहीं हो रहा था। उसने विनय जैसे श्रेष्ठ आदर्श को राम की निर्बलता मान लिया था। जीवन-मूल्यों पर आघात होते देखना राम के लिए कैसे सम्भव हो सकता था! वे क्रोध से भर उठे—

बिनय न मानत जलधि जड़ गए तीनि दिन बीति।
बोले राम सकोप तब भय बिनु होइ न प्रीति॥

—राम ने क्रोध से कहा—तीन दिन बीत गये हैं, लेकिन मूर्ख समुद्र हमारी विनय को नहीं सुन रहा है। सच है कि भय के बिना प्रीति नहीं होती!

भय के बिना प्रीति नहीं होती—यह बात सब पर लागू नहीं होती। यह उनके लिए है, जो जड़ हैं। मूर्ख लोग भय के कारण ही प्यार करते हैं। विनय से सज्जन और नीतिवान् पसीजते हैं।

विनय को कायरता समझनेवाले समुद्र को राम अपने पराक्रम का प्रताप दिखाना चाहते हैं, जिससे वह फिर कभी विनय के मार्ग को दुर्बलता न समझे—

लछिमन बान सरासन आनू।
सोषौं बारिधि बिसिख कृसानू॥

—हे लक्ष्मण, धनुष-बाण लाओ! मैं अग्निबाण से समुद्र को सुखा डालूँ।

यह क्रोध राम के मधुर-शान्त व्यक्तित्व के लिए अकल्पनीय है। जिस समुद्र

को प्रणाम करके उन्होंने प्रार्थना की थी उसी के प्रति राम इतने कटु हो गये थे।

इस प्रसंग में एक बात विचारणीय है। भय से काँपता हुआ समुद्र जब राम के पास आता है तो अपनी रक्षा के लिए कुछ सूक्तियाँ बोलता है। ये सूक्तियाँ आनन्द के क्षण के किसी मनीषी की उद्‌गार नहीं हैं। ये तो भयभीत व्यक्ति की रक्षा-कवच मात्र हैं। लेकिन इनको लेकर अनेक तरह के विवाद उठते हैं।

इस विवाद में मेरी अपनी एक विशेष मान्यता है। मैं कथावाचकों की तरह भक्तों की भावनाओं को पिलपिला आधार देने के लिए इसका समर्थन भी नहीं करता और किसी उद्‌धत तुलसी-विरोधी की तरह कटु आलोचना करके मलिन आनन्द की प्राप्ति के लिए प्रयत्न भी नहीं करता। मैं तात्त्विक और तार्किक पक्ष का हिमायती हूँ।

आइए, प्रसंग पर एक दृष्टि डालते चलें। राम के क्रोध करने पर समुद्र थर-थर काँप रहा है। ऐसे में वह कुछ उद्‌गार प्रकट करता है। इसके पीछे भावना यही है कि राम का क्रोध शान्त हो जाये।

सभय सिंधु गहि पद प्रभु केरे।
छमहु नाथ सब अवगुन मेरे॥

—समुद्र ने भयभीत होकर प्रभु के चरण पकड़कर कहा—हे नाथ! मेरे सब अवगुण क्षमा कीजिए।

अपराधी व्यक्ति का मनोविज्ञान यह है कि वह अपने अपराधों के लिए या तो क्षमा चाहता है या दण्ड को कम करने की प्रार्थना करता है। वह कभी नहीं चाहता कि उसे अपराध के अनुरूप या अपराध से अधिक दण्ड मिले। इसके लिए वह दण्डदायक की क्षमा-भावना को उद्‌दीप्त करता है और अपने अपराधों को अनहोना न मानकर सहज सिद्ध करता है। यह स्थिति आज भी हमें देखने को मिलती है। चोर पकड़ा जाये तो पहले वह गिड़गिड़ाकर क्षमा माँगता है और बार-बार याद दिलाता है कि चोर वह अकेला नहीं है, सारी दुनिया ही किसी-न-किसी रूप में चोर है।

समुद्र अपने अपराधों के लिए इन दोनों उपायों का प्रयोग करता है। पहले तो वह कहता है—हे नाथ! मुझे क्षमा कर दें। मेरे दोषों पर आप ध्यान न दें। किन्तु समुद्र को पता है कि सम्भवत: इतने आग्रह मात्र से बात न बने तो वह दूसरे सैद्धान्तिक रक्षा-कवच का प्रयोग करता है।

गगन समीर अनल जल धरनी।
इन्ह कइ नाथ सहज जड़ करनी॥

—हे नाथ! आकाश, वायु, अग्नि, जल और पृथ्वी—इन सबकी करनी स्वभाव से ही जड़ है।

अपनी जान को बचाने के लिए यह एक अच्छा, किन्तु दुर्बल तर्क है। समुद्र जल तत्त्व का बना है, इसीलिए वह पंचभूतों में से जल के साथ अपने को जोड़ता है और साथ-ही-साथ अन्य तत्त्वों पर भी अपनी करनी की कीचड़ पोत देता है। दुर्बल व्यक्ति संसार में कैसे दुर्बलता देखता है, इसका यह एक अच्छा उदाहरण है।

रामकृष्ण मिशन का एक संन्यासी फ्रांस में प्रसिद्ध विचारक रोम्याँ रोलाँ के पास गया। रोम्याँ रोलाँ रामकृष्ण और विवेकानन्द के बड़े भक्त थे। उन्होंने इन दोनों महापुरुषों की जीवनी लिखकर पश्चिम के पाठकों से उनका परिचय कराया था।

रोम्याँ रोलाँ ने संन्यासी को बड़े आदर के साथ अपने घर पर रखा। संन्यासी सिगरेट पीता था। एक दिन रोम्याँ रोलाँ ने पूछा—आप संन्यासी हैं, इतनी सिगरेट क्यों पीते हैं?

संन्यासी को ऐसे प्रश्न की अपेक्षा नहीं थी। वह अचकचा उठा। उसने अपने को सँभालते हुए उद्धत स्वर में कहा—इसमें कोई दोष नहीं है। स्वामी विवेकानन्द भी सिगरेट पीते थे।

रोम्याँ रोलाँ अपने को सँभाल नहीं पाये। उन्हें संन्यासी द्वारा अपनी कमजोरी को छुपाने के लिए विवेकानन्द को ढाल के रूप में इस्तेमाल करना अच्छा नहीं लगा। उन्होंने दृढ़ स्वर में कहा—विवेकानन्द सिगरेट अवश्य पीते थे, लेकिन उन्होंने बहुत से अच्छे काम भी किये। आप केवल सिगरेट ही पी रहे हैं।

समुद्र भी उस संन्यासी की तरह अपने को बचाने के लिए पंच तत्त्वों के गुण को अवगुण में बदल रहा है। जड़-विवेकहीन होना पंच तत्त्वों का दोष नहीं, गुण है। इसी कारण वे अच्छे-बुरे सबको समान रूप से सहते हैं। आकाश समस्त सृष्टि में शब्द को, नाद को फैलाता है, वह गाली और प्रार्थना में भेद नहीं करता। वायु गन्ध को वहन करता है; वह सुगन्ध-दुर्गन्ध की चिन्ता नहीं करता। अग्नि सबको जलाता है, वह भले-बुरे का ध्यान नहीं रखती। जल स्वाद को प्रदान करते समय खट्टे-मीठे का विवेक नहीं करता है। जल यह कभी नहीं कहता कि वह अच्छे को धोयेगा, साफ करेगा और बुरे को नहीं। पृथ्वी नहीं कहती कि वह अमृत को पैदा करेगी, विष को नहीं। वह जीवनदायी और विषदायी अन्न एवं वनस्पतियों को फूलने-फलने का अवसर समान रूप से प्रदान करती है। प्रकृति में विवेक आ जाये तो सृष्टि रसहीन हो जायेगी। प्रकृति के इस 'जड़' स्वभाव को समुद्र अपने बचाव के लिए दुर्गुण के रूप में देख रहा है।

दार्शनिक दृष्टि से अगर देखें तो समुद्र सांख्यदर्शन का भी उपयोग अपने बचाव के लिए कर रहा है। सांख्य में यह माना गया है कि प्रकृति जड़ है और पुरुष चेतन। पुरुष के दृष्टिनिक्षेप से प्रकृति अपनी जड़ता छोड़कर सक्रिय बनती है। उस सन्दर्भ में समुद्र कहना चाहता है कि प्रभु राम का क्रोध पुरुष का दृष्टिनिक्षेप और समुद्र की विनय जड़ प्रकृति जल की सक्रियता है।

भयभीत मनुष्य अपनी सुरक्षा के लिए क्या-क्या नहीं करता है। समुद्र आगे एक अद्‌भुत तर्क देता है।

तव प्रेरित मायाँ उपजाए।
सृष्टि हेतु सब ग्रंथनि गाए॥
प्रभु आयसु जेहि कहँ जस अहई।
सो तेहि भाँति रहें सुख लहई॥

—आपकी प्रेरणा से माया ने इन्हें सृष्टि के लिए उत्पन्न किया है, सब ग्रन्थों ने यही गाया है। जिसके लिए स्वामी की जैसी आज्ञा है, वह उसी प्रकार से रहने में सुख पाता है।

ओह! इस तर्क की चतुरता पर मन रीझ उठता है। पहले तो व्यावहारिक और दार्शनिक स्तर पर समुद्र अपनी त्रुटियों को राम के सामने रखते हुए कहता है कि जल होने के कारण मेरी करनी सहज रूप से जड़-विवेकहीन है। और फिर वह बात को राम की प्रभुता तक खींचकर ले जाता है—हे प्रभु! यह सब आपकी माया का खेल है। आपकी प्रेरणा से वह जिससे जैसा चाहती है वैसा करवाती है। कितनी मजेदार बात है कि ऋषियों ने जीवन के रहस्य को समझने के लिए जिस दर्शन को खोजा था, उसे भयभीत समुद्र अपने भयभीत जीवन को बचाने के लिए प्रयोग में ला रहा है। वह राम को समझा रहा है कि दोष मेरा नहीं, आपकी माया का है।

किष्किन्धा काण्ड में हनुमान ने भी ऐसी ही बात राम से कही थी। वह सुग्रीव के कहने पर ब्राह्मण बनकर राम का भेद लेने गये थे। हनुमान ने ब्राह्मण बनकर अपने को छुपाया था, लेकिन प्रभु ने सहजता और सरलता से अपना सही परिचय दे दिया था। ज़ब राम ने हनुमान से उनका परिचय पूछा तो वे भक्ति-भाव से राम के चरणों पर गिर गये।

तव माया बस फिरउँ भुलाना।
ताते मैं नहिं प्रभु पहिचाना॥

—मैं तो आपकी माया के वश भूला फिरता हूँ, इसी से मैंने अपने स्वामी को नहीं पहचाना।

यहाँ हनुमान का अपने को माया के वश में कहना भक्तिपूर्ण समर्पण है, शुद्ध हृदय से स्वामी से क्षमायाचना है। लेकिन समुद्र का यह कथन कि जो कुछ हुआ, वह तुम्हारी माया का खेल है, कुटिल हृदय की चतुरता है, भयभीत मन की स्वयं के बचाव की कामना है। समुद्र राम के बाणों से विकल है। उसके भीतर के सारे जीव-जन्तु व्याकुल होकर विलाप कर रहे हैं। राम के क्रोध की परिधि से भला कौन बच सकता है। प्राण की भीख माँगने के लिए ब्राह्मण बनकर समुद्र उनके सामने उपस्थित है। राम के दण्ड को वह उनकी कठोरता नहीं, शिक्षा मान रहा है।

प्रभु भल कीन्ह मोहि सिख दीन्ही।
मरजादा पुनि तुम्हरी कीन्ही॥

—प्रभु ने अच्छा किया, जो मुझे शिक्षा दी। किन्तु मर्यादा भी आपकी ही बनायी हुई है।

मर्यादा की बात करनेवाला समुद्र यहीं रुक जाता तो उसकी मर्यादा में चार चाँद लग जाते। क्योंकि भय में ही सही, अपनी सुरक्षा की स्वार्थसिद्धि से प्रेरित होकर ही सही, उसने बहुत अच्छी बात कही है। जीवन की रचना करनेवाला परमात्मा निश्चित रूप से जीवन की मर्यादा का भी निर्माण करता है। बिना मर्यादा के जीवन चल ही नहीं सकता। तटों की मर्यादा में नदी प्रवहमान होती है और मूल्यों की मर्यादा में जीवन उदात्त बनता है। मर्यादाहीनता अराजकता की जननी है। प्रार्थना, विनय और नम्र निवेदन जीवन की मर्यादा के श्रेष्ठ अंग हैं। इनका तिरस्कार समुद्र ने किया था। राम के नम्र निवेदन को समुद्र ने भयपूर्ण प्रतिवेदन माना था। अत: मर्यादा की रक्षा के लिए समाज-जीवन के समरस, शान्तिपूर्ण एवं सुखकर प्रवाह के लिए समुद्र को सीख मिलनी ही चाहिए थी। राम के समक्ष समुद्र की स्वीकारोक्ति उद्दण्डता के समक्ष मर्यादा की विजय है।

समुद्र अपनी बात यहीं समाप्त करके चुपचाप बैठ जाता तो बड़ी गरिमा होती। मर्यादा के प्रति उसका तिरस्कार रूपान्तरित होकर मर्यादा की प्रतिष्ठा बन जाता है। लेकिन उसका भयभीत मन यह नहीं कर सका। राम के बाणों का ताप उसके तन-मन को अभी तक थर्रा रहा था। आह! यह कितना ज्वलन्त सत्य है कि जीवन में मर्यादा की स्थापना निर्भय मन ही कर पाता है। भयभीत मन सबसे पहले मर्यादा ही खोता है। इसीलिए जीवन के उत्थान को सर्वाधिक प्रतिष्ठा देनेवाले, मनुष्य को अमृतपुत्र और ब्रह्म की गरिमा देनेवाले उपनिषद् ने मानवता को अभय होने की शिक्षा दी। अभय ही मर्यादा का हृदय है। निर्भयता की भूमि में ही सदाचरण के फूल खिलते हैं।

दुर्भाग्य से समुद्र के पास अभय का आधार नहीं था। इसीलिए उसने मर्यादा के बजाय अपने को बचाने को अधिक महत्त्व दिया। उसने अपने दुष्ट आचरण को युक्तिसंगत और सहज सम्भव बताने के कुछ और उदाहरण राम के सामने रख दिये।

ढोल गवाँर सूद्र पसु नारी।
सकल ताड़ना के अधिकारी॥

—ढोल, गँवार, शूद्र, पशु और स्त्री—ये सभी ताड़ना (भयपूर्ण शिक्षा) के अधिकारी हैं।

यह रामचरितमानस की सर्वाधिक विवादास्पद चौपाई है। इसपर अपनी राय देने से पहले मैं मानस के कई कथावाचकों की रोचक व्याख्या का उल्लेख करूँगा। एक कथावाचक ने कहा कि 'ताड़ना' वास्तव में तारना (उद्धार करना) है। उन्होंने मजेदार तर्क दिया कि संस्कृत के 'तारना' का 'र' प्राकृत में 'ड़' हो जाता है। यह खोज उन्होंने कहाँ से की, कैसे की—यह मैं नहीं जानता, लेकिन उनकी इस खोज से मुझे एक और प्रसंग याद हो आया।

मॉरीशस में एक कथावाचक आये थे। वह हनुमान की व्याख्या कर रहे थे। उन्होंने प्रभावी ढंग से कहा कि जो मान को हनता है, वह हनुमान है। सभी लोगों ने तालियाँ बजायीं, लेकिन मेरी पत्नी डॉ. वीनू अरुण, जो 'महात्मा गांधी संस्थान' में संस्कृत और भारतीय दर्शन पढ़ाती हैं, चकरा गयीं। उन्होंने अपना माथा ठोक लिया। प्रवचन के बाद उन्होंने कथावाचक से कहा, 'श्रीमान! मान का हनुमान से तो कोई सम्बन्ध नहीं है। वास्तव में शब्द है हनुमत्, उससे बना है हनुमान्। जैसे भगवत् से बनता है भगवान्। हनुमान् और भगवान्—दोनों में न 'हलन्त' है, जबकि अहंकारवाले 'मान' में 'न' पूरा है।' कथावाचकजी ने मुसकराकर कहा, 'मैं विद्वानों के लिए नहीं, मूर्खों के लिए कथा करता हूँ।' इस लाजवाब जवाब का भला क्या जवाब हो सकता है।

अगर इस चौपाई का संस्कृत स्रोत मालूम नहीं होता तो ताड़ना को खींच-खाँचकर 'तारना' मानना कुछ लोगों को सन्तोष दे सकता था। लेकिन संस्कृत श्लोक कुछ दूसरी ही कहानी कहता है। 'गर्ग संहिता' में स्पष्ट लिखा है—

दुर्जनाः शिल्पिनो दासाः दुष्टाश्च पटहाः स्त्रियः।
ताडिताः मार्दवं यान्ति न ते सत्कार भाजिनः॥

—दुर्जन, शिल्पी, दास, दुष्ट, ढोल और स्त्री ताड़ना देने से मधुर बनते हैं। ये सत्कार (मृदु व्यवहार) के भाजन (पात्र) नहीं हैं।

इस श्लोक में स्पष्ट रूप से 'ताड़न' शब्द है। अत: 'तारन' कहकर सन्दर्भ को समेट देने का ईमानदार प्रयत्न नहीं किया जा सकता।

कुछ लोग यह भी अर्थ करते हैं कि पहले समुद्र ने जो कहा था कि आकाश, वायु, अग्नि, जल और पृथ्वी का स्वभाव जड़ है, उसी का प्रतिनिधित्व करनेवाली पाँच वस्तुओं का उल्लेख इस चौपाई में किया गया है। ढोल आकाश का, गँवार वायु का, शूद्र अग्नि का, पशु जल का और स्त्री पृथ्वी का प्रतीक है। यह दूर की कौड़ी होने के साथ-साथ ओछी चतुराई की हद भी है। अरे भले मानुस! यहाँ समुद्र सन्त वचन नहीं बोल रहा है, वह अपने जैसे दुष्टों का उल्लेख कर रहा है, जो दण्ड से ही सुधरते हैं। क्या.यह कभी सम्भव है कि मनुष्य आकाश, वायु, अग्नि, जल और पृथ्वी को अपनी दण्ड-शक्ति से सुधार सके? हाँ, वह अपने दुष्कर्म से उन्हें दूषित अवश्य कर सकता है। आज का पर्यावरण मनुष्य के दुष्कर्म की सबसे दु:खद कथा है। अत: प्रकृति के पाँच तत्त्वों को ढोल, गँवार, शूद्र, पशु, नारी से जोड़ना द्राविण प्राणायाम है, सरासर मनमानी है। भोली-भाली जनता के मन को भरमाने की विद्रूप कला है। इससे श्रेष्ठ कथावाचकों को बचना चाहिए।

इसकी सहज और संक्षिप्त व्याख्या यह हो सकती है कि समुद्र का भय से दुर्बल मन अपने बचाव के लिए नाना प्रकार के तर्क खोज रहा है। भयभीत मन से मर्यादा की अपेक्षा करना भिक्षुक से वैभव माँगने जैसा है। यहाँ केवल इतना ही समझना है कि समुद्र राम को निश्चिन्त करना चाहता है कि जल तत्त्व से जुड़े होने के कारण वह जड़ प्रकृति का है और उसे राम ने जो दण्ड दिया है, वह उपयुक्त है, क्योंकि वह ढोल, गँवार, शूद्र, पशु और नारी की श्रेणी में आता है, जिन्हें सही राह पर लाने के लिए दण्ड दिया जाना उचित है।

कुछ लोग कहते हैं कि तुलसी इस चौपाई से बच भी सकते थे। वे इसे यदि समुद्र के संवाद में न डालते तो आसमान नहीं टूट पड़ता। यह तो नारी, शूद्र और गँवार का सरासर अपमान है। शुक्र है कि लोग ढोल और पशु के बारे में चुप हैं। सच है कि निरीह की चिन्ता कौन करता है!

यहाँ मैं एक बात और बताना चाहता हूँ। जिस अध्यात्म रामायण के आधार पर तुलसीदासजी ने रामचरितमानस का सर्वाधिक अंश लिखा है, उसमें केवल पशु का उल्लेख है। सागर कहता है कि जैसे पशु लाठी की बात समझता है वैसे ही मैं भी हूँ।

इस सन्दर्भ में मुझे एक ही तर्क देना है। इससे यदि तुलसी बाबा का बचाव होता है तो मुझे प्रसन्नता होगी। जब हम कोई उपन्यास पढ़ते हैं, नाटक या फिल्म

देखते हैं तो उसमें नायक, नायिका, खलनायक, खलनायिका, हास्य अभिनेता आदि सबके संवाद होते हैं। नायक-नायिका अच्छी बातें बोलते हैं और खलनायक-खलनायिका बुरी बातें बोलते हैं। लेकिन ध्यान रहे, हर पात्र के संवाद का लेखक एक ही होता है। लेखक का यही प्रयत्न होता है कि हर तरह के पात्र का संवाद दमदार हो। तुलसी भी यही करते हैं। वह राम और रावण—दोनों के संवाद लिखते हैं। राम के प्रति जो अपशब्द रावण कह रहा है, वह तुलसी लिख रहे हैं। तो क्या वह राम के विरोधी हो गये? लेखक अपने हर पात्र के चरित्र को उत्कर्ष प्रदान करता है। प्राणवान् संवाद इसमें सहायक बनते हैं। तुलसीदास समुद्र के भयभीत चरित्र को सम्पूर्णता में व्यक्त करना चाहते थे। अत: उन्होंने उसके संवाद को निषेधात्मक रूप से दमदार बनाया है। भयदाता जितना महान् होता है, भय की अभिव्यक्ति उतनी ही कँपकँपी पैदा करनेवाली होती है। समुद्र के सामने प्रभुता के प्रतीक राम खड़े हैं। राम के प्रति उसने तिरस्कार व्यक्त किया था। अत: भय की अभिव्यक्ति अस्तित्व को झकझोरनेवाली होनी ही चाहिए। यह प्रसंग राम के क्रोध और समुद्र के भय के सीमान्त को बड़े हृदयग्राही ढंग से प्रस्तुत करता है।

राम का क्रोध जैसे कभी अकारण नहीं होता वैसे कभी निष्फल भी नहीं होता। वे जिसपर क्रोध करते हैं, वह अपनी जान बचाकर भाग नहीं सकता, उसे राम के क्रोध के फल को भुगतना ही पड़ता था। राम ने राक्षसों का वध किया, बालि को सुरधाम पहुँचाया और समुद्र को सज्जन बनने पर विवश किया। जब क्रोध सात्त्विक उपलब्धि के लिए किया जाता है तब वह उचित और जब अकारण किया जाता है तब तामस वृत्ति का प्रतीक होता है। राम के क्रोध ने उनकी मर्यादा को नया आयाम दिया था।

□

राम की कृपा

कृपासिंधु रघुबीर

राम के चरित्र की सबसे बड़ी विशेषता है उनका कृपामय रूप। कोई जरा भी भक्ति-भाव से पुकारे तो राम उसपर अपनी कृपा की बरसात कर देते हैं। बड़े-से-बड़े अपराध को, शाप को वे अपनी कृपादृष्टि से एक ही क्षण में हर लेते हैं।

गुरु विश्वामित्र के साथ राम जनकपुरी में आयोजित धनुष-यज्ञ देखने जा रहे थे।

आश्रम एक दीख मग माहीं।
खग मृग जीव जंतु तहँ नाहीं॥

—राम ने रास्ते में एक आश्रम देखा, जहाँ न कोई जीव-जन्तु था, न कोई पशु-पक्षी। राम को बड़ा आश्चर्य हुआ।

पूछा मुनिहि सिला प्रभु देखी।
सकल कथा मुनि कहा बिसेषी॥

—आश्रम में पड़े एक पत्थर को देखकर राम ने मुनि विश्वामित्र से उसका रहस्य पूछा। विश्वामित्र ने सारी कथा विस्तार से राम को बतायी—

गौतम नारि श्राप बस उपल देह धरि धीर।
चरन कमल रज चाहति कृपा करहु रघुबीर॥

—हे राम! गौतम ऋषि की पत्नी अहल्या ऋषि से मिले शाप के कारण पत्थर हो गयी है। न जाने कितने समय से यह असहाय अबला धैर्य धारण किये हुए आपके चरणों की धूल पाने की प्रतीक्षा कर रही है। हे रघुवीर, आप इसपर कृपा करें!

कभी आपने गौर किया है कि गौतम ऋषि ने अहल्या को पत्थर होने का शाप क्यों दिया? यह क्यों नहीं कहा कि लकड़ी हो जाओ, पशु-पक्षी हो जाओ,

कीट-पतंग हो जाओ? यह एक रहस्य है, जिसपर लोग प्राय: ध्यान नहीं देते हैं; लेकिन अभी हम इस बारे में थोड़ी चर्चा कर लेते हैं।

संसार में जो कुछ भी कोमल-कमनीय है, उसका प्रतिनिधित्व स्त्री करती है। स्त्री कोमलता की प्रतीक मानी जाती है। इस कोमल नारी में जो सबसे कोमल जगह होती है, उसे हृदय कहा जाता है। हृदय जितनी कोमल जगह संसार में और कोई नहीं है। हम हमेशा यह कहते हैं कि किसी का दिल मत दुखाओ। वास्तव में दिल दुखा पाना आसान नहीं है, क्योंकि वह तो शरीर के अन्दर होता है। लेकिन हमारी मान्यता है कि किसी को दु:ख पहुँचता है तो उसे दिल महसूस करता है।

हृदय प्रेम का स्रोत है। इसलिए जिसे हम प्रेम करते हैं, उसके लिए कहते हैं कि यह हमारा दिल है, यह हमारा स्वीट हार्ट है। जिसे हम प्रेम करते हैं, उसे यह नहीं कहते कि यह हमारा हाथ है, नाक है या कान है; क्योंकि प्रेम केवल हृदय से फूटता है, उसकी अभिव्यक्ति हृदय से होती है।

जैसे हृदय प्रेम का स्रोत है, उसी तरह स्त्री भी। स्त्री के हृदय में प्रेम लबालब भरा होता है। इसी कारण स्त्री अधिक कोमल होती है। प्रेम ही उसे कोमल बनाता है। प्रेम न हो तो स्त्री भी कठोर हो जायेगी। आये दिन जो मुहावरा हम बोलते हैं, उसपर ध्यान दीजिए। जो आदमी निर्दय और क्रूर होता है, उसे हम 'पत्थर' कहते हैं। माँ-बाप बच्चे को पीटते हैं तो हमारे मुख से अनायास निकलता है—अरे, पत्थर हो गये हो क्या, बच्चे को पीट रहे हो!

प्रेम का अभाव हृदय को पत्थर बनाता है। स्त्री प्रेम से भरी है, अत: पत्थर होना उसके लिए मुश्किल है। यह न उसकी प्रकृति में है, न उसकी नियति में। इसलिए स्त्री के लिए यदि कोई सबसे बड़ा शाप है तो यही है कि उसे पत्थर बना दो, उसे हृदयहीन कर दो। गौतम ऋषि ने ऐसा ही किया। स्त्री के लिए सबसे अधिक क्रूर साबित होनेवाला दण्ड अहल्या को दिया।

ऋषि के शाप ने अहल्या के जीवन को एक छोर से उठाकर दूसरे छोर पर खड़ा कर दिया था। प्रेम जीवन का एक छोर है और पत्थर दूसरा छोर। ऐसी स्थिति में उद्धार के लिए अपने प्रयत्न काम नहीं आते हैं। पत्थर क्या प्रयत्न कर सकेगा? गतिहीन कैसे छलाँग लगा पायेगा? इसके लिए कृपा की जरूरत पड़ती है। राम ने विश्वामित्र के कहने पर यह कृपा की।

इस दोहे में 'कृपा करहु रघुबीर' बहुत ही मार्मिक है। विश्वामित्र जानते हैं कि अहल्या का कोई अपराध नहीं था, वह इन्द्र और चन्द्रमा की साजिश की शिकार हुई थी। गौतम ऋषि ने बिना सभी तथ्य जाने ही उसे शाप दे दिया था।

राम के चरणों की धूल पाकर ही उसका उद्धार होना था। कलंक सहकर, पत्थर बने रहकर उद्धार के लिए इतनी लम्बी प्रतीक्षा करना एक सती-साध्वी ऋषि-पत्नी के लिए कितना दुःखदायी रहा होगा, यह बात विश्वामित्र से अधिक कौन जानता होगा! इसीलिए राम के पूछते ही विश्वामित्र कथा सुनाते-सुनाते भाव-विभोर होकर राम से आग्रह कर बैठते हैं—कृपा करहु रघुबीर—हे प्रभु, इस अभागिन स्त्री पर दया कीजिए!

राम ने एक क्षण की भी देरी नहीं की। करते भी तो कैसे? गुरु का भाव-विह्वल आग्रह और असहाय ऋषि-पत्नी के पवित्र जीवन पर लगा कलंक राम की कृपा की राह जोह रहे थे। श्रीराम ने पत्थर बनी अहल्या को अपने चरणों से छू दिया!

आइए, प्रभु की कृपा के एक रहस्यमय, किन्तु परम मोहक तत्त्व को यहाँ समझ लें। भक्त समर्थ है तो स्वयं प्रभु की कृपा पाने के लिए प्रयत्न करता है। सारे पूजा-पाठ, तप-योग, ध्यान-आराधना और मन्दिर-तीर्थदर्शन इसी प्रयत्न के प्रतीक हैं। लेकिन जब भक्त असमर्थ होता है तो वह परमात्मा के कृपावृत्त से बाहर नहीं होता है। प्रभु उसके लिए स्वयं चलकर आते हैं। राम अहल्या के लिए अयोध्या से चलकर आये। कृष्ण द्रौपदी के लिए द्वारका से दौड़कर आये। प्रभु तो निर्बल के बल हैं। प्रभु भक्त के हृदय के भाव को देखते हैं।

दीनदयाल होना परमात्मा के स्वभाव की एक अद्भुत विशेषता है। यदि ऐसा नहीं होता तो केवल ज्ञानी-ध्यानी और धन-वैभव सम्पन्न लोग ही प्रभु के अन्तरंग बनते। फिर ऐसे परमात्मा को पाने के लिए दीन जन प्रयत्न भी करते तो क्या फल मिलता? अतः सन्तों ने प्रभु को दीनों तक पहुँचाया। प्रभु दीनहितकारी स्वरूप उन्हें घर-घर में प्रतिष्ठित करने में सफल रहे। अहल्या का उद्धार करके राम और द्रौपदी की लाज बचाकर कृष्ण युग-युगान्तर के लिए जन-मन के सिंहासन पर बैठ गये।

परसत पद पावन सोक नसावन प्रगट भई तपपुंज सही।
देखत रघुनायक जन सुखदायक सनमुख होइ कर जोरि रही॥

—श्रीरामचन्द्रजी के पवित्र और दुःखहारी चरणों का स्पर्श होते ही तपस्विनी अहल्या प्रकट हो गयी और भक्तों को सुख देनेवाले रामचन्द्र को देखते ही उनके सामने हाथ जोड़कर खड़ी हो गयी।

इस छन्द में कुछ गहरी बातें कही गयी हैं। राम के पद को 'पावन' कहा गया है। किसी के पद को 'पावन' कहना आसान काम है। कोई भी अपने पद को

पावन कह सकता है। आज हजारों व्यवसायी साधु-सन्त और ओझा-सोखा अपने पद (पैर) को पावन कह रहे हैं। किन्तु कहने से कोई पद पावन नहीं होता। पावनता प्रतिफल में अभिव्यक्त होनी चाहिए। राम के पद में यह अभिव्यक्ति होती है। वे पावन हैं, इसका पता इस बात से चलता है कि वे शोक नसावन भी हैं। पवित्रता यदि जीवन के पाप को नष्ट न करे तो वह व्यर्थ है। अहल्या को जब राम ने अपने पैरों से छुआ तो उसे तुरन्त आभास हो गया कि ये पद पावन हैं, क्योंकि उसके शोक नष्ट हो गये। वह भक्त हितकारी प्रभु की वन्दना करने लगी।

यह 'जनसुखदायक' शब्द बड़ा महत्त्वपूर्ण है। अहल्या के लिए यह शब्द कोरा उच्चार मात्र नहीं है। यह उसकी अनुभूति की उपज है। राम के छूने से वह परम सुखी बन गयी थी। यदि परमात्मा द्वारा छू देने पर भी भक्त को सुख न मिले तो प्रभु की कोई महिमा ही नहीं रह जायेगी। अहल्या का जीवन प्रभु की महिमा का शंखनाद है।

मुनि श्राप जो दीन्हा अतिभल कीन्हा परम अनुग्रह मैं माना।
देखउँ भरि लोचन हरि भवमोचन इहइ लाभ संकर जाना॥

—मुनि ने जो शाप मुझे दिया, सो बहुत अच्छा किया। मैं उसे अत्यन्त अनुग्रह मानती हूँ कि उस कारण मैंने संसार के बन्धन से छुड़ानेवाले श्रीहरि को नयन भर देखा। इसी को शंकरजी सबसे बड़ा लाभ समझते हैं।

अहल्या जीवन के एक अद्‌भुत आयाम को अभिव्यक्त कर रही है। यह स्थिति हमारे जीवन में भी आती है। अतः हमें भी अहल्या की तरह का दृष्टिकोण अपनाना चाहिए। जब गौतम ऋषि ने शाप दिया होगा तो निश्चित रूप से वह व्याकुल हुई होगी, पर उद्धार के बाद श्रीराम को सामने देखकर कह रही है कि शाप एक अनुग्रह था। वास्तव में जीवन के रोचक गणित में हर दुःखद घटना भावी सुख का संकेत है। अतः हमें दुःख को जीवन की अन्तिम स्थिति मानकर घबराना नहीं चाहिए, उसे प्रार्थनापूर्ण मन से झेलते हुए आगे बढ़ जाना चाहिए। बीज माटी में सड़ता है तो वृक्ष बनता है। उच्च आदर्शों के लिए जब मनुष्य संघर्ष करता है, तब उसे लक्ष्यपूर्ति का परमानन्द प्राप्त होता है। गहरे दुःख के बाद गहरे सुख की उपलब्धि प्रकृति का नियम है। दुःख की पीड़ा झेलते समय हमारा मन अहल्या जैसा होना चाहिए।

अपने को धन्य समझती हुई अहल्या बड़ा गरिमापूर्ण व्यवहार करती है।

बिनती प्रभु मोरी मैं मति भोरी नाथ न मागउँ बर आना।
पद कमल परागा रस अनुरागा मम मन मधुप करै पाना॥

—हे प्रभो! मैं बुद्धि की बड़ी भोली हूँ। मेरी एक विनती है। हे नाथ! मैं और कोई वर नहीं माँग रही हूँ, केवल यही चाहती हूँ कि मेरा मन रूपी भौंरा आपके चरण-कमल की रज के प्रेम रूपी रस का पान सदा करता रहे।

श्रेष्ठ जनों का स्पर्श मनुष्य को कितना उदात्त और उदारचेता बनाता है, यह हम राम की उपस्थिति में अहल्या के वचन को सुनकर समझ सकते हैं। अहल्या कहती है कि शाप मेरे लिए अनुग्रह बन गया, क्योंकि हे प्रभु! शाप के कारण ही आप मेरे पास पहुँचे। अपने नारीत्व के सम्पूर्ण गौरव को प्राप्त करने के साथ-ही-साथ मैंने आपका साक्षात् दर्शन भी कर लिया। मेरा यह सौभाग्य जीवन का सबसे बड़ा सुख है, यह शंकरजी मानते हैं।

आइए, देखें कि अहल्या ऐसा क्यों कह रही है। राम को तो अयोध्या में हजारों लोगों ने देखा था, पर ऐसी बात कभी किसी ने नहीं कही। अहल्या क्यों कह रही है। वास्तव में, अपने उद्धार के बाद अहल्या ने प्रभु को पहचान लिया था। हर कोई प्रभु को पहचान नहीं पाता है। जनसाधारण के लिए श्री रामकृष्ण परमहंस भी एक साधारण साधु थे, लेकिन विवेकानन्द ने उनमें भगवान् को देखा, उन्हें 'अवतार वरिष्ठाय' (सबसे श्रेष्ठ अवतार) कहा। मूर्तिपूजक जिस मूर्ति में प्रभु के साक्षात् स्वरूप को देखता है उसी मूर्ति को निराकार का उपासक व्यर्थ मानता है। दृष्टि ही मनुष्य के भीतर भाव की सृष्टि करती है।

अहल्या इस बात से भी सतर्क है कि उसके प्रभु-दर्शन पर कोई व्यक्ति प्रश्न न उठा दे। इसीलिए कहती है कि इस दर्शन के लाभ को शिवजी जानते हैं। राम की प्रतिष्ठा के लिए शिव से बड़ा साक्षी इस संसार में खोज पाना कठिन है। अत: शिव को अहल्या साक्षी बनाती है। जिस प्रभु को स्वयं देखने में भगवान् शिव परमानन्द का अनुभव करते हैं, उसे अहल्या ने देख लिया है। अब वह परम तृप्त है।

इसीलिए अहल्या श्रीराम से कुछ भी सांसारिक ऐश्वर्य नहीं माँगती है। वह कहती है कि प्रभो! तुम्हारे चरणों में मेरा मन सदा लगा रहे, बस इतना ही वर दे दो। प्रभु से केवल प्रभु को ही माँगना भक्ति का सबसे बड़ा गौरव है। अहल्या इस गौरव को सहज प्राप्त कर लेती है। सच्चा भक्त कभी प्रभु से संसार का सुख-वैभव माँग ही नहीं सकता।

विवेकानन्द के जीवन की एक प्यारी घटना है। पिता की असामयिक मृत्यु के कारण उनके घर की आर्थिक स्थिति एकदम खराब हो गयी थी। रामकृष्ण को जब यह बात पता चली तो वे दु:खी हुए। शिष्यों ने उनसे कहा कि आप काली माँ से कहकर नरेन्द्र (विवेकानन्द) की आर्थिक स्थिति सुधारने में सहायता कीजिए।

रामकृष्ण ने कहा, मैं माँ से सांसारिक वस्तु नहीं माँग सकता। हाँ, नरेन्द्र से कहूँगा कि वह स्वयं जाकर माँग ले।

एक दिन विवेकानन्द उनके पास आये तो उन्होंने कहा—मैंने माँ से प्रार्थना की है कि तू जो कुछ माँगेगा, माँ तुझे दे दे। जा, माँ से मनचाहा माँग ले।

विवेकानन्द काली माँ के मन्दिर में गये। कुछ समय बाद आये तो रामकृष्ण ने पूछा—माँगा? विवेकानन्द ने कहा—नहीं माँग पाया।

रामकृष्ण ने तीन बार उन्हें भेजा, पर वह माँ से आर्थिक सहायता नहीं माँग पाये। हर बार विवेकानन्द ने माँगा—माँ! मुझे ज्ञान, भक्ति और वैराग्य दे।

रामकृष्ण के डाँटने पर उन्होंने कहा—मैं किसी तरह भी माँ से सांसारिक वस्तु नहीं माँग पाया। मुझे शर्म आयी कि मैं जगत् जननी से इतनी छोटी चीज माँगूँ। रामकृष्ण अपने शिष्य की शालीनता पर रीझ उठे।

अहल्या ने प्रभु के चरणों के रस के सामने संसार के रस को फीका माना। प्रभु की कृपा उनके लिए सर्वाधिक महत्त्व की थी, क्योंकि इसी से उनके जीवन का रूपान्तरण हुआ था।

जेहि पद सुर सरिता परम पुनीता प्रगट मदू सिव सीस धरी।
सोइ पद पंकज जेहि पूजत अज मम सिर धरेउ कृपाल हरी॥

—जिन चरणों से परम पवित्र देवनदी गंगा प्रकट हुईं, जिन्हें शिवजी ने सिर धारण किया और जिन चरण-कमलों को ब्रह्माजी पूजते हैं, कृपालु हरि ने उन्हीं को मेरे सिर पर रखा।

अहल्या श्रद्धा और भक्ति की भावना में डूबी हुई है। वह राम के चरणों का स्पर्श अपने मन-प्राण में अभी तक अनुभव कर रही है। इसलिए उन पैरों की महिमा गा रही है। ब्रह्मा, शिव और गंगा के आराध्य हैं ये पाँव। इन तीनों की पवित्रता इन पैरों में समायी हुई है। आज यह सारी पवित्रता मेरे तन-मन को पावन और परिष्कृत कर रही है। जरा सी पवित्रता जीवन में आ जाये तो मनुष्य धन्य हो उठता है। राम ने अपने पैरों से अहल्या को छूकर सम्पूर्ण पवित्रता का वरदान दे दिया।

पवित्र जनों के पैरों की बड़ी महिमा है। एक दिन दक्षिणेश्वर के मन्दिर में विवेकानन्द अपने मित्रों के साथ अद्वैत वेदान्त का मजाक उड़ा रहे थे। उनके मित्र आपस में हँसते हुए कह रहे थे—यह लोटा ब्रह्म है। ये मक्खियाँ ब्रह्म हैं। रामकृष्ण ने यह विद्रूप हास्य सुना। वे अर्ध समाधि की अवस्था में ही बाहर आये और अपने पैर से विवेकानन्द को छू दिया। विवेकानन्द एकदम से बदल गये। उनके सामने से संसार तिरोहित हो उठा। वे सर्वत्र ब्रह्म का ही दर्शन करने लगे। खाते-पीते सदैव

उन्हें ब्रह्म का ही बोध होता। यह स्थिति कुछ दिनों तक बनी रही। फिर विवेकानन्द ने कभी वेदान्त के मर्म वाक्य—'परमात्मा सर्वव्यापी है' का विरोध नहीं किया।

अनुभव से बढ़कर संसार में और कोई साक्ष्य नहीं है। जैसे रामकृष्ण के पैरों ने विवेकानन्द को ब्रह्म का बोध कराया, उसी तरह श्रीराम के चरणों ने अहल्या को परम पावन कर दिया।

राम को शायद पता नहीं था कि अहल्या का उद्धार करने से उनका दयामय स्वभाव दूर-दूर तक चर्चा का विषय बन जायेगा। वे तो अहल्या को भूल चुके थे, लेकिन केवट ने उसे याद रखा था। जब राम वनवास के समय गंगा-पार जाने के लिए केवट से नाव माँगने लगे तो उसने साफ-साफ कह दिया—

मागी नाव न केवटु आना।
कहइ तुम्हार मरमु मैं जाना॥
छुअत सिला भइ नारि सुहाई।
पाहन तें न काठ कठिनाई॥

—जब श्रीराम ने केवट से नाव लाने को कहा तो वह नहीं लाया, बल्कि कहने लगा—हे नाथ! मैं आपका रहस्य जानता हूँ। आपके पाँव को छूते ही पत्थर की मूर्ति स्त्री बन गयी थी। मेरी नाव तो लकड़ी की है, यह तो पत्थर से कम कठोर है। इसको तो न जाने आप क्या बना देंगे!

केवट ने गंगा-पार उतरने की एक शर्त रखी—

जौं प्रभु पार अवसि गा चहहू।
मोहि पद पदुम पखारन कहहू॥

—हे नाथ, यदि आप अवश्य ही गंगा पार करना चाहते हैं तो अपने चरण-कमलों को धोने की अनुमति मुझे दीजिए। आपके पैर धोये बिना मैं आपको नाव पर चढ़ने नहीं दूँगा!

राम केवट का विरोध न करें, इसलिए वह राम के साथ सौदा भी करता है—

पद कमल धोइ चढ़ाइ नाव न नाथ उतराई चहौं।

—केवट कहता है कि नाथ, आप अपने पैर धो लेने दीजिए। मैं आपसे और ग्राहकों की तरह उतराई नहीं लूँगा।

यह कथन बड़ा मजेदार है। इससे केवट की सरल बुद्धि का परिचय मिलता है। वह भोला-भाला आदमी समझता है कि यदि राम से यह कहूँगा कि पैर धुलाकर आप तीनों लोगों के पार होने का पैसा बचा लेंगे तो राम जरूर मान जायेंगे। केवट का यह कथन राम की मर्यादा के अनुकूल नहीं था; लेकिन केवट की भक्ति से वे

गद्‌गद थे। इसीलिए तुलसीदास ने लिखा—

सुनि केवट के बैन प्रेम लपेटे अटपटे।
बिहसे करुनाऐन चितइ जानकी लखन तन॥

यद्यपि इस समय राम वनवासी थे, लेकिन थे तो महाराज दशरथ के पुत्र! यह केवट उनके ही राज्य का एक साधारण नागरिक था। उसका राम से चार आने की उतराई के लिए सौदा करना बहुत ही अटपटा था। लेकिन राम क्रोध न कर हँस पड़े, क्योंकि वे 'अटपटे' वचन 'प्रेम लपेटे' थे।

कृपासिंधु बोले मुसुकाई।
सोइ करु जेहिं तव नाव न जाई॥

—कृपा के सागर राम मुसकराकर बोले—हे केवट! वही करो, जिससे तुम्हारी नाव बची रहे।

केवट से अपने पाँव धुलाना कृपालु राम की बहुत बड़ी दया थी। गंगा तो विष्णु के चरणों से निकली थीं। और राम विष्णु के स्वरूप थे। गंगा तो स्वयं उन्हें मार्ग दे सकती थीं। लेकिन केवट की उपेक्षा करके राम गंगा को पार कर जाते तो भक्त और भगवान् के सम्बन्धों की महिमा का यह पावन प्रसंग कैसे बनता? राम की कृपा का गुणगान करने के लिए जन्म-जन्म तक लोग लालायित क्यों रहते?

राम के पाँव धोकर केवट ने उन्हें गंगा-पार उतार दिया, लेकिन राम को बहुत संकोच हो रहा था। फोकट में नाव पर चढ़ना और गरीब केवट को कुछ न देना राम अनुचित समझ रहे थे। वनवासी राम के पास कृपा के सिवा और कुछ था भी नहीं। माँ कैकेयी ने उन्हें तपस्वी बनकर वन में रहने के लिए कहा था, इसीलिए उन्होंने अपने सारे रत्न-आभूषण अयोध्या में ही उतार दिये थे। केवट को देने के लिए उनके पास कुछ भी तो नहीं था।

पिय हिय की सिय जाननिहारी।
मनि मुदरी मन मुदित उतारी॥

—पति के हृदय को पहचाननेवाली सीता ने राम के मन की उथल-पुथल को जान लिया। इसीलिए उन्होंने मणिवाली अपनी अँगूठी उतारकर राम को दे दी। राम ने वह कीमती अँगूठी केवट को देनी चाही।*

* अँगूठी के माध्यम से सीता के हृदय को पहचानने के लिए लेखक की 'प्रभात प्रकाशन' से प्रकाशित कृति 'जग जननि जानकी' पढ़िए।

मणि की अँगूठी का प्रसंग उपस्थित कर तुलसीदास ने एक बड़ी ऊँची बात कह डाली है। केवट गरीब था। आने-जानेवालों को अपनी नाव से गंगा पार कराकर उसे जो कुछ भी मिलता था, उसी से वह अपने परिवार का पोषण करता था। आज उसे मणि की अँगूठी मिल रही थी। यह अँगूठी बेचकर वह जीवन भर के लिए सुखी बन सकता था। उसके पास इतना धन तो हो ही जाता कि उसके बेटों को भी नाव चलाने की जरूरत नहीं पड़ती। लेकिन इस सांसारिक धन के मिलने से पहले ही उसे राम की कृपा मिल गयी थी। जब प्रभु की कृपा मिल जाती है तब सभी धन-वैभव फीके पड़ जाते हैं। इसीलिए वह कहता है—

नाथ आजु मैं काह न पावा।
मिटे दोष दुख दारिद दावा॥

—हे रामचन्द्रजी! आज मुझे क्या नहीं मिला? मेरे पाप, दुःख और दरिद्रता की सारी आग आज शान्त हो गयी।

कितना श्रेष्ठ है केवट का कथन! भक्ति की भावना ने एक छोटे से मनुष्य को भी कितना महान् बना दिया है! राम के चरणामृत का पान करने से केवट के लिए मणि की अँगूठी माटी बन गयी थी।

लेकिन राम कब माननेवाले थे। उन्होंने सोचा कि केवट ने मेरे पाँव धोये हैं, इसीलिए कुछ लेने में संकोच कर रहा है। अतः उन्होंने लक्ष्मण और सीता के माध्यम से अँगूठी देने का प्रयत्न किया। लेकिन केवट ने उसे लेने से इनकार कर दिया—

बहुत कीन्ह प्रभु लखन सियँ नहिं कुछ केवटु लेइ।

—जब केवट ने मणि की अँगूठी के रूप में दी जा रही सर्वश्रेष्ठ लौकिक सम्पत्ति को लेने से इनकार कर दिया तो—

बिदा कीन्ह करुनायतन भगति बिमल बरु देइ॥

—कृपा के घर राम ने अपनी निर्मल भक्ति की सम्पत्ति देकर केवट को विदा किया। यह ऐसी भक्ति थी, जिसे ज्ञानी-ध्यानी लोग वर्षों की तपस्या के बाद पाते हैं। लेकिन दया के सागर राम ने केवट को सहज ही दे दी।

प्रभु राम की कृपा गिद्धराज जटायु को भी मिली। रावण के प्रहार से घायल जटायु अपने जीवन की अन्तिम घड़ियाँ गिन रहा था। रावण से सीता को न बचा पाने का क्षोभ जटायु के हृदय को पीड़ा से मथ रहा था। ऐसे में श्रीराम उसके पास आये।

पीड़ा से व्याकुल जटायु को देखकर राम का हृदय भर आया—

कर सरोज सिर परसेउ कृपासिंधु रघुबीर।
निरखि राम छबि धाम मुख बिगत भई सब पीर॥

—दया के सागर राम ने जटायु के मस्तक पर अपना हाथ फेरा। यह स्पर्श पाते ही पीड़ा से व्याकुल जटायु की आँखें खुल गयीं। शोभा के धाम प्रभु राम के मुख को देखकर उसकी सब पीड़ा दूर हो गयी।

स्वस्थ होकर जटायु ने राम को सीताहरण का समाचार दिया। राम सबकुछ सुनकर भाव-विभोर हो गये। होते भी क्यों नहीं! वन में वे कष्ट भोगने आये थे, लेकिन उन्हें सब तरफ से सुख-ही-सुख मिला। निषादराज की मित्रता, केवट की भक्ति, ऋषियों की मान भरी आत्मीयता पाकर राम अपना दुःख-दर्द भूल गये थे। सीताहरण से उन्हें फिर एक चोट लगी थी; लेकिन इस बार जंगल के एक पक्षी ने उनके आँसू पोंछे। सीता को बचाने के लिए अपने प्राण तक की बाजी लगा देनेवाले जटायु के उपकार को राम अपने हृदय की गहराइयों तक महसूस कर रहे थे।

राम कहा तनु राखहु ताता।

—राम ने जटायु से कहा—हे तात! आप शरीर को बनाए रखिए।

वृद्ध जटायु के सामने एक बड़ी भारी परीक्षा की घड़ी थी। ऐसी ही स्थिति राम ने केवट के सामने भी उपस्थित की थी। उसे मणि की अँगूठी देकर राम सांसारिकता में बाँधना चाहते थे, लेकिन केवट बँधा नहीं। इसीलिए राम ने उसे निर्मल भक्ति दी। आज जटायु की भी वैसी ही स्थिति थी। राम ने कहा था कि शरीर को बनाये रखिए। बुढ़ापे में स्वस्थ और सुन्दर शरीर की कामना किसे नहीं होती! यदि नीरोग होकर और अधिक जीवन जीने का मौका मिले तो शरीर बचाने को किसका मन लालायित नहीं हो जायेगा! आदमी होता तो शायद थोड़ा सोच-विचार करता, लेकिन पक्षी को तो तुरन्त इस लोभ में फँस जाना चाहिए था।

लेकिन जटायु इस लोभ के जाल में नहीं फँसे। राम के हाथों के स्पर्श ने जटायु को परमानन्द की अनुभूति करा दी थी। उसने साफ कहा—

जा कर नाम मरत मुख आवा।
अधमउ मुकुत होइ श्रुति गावा॥
सो मम लोचन गोचर आगें।
राखौं देह नाथ केहि खाँगें॥

—हे नाथ! मरते समय जिसका नाम लेने से पापी भी मुक्ति पा जाता है—ऐसा वेदों ने गाया है—वही आप मेरी आँखों के सामने हैं। फिर इस देह को लेकर मैं क्या करूँगा?

केवट की तरह जटायु ने भी परीक्षा पास कर ली। राम ने करुणा से भरकर कहा—हे जटायु, मैं तुम्हें क्या मुक्ति दूँगा! तुमने अपने कर्मों से ही परम गति पाने का अधिकार पा लिया है।

राम जटायु के निष्काम और निस्स्वार्थ व्यक्तित्व से इतने प्रभावित हैं कि उनसे ही अपने लिए निवेदन कर बैठते हैं। पूरे 'रामचरितमानस' में राम कभी किसी से कुछ माँगते नहीं या निवेदन नहीं करते। जटायु की निष्ठा ने राम की इस मर्यादा को तोड़ दिया—

सीता हरन तात जनि कहहु पिता सन जाइ।
जौं मैं राम त कुल सहित कहिहि दसानन आइ॥

—राम जटायु से विनम्र निवेदन करते हैं—हे तात! सीताहरण की बात आप (स्वर्ग में जाकर मेरे) पिताजी से नहीं कहिएगा। यदि मैं राम हूँ तो दशमुख रावण अपने कुटुम्ब सहित वहाँ पहुँचकर स्वयं ही सबकुछ कहेगा!

इस चौपाई में कई सन्दर्भ, प्रसंग और अर्थ छिपे हैं। राम ने पहली बार किसी से कुछ माँगकर अपने नियम को तोड़ा है। किन्तु जटायु जिस धरातल पर सारी सांसारिक एवं भौतिक इच्छाओं को छोड़कर पहुँच गये थे, वह योगी-यतियों के लिए भी दुर्लभ है। अत: ऐसे व्यक्ति से राम ने कुछ माँगने से संकोच नहीं किया। राम की यह याचना व्यवहार की दृष्टि से बहुत उचित भी है। दशरथ की मृत्यु इसी कारण हुई थी कि वे राम के वन जाने और वहाँ भीषण कष्ट झेलने के प्रति व्याकुल थे। वही दशरथ जब यह सुनते कि राम सीताहरण के बाद कष्ट की चरम सीमा पर हैं तो उन्हें मरणातीत पीड़ा होती। पिता को इस पीड़ा से बचाने के लिए राम व्याकुल होकर जटायु से निवेदन कर बैठते हैं।

·राम अपने और लक्ष्मण के पौरुष के अपमान के प्रति भी ग्लानि महसूस कर रहे हैं। यद्यपि रावण सम्मुख रण जीतकर सीता को नहीं ले गया था—उसने चोरी से, छलपूर्वक हरण किया था, तो भी राम इसे अपने स्वाभिमान पर आघात समझ रहे थे। इस आघात को जब तक रावण का वध करके वे दूर नहीं कर लेते तब तक उनको चैन कैसे मिल सकता था—उनके पौरुष की सार्थकता कैसे सिद्ध हो सकती थी! अपने पिता को वे यह सन्देश कैसे भेज सकते थे कि उनका पुत्र अन्यायियों और अत्याचारियों के खिलाफ संघर्ष करने में कमजोर पड़ गया है। इसीलिए राम जटायु से उस समय की प्रतीक्षा करने के लिए कहते हैं, जब रावण का संहार उनके द्वारा होगा। उस समय रावण स्वयं अपने साथ अपने कुकर्मों और अपराधों की सूची लेकर जायेगा। पिता दशरथ को उस समय जो सुख मिलेगा, वह अवर्णनीय होगा। आतंक के प्रतीक रावण

पर अपने पुत्र के शौर्य की विजय उन्हें आनन्द से सराबोर कर देगी।

रावण के बारे में बोलते हुए राम यह संकेत भी जटायु को दे रहे हैं कि मरकर रावण भी वहीं जायेगा, जहाँ आप जा रहे हैं और जहाँ महाराज दशरथ पहले से हैं। मजेदार बात यह है कि रावण अकेले ही नहीं, अपने कुल सहित स्वर्ग जायेगा और राम से वैर करने का फल वहाँ बतायेगा। उसका अहंकार उस समय शर्म में बदल जायेगा।

राम की यह उक्ति कि रावण कुल सहित स्वर्ग जायेगा—उनके ब्रह्म-भाव को व्यक्त करती है। इससे इस बात का भी पता चलता है कि राम जिसे किसी भी रूप में छुएँगे, वह अवश्य तर जायेगा।

राम की इच्छा को पूर्ण करने के सिवा और कोई मार्ग जटायु के सामने नहीं था। जिस प्रभु ने रावण के प्रहार से उत्पन्न दर्द को हरकर उनके प्रति दयालुता दिखायी थी, शरीर को स्वस्थ करने की पेशकश की थी, उसकी बात वे क्योंकर नहीं मानते!

राम ने जटायु को बहुत आदर दिया था। जो बड़े-बड़े ऋषि-मुनियों को माँगने पर भी जल्दी कुछ नहीं देते हैं, उन्हीं प्रभु ने जटायु को बिना माँगे सबसे उत्तम गति दे दी—

तनु तजि तात जाहु मम धामा।
देउँ काह तुम्ह पूरनकामा॥

—हे तात जटायु! तुम शरीर को छोड़कर मेरे धाम जाओ। मैं तुम्हें और क्या दूँ, तुम तो पूर्णकाम हो।

राम ने जटायु को पूर्णकाम कहा। यह एक मनोवैज्ञानिक यथार्थ है। बचपन और बुढ़ापे में आदमी अपनी शारीरिक इच्छाओं पर नियन्त्रण नहीं कर पाता। बुढ़ापे में इन्द्रियाँ और भी लोभी-लालची हो जाती हैं। जटायु बूढ़े थे। रावण के प्रहार से घायल होने के कारण उनकी जान अब-तब को थी। ऐसे समय में उन्हें कृपा के सागर राम मिले थे, जो शरीर को स्वस्थ तथा सुन्दर करने के लिए तैयार थे, जिससे सुखोपभोग आनन्द से किये जा सकें; लेकिन बूढ़े जटायु ने उसे ठुकराकर मौत की माँग की। यह योगी की वृत्ति है—इसी को पूर्णकाम कहते हैं। जटायु में कोई इच्छा रह नहीं गयी थी।

जटायु की आत्मा ने शरीर का भाव त्याग दिया था। वे राममय हो गये थे। तुलसी ने कहा है कि जटायु 'गीध देह तजि धरि हरि रूपा' स्वर्ग गये। उन्हें राम ने कभी न डिगनेवाली (निश्चल) भक्ति दी।

राम की भक्ति का प्रसाद शबरी को भी मिला था। जब राम उसके आश्रम में आये तो वह भक्ति-भाव में डूब गयी—

स्याम गौर सुंदर दोउ भाई।
सबरी परी चरन लपटाई॥

—राम और लक्ष्मण के चरणों में शबरी लोट गयी। बार-बार वह राम की स्तुति करके अपनी दीनता प्रकट करने लगी। इसपर राम ने बड़े स्नेह से कहा कि हे शबरी, मैं केवल भक्ति के सम्बन्ध को मानता हूँ। मेरी भक्ति नौ तरह से की जा सकती है।

मेरी पहली भक्ति है सत्संग, दूसरी है कीर्तन, तीसरी है नाम-स्मरण, चौथी है मेरे गुणों का गान, पाँचवीं है इन्द्रियों को रोकना, छठी धर्म में निरत रहना, सातवीं है संसार को राममय देखना, आठवीं है किसी में दोष न देखना और नौवीं है निष्कपट मन से मुझमें भरोसा रखना। इसमें से यदि कोई किसी भी तरह से मुझे भजता है तो वह मेरा परमप्रिय होता है—उसे मैं अवश्य मिलता हूँ। तुम्हारी तो मुझमें अविचल भक्ति है।

जोगि बृंद दुरलभ गति जोई।
तो कहुँ आजु सुलभ भइ सोई॥

—हे शबरी, जो गति योगियों के लिए भी दुर्लभ है, वही गति तुम्हें सहज ही मिल गयी है।

मम दरसन फल परम अनूपा।
जीव पाव निज सहज स्वरूपा॥

—राम कहते हैं—मेरे दर्शन का फल बड़ा चामत्कारक होता है। मुझे देखकर जीव अपने सहज स्वरूप को प्राप्त कर लेता है—अर्थात् देहभाव को छोड़कर ब्रह्ममय हो जाता है।

राम ने शबरी को परमगति देकर उसका काम कर दिया था; लेकिन शबरी ने राम का अभी कुछ काम नहीं किया था। राम उसी पर कृपा करते हैं, जो प्रभु के काम आता है। अहल्या का उद्धार उन्होंने गुरु विश्वामित्र के कहने पर किया था। गुरु की आज्ञा थी—'कृपा करहु रघुबीर!' केवट ने बिना कुछ लिये राम को गंगा पार कराकर अपना कर्तव्य निभाया था। जटायु ने सीता के लिए अपने प्राण तक देने की तत्परता दिखायी थी।

राम शबरी से भी अपना कुछ काम कराना चाहते थे, इसीलिए उन्होंने पूछा—

जनकसुता कइ सुधि भामिनी।
जानहि कहु करिबरगामिनी॥

—हे शबरी, तुम मुझे गजगामिनी सीता की कुछ खबर तो बताओ!

शबरी राम से कहती है कि हे नाथ, आप जाकर पंपा तालाब पर रहनेवाले सुग्रीव से मित्रता करें। वही आपको सब समाचार देंगे।

सीता का यह समाचार देते-देते शबरी मुक्त हो गयी, उसके शरीर से प्राण छूट गया।

कहि कथा सकल बिलोकि हरि मुख हृदयँ पद पंकज धरे।
तजि जोग पावक देह हरि पद लीन भइ जहँ नहिं फिरे॥

—सब कथा कहकर, भगवान् के दर्शन कर, उनके चरणकमलों को अपने हृदय में धारण कर योग-अग्नि द्वारा देह को छोड़कर शबरी हरिपद में लीन हो गयी—जहाँ से कोई कभी नहीं लौटता।

जटायु की तरह शबरी भी राम को सीता का समाचार देने के लिए ही जी रही थी। जटायु ने बताया कि सीता को रावण ले गया है; लेकिन शबरी ने संकेत दिया कि सुग्रीव से मित्रता करके रावण तक पहुँचा जा सकता है। दोनों ने राम का काम करने के बाद शरीर को त्याग दिया, और कृपा के सागर राम ने दोनों को आवागमन से मुक्त कर दिया।

राम की कृपा की बरसात जिसपर भी हुई, उसने अपना सच्चा स्वरूप पा लिया—चाहे वह पत्थर बनी अहल्या हो या भोला-भाला केवट; चाहे वह पक्षियों में सबसे नीच गिद्ध हो या स्त्रियों में सबसे पतित शबरी। राम की कृपा का गंगाजल हर किसी को पवित्र करने में समर्थ है।

सुनहु उमा ते लोग अभागी।
हरि तजि होहिं बिषय अनुरागी॥

—इसीलिए शंकरजी कहते हैं कि हे पार्वती! वे अभागे हैं, जो राम की कृपा को छोड़कर विषय-वासनाओं के पीछें भागते हैं।

शंकर की यह उक्ति केवल भावुकता नहीं है। उदाहरणों से स्पष्ट है कि जिस राम ने अहल्या, केवट, जटायु और शबरी पर कृपा की, वे किसी पर भी कृपा कर सकते हैं—यदि उसके मन में प्रभु के प्रति प्रेम-भाव हो। प्रभु के चरणों में प्रेम-भाव बढ़ने से ही सांसारिकता का लोप होता है, जीव प्रभु के करीब पहुँचता है, उसके मन के विषय-विकार समाप्त होते हैं। शिव यह कहना चाहते हैं कि निष्ठुर प्रभु नहीं होते, मनुष्य ही प्रभु की उपेक्षा करके इधर-उधर भागता है। यदि आदमी

भागना बन्द करके करुणानिधान के चरणों में अपने को समर्पित कर दे, तो उसकी देखभाल प्रभु स्वयं करते हैं। यह प्रभु का संकल्प है। वे अपने भक्त को सबसे अधिक चाहते हैं।

वन में राम ने अपनी कृपा से शरभंग और सुतीक्ष्ण ऋषि को कृतार्थ किया था। अनेक वर्षों से तप-साधना में लगे दोनों ऋषियों को प्रभु राम के आगमन की प्रतीक्षा बहुत दिनों से थी। राम के दर्शनों के लिए शरभंग का मन-प्राण कितना उत्कण्ठित था, इसका अन्दाज इस बात से लग जाता है कि उन्हें ब्रह्मलोक जाना था, लेकिन राम के आगमन की खबर पाकर उन्होंने अपनी यात्रा स्थगित कर दी—

जात रहेउँ बिरंचि के धामा।
सुनेउँ श्रवन बन ऐहहिं रामा॥

—मैं ब्रह्मलोक जाने की तैयारी में था, इसी समय समाचार मिला कि राम वन में आने वाले हैं—

चितवत पंथ रहेउँ दिन राती।
अब प्रभु देखि जुड़ानी छाती॥

—मैं तभी से रात-दिन राह देख रहा हूँ। अब आपको देखकर हृदय शीतल हुआ है।

ऋषि शरभंग की भक्ति बड़ी एकान्तिक है। उन्हें ब्रह्मलोक जाना था, लेकिन राम का आगमन हो रहा है—यह सुनकर नहीं गये। आराध्य के प्रति यह निष्ठा किसे नहीं मुग्ध कर देगी!

बड़े अद्‌भुत चरित्र के थे ऋषि शरभंग। केवल अपने पार्थिव नयनों से प्रभु के दर्शन करने के लिए ही वे जीवित थे। जैसे ही उन्होंने प्रभु को देख लिया, जीवित रहने की उनकी भावना समाप्त हो गयी। उन्होंने राम से केवल इतना ही चाहा कि वे तब तक वहाँ रहें जब तक वे (ऋषि) देह-त्याग न कर दें। प्रभु के समक्ष सांसारिक जीवन की सबसे प्रिय वस्तु—अपनी देह का परित्याग करना भक्ति की पराकाष्ठा है। उन्होंने प्रभु से एक ही वरदान माँगा—

सीता अनुज समेत प्रभु नील जलद तनु स्याम।
मम हियँ बसहु निरंतर सगुन रूप श्रीराम॥

—हे नीले मेघ के समान श्यामल शरीरवाले सगुण रूप श्रीरामजी! सीता और लक्ष्मण सहित आप मेरे हृदय में वास करिए।

प्रभु राम ने ऋषि की इच्छाओं को पूर्ण किया। भक्तों की इच्छा को पूर्ण करना प्रभु का स्वभाव है। ऋषि शरभंग राम की कृपा पाकर बैकुण्ठ चले गये। ऐसा सौभाग्य किसी विरले को ही मिलता है कि आराध्य सामने हों और वह अपनी तप-

साधना की सम्पूर्ण सार्थकता को उपलब्ध कर शरीर का त्याग कर रहा हो!

शरभंग के बाद राम को सुतीक्ष्ण ऋषि मिलते हैं। वे भी भगवान् के दर्शनों की प्रतीक्षा कर रहे थे। जब राम के आगमन का समाचार उन्होंने सुना तो उनकी हालत विचित्र हो गयी—

प्रभु आगवनु श्रवन सुनि पावा।
करत मनोरथ आतुर धावा॥

—जब सुतीक्ष्णजी ने राम के आने का समाचार सुना तो वे अनेक प्रकार की कामनाएँ करते हुए राम से मिलने के लिए तेजी से दौड़े।

सुतीक्ष्ण के मन में कोई सांसारिक इच्छा नहीं है। वे राम से अपने घर-परिवार के लिए कोई वरदान माँगने की कामना नहीं कर रहे हैं। उनके हृदय में एक ही इच्छा है कि प्रभु उन्हें अपना लें।

अतिसय प्रीति देखि रघुबीरा।
प्रगटे हृदयँ हरन भव भीरा॥

—सांसारिक पीड़ा का हरण करनेवाले रामचन्द्रजी मुनि के प्रगाढ़ प्रेम को देखकर (मुनि) के हृदय में प्रकट हो गये।

जैसे ही प्रभु राम सुतीक्ष्ण मुनि के हृदय में आये, मुनि ध्यानस्थ हो गये। सांसारिकता का लोप हो गया। प्रभु हृदय में हों तो किसी को संसार छू भी कैसे सकता है—उसे तो केवल प्रभु ही छू सकते हैं। यही मुनि के साथ भी हुआ। प्रभु ने उन्हें जगाने के लिए चतुर्भुज रूप ग्रहण किया। उसे देखते ही मुनि अकुलाकर जग गये।

आगे का प्रसंग बड़ा ही मनोहारी है। मुनि प्रेममग्न होकर राम के चरणों पर गिर पड़ते हैं। लेकिन राम उन्हें बीच से ही उठाकर अपने हृदय से लगा लेते हैं—

भुज बिसाल गहि लिए उठाई।
परम प्रीति राखे उर लाई॥

—मुनि को अपने विशाल बाहुओं में भरकर राम ने अत्यन्त प्यार के साथ हृदय से लगा लिया।

जरा इस प्रसंग की गहराइयों में उतरिए। भक्त प्रभु के चरणों पर गिरना चाहता है, रहना चाहता है। लेकिन भगवान् उसे अपने हृदय में 'परम प्रीति' के साथ रखना चाहते हैं। भक्त धूलि बनना चाहता है, भगवान् उसे रत्न बना देते हैं। भक्त अपने को तुच्छ समझता है, भगवान् उसे गरिमा से भर देते हैं। जैसे भक्त प्रभु को अपने हृदय में रखना चाहता है वैसे ही प्रभु भी भक्त को अपने हृदय में रखना चाहते

हैं। इसीलिए चरणों पर गिरते हुए सुतीक्ष्ण को राम ने हृदय से लगा लिया।

प्रभु के हृदय की भावना मुनि सुतीक्ष्ण पहचान लेते हैं। प्रभु के हृदय में स्थान मिल जाने से उन्हें अपनी साधना सफल होती प्रतीत होती है। भगवान् की करुणा से भीगकर मुनि उनका यशोगान करने लगते हैं। अपनी समूची श्रद्धा को प्रभु के चरणों पर उड़ेल देते हैं। स्तुति किसे प्रिय नहीं लगती? राम परम प्रसन्न होते हैं। उन्हें फिर हृदय से लगाकर गौरवान्वित करते हैं।

परम प्रसन्न जानु मुनि मोही।
जो बर मागहु देउँ सो तोही।

—हे मुनि, मैं तुमपर परम प्रसन्न हूँ। जो वर चाहो, माँग लो!

अबिरल भगति बिरति बिग्याना।
होहु सकल गुन ग्यान निधाना॥

—मैं अपनी तरफ से तुम्हें वर देता हूँ कि हे मुनि, तुम प्रगाढ़ भक्ति, वैराग्य, विज्ञान और समस्त गुणों तथा ज्ञान-राशि के निधान हो जाओ।

प्रभु राम द्वारा इतना दे दिये जाने के बाद अब माँगने को कुछ बचा ही नहीं था। भक्त पर भगवान् की कृपा अयाचित थी। लेकिन सुतीक्ष्ण याचना किये बगैर रह नहीं सके। ऋषि ने सोचा—जो प्रभु चाहते थे, वह तो उन्होंने दिया, लेकिन जो मैं चाहता हूँ, वह तो मुझे ही माँगना पड़ेगा—

प्रभु जो दीन्ह सो बरु मैं पावा।
अब सो देहु मोहि जो भावा॥

—मुनि ने कहा—प्रभु ने दिया, उसे मैंने प्राप्त किया। अब जो मुझे चाहिए, वह आप दें।

एक क्षण के लिए राम भी चकरा गये कि जितना दिया जा चुका है, उससे अधिक एक सन्त-महात्मा को चाहिए भी क्या? लेकिन मुनि की यह माँग सुनकर प्रभु के होंठों पर मुसकान नाच उठी—

अनुज जानकी सहित प्रभु चाप बान धर राम।
मम हिय गगन इंदु इव बसहु सदा निहकाम॥

—हे प्रभु रामचन्द्र! सीता और लक्ष्मण सहित आप धनुर्धारी होकर मेरे हृदय-रूपी आकाश में चन्द्रमा की तरह निष्काम रूप से वास करें।

भगवान् राम के पास कोई चारा नहीं था। उन्होंने सोचा था कि भक्ति, ज्ञान और वैराग्य का वरदान पा जाने से सुतीक्ष्ण की समस्त कामनाएँ समाप्त हो जायेंगी, सगुण-साकार उपासना के मायाजाल से उन्हें मुक्ति मिल जायेगी, क्योंकि सारी

उपासना इसीलिए की जाती है कि भक्ति, ज्ञान और वैराग्य की उपलब्धि हो। मुनि ने सबकुछ पाकर भी अपनी कृतज्ञ-भावना को विस्मृत नहीं किया। राम के दर्शन से ही उन्हें अयाचित वर मिला था। अतः वे राम को सदा अपने हृदय में रखना चाहते थे।

यहाँ 'निष्काम' शब्द बहुत महत्त्वपूर्ण है। भक्त तो सदा चाहता है कि प्रभु उसके हृदय में रहें, लेकिन साधारण भक्त प्रभु को हृदय में रखकर उनसे संकट के समय में सहायता की कामना रखता है। वह चाहता है कि जब कभी उसपर द्रौपदी की तरह संकट आये तो प्रभु उसे बचाने के लिए दौड़ें। प्रभु से सहायता की कामना रखनेवाली भक्ति सकाम भक्ति है। सुतीक्ष्ण ऋषि निष्काम भक्ति चाहते हैं। वह चाहते हैं कि प्रभु सदा उनके हृदय में रहें, पर प्रभु उनकी चाकरी न करें, वे ही प्रभु की चाकरी करें।

भक्त जब भगवान् के काम के लिए आतुर और तत्पर होता है तो वह निष्काम होता है और जब वह भगवान् से अपने लिए कुछ करवाना चाहता है तो वह सकाम होता है। जीवन की सबसे बड़ी धन्यता यह है कि भक्त भगवान् के काम आये। इस संसार में भगवान् से काम करानेवाले भक्तों की भारी भीड़ है। ऋषि सुतीक्ष्ण उस भीड़ से अपने को अलग रखना चाहते हैं।

कृपा के सागर प्रभु राम ने मुनि के भाव को पहचानकर सदा उनके हृदय में निवास करने के लिए 'एवमस्तु' कह दिया।

राम ने युद्धभूमि में मरे अपने कपि-भालू सैनिकों पर भी दया की। जब युद्ध-समाप्ति के बाद इन्द्र उन्हें विजय की बधाई देने आये तो राम ने उनसे आग्रह किया कि राक्षसों द्वारा मारे गये मेरे सैनिकों की लाशों, जो जमीन पर पड़ी हैं, को जिन्दा कर दो; क्योंकि इन्होंने मेरे लिए प्राण तजे हैं—

मम हित लागि तजे इन्ह प्राना।
सकल जिआउ सुरेस सुजाना॥

—हे सुजान इन्द्र, जिन लोगों ने मेरे लिए प्राण तजे हैं, इन्हें आप जिन्दा कर दें!

राम का यह कथन बहुत अर्थगर्भित है। एक तो ये सारे सैनिक राक्षसों के द्वारा मारे गये थे; दूसरे, मरते समय इन्होंने राक्षसों के नामों (रावण को मारो, कुम्भकर्ण को मारो आदि) का उच्चारण किया था, इसलिए इनकी मुक्ति नहीं हो सकती थी। राम अपने प्रिय सैनिकों की यह हालत कैसे देख सकते थे? ये सभी लोग राम का काम करते हुए मरे थे, अतः इनके प्रति राम का नैतिक दायित्व था। जो राम के विरुद्ध थे, वे भी राम के हाथों तर गये; फिर जो राम-काज में सहायक

थे उन्हें राम कैसे छोड़ देते!

राम के इस आग्रह के पीछे एक मनोवैज्ञानिक कारण भी है। राम के सैनिक विजय की आकांक्षा के साथ युद्धभूमि में लड़ रहे थे, किन्तु वे विजय देख नहीं सके थे। राम के आदर्शों की पूर्ति के लिए उन्होंने बलिदान किया था; किन्तु विजयश्री की प्राप्ति के बाद राम का यशोगान करने का अवसर उन्हें नहीं मिला था। रावण के बन्धनों में जकड़ी माँ सीता के दर्शन से वे वंचित रह गये थे। राम चाहते थे कि उनके मृत सेनानी यह सब देखें कि जिस धर्मयुद्ध में वे लड़ रहे थे, उसकी सफलता के महोत्सव का अवलोकन करें। युद्ध में विजय जैसी सुखद चीज कुछ भी नहीं होती। शहीद होना सैनिक के लिए वरेण्य है, लेकिन विजय का उपभोग करना उनकी चिरप्रतीक्षित कामना होती है। राम अपने प्रिय सैनिकों की इस कामना को पूर्ण करना चाहते थे।

इन्द्र द्वारा युद्धभूमि पर अमृत-वर्षा करने से भालू-कपि जीवित हो उठे। विजयश्री प्राप्त किये हुए अपने स्वामी को देखकर इन सेनानियों का दिल कितना भाव-विकल हो उठा होगा—इसकी कल्पना हम कर सकते हैं। यह राम की अहैतुक कृपा ही थी कि इन सैनिकों को जीवन मिला, लक्ष्य-सिद्धि को अपनी आँखों से देखने का अवसर मिला। प्रभु की कृपा न्यारी है!

इसी कृपा को पाने के लिए ऋषि-मुनि कठोर साधना किया करते हैं, जंगल-पहाड़ों की खाक छाना करते हैं। लेकिन जो निराश्रित होकर प्रभु को पुकारते हैं, उन्हें यह कृपा सहज ही मिल जाती है। प्रभु बार-बार कहते भी हैं कि मेरी कृपा पाने के लिए सबसे सरल उपाय है मेरे पास आना! भालू-कपियों ने वैदिक वाणी नहीं सुनी थी, उपनिषदों के ज्ञान की गरिमा भी नहीं जानी थी, लेकिन प्रभु ने उन्हें अपनी कृपा दी, क्योंकि वे निस्स्वार्थ भाव से राम के काम के लिए उन (राम) के पास आये थे। ऐसे कितने लोग प्रभु के पास जाते हैं? बहुत कम, परन्तु जो जाते हैं, वे कृपा के सागर में डूब जाते हैं।

□

नीति-निपुण राम

कस न राम तुम्ह राखहु नीती

राम ने अपने जीवन में कोई भी कार्य नीति के विपरीत नहीं किया। यद्यपि उनके जीवन में ऐसे अनेक अवसर आये, जब उन्हें घर-परिवार की मान्य परम्पराओं के खिलाफ जाना पड़ा, फिर भी वे नीति-पालन में अडिग रहे।

राम यज्ञ-रक्षा के लिए ऋषि विश्वामित्र के साथ वन में आये थे। वह काम उन्होंने ऋषि की इच्छा के अनुरूप पूरा भी किया। इसके बाद वहाँ कुछ दिन रह-कर राम ने लोगों को अपने पावन जीवन से आनन्दित भी किया।

अब राम अयोध्या लौटने को होते हैं तो विश्वामित्र एक नया प्रसंग उपस्थित कर देते हैं—

तब मुनि सादर कहा बुझाई।
चरित एक प्रभु देखिअ जाई॥
धनुषजग्य सुनि रघुकुल नाथा।
हरषि चले मुनिबर के साथा॥

—मुनि विश्वामित्र ने आदरपूर्वक समझाकर कहा—हे प्रभो, चलकर एक चरित्र देखिए! धनुष-यज्ञ की बात सुनकर रघुकुल के स्वामी श्रीरामचन्द्र प्रसन्न होकर मुनिश्रेष्ठ विश्वामित्र के साथ चले।

यह चौपाई राम की नीतिमत्ता का सुन्दर उदाहरण प्रस्तुत करती है। राम को जनकपुर जाने का कोई निमन्त्रण नहीं था। लेकिन विश्वामित्र उन्हें ले जाना चाहते थे। इसमें विश्वामित्र का स्वार्थ था। उन्हें अहल्या को मुक्त कराना था। जनकपुर में राजाओं के विराट् जमघट में उन्हें अपने तेजस्वी शिष्य को प्रभावकारी ढंग से प्रस्तुत करना था, पर निमन्त्रण न होने से कठिनाई हो रही थी। इस कारण विश्वामित्र ने नये

अन्दाज से राम को मनाना चाहा। वे राम को 'प्रभु' कहकर आदरपूर्वक सभी परिस्थितियाँ समझाते हैं। विश्वामित्र उन्हें शिष्य के रूप में चलने की आज्ञा भी दे सकते थे, किन्तु राम यह कहकर इनकार कर सकते थे कि बिना निमन्त्रण के जाना ठीक नहीं होगा। विश्वामित्र 'न' नहीं सुनना चाहते थे। इसीलिए उन्होंने राम को शिष्य नहीं, स्वामी के रूप में सम्बोधित किया।

तुलसी ने अगली चौपाई में इसी सन्दर्भ को बढ़ाते हुए राम को 'रघुकुलनाथ' कहा। जब विश्वामित्र ने आदरपूर्वक सबकुछ समझा दिया तो रघुकुल के नाथ (शिष्य नहीं) राम ने धनुष-यज्ञ देखने के लिए जाने की स्वीकृति दे दी। अब जनकपुरी जाने में राम को कोई अड़चन नहीं रह गयी थी। तर्क के लिए वे कह सकते थे कि अपने गुरु के साथ धनुष-यज्ञ देखने के लिए शिष्य के रूप में आये हैं। इस तरह रोक-टोक के बिना उस समय के राजाओं के सबसे बड़े जुटाव में राम सम्मिलित हो सकते थे। अत: निमन्त्रण की औपचारिकता और राजकुल की परम्परा को ऊपरी तौर पर बिना तोड़े शिष्य के रूप में राम ने जनकपुर जाने की स्वीकृति देकर अपनी नीति-निपुणता सिद्ध कर दी।

राम जनकपुरी में विश्वामित्र और लक्ष्मण के साथ आ गये हैं। यहाँ जनकजी से राम का सामना होता है। विश्वामित्र जानते हैं कि वे राम-लक्ष्मण को बिना निमन्त्रण के लाये हैं, अत: वे अपनी सुन्दर रणनीति बनाते हैं। राम और लक्ष्मण के रूप-लावण्य पर दृष्टि पड़ते ही जनक मुग्ध हो गये थे। इस सम्मोहन का फायदा विश्वामित्र उठाते हैं—

ए प्रिय सबहि जहाँ लगि प्रानी।
मन मुसुकाहिं रामु सुनि बानी॥

—विश्वामित्र कहते हैं—संसार में जितने प्राणी हैं, सभी को राम प्रिय हैं। गुरु की वाणी को सुनकर राम मन-ही-मन मुसकरा देते हैं।

यहाँ राम की नीतिमत्ता देखते बनती है। गुरु द्वारा अपनी मुखर प्रशंसा सुनकर वे मन-ही-मन मुसकराते हैं। जनकपुरी में राम अजाने हैं। महाराज जनक पर उनके आकर्षण का जादू छाया हुआ है। ऐसे समय में किसी चारण या विदूषक नहीं, महान् तपस्वी विश्वामित्र के मुख से उनके यश का वर्णन हो रहा है। राम सहज में ही सब पर छा जाते हैं। उनके प्रति सबका आकर्षण बढ़ जाता है। चर्चाएँ होने लगती हैं कि यह कौन है, जो राजा जनक को लुभा गया और विश्वामित्र का इतना अन्तरंग है।

दोपहर के भोजन-विश्राम के बाद लक्ष्मण का मन जरा घूमने-फिरने का

होता है। राम इसे समझ जाते हैं।

नाथ लखनु पुरु देखन चहहीं।
प्रभु सकोच डर प्रगट न कहहीं॥
जौं राउर आयसु मैं पावौं।
नगर देखाइ तुरत लै आवौं॥

—राम विश्वामित्र से कहते हैं—हे नाथ, लक्ष्मण जनकपुरी देखना चाहते हैं। लेकिन प्रभु, आपके संकोच और डर से कह नहीं पा रहे हैं। यदि आपकी अनुमति मिले तो मैं इन्हें नगर दिखाकर तुरन्त ले आऊँ!

इस प्रसंग का जरा अवलोकन कीजिए। जब विश्वामित्र के आश्रम से राम को जनकपुरी आना था तो महर्षि ने राम को चलने के लिए तैयार करने हेतु उन्हें 'सादर' प्रभु कहा था। लेकिन अब जब राम स्वयं आज्ञा माँग रहे हैं तो विश्वामित्र को 'नाथ' और 'प्रभु' कह रहे हैं। ऊपर से देखने पर इसमें विसंगति लगती है। लेकिन नीति की कसौटी पर यही व्यवहार खरा कहा जायेगा—

सुनि मुनीसु कह बचन सप्रीती।
कस न राम तुम्ह राखहु नीती॥

—विश्वामित्र प्रसन्न होकर कहते हैं—हे राम, तुम भला नीति की रक्षा क्यों नहीं करोगे!

सचमुच, राम का जन्म ही नीतियों, मर्यादाओं और मान्यताओं को सुगठित करने के लिए हुआ था। इसीलिए वे छोटी-छोटी बातों का भी बहुत ध्यान रखते थे। जब नगर दिखाने में उन्हें बहुत देरी हो गयी तो वे चिन्तित हो गये। उन्होंने गुरु से कहा था कि नगर दिखाकर मैं लक्ष्मण को 'तुरन्त' ले आऊँगा। गुरु को दिया गया वचन वे भाई के प्यार में फँसकर पूरा नहीं कर सके थे, अत: चिन्तित थे। वैसे, राम को चिन्ता करने की कोई आवश्यकता नहीं थी। आज के जमाने में लोग दो मिनट के लिए घर से जाने को कहकर पूरे दिन गायब रहते हैं, पर उन्हें क्षमा माँगने या चिन्ता करने का खयाल भी मन में नहीं आता।

धनुष-यज्ञ के समय भी राम गुरु के पास चुपचाप बैठे रहते हैं। धनुष तोड़ने में सभी राजाओं के असमर्थ होने पर जब जनक निराशा भरे स्वर में सबके पौरुष को धिक्कारते हैं, तब लक्ष्मण उत्तेजित हो जाते हैं। किन्तु राम चुपचाप बैठे रहते हैं। इतना ही नहीं, वे लक्ष्मण को संकेत से बैठने को कहते हैं—

सयनहिं रघुपति लखनु नेवारे।
प्रेम समेत निकट बैठारे॥

—राम लक्ष्मण को बोलने से संकेत से मना करते हैं और उन्हें प्रेम से अपने पास बैठा लेते हैं।

लेकिन राम स्वयं धनुष तोड़ने के लिए कोई उत्सुकता नहीं दिखाते। राम अच्छी तरह जानते हैं कि वे यहाँ राजकुमार के रूप में नहीं, ऋषि विश्वामित्र के तपस्वी शिष्य के रूप में आये हैं। नीति यही कहती है कि राम केवल धनुष-यज्ञ देखने के अधिकारी हैं, उसमें जोर आजमाने का निमन्त्रण उनके पास नहीं है। वे चाहते तो जनक और लक्ष्मण के वक्तव्यों के बाद राजसभा में जो भ्रम और उलझाव उत्पन्न हुआ था और धनुष न तोड़ पाने के कारण राजाओं का जो मनोबल टूटा था, उसका लाभ उठाने के लिए कह सकते थे कि मैं धनुष तोड़ने की कोशिश करना चाहता हूँ। स्वार्थसिद्धि के लिए इतना नीति-विरुद्ध होना बुरा नहीं होता। किन्तु तब राम धनुष तोड़ भी देते तो उन्हें कोई याद नहीं करता। उन्हें याद इसीलिए किया जाता है, क्योंकि नीति के खिलाफ कुछ करने को उन्होंने सोचा भी नहीं।

धनुष तोड़ने के लिए विश्वामित्र राम से कहते हैं। राम विश्वामित्र की बात मानकर आये थे, शिष्य के रूप में। इसीलिए जब गुरु ने उनसे कहा कि हे राम, उठो—धनुष को तोड़कर जनक के दु:ख को दूर करो! तो राम एक आज्ञाकारी शिष्य की तरह उठे और क्षण मात्र में धनुष को तोड़ दिया।

धनुष-यज्ञ के बाद परशुराम यज्ञ-मंडप में जाकर, टूटे हुए शिव-धनुष को देखकर क्रोध से उन्मत्त हो पूछते हैं कि धनुष किसने तोड़ा? तब भी राम अपने पौरुष-पराक्रम का प्रताप दिखाने के लिए उनसे यह नहीं कहते कि हाँ, मैंने तोड़ा है! कहिए, आपको क्या तकलीफ है? राम नीति के अनुकूल व्यवहार करते हुये अपने को एक सेवक के रूप में प्रस्तुत करते हैं—

नाथ संभु धनु भंजनिहारा।
होइहि केउ एक दास तुम्हारा॥

—हे नाथ, शिव के धनुष को तोड़नेवाला आपका कोई दास ही होगा।

इस प्रसंग में राम की नीति-निपुणता बड़ी प्यारी है। धनुष तोड़ने के बाद राम स्वयंवर-भवन में अपने प्रताप के तेज से दमक रहे थे। सभी राजाओं का बल-पौरुष राम के पराक्रम के सामने फीका पड़ गया था। ऐसी स्थिति में परशुराम सभा-भवन में आते हैं।

परशुराम को देखकर पराजित राजाओं में प्रसन्नता की लहर दौड़ गयी। उन्हें लगा कि परशुराम के द्वारा हथियार चलाये बिना ही राम का सर्वनाश हो जायेगा।

राम ने परिस्थितियों को अपनी नीति-निपुणता से सँभाला। उन्होंने देखा, परशुराम अपार क्रोध में हैं। राजा जनक डरे हुए हैं, रानी सुनयना अपने भाग्य को कोस रही हैं, सीता का क्षण-क्षण युगों जैसा बीत रहा है। शिव धनुष के टूटने के पहले तक सीता विकल-व्याकुल थीं, अब श्रीराम के आगमन से उनकी हालत फिर वैसी ही हो गयी है। राम ने सबको इस स्थिति से उबार दिया। उन्हें पता था कि क्रोध की एक ही दवा है—विनम्रता। राम विनम्र होकर कहते हैं—हे नाथ! शिव धनुष तोड़नेवाला आपका कोई दास ही होगा।

राम के कथन की इस विशेषता पर ध्यान दीजिए। वे यह नहीं कहते हैं कि धनुष मैंने तोड़ा है या धनुष तोड़नेवाला आपका दास मैं ही हूँ। राम 'मैं' को सामने नहीं आने देते। अपनी उपलब्धि का उल्लेख करते समय वह 'अन्य पुरुष' में बोलते हैं—'धनुष तोड़नेवाला आपका कोई दास होगा।'

आगे की चौपाई में राम और मोहक ढंग से अपनी वाणी की विनम्रता प्रदर्शित करते हुए अपनी नीतिमत्ता दिखाते हैं।

आयसु काह कहिअ किन मोही।
सुनि रिसाइ बोले मुनि कोही॥

—राम परशुराम से कहते हैं—आपकी क्या आज्ञा है, मुझसे कहिए। यह सुनकर मुनि क्रोध में बोलने लगे।

आइए, इस चौपाई का मर्म समझें। जब परशुराम ने यह पूछा था कि धनुष किसने तोड़ा, तो राम ने कहा कि तोड़नेवाला आपका कोई दास होगा। तब किसी तरह से भी अपना नाम उन्होंने नहीं लिया। उपलब्धि की चर्चा करने में राम अपने को बचाते हैं; लेकिन जब सेवा का अवसर आता है तो राम अपने को आगे रखते हैं। परशुराम से कहते हैं—बताइए, मैं आपकी क्या सेवा करूँ?

राम की इस नीतिमत्ता ने वातावरण के जानलेवा तनाव को हलका किया। परशुराम के सामने कोई बोल नहीं पा रहा था। राम बोले। सभी भय से विजड़ित थे। राम ने अपने आचरण से निर्भयता की गति दिखायी। लोगों की जान-में-जान आयी। सबको कुछ सोचने-विचारने का मौका मिला। इस तरह अचानक परशुराम के आगमन से जो आतंक स्वयंवर सभा में जनमा था, वह राम की नीति-निपुणता से समाप्त हुआ।

राम समुद्र को अपने अग्निबाण से सुखा सकते थे। उससे किसी तरह की अनुनय-विनय करने की जरूरत नहीं थी। लेकिन उन्होंने उसे प्रणाम करके प्रार्थना की। यदि राम नीति का सहारा नहीं लेते तो उनमें और एक गुण्डे में फर्क क्या रह

जाता! श्रेष्ठ पुरुष पहले विनय करते हैं; यदि सुननेवाला अशिष्ट और असंस्कारी हो तो बल का प्रयोग उचित है। राम ने इसी नीति का व्यवहार करने के लिए समुद्र से प्रार्थना की थी, लेकिन जब उसने बात न मानकर अपनी जड़ता दिखायी तब राम ने बल का प्रयोग किया।

राम का नीति-निपुण चरित्र इस प्रसंग में बड़ी गरिमा के साथ अभिव्यक्त हुआ है। विभीषण का शरण और संकल्प रूप में लंका का राज्य दे देने के बाद श्रीराम जो आचरण करते हैं, वह उनके उदात्त चरित्र का एक सनातन दस्तावेज है।

पुनि सर्बग्य सर्वउरबासी।
सर्वरूप सब रहित उदासी॥
बोले बचन नीति प्रति पालक।
कारन मनुज दनुज कुल घालक॥

—फिर सबकुछ जाननेवाले, सबके हृदय में बसनेवाले, सर्वरूप (स्वरूपों में प्रकट) सबसे रहित, उदासीन, कारण से (उद्देश्य-पूर्ति के लिए) मनुष्य बने हुए तथा राक्षस-कुल का नाश करनेवाले श्रीराम नीति की रक्षा करनेवाले वचन बोले।

यहाँ पर श्रीराम को ब्रह्म रूप में देखा गया है। भविष्य में क्या होनेवाला है—इसे राम अच्छी तरह जानते और समझते हैं। इसीलिए उन्हें सर्वज्ञ और सर्व-उरवासी कहा। किन्तु इतना होने पर भी श्रीराम जानने का अहंकार नहीं दिखाते हैं। वह नीतिपूर्ण वचनों द्वारा सुग्रीव और विभीषण से उनकी राय माँगते हैं।

सुन कपीस लंकापति बीरा।
केहि बिधि तरिअ जलधि गंभीरा।

—हे वीर वानरराज सुग्रीव और लंकापति विभीषण! सुनो, इस गहरे समुद्र को किस प्रकार पार किया जाये?

जब समर्थ सलाह माँगता है तो वह उसकी महानता और विनम्रता होती है और जब असमर्थ सलाह की याचना करता है तो वह उसकी दुर्बलता और लाचारी होती है। समर्थ राम सलाह माँगकर अपने मित्रों को गौरव दे रहे हैं और समाज-जीवन में नीति की प्रतिष्ठा कर रहे हैं।

कह लंकेस सुनहु रघुनायक।
कोटि सिंधु सोषक तव साधक॥
जद्यपि तदपि नीति असि गाई।
बिनय करिअ सागर सन जाई॥

—विभीषण ने कहा—हे रघुनाथ! सुनिए, यद्यपि आपका एक बाण ही करोड़ों समुद्रों

को सोखनेवाला है, तथापि नीति ऐसी कही गयी है कि पहले विनय की जाये।

यहाँ रोचक तथ्य यह है कि राम ने उपाय बताने के लिए सुग्रीव और विभीषण—दोनों से कहा था, लेकिन उत्तर विभीषण ने दिया। इसके दो कारण हैं। पहला—विभीषण लंकानिवासी हैं। वह समुद्र के स्वभाव को जानते हैं। समुद्र से उनका रोज का रिश्ता-नाता है। दूसरा—विभीषण अपने नीति-ज्ञान के लिए विख्यात हैं। अपने नीति-ज्ञान के कारण ही उन्हें लंका छोड़ने को विवश होना पड़ा था। अतः विभीषण का सुझाव सबसे अधिक व्यावहारिक और नीतिसंगत हो सकता था। इसलिए सलाह विभीषण ने दी और प्रभु ने उसे सहर्ष स्वीकार कर लिया।

शक्ति का प्रयोग सदैव दण्ड के लिए करना दानव-वृत्ति है। शक्तिशाली होकर विनयशील होना जीवन में देवत्व का आमन्त्रण है। राम हमें देवत्व का मार्ग दिखाते हैं। लेकिन जब समुद्र विनय को दुर्बलता मानकर उदात्त मानवीय मूल्यों का तिरस्कार करता है तो राम शक्ति का प्रयोग दण्ड के रूप में करते हैं।

बिनय न मानत जलधि जड़ गए तीनि दिन बीति।
बोले राम सकोप तब भय बिनु होइ न प्रीति॥

—इधर तीन दिन बीत गये, किन्तु जड़ समुद्र विनय नहीं मानता। तब श्रीराम क्रोध सहित बोले—बिना भय के प्रीति नहीं होती।

यहाँ यह अर्थ करना दुर्भाग्यपूर्ण होगा कि सर्वत्र भय से ही प्रीति होती है। राम का आशय यह नहीं है। राम एक नीतिपूर्ण वचन बोल रहे हैं—जो जड़ होता है, वह भय के बिना प्रेम की भाषा नहीं समझता है।

राम समुद्र को विवेकवान् समझकर उससे प्रार्थना कर रहे थे। वास्तव में विनम्रता तो विवेकशील पुरुष का ही आभूषण है। विनय का सम्मान विनयशील ही करता है। उद्धत पुरुष तो विनय को दुर्बलता समझकर उसकी हँसी उड़ाता है। इस स्थिति को पहचानकर राम कहते हैं कि अब मैंने समुद्र के स्वभाव को समझ लिया है। तीन दिनों के विनम्र प्रयत्न के बाद भी यदि उसका विवेक नहीं जगा है तो ऐसे जड़ को भय से जाग्रत् करना पड़ेगा।

यहाँ एक और विचारणीय बिन्दु है। राम तीन दिनों तक विनय करते हैं। आखिर तीन दिन क्यों? कम या अधिक क्यों नहीं? हिन्दू जीवन-पद्धति में मानवीय आचरण में तीन का बड़ा महत्त्व है। मनुष्य तीन गुणों (सत्, रज, तम) से चालित होता है; तीन ऋणों (पितृ, ऋषि, देव) के लिए जीवन भर वह कार्यरत रहता है; तीन रूपों (ब्रह्मा, विष्णु, महेश) में वह परमात्म शक्ति का अनुष्ठान करता है; तीन लोकों (पृथ्वी, अन्तरिक्ष, द्यु) में जीवन गतिशील होता है; तीन बार संकल्प करके वाणी,

मन और प्राण से वह अपनी वचनबद्धता प्रमाणित करता है। तीन के घेरे में ही सृष्टि का सम्पूर्ण व्यापार चलता है।

विनय की मर्यादा के अनुरूप राम तीन दिनों तक प्रतीक्षा करते हैं। जड़ और शठ समुद्र जब उनकी विनय पर ध्यान नहीं देता है तो राम कहते हैं कि हे लक्ष्मण! धनुष-बाण लाओ, मैं अग्निबाण से समुद्र को सुखा डालूँ।

यही राम का बड़प्पन है। वे शक्ति का सन्धान शुरू में ही नहीं करते हैं। प्रतिद्वन्द्वी में नीतिमय होने और सम्मानयुक्त समझौता करने का अवसर प्रदान करते हैं। समुद्र ने राम द्वारा प्रदत्त इस अवसर को खो दिया।

यहाँ राम अपने भावी कृत्य के समर्थन में कुछ नीति-वचन बोलते हैं, जो बड़े उपयुक्त और उपयोगी हैं। इनका महत्त्व मात्र तात्कालिक न होकर सनातन है।

सठ सन बिनय कुटिल सन प्रीती।
सहज कृपन सन सुंदर नीती॥
ममतारत सन ग्यान कहानी।
अति लोभी सन बिरति बखानी॥
क्रोधिहि सम कामिहि हरि कथा।
ऊसर बीज बएँ फल जथा॥

—मूर्ख से विनय, कुटिल के साथ प्रीति, स्वाभाविक कंजूस से सुन्दर नीति, ममता में फँसे हुए मनुष्य से ज्ञान की कथा, अत्यन्त लोभी से वैराग्य का वर्णन, क्रोधी से शान्ति की बात और कामी से भगवान् की कथा—इनका वैसा ही फल होता है जैसा ऊसर में बीज बोने से होता है, अर्थात् कोई लाभ नहीं होता।

नीति-निपुण राम इसी आधार पर समुद्र को दण्ड देते हैं।

विभीषण राम की शरण में आये थे। शरणागत की रक्षा करना नीति का एक अंग था। विभीषण को शरण देते समय राम ने कहा भी था—

सरनागत कहुँ जे तजहिं निज अनहित अनुमानि।
ते नर पावँर पापमय तिन्हहि बिलोकत हानि॥

—जो मनुष्य अपने अहित को सोचकर शरण में आये हुए का त्याग कर देता है, वह क्षुद्र और पापमय है। उसे देखने में भी पुण्य का क्षय होता है।

यह थी शरणागत की रक्षा करने की नीति। राम ने इसका पालन किया। युद्धभूमि में जब रावण ने प्रतिशोध के लिए विभीषण पर शक्ति का प्रहार किया तो राम उसे अपने ऊपर झेल गये थे। यदि युद्धभूमि में राम के रहते हुए विभीषण मारा जाता तो राम ने शरण में लेकर जो अभय दिया था, उसका महत्त्व ही क्या रह जाता!

भयंकर युद्ध में रावण उन्मत्त हो उठा है। तभी उसे विभीषण दिखाई देता है। उसकी प्रतिशोध की आग भड़क उठती है। राम को छोड़कर वह विभीषण पर टूट पड़ता है—

पुनि दसकंठ क्रुद्ध होइ छाँड़ी सक्ति प्रचंड।
चली बिभीसन सन्मुख मनहुँ काल कर दंड॥

—क्रोधित रावण ने प्रचण्ड शक्ति छोड़ी। यह विभीषण की ओर ऐसे चली जैसे यमराज का दण्ड हो।

इस शक्ति से विभीषण का बचना मुश्किल था। राम ने रावण के प्रहार को देख लिया था। अपने शरणागत को बचाने के लिए प्रभु ने अपनी जान की परवाह नहीं की। नीति की रक्षा के लिए राम ने नि:शंक हो अपने आपको शक्ति के सामने कर दिया—

आवत देखि सक्ति अति घोरा।
प्रनतारति भंजन पन मोरा॥
तुरत बिभीषन पाछें मेला।
सन्मुख राम सहेउ सोइ सेला॥

—अति भयंकर शक्ति को आता देख राम ने विचार किया कि शरणागत की रक्षा करना मेरा परम कर्तव्य है। अत: उन्होंने तुरन्त विभीषण को पीछे ठेलकर शक्ति के आघात को स्वयं सह लिया।

इस आघात को झेलने से राम कुछ क्षणों के लिए बेहोश हो गये। किन्तु नीति की रक्षा हुई, विभीषण के प्राण बच गये। नीति के इतिहास में यह स्वर्णाक्षरों में अंकित हो गया कि राम ने शरणागत की जान बचाने के लिए अपने अमूल्य जीवन को भी दाँव पर लगा दिया था।

समाज के नैतिक मूल्यों में राम की अपार आस्था थी। वे अपने व्यवहार से ऐसा कोई उदाहरण नहीं प्रस्तुत करना चाहते थे, जिसमें नीति-विरुद्धता हो और जो आनेवाली पीढ़ियों के नैतिक चरित्र में गिरावट का कारण बने। यदि राम को हम अवतार मानें तो वे एक तरह से सर्वसमर्थ थे—कुछ भी कर सकते थे। किन्तु जो समर्थ होता है, वह संयत भी होता है। संयम के बिना समर्थता से अराजकता और उत्पात का जन्म होता है। राम की समर्थता जीवन-दृष्टि और शैली को संयत करने के लिए थी। अपने हर व्यवहार में नीति का पालन करके उन्होंने हम सबको सीख दी है कि जो नीति का पालन करते हैं, वे ही विजयी होते हैं। अनीति का आचरण करनेवाले रावण को अपार शक्ति होते हुए भी पराजय का मुँह देखना पड़ा था।

राम का नीति-व्यवहार दिखावा नहीं, उनके आचरण का एक अभिन्न अंग बन गया था। उसके बगैर वे जी नहीं सकते थे। कोई भी निर्णय लेने से पहले राम अपने विवेक से, अपने सहयोगियों की मन्त्रणा से नीति के सभी पक्षों पर विचार करते थे। रावण के ऊपर अचानक धावा बोलकर विजय प्राप्त करना शायद राम के लिए अधिक अनुकूल होता; लेकिन उन्होंने ऐसा नहीं किया। पारिवारिक मर्यादा और प्रतिष्ठा का खयाल करके उन्होंने अपने पिता से अधिकार की माँग नहीं की। राजनीति उनके पक्ष में थी, पर ऐसा करने से समाज-नीति को आघात लगता। राम ने हमेशा समाज-नीति को राजनीतिक छल-छद्म से ऊपर रखा।

□

राम की मर्यादा

श्रुति सेतु पालक राम

राम का यश काल के सभी बन्धनों को तोड़कर सनातन बन गया है। राम ने तात्कालिक लाभ या क्षणिक स्वार्थ के लिए कोई काम नहीं किया। उनका आचरण हमेशा दूरगामी परिणामों और मानवीय मूल्यों से निर्देशित होता था। राम जीवन के श्रेष्ठ मूल्यों और आदर्शों को व्यक्तिगत इच्छा-आकांक्षाओं एवं सुख-सुविधाओं से अधिक महत्त्व देते थे।

राम अपने इसी दायित्व-बोध के कारण 'मर्यादा पुरुषोत्तम' कहे गये। मर्यादा-स्थापना और रक्षण के प्रति समर्पित होने के कारण ही आज भी राम हमारे लिए अप्रासंगिक नहीं हुए हैं, प्रासंगिक हैं। उनका यश हमें आज भी लुभाता और प्रेरित करता है।

राम लोक-मर्यादा की रक्षा करने के लिए हमेशा सजग रहते हैं। वन में जब निषादराज उनसे कहते हैं कि हे प्रभु, आप शृंगवेरपुर में चलकर मेरे साथ रहें, तो राम जो जवाब देते हैं, वह उनकी मर्यादा-दृष्टि का श्रेष्ठ उदाहरण है—

कहेहु सत्य सबु सखा सुजाना।
मोहि दीन्ह पितु आयसु आना॥

—राम कहते हैं—हे सखा! तुमने जो कुछ भी कहा, सब सत्य है; लेकिन पिता ने तो मुझे कुछ और ही आज्ञा दे रखी है। मुझे चौदह वर्षों तक वन में रहना है, एक तपस्वी की तरह।

वास्तव में पिता दशरथ ने राम से वन जाने को कहा ही नहीं था। यह सब प्रकरण माँ कैकेयी के कारण उपस्थित हुआ था। लेकिन राम माँ का नाम नहीं लेते।

राम वन में हैं। वाल्मीकि मुनि के आश्रम में जब वे पहुँचते हैं तो वहाँ ऋषि

उनका भावभीना स्वागत करते हैं। वन आने की अपनी कथा बताते समय राम उनसे साफ-साफ कहते हैं—

तुम्ह त्रिकाल दरसी मुनि नाथा।
बिस्व बदर जिमि तुम्हरें हाथा॥

—राम कहते हैं—मुनीश्वर वाल्मीकि! आप भूत, भविष्य और वर्तमान को जाननेवाले हैं। सारा संसार आपके लिए हाथ पर रखे बेर के फल के समान है।

इस चौपाई में राम वाल्मीकि की सबकुछ जानने की शक्ति का बखान करते हैं। इससे स्पष्ट होता है कि राम यदि कुछ छिपायेंगे भी तो वाल्मीकि जान जायेंगे। इसलिए छिपाने की कोई जरूरत वे नहीं महसूस करते। जो सब जानता हो, उससे छिपाना क्या! वाल्मीकि ने राम से यह पूछा भी नहीं था कि आप क्यों आये हैं। इससे पहले राम भरद्वाज ऋषि से मिल भी चुके थे, लेकिन वहाँ राम ने अपनी वन-यात्रा के बारे में स्वयं कुछ नहीं कहा। किन्तु वाल्मीकि की आध्यात्मिक श्रेष्ठता कुछ और ही है। राम एक शिष्य के रूप में अपना दुःख-सुख उन्हें साफ-साफ बताते हैं—

अस कहि प्रभु सब कथा बखानी।
जेहि जेहि भाँति दीन्ह बनु रानी॥

—वाल्मीकि की वन्दना करने के बाद राम ने उन्हें पूरी कहानी बता दी कि कैसे कैकेयी ने उन्हें वनवास दिया।

वाल्मीकि के सामने राम एकदम अपने को खोल देते हैं। तुलसी ने 'जेहि जेहि' लिखकर बलपूर्वक यह कहने का प्रयत्न किया है कि राम ने वाल्मीकि को हर छोटी-बड़ी बात बतायी। इस चौपाई में इस बात का भी संकेत है कि राम को यह आभास था कि वाल्मीकि ही उनका जीवन-चरित लिखेंगे। इसीलिए सारी बातें ठीक-ठीक और विस्तार से उन्होंने वाल्मीकि को बताना जरूरी समझा।

राम को अपने वन आने के बारे में जब कहीं और बताना पड़ा है तो उन्होंने दूसरी बातें कही हैं। राम ने वाल्मीकि के साथ जो आत्मीयता और खुलापन प्रकट किया है, वह और किसी के साथ नहीं।

राम अगस्त्य ऋषि के आश्रम में जाते हैं—

सादर कुसल पूछि मुनि ग्यानी।
आसन बर बैठारे आनी॥

—ज्ञानी मुनि अगस्त्य ने आदरपूर्वक राम की कुशलता पूछी और उन्हें आसन पर बैठाया। इस चौपाई में भी बड़ा मर्म छिपा है। अगस्त्य को 'मुनि ज्ञानी' कहा गया

है। ज्ञानी का अर्थ है—सबकुछ जाननेवाला। सबकुछ जाननेवाले मुनि अगस्त्य ने राम से उनका हालचाल पूछा। इसका अर्थ है कि मुनि ने शिष्टाचार की नीति का निर्वाह करने के लिए ऐसा किया था। जानते तो वे सबकुछ थे राम के बारे में।

राम का उत्तर मर्यादा से भरा हुआ है। यहाँ राम वाल्मीकि को दिया गया जवाब दोहराते नहीं हैं—अपने घर-परिवार के आन्तरिक मामलों का रोना नहीं रोते हैं—

तब रघुबीर कहा मुनि पाहीं।
तुम्ह सन प्रभु दुराव कछु नाहीं॥
तुम्ह जानहु जेहि कारन आयउँ।
ताते तात न कहि समुझायउँ॥
अब सो मंत्र देहु प्रभु मोही।
जेहि प्रकार मारौं मुनिद्रोही॥

—श्रीरामचन्द्रजी ने मुनि अगस्त्य से कहा कि हे स्वामी, आपसे क्या छिपाना? मैं जिस कारण से वन आया, उसे आप अच्छी तरह से जानते हैं। इसीलिए मैं उसे कहकर नहीं समझाना चाहता।

हे परमपूज्य अगस्त्यजी! आप मुझे वह सलाह दीजिए, जिससे मैं ऋषि-मुनियों को दुःख देनेवाले राक्षसों को मार सकूँ।

राम अपने वन आने का एकदम अलग उद्‌देश्य अगस्त्य ऋषि को बताते हैं। वे कहते हैं कि मैं राक्षसों को मारने के लिए यहाँ आया हूँ। घर-परिवार की बातों का उल्लेख राम नहीं करते। माता कैकेयी और पिता दशरथ ने उनके साथ जो किया था, उसके बारे में कुछ न बोलकर वे अगस्त्य ऋषि को केवल यह संकेत देते हैं कि आप सबकुछ जानते हैं।

राम का यह कथन बहुत ही उपयुक्त और समय के अनुकूल था। ऋषि अगस्त्य के आश्रम में अनेक ऋषि-मुनि राम के दर्शन के लिए बैठे थे। सभी राक्षसों के उत्पात से दुःखी और पीड़ित थे। ऐसे समय में यदि राम अपना दुःख रोते तो उनका बड़प्पन क्या रह जाता! ऋषियों का भय कैसे दूर होता? इसीलिए राम ने कहा—

अब सो मंत्र देहु प्रभु मोही।
जेहि प्रकार मारौं मुनिद्रोही॥

—हे अगस्त्य ऋषि, वह उपाय बताइए, जिससे मैं राक्षसों का वध करके ऋषि-मुनियों का दुःख और भय दूर कर सकूँ।

'रामचरितमानस' में राम एक बार और अपना परिचय देते हैं। वहाँ वे दूसरी बात कहते हैं। जब सीता की खोज में राम और लक्ष्मण ऋष्यमूक पर्वत की ओर जाते हैं तो हनुमान ब्राह्मण का रूप धारण कर उनकी असलियत जानने आते हैं—

को तुम्ह स्यामल गौर सरीरा।
छत्री रूप फिरहु बन बीरा॥

—क्षत्रिय वेश में इस वन में घूमनेवाले, साँवरे और गोरे शरीरवाले आप लोग कौन हैं? यह था हनुमान का प्रश्न। राम जवाब देते हैं—

कोसलेस दसरथ के जाए।
हम पितु बचन मानि बन आए॥

—हे विप्रदेव! हम अयोध्या के राजा दशरथ के पुत्र हैं और पिता का वचन मानकर वन में आये हैं।

लोक-मर्यादा को बचाने की राम की वृत्ति देखिए। उन्होंने वाल्मीकि से कहा था कि रानी कैकेयी ने वन भेजा है; अगस्त्य ऋषि को इस बारे में कुछ बताया ही नहीं, उन्हें 'सबकुछ जाननेवाला' कहकर बात को टाल दिया, क्योंकि दशरथ ने उन्हें कभी वन जाने को कहा ही नहीं—कैकेयी ने कहा था। राजा दशरथ तो कैकेयी के दोनों वचन सुनकर बेहोश हो गये थे। लेकिन राम लोक-मर्यादा के नियामक थे। अपने घर की बात राह चलते ब्राह्मण को बताना उन्होंने उचित नहीं समझा। यह उचित भी नहीं था कि प्रतापी राजा दशरथ ने एक स्त्री के वश में होकर, बिना किसी दोष के, अपने पुत्र राम को वनवास दे दिया। यह कहना राम के लिए ही लज्जा की बात होती। इसीलिए राम ने पिता के अधिकार को प्रतिष्ठा और गौरव देने के लिए कहा—हम पिता का वचन मानकर वन आये हैं।

घोर दुःख और संकट के समय में भी राम ने अपने पिता दशरथ, माँ कैकेयी और यशस्वी राजकुल के सम्मान पर कोई कलंक नहीं लगने दिया।

जटायु से मिलने पर राम लोक-मर्यादा का निर्वाह बड़ी खूबी से करते हैं। रावण के प्रहार से जटायु घायल हैं, दर्द से अकुला रहे हैं। ऐसे समय में राम उनके पास पहुँचते हैं। जटायु की पीड़ा को देखकर राम का कोमल हृदय आहत हो उठता है। अपने करुणामय हाथों से छूकर वे जटायु की पीड़ा हर लेते हैं। अब कुछ कहने-बोलने की शक्ति जटायु में आती है। रावण सीता को किस बेरहमी से ले गया, उसकी कथा राम को सुनाकर वे कहते हैं—

दरस लागि प्रभु राखेउँ प्राना।
चलन चहत अब कृपा निधाना॥

—हे प्रभु! मैंने आपके दर्शनों के लिए ही प्राण रोक रखे थे। अब ये चलना ही चाहते हैं।

जटायु से राम ने यह नहीं कहा कि मैं आपके प्राणों को रोक सकता हूँ। ऐसा कहकर राम अपनी मर्यादा से गिर जाते। प्राण तो अपने बल पर जटायु ने बचा रखा था, क्योंकि उसे सीता की खबर देकर राम का काम पूरा करना था। जो स्वार्थों से ऊपर उठकर राम का काम करने के लिए संकल्पबद्ध होते हैं, उनमें इतना सामर्थ्य आ जाता है कि मृत्यु को भी रुकने के लिए कह सकें। जटायु ने यह कर दिखाया था। अतः राम उसके प्राण बचाने की तत्परता नहीं दिखाते। इतना ही नहीं, मर्यादा के रक्षक राम जटायु से ही कहते हैं—

राम कहा तनु राखउ ताता।
मुख मुसुकाइ कही तेहिं बाता॥

—राम ने कहा—आपने जैसे अपने प्राण को बचा रखा है वैसे ही शरीर को भी बचाकर रखिए। यह सुनकर जटायु मुसकराये।

जटायु के सामर्थ्य को स्वीकार करते हुए राम ने जटायु से न तो उनके प्राण बचाने की और न शरीर को कायम रखने की ही पेशकश की। राम की मर्यादा इसी में थी।

बालि के सन्दर्भ में राम ने जटायु से ठीक विपरीत आचरण करके मर्यादा का दूसरा पक्ष प्रस्तुत किया है। जब राम के बाणों से घायल बालि अपने अपराधों को स्वीकार करके निर्मल हृदय हो जाता है तो राम अपने हाथों से उसका सिर सहलाते हुए कोमल स्वर से कहते हैं—

अचल करौं तनु राखहु प्राना।

—हे बालि! मैं तुम्हारे शरीर को स्वस्थ कर देता हूँ। तुम अपने प्राण को बचाकर रखो।

राम जटायु से न तो शरीर बचाने की बात कहते हैं और न प्राण। किन्तु बालि से राम उसका शरीर स्वस्थ करने को कहते हैं, क्योंकि बालि ने जब अपनी भूल को स्वीकार कर लिया, तब मर्यादा का तकाजा था कि राम उसके प्रति उदार होते। राम की सबसे बड़ी उदारता यही होती कि जिस शरीर को उन्होंने घायल किया था, उसे स्वस्थ कर देते। राम ने इसकी पेशकश की भी, लेकिन बालि ने इसे अस्वीकार कर दिया। राम उसकी अस्वीकृति पर ऐतराज नहीं करते। बालि को वे खुली छूट देते हैं अपने प्रेय और श्रेय को चुनने की। शरीर किसे प्रिय नहीं होता! सामान्य आदमी भी इसे बचाने के लिए लालायित रहता है, चाहे उसे कितना भी दुःख क्यों न सहना

पड़ता हो। मरना निश्चित है—यह जानकर भी आदमी को किसी भी हालत में मरने की इच्छा नहीं होती। बालि तो राजा था। जीवित रहकर वह मनचाहा सुख भोग सकता था। लेकिन उसने शरीर बचाने के बजाय प्रभु को पाने का मार्ग चुना। राम की मर्यादा-भावना देखकर बालि भी मर्यादित हो उठा।

लोक-मर्यादा के साथ-साथ राम ने आध्यात्मिक मर्यादा का भी निर्वाह किया है। राम का सम्बन्ध कई श्रेष्ठ ऋषियों से हुआ था। वसिष्ठ, विश्वामित्र, भरद्वाज, वाल्मीकि, अत्रि और अगस्त्य इनमें प्रमुख तथा पहुँचे हुए थे। राम का इनके साथ व्यवहार उनकी मर्यादा की समझ का परिचायक है।

इन छह ऋषियों में वसिष्ठ और विश्वामित्र राम के गुरु थे। इनके साथ राम ने हमेशा शिष्य जैसा व्यवहार किया था। विश्वामित्र ने अपने गुरुपद की महिमा को कायम रखा था—राम से अपने लिए कभी कुछ माँगा नहीं था। हाँ, दशरथ से राम को अवश्य माँग लिया था—वह भी अपने निजी स्वार्थ के लिए नहीं—ऋषि-मुनियों की तप-साधना को राक्षसों से बचाने के लिए उन्हें राम की आवश्यकता थी। राम ने उनकी इच्छा पूर्ण भी की थी। राम ने स्वयं भी कभी अपने को शिष्य के अतिरिक्त और कुछ बताने-दिखाने की कोशिश विश्वामित्र के सामने नहीं की।

वसिष्ठ राम के प्रथम गुरु थे। बचपन में उन्होंने चारों भाइयों को शिक्षा-दीक्षा दी थी। साधना के क्षेत्र में भी वसिष्ठ बहुत पहुँचे हुए थे। राम से कुछ पाने की जरूरत भी उन्हें नहीं थी। गुरु वसिष्ठ का आचरण श्रेष्ठ है; लेकिन जब राम राजा बन जाते हैं और सभी लोग उनकी स्तुति करने लगते हैं तो वसिष्ठ का भी मन डोल जाता है। पुरोहित के रूप में वे राम की वन्दना करते हुए उनसे याचना कर बैठते हैं—

नाथ एक बर मागउँ राम कृपा करि देहु।
जन्म जन्म प्रभु पद कमल कबहुँ घटै जनि नेहु॥

—हे नाथ! मैं आपसे एक वर माँगता हूँ, कृपा करके दीजिए। आपके चरण-कमलों में मेरा प्रेम जन्म-जन्मान्तर तक कभी न घटे।

वसिष्ठ यह वर माँग लेते हैं, लेकिन राम 'एवमस्तु' नहीं कहते। गुरु की भाव-विकलता को राम जानते हैं। वे यदि उन्हें वर दे देते तो शिष्य की मर्यादा समाप्त हो जाती। भला शिष्य अपने गुरु को वरदान कैसे दे सकता है—

असि कहि मुनि बसिष्ठ गृह आए।
कृपासिंधु के मन अति भाए॥

—वरदान माँगकर मुनि वसिष्ठ चले गये। उन्होंने प्रभु के 'एवमस्तु' की प्रतीक्षा

नहीं की। और राम? राम को वसिष्ठ वर माँगते समय बहुत अच्छे लगे। गुरु को याचक की भाव-विह्वलता में देखकर राम और कर भी क्या सकते थे!

भरद्वाज के आश्रम में भी राम को इसी तरह मर्यादा के संकट का सामना करना पड़ा था। राम को देखकर मुनिश्रेष्ठ भावना में बहकर माँग बैठते हैं।

अब करि कृपा देहु बर एहू।
निज पद सरसिज सहज सनेहू॥

—हे राम! अब कृपा करके यह वरदान दीजिए कि आपके चरण-कमलों में मेरा स्वाभाविक प्रेम हो।

राम विचित्र स्थिति में फँस गये। वे तो भरद्वाज ऋषि के चरणों में रहने के लिए आये थे। मगर ऋषि स्वयं उनके चरणों में रहने की कामना कर रहे हैं। राम विनीत होकर कहते हैं कि हे मुनि! आप जिसे आदर दें, वही बड़ा है—वही सब गुणों का भण्डार है। यदि मुझमें कुछ दिख रहा है तो इसी कारण कि आपने मुझे बड़ाई दी है। वास्तव में तो मैं कुछ भी नहीं हूँ।

राम ने बात को विनयपूर्वक टाल दिया, भरद्वाज की इच्छा पूर्ण करने की तनिक भी उत्सुकता नहीं दिखायी। रात भर मुनि के आश्रम में विश्राम करने के बाद वे चलने के लिए तैयार हुए—

राम सप्रेम कहेउ मुनि पाहीं।
नाथ कहिअ हम केहि मग जाहीं॥

—राम भरद्वाज से पूछते हैं—हे नाथ! कहिए, हमें आगे किस रास्ते से जाना चाहिए?

राम के इस प्रश्न के बाद सारा प्रसंग एकदम बदल जाता है। भरद्वाज दुबारा वर की कामना नहीं करते। राम भी अपनी मर्यादा पर कायम रहते हैं। राम जानते हैं कि भरद्वाज साधना के ऐसे शिखर पर पहुँचे हुए हैं, जहाँ उनकी इच्छा ही प्रभु के लिए आज्ञा हो सकती है।

वाल्मीकि से राम का मिलन दोनों ओर से अत्यन्त मर्यादित है। ऋषि आश्रम से बाहर आकर उनका स्वागत करते हैं और राम उनके चरणों में झुककर प्रणाम करते हैं। राम कहते हैं कि आपका दर्शन करके मैं धन्य हो गया। कोई ऐसा स्थान मुझे बतायें, जहाँ मैं ऋषि-मुनियों को कष्ट पहुँचाये बगैर जंगल में सीता और लक्ष्मण के साथ कुछ समय तक निवास कर सकूँ।

राम के इस परम विनीत प्रश्न से वाल्मीकि भाव-विभोर हो उठते हैं। वे राम की महिमा का गान करने लगते हैं। यह वर्णन भक्तों और रामकथा के रसिकों के

लिए बड़ा मनोरम है।

वाल्मीकि ने राम से कहा कि उन्हें चित्रकूट में जाकर रहना चाहिए। राम उनकी आज्ञा मानकर चित्रकूट की ओर चल पड़ते हैं। राम की कीर्ति-कथा कहकर भी वाल्मीकि उनसे कुछ माँगते नहीं।

चित्रकूट से आगे बढ़कर राम अत्रि ऋषि के आश्रम में पहुँचते हैं। मुनि बढ़कर उनका स्वागत करते हैं और राम झुककर पद-वन्दना। राम को अपने चरणों में झुका देखकर अत्रि भावना के प्रवाह में बह जाते हैं। वे वाल्मीकि की तरह संयत नहीं रह पाते। वाल्मीकि ने राम का यशोगान किया था; अत्रि स्तुति करने लगते हैं। स्तुति के बाद अपने लिए याचना भी कर बैठते हैं—

बिनती कर मुनि नाइ सिरु कह कर जोरि बहोरि।
चरन सरोरुह नाथ जनि कबहुँ तजै मति मोरि॥

—मुनि ने विनती करके, सिर नवाकर हाथ जोड़कर कहा—हे नाथ! मेरी बुद्धि आपके चरण-कमलों को कभी न छोड़े।

इतने विनीत निवेदन से राम सिर नवाकर चकरा गये। आखिर अत्रि कोई छोटे-मोटे साधक तो थे नहीं कि उन्हें 'एवमस्तु' कह दिया जाता। राम को कोई रास्ता सूझ नहीं रहा था। ऐसे में तुलसी ने उनकी मदद की—

अनुसुइया के पद गहि सीता।
मिली बहोरि सुसील बिनीता॥

—सीता ने ऋषि-पत्नी अनसूया के चरण छुए और उनसे विनयपूर्वक मिलीं।

इस मिलन से राम की दुविधा समाप्त हो गयी। अनसूया सीता को नारी-धर्म का उपदेश देने लगीं। यह प्रकरण लम्बा चला। राम को भी साँस लेने का अवसर मिला। जैसे ही सीता-अनसूया संवाद समाप्त हुआ, राम ने कह दिया—

तब मुनि सन कह कृपानिधाना।
आयसु होइ जाउँ बन आना॥

—हे मुनिश्रेष्ठ! यदि आज्ञा हो तो हम दूसरे वन को जाने की तैयारी करें।

इस तरह राम ने मर्यादा को भंग होने से बचाया।

राम जब अगस्त्य ऋषि के पास आते हैं तो ऋषि दौड़कर उनका स्वागत करते हैं। मिलन की प्रसन्नता से उनके नयन भर आये हैं। राम भी मर्यादा का अनुसरण करते हुए लक्ष्मण सहित अगस्त्य के चरणों में गिर जाते हैं।

राम अगस्त्य से उस रणनीति की चर्चा करते हैं, जिसके द्वारा उन्हें राक्षसों का वध करना है। अगस्त्य प्रचण्ड तपस्वी एवं परोपकारी ऋषि थे। राम ने उनसे

मन्त्रणा करके उन्हें उचित आदर दिया था। ऋषि को शायद इसकी अपेक्षा नहीं थी, इसीलिए वे भाव-विकल हो गये। भावना ने उनके विवेक को आच्छादित कर दिया—

यह बर मागउँ कृपानिकेता।
बसहु हृदयँ श्री अनुज समेता॥

—हे कृपा के सागर प्रभु! मैं आपसे यही वर माँगता हूँ कि आप सीता और लक्ष्मण सहित मेरे हृदय में वास करें।

राम अगस्त्य को क्या वरदान दे सकते थे? अगस्त्य इतने बड़े ऋषि थे कि वे ही राम को कोई आज्ञा दे सकते थे। उनकी यह भावुक वर-याचना यदि राम मान लेते तो ऋषि की महानता कलंकित होती, राम का विवेक दूषित होता। भरद्वाज, अत्रि, अगस्त्य और वसिष्ठ साधना के जिस शिखर पर पहुँचे हुए थे, वहाँ किसी तरह की व्यक्तिगत याचना या कामना अशोभनीय होती है—साधक की गरिमा को क्षत करती है। मर्यादा पुरुषोत्तम राम ऋषियों की गरिमा को कैसे नष्ट होने देते! उन्होंने अपने संयत व्यवहार से हर बार परिस्थिति पर नियन्त्रण प्राप्त कर लिया था। अगस्त्य की भावुक याचना के समय भी रास्ता निकाल लिया। वे ऋषि से आज्ञा लेकर पंचवटी की ओर चल पड़े।

लौकिक और आध्यात्मिक—दोनों स्थितियों में राम ने मर्यादा को अपने व्यवहार से नष्ट नहीं होने दिया, उसे भरसक बढ़ाने का ही प्रयत्न किया है। इसीलिए वाल्मीकि ने राम को वेद की मर्यादा का पालक कहा है—

तुम्ह पालक संतत श्रुति सेतू।

—हे राम! तुम सदैव वेदों की मर्यादा का पालन करते हो।

इसीलिए तो वे 'मर्यादा पुरुषोत्तम' कहे जाते हैं।

□

विनीत राम

बोले रामु कमल कर जोरी

राम जब किसी से मिलते हैं तो राजपुत्र होने के अहं से ग्रस्त नहीं होते, ब्रह्म होने की गरिमा से उन्मत्त नहीं होते। वे मिलनेवाले की पद-प्रतिष्ठा के अनुरूप अपने आचरण को निर्धारित करते हैं। विनयशीलता उनके व्यवहार का केन्द्र-बिन्दु है। राम का हर आचरण इसी से निर्देशित होता है। झूठी अहम्मन्यता, दिखावे की प्रतिष्ठा और महज शब्दों की विनम्रता से उन्हें चिढ़ है।

राजा दशरथ की सलाह पर गुरु वसिष्ठ राम के महल में यह सन्देश देने के लिए जाते हैं कि महाराज ने उन्हें युवराज बनाने का निर्णय लिया है। गुरु को अपने द्वार पर आया देखकर राम अवाक्, चकित हैं। अब तक तो राम गुरु के पास जाते थे, आज ऐसी क्या जरूरत आ पड़ी कि गुरु को स्वयं उनके यहाँ आना पड़ा? ऐसी स्थिति में राम की विनय दर्शनीय है। यह आज भी हमें सीख देती है कि बड़ों के साथ कैसा आचरण करना चाहिए।

गहे चरन सिय सहित बहोरी।
बोले रामु कमल कर जोरी॥

—गुरु के चरणों का स्पर्श सीता सहित करके राम कमल के समान अपने दोनों हाथों को जोड़कर बोले—हे नाथ! यद्यपि सेवक के घर स्वामी का आना मंगल देने-वाला और अमंगल का नाश करनेवाला होता है, तो भी उचित तो यही था कि प्रेम-पूर्वक दास को आप अपने पास बुला लेते। ऐसी ही नीति भी है।

हे गुरुदेव! आपने प्रभुता को त्यागकर यहाँ पधारने का जो कष्ट किया, इससे आज यह घर पवित्र हो गया।

आयसु होइ सो करौं गोसाई।
सेवकु लहइ स्वामि सेवकाई॥

—हे देव! जो आज्ञा हो, वही मैं करूँ। स्वामी की सेवा में ही सेवक का लाभ है। राम की इस नवनीत विनम्रता ने मुनि वसिष्ठ के होश ही गुम कर दिये। वे अपने शिष्य राम से नहीं, युवराज होनेवाले राम से मिलने आये थे। अयोध्या के राजा के गुरु और मन्त्री होने के कारण उन्हें राजा की आज्ञा को बताने के लिए राम के पास आना पड़ा था। यह आगमन राजनीति के अनुरूप था। मगर राम मन्त्री नहीं, गुरु के रूप में वसिष्ठ को देख रहे थे।

राम के गुण, शील और स्वभाव से वसिष्ठ पुलकित हो उठे—उनकी भूरि-भूरि प्रशंसा की। युवराज बननेवाले राजपुत्र से इतने विनय की अपेक्षा उन्हें नहीं थी। राम के सहज सौजन्य ने गुरु को भी आश्चर्यानन्द में डाल दिया।

राम की विनम्रता उस समय देखते ही बनती है, जब कैकेयी कठोर हृदय होकर उनसे कहती हैं कि मैंने राजा से दो वरदान माँग लिये हैं, जिन्हें देते हुए तुम्हारे कारण वे संकोच कर रहे हैं। राम वरदानों के बारे में सुनकर मृदु-मंजुल स्वर में कहते हैं कि यह तो मेरा अहोभाग्य है कि भरत को राज्य मिलेगा। वन जाने से मेरा कोई अहित नहीं होगा।

मुनिगन मिलनु बिसेषि बन सबहि भाँति हित मोर।
तेहि महँ पितु आयसु बहुरि संमत जननी तोर॥

—वन में विशेष रूप से मुनियों से मेरा मिलन होगा, जिसमें मेरा सभी प्रकार से कल्याण है। उसमें भी पिताजी की आज्ञा, और हे माँ! तुम्हारी सम्मति है।

इतना बड़ा अपघात करनेवाली कैकेयी को राम 'माँ' कहकर सम्बोधित ही नहीं कर रहे हैं, उनकी सम्मति में अपना हित भी अनुभव कर रहे हैं। यह विनम्रता की चरम सीमा है। यहाँ राम को छू पाना मुश्किल हो जाता है।

दु:ख से व्याकुल पिता दशरथ को भी वे अत्यन्त विनय-भाव से समझाते हैं—

मंगल समय सनेह बस सोच परिहरिअ तात।
आयसु देइअ हरषि हियँ कहि पुलके प्रभु गात॥

—हे पिताजी! इस मंगल के समय स्नेहवश होकर सोचना छोड़ दीजिए। हृदय से प्रसन्न होकर मुझे आज्ञा दीजिए! यह कहते हुए प्रभु रामचन्द्र का शरीर पुलकित हो उठा।

पिता द्वारा दिये गये दु:ख को सहते हुए कौन पुत्र पिता के प्रति इतना विनीत

रह सकेगा! यह राम के ही वश की बात थी। इसका एक अंश भी यदि हम आज अपने जीवन में उतार सकें तो टूटते परिवारों में प्रेम की गंगा प्रवाहित हो जाये।

राम वन में हैं। शृंगवेरपुर पहुँचकर मन्त्री सुमन्त्र राज दशरथ की आज्ञा के अनुसार राम को लक्ष्मण और सीता सहित वापस लौटने के लिए कहते हैं। अपनी बात कहते-कहते सुमन्त्र रो पड़ते हैं। राम उन्हें अत्यन्त विनीत भाव से समझाकर बड़ा संक्षिप्त उत्तर देते हुए कहते हैं कि सत्य के समान और कोई धर्म नहीं है—उसी का पालन मैं कर रहा हूँ—

तुम्ह सन तात बहुत का कहऊँ।
दिएँ उतरु फिरि पातक लहऊँ॥

—हे तात सुमन्त्र! मैं आपसे अधिक क्या कहूँ? आप बड़े हैं। मैं आपको प्रत्युत्तर देने में भी पाप का भागी होता हूँ।

सुमन्त्र को राम अपने पिता का स्थान देते हुए विनयपूर्वक निवेदन करते हैं कि आप इस बात का पूरा खयाल रखिएगा कि पिताजी को मेरे अभाव का दुःख न हो।

सुमन्त्र राम के कर्मचारी हैं। लेकिन राम उनकी विद्वत्ता, वरिष्ठता और अनुभव की गहनता को अपने राजपुत्र होने से अधिक महत्त्व देते हैं—हाथ जोड़कर अपने मन्त्री से विनय करते हैं। राम विनय को मानवीय आचरण का सर्वश्रेष्ठ तत्त्व मानते हैं। वह रुक्षता एवं कटुता से कहीं भी पेश नहीं आते हैं।

चित्रकूट में भरत पहुँच गये हैं। गुरु वसिष्ठ से मन्त्रणा करके यह तय होता है कि भरत और शत्रुघ्न वन में रहेंगे तथा राम, सीता एवं लक्ष्मण वापस अयोध्या लौट आयेंगे। भरत और वसिष्ठ यह संवाद राम को सुनाने के लिए जाते हैं। राम अपनी विनम्रता से मुनि और भरत की सारी योजना को हिला देते हैं—

प्रथम जो आयसु मो कहुँ होई।
माथें मानि करौं सिख सोई॥

—राम कहते हैं—आपकी जो आज्ञा होगी, उसे मैं स्वीकार करूँगा।

राम की विनम्रता उनके इस कथन में बहुत खूबी से स्पष्ट होती है। बिना तथ्यों को जाने अपने गुरु के समक्ष यह वचन दे देते हैं कि जो कहा जायेगा, उसे वे स्वीकार कर लेंगे। विनय से उत्पन्न राम का यह विश्वास ही उनके धर्म का रक्षक बनता है।

राम की विनम्रता का एक प्रसंग बहुत ही मार्मिक है। रावण जब विभीषण को दुत्कारकर लंका से भगा देता है तब वे भगवान् की शरण में आते हैं। राम उन्हें

सबसे पहले 'लंकेश' और फिर 'मित्र' सम्बोधित करते हैं। विभीषण के अन्तर्मन को शान्त-शीतल करने के लिए राम एक बहुत प्यारी बात कहते हैं—

सुनु लंकेस सकल गुन तोरें।
तातें तुम्ह अतिसय प्रिय मोरें॥

—हे लंकापति विभीषण! तुम्हारे भीतर सारे गुण हैं। इसीलिए तुम मुझे बहुत प्यारे लगते हो।

विभीषण अनाथ और अभागे बनकर आये थे। राम ने उन्हें अपार गौरव एवं गरिमा से भर दिया। रावण ने विभीषण को व्यर्थ समझकर फेंक दिया था, लेकिन राम ने उन्हें बहुमूल्य समझकर हृदय से लगा लिया और कहा कि तुम सज्जन पुरुष हो। तुम्हारे जैसे श्रेष्ठजन मेरे हृदय में उसी तरह से बसा करते हैं जैसे लोभी के हृदय में धन बसता है।

विभीषण को प्रभु राम बहुत गौरव दे रहे हैं। सन्त-महात्मा प्रभु को अपने हृदय में बसाने के लिए कठोर जप-तप करते रहते हैं, फिर भी प्रभु उनके हृदय में आसानी से नहीं विराजते; लेकिन विभीषण के लिए राम कह रहे हैं कि तुम मेरे हृदय में विराजते हो। अपने गुणों के कारण तुम मेरे बहुत प्रिय बन गये हो।

भगवान् के कृपापूर्ण विनीत वचनों को सुनकर विभीषण के मन का सारा विकार धुल जाता है। वे रावण के क्रोध को भूल जाते हैं। अपनी व्यर्थता-असमर्थता उन्हें तनिक भी परेशान नहीं कर पाती है। वे संसार के दु:ख-दर्द, यातना-प्रताड़ना और दुत्कार-तिरस्कार को भूलकर जीवन के चरम स्तर को पकड़ लेते हैं।

अब कृपाल निज भगति पावनी।
देहु सदा सिव मन भावनी॥

—हे कृपालु! शिवजी के मन को सदैव प्रिय लगनेवाली अपनी पवित्र भक्ति मुझे दीजिए।

विभीषण की यह उक्ति वाणी का बहुत बड़ा संयम और हृदय की गहरी अभिव्यक्ति है। विभीषण राम को अच्छी तरह पहचानते हैं। उन्हें हनुमान ने भी राम के बारे में बता दिया था और वे अपने अनुभव से भी उन्हें पहचानते थे। वे इसे अपना अहोभाग्य मानते थे कि वे अपनी आँखों से उन राम को देख रहे थे, जिन्हें ब्रह्मा और शिव पूजते हैं। इस सही पहचान के कारण वे राम से कुछ माँगने में झिझकते नहीं हैं।

राम ने विभीषण को दो अमूल्य उपहार पहले ही दे दिये थे। इन दोनों के बारे में विभीषण ने कोई कामना नहीं की थी।

अब विभीषण स्वयं कुछ माँगने के लिए तत्पर हो रहे थे। वे बहुत ऊँची चीज प्रभु से माँगते हैं। वह राम से उनकी भक्ति माँगते हैं, जो शिव को प्यारी है। राम उन्हें भक्ति का वरदान दे देते हैं। लेकिन राम इतने पर ही रुकते नहीं, कहते हैं कि हे विभीषण! यद्यपि तुमने चाहा नहीं, माँगा नहीं है, फिर भी मेरा दर्शन अमोघ है। इसका फल तुम्हें मिलेगा। उन्होंने समुद्र के जल से विभीषण का राजतिलक कर दिया। इस स्थिति का वर्णन करते हुए तुलसी एक बहुत प्यारा दोहा लिखते हैं—

जो संपति सिव रावनहि दीन्हि दिएँ दस माथ।
सोइ संपदा बिभीषनहि सकुचि दीन्हि रघुनाथ॥

—शिवजी ने जो सम्पत्ति रावण को दसों सिरों की बलि देने पर दी थी, वही संपत्ति राम ने विभीषण को बहुत सकुचाते हुए दी।

राम का संकोच 'रामचरितमानस' के हर पाठक को आन्दोलित करता है। आखिर राम को संकोच क्यों हुआ? जिस सम्पदा को रावण ने अपने शीश का बलिदान देकर भगवान् शिव से प्राप्त किया था, उसे विभीषण को देते समय राम को परम प्रसन्न होना चाहिए था; लेकिन वे संकुचित हो उठे।

भक्तों ने इसके कारण बताये हैं। कुछ लोग कहते हैं कि जब विभीषण ने शिव को प्यारी लगनेवाली भक्ति माँग ली तो उसे सांसारिक सम्पत्ति की जरूरत नहीं रह गयी थी। जो प्रभु को पा लेता है, उसे संसार फीका लगने लगता है। राम अपने भक्त विभीषण को सम्पत्ति देकर उसकी भक्ति के स्वाद को फीका कर रहे थे, इसीलिए उन्हें संकोच हो रहा था।

कुछ लोग कहते हैं कि राम देते या नहीं देते, विभीषण को तो लंका का राज मिलना ही था। वह उसका स्वाभाविक उत्तराधिकारी था। रावण का सर्वनाश होने पर जो राज विभीषण को अपने आप मिलने वाला था, उसे देकर राम कोई बड़ा काम नहीं कर रहे थे, इसीलिए उन्हें संकोच हो रहा था।

मेरी समझ से कारण कुछ और गहरे भी हैं। जो लोग सच्चे दानी का मनोविज्ञान समझते हैं, उन्हें पता होगा कि हर बड़ा दानी हमेशा संकोच के साथ ही दान करता है। जिस दान के पीछे दाता का अहंकार होता है, वह दान दाता और याचक—दोनों को छोटा करता है। दाता का अहंकार प्रभु अपने भीतर कैसे पाल सकते थे! अत: वह बहुत संकोच और विनम्र भाव से विभीषण को लंका का राज दे रहे थे।

राम अपनी महानता से विभीषण को दबाना भी नहीं चाहते थे। बिना युद्ध जीते दो तरह के लोग ही कोई आश्वासन दे सकते हैं। एक तो वे, जो अपने बल,

पौरुष और पराक्रम पर विश्वास रखते हों और एक वे, जो शेखचिल्ली हों, हर किसी को बिना सोचे-समझे आश्वासन देते फिरते हों। राम का चरित्र पहले किस्म का था। वे अपने बल और पौरुष के आधार पर विभीषण को वचन दे रहे थे। इसमें विभीषण को लग सकता था कि राम उन्हें अपने एहसानों से दबा रहे हैं, इसलिए भी राम को संकोच हो रहा था। वे नहीं चाहते थे कि विभीषण के मन में एहसान से दबने का भाव आये।

राम एक बहुत बड़ी सम्पत्ति विभीषण को दे रहे थे, लेकिन यह सम्पत्ति अभी उनके अधिकार में थी नहीं। जो अधिकार में न हो, उसे देने की दरियादिली दिखाना चरित्र को अविश्वसनीय भी बना सकता है। राम ने विभीषण को जब भक्ति का वरदान दिया तो परम प्रसन्न थे। जो भक्ति शिव ने घोर साधना से उपलब्ध की थी, उसे राम ने विभीषण को अनायास दे दिया। यह दान लंका के राज्य को पाने से भी बड़ा था, पर राम ने देने में कोई संकोच नहीं किया। क्योंकि भक्ति का दान देने का पूर्ण सामर्थ्य उनमें था; लेकिन विभीषण को लंका का राजतिलक करते समय लंका उन्होंने जीती नहीं थी। इसी कारण उन्हें संकोच हो रहा था।

अब यहाँ एक सवाल पैदा होता है। राम ने आते ही विभीषण को 'लंकेश' कहा था, इसका साफ मतलब है कि उन्होंने मान लिया था कि वे लंका जीतेंगे और राज विभीषण को दे देंगे। विभीषण ने भी इस सम्बोधन पर कोई आपत्ति नहीं की थी। अत: दोनों तरफ से यह समझ बन गई थी कि रावण की लंका युद्ध के बाद विभीषण की होगी, फिर राम को राजतिलक करते समय संकोच करने की क्या जरूरत थी?

आइए, इस तर्क पर थोड़ा विचार कर लें। विभीषण टूटा हुआ मनोबल और अनाथ की-सी निराशा लेकर राम के पास आये थे। ऐसे समय में राम के लिए सबसे जरूरी काम था विभीषण को मानसिक रूप से स्वस्थ करना। 'लंकेश' कहकर राम ने उनके भीतर की हताशा और निराशा को धो दिया था। 'मित्र' कहकर उन्हें नितान्त अपना बना लिया था। इससे विभीषण का स्वत्व लौट आया। मनोबल टूटने पर, हताश-निराश होने पर आदमी अपनी आत्मा का तेज खो बैठता है। जो आत्मा का तेज खो बैठे, उसके लिए संसार में और कुछ बचता ही नहीं है।

राम के सम्बोधन के कोमल स्पर्श ने टूटे-हारे विभीषण की आत्मा को नयी ज्योति दी। वे एकदम से बदल गये।

अब मैं कुसल मिटे भय भारे।
देखि राम पद कमल तुम्हारे॥

—हे राम! आपके चरणों का दर्शन करके अब मैं कुशल से हूँ। मेरे सभी भारी भय मिट गये।

विभीषण का भय छोटा नहीं था। जिसका दुश्मन रावण हो जाये उसका भय छोटा हो नहीं सकता। भय भारी था, जिसके कारण जीवन से कुशलता चली गयी थी। हर क्षण भय और आतंक में बीत रहा था। राम के 'पदकमल' के दर्शन के बाद सबकुछ ठीक हो गया। विभीषण फिर से अपने स्वत्व में आ गये, इसीलिए राम से उन्होंने भक्ति का वरदान माँगा। संसारी मन होता तो विभीषण संसार की नियामत माँगते, जैसे हम सभी माँगते हैं। लेकिन उनका मन राम की भक्ति पाकर निर्मल हो गया था। वे 'शिव-भाव' में आ गये थे। उन्हें किसी सांसारिक चीज की जरूरत ही नहीं रह गयी थी।

निर्मल और निर्भय हृदय विभीषण को राम अब कुछ ठोस देना चाहते हैं। अभी तक उन्होंने जो कुछ कहा और किया था, वह सब विभीषण को सही और सहज मन:स्थिति में लाने के लिए था। उस समय राम ने संकोच नहीं किया था। सामान्य जीवन में भी हम देखते हैं कि जब किसी दु:खी व्यक्ति को हम 'भाई' कहकर पुकारते हैं तो वह सम्बन्ध की निकटता पाकर खिल उठता है। लेकिन अपने हृदय की गहराइयों में वह जानता है कि वह आपका भाई नहीं है। राम ने जब विभीषण को 'लंकेश' और 'मित्र' कहा होगा तो उनके हृदय को शान्ति जरूर मिली होगी, साथ ही-साथ यह भाव भी उभरा होगा कि राम मेरा दु:ख दूर करने के लिए इतना कोमल हो उठे हैं। लेकिन जब राम ने सागर के जल से विभीषण का राजतिलक करने का संकल्प किया तो करुणा और कृपा से उत्पन्न औपचारिक आश्वासन ठोस निर्णय में रूपान्तरित हो गया। राम असन्दिग्ध रूप से जानते थे कि जो निर्णय उन्होंने लिया है, उसे वे कर दिखायेंगे, लेकिन यह निर्णय उसी रूप में उसी दृढ़ विश्वास के साथ विभीषण के मन में भी पहुँचेगा, यह गारण्टी राम नहीं दे सकते थे। राम को यही संकोच था कि राज्य उन्होंने अभी जीता नहीं है। उसे देने का आग्रह विभीषण को जाने कैसा लगेगा।

इस तर्क की पुष्टि के लिए एक प्रमाण भी है। जब राम रावण से युद्ध करते हैं तो विभीषण अधीर हो उठते हैं। उन्हें यह सोचकर चिन्ता होती है कि रावण रथी हैं और रघुवीर विरथ हैं।

रावनु रथी बिरथ रघुबीरा।
देखि बिभीषन भयउ अधीरा॥

—रावण को रथ पर चढ़ा देखकर और राम को बिना रथ का देखकर विभीषण

अधीर हो उठे।

अगर राम के वचनों पर विभीषण का अखण्ड विश्वास होता तो उनके मन में यह सन्देह नहीं उठता। विरथ रघुवीर को देखकर सुग्रीव, हनुमान, जामवन्त आदि चिन्तित नहीं हुए थे। यह चिन्ता केवल विभीषण को हुई। इससे साफ जाहिर होता है कि राम का संकोच ठीक था। विभीषण के मन में पेंच रह गयी थी कि जो राज्य राम ने 'वचन' से दिया है, उसे विरथ रहकर युद्ध में जीतकर कैसे दे पायेंगे? राम ने अपने प्रवचन में विभीषण के मन की पेंच को ठीक किया। इस प्रसंग की चर्चा हम अन्यत्र कर चुके हैं। यहाँ इतना बताना ही हमारा उद्देश्य है कि राम को कई कारणों से लंका का राज्य देने में संकोच हुआ था। उनका व्यवहार विनम्रता का श्रेष्ठ उदाहरण है।

राम कभी किसी को उद्धत होकर या अहम्मन्यता के साथ नहीं देते हैं। वह देने में संकोच नहीं करते; लेकिन देते समय संकोच जरूर करते हैं कि और कुछ दे पाता तो ज्यादा अच्छा होता। मनुष्य के दान की तो सीमा है, लेकिन प्रभु का दान तो असीम है। हम उतना ही प्रभु से पाते हैं जितना हमारा आँचल होता है। प्रभु देकर गर्व नहीं करता, हम प्रभु से पाकर गर्व करते हैं। हम लेने में संकोच नहीं करते। मिल जाये तो संसार को अपनी थैली में भर लें।

प्रभु इतनी मधुरता-कोमलता से देता है कि आपको याचक होने का आभास ही न हो। राम ने विभीषण को इसी भाव से लंका का राज दिया था। उनका संकोच उनकी विनम्रता, करुणा और कृपा का सार रूप है।

लंका का युद्ध समाप्त हो जाने के बाद जब विभीषण का राजतिलक हो जाता है तब राम अपने सैनिकों को पास बुलाकर अत्यन्त विनयपूर्वक बातें करते हैं।

किए सुखी कहि बानी सुधा सम बल तुम्हारें रिपु हयो।
पायो बिभीषन राज तिहुँ पर जसु तुम्हारो नित नयो॥
मोहि सहित सुभ कीरति तुम्हारी परम प्रीति जो गाइहैं।
संसार सिंधु अपार पार प्रयास बिनु नर पाइहैं॥

—राम ने अमृत के समान वाणी कहकर सबको सुखी किया। उन्होंने कहा—हे वानरो! तुम्हारे ही बल से यह प्रबल शत्रु मारा गया और विभीषण ने राज पाया। इसके कारण तुम्हारा यश तीनों लोकों में नित्य नया बना रहेगा। जो लोग मेरी कीर्ति के साथ-साथ तुम्हारी यशगाथा को भी गायेंगे, वे बिना परिश्रम इस अपार संसार-सागर को पार कर जायेंगे।

प्रभु की यह विनम्रता किसे नहीं गौरव से भर देगी? वे अपने सैनिकों को

यश देने के लिए कितने विनम्र हो गये हैं! अपने बल-पराक्रम का गुण गाने में उनकी तनिक भी रुचि नहीं है। वे अपने सेवकों को महत्त्व देते हैं, गौरव और गरिमा देते हैं। रावण को मारने और विभीषण को राजा बनाने का सारा श्रेय वे वानरों को दे देते हैं, इस विजय को वे अपने सैनिकों के बल का प्रताप कहते हैं।

गौरव देने में राम का कोई जवाब नहीं। वे कहते हैं कि मेरी कीर्ति के साथ जो मेरे सेवकों की कीर्ति को गायेगा, वह भवसागर से बिना प्रयास तर जायेगा। यह अद्‌भुत है। इसे राम ही कह सकते हैं। सामान्य स्वामी या विजेता इतना विनम्र और विवेकवान् नहीं हो सकता है। राम सेवकों को शिव की गरिमा देते हैं। हमेशा राम यही कहते रहते हैं कि जो मेरे साथ शिव को भी भजेगा, वह भवसागर पार कर जायेगा; लेकिन आज राम कह रहे हैं कि मेरे साथ वानरों की कीर्ति गाने से भवसागर से मुक्ति मिलेगी। कठिन समय में वानरों ने एकाकी राम का साथ दिया था, आज राम एकाकी नहीं, सर्ववन्दित हैं, अब राम वानरों का साथ दे रहे हैं। उन्हें अपनी कीर्ति के साथ सनातन काल तक के लिए अमर कर दे रहे हैं।

मनुष्य ही नहीं, ब्रह्म के रूप में भी राम के व्यवहार में कहीं अहं नहीं है। कहते हैं कि परमात्मा अहंकार को खाता है। राम ने सचमुच अहंकार को खा लिया था। वन में मिलनेवाले ऋषि-मुनि राम को ब्रह्म के रूप में स्वीकार करते हैं, लेकिन राम सबके चरणों पर गिरकर वन्दना करते हैं। विनम्रता की प्रतिमूर्ति राम मुनियों की अभ्यर्थना करते समय उनसे एक सामान्य शिष्य-सा व्यवहार करते हैं।

भरद्वाज हों या वाल्मीकि, अत्रि हों या अगस्त्य—राम किसी को भी अपने पारलौकिक तेज से हतप्रभ नहीं करना चाहते। वे सबको उनकी प्रतिष्ठा के अनुरूप सम्मान और आदर देते हैं। कामना करने पर ही उन्होंने सुतीक्ष्ण को अपना चतुर्भुज रूप दिखाया था। आज के भगवानों की तरह राम चमत्कारों से अपने को पुजवाना नहीं चाहते। वे अपने पुरुषार्थ से ठोस कार्य करके प्रतिष्ठा प्राप्त करने में विश्वास करते हैं। राम चाहते तो वन में ऋषियों की हड्डियाँ देखने के बाद उन्हें जीवित कर सकते थे। जटायु और बालि को प्राणदान देने का सामर्थ्य राम में था; वे ऋषियों को भी जीवित कर सकते थे। लेकिन यह चमत्कार मनुष्य को क्या प्रेरणा देता? राम की जय-जयकार तो होती, लेकिन मनुष्य के पुरुषार्थ की क्या कीमत रह जाती!

यदि राम सभी कार्यों को सिद्ध करने के लिए अहल्या को छूने जैसा चमत्कार करते तो आज मानवता के आदर्श व्यवहार के प्रेरणास्रोत वे नहीं बनते—मर्यादा पुरुषोत्तम के रूप में उनकी ख्याति घर-घर में नहीं होती। इसीलिए राम ने अपने को प्रतिष्ठित करने के लिए कभी चमत्कार नहीं किया, कभी अभिमान नहीं

किया। साधु-सन्तों, मित्रों, सेवकों, प्रजाजनों—यहाँ तक कि शत्रुओं के साथ भी राम विनम्र रहे। खर-दूषण, कुम्भकर्ण या रावण को मारकर राम ने पैशाचिक अट्टहास नहीं किया। जनकपुर में धनुष तोड़कर भी वे उन्मत्त नहीं हुए। उपलब्धि को प्राप्त कर भी राम की आँखें विनय से झुक जाती हैं। पूरे 'रामचरितमानस' में आप कहीं भी ऐसा दृश्य नहीं देखेंगे कि विजय पाने के बाद राम ने गर्व के साथ सबकी तरफ देखा हो। सफलता अहंकार की जननी है। उस अहंकार को तभी पचाया जा सकता है जब चरित्र में कूट-कूटकर विनयशीलता भरी हो। राम विनय से लबालब भरे थे, तभी तो उन्हें आदर्श मानकर पूजा जाता है।

□

राजनीतिज्ञ राम

राजनीति राखत सुरत्राता

राम ने अपने आचरण से जीवन के हर पक्ष को सँवारा है, समुन्नत किया है। राजपुत्र होने के नाते उन्हें राजनीति सीखने का मौका माँ की गोद में ही मिल गया था; लेकिन इस राजनीति को राम ने तिकड़म से उठाकर मूल्य से जोड़ा। राम की राजनीति किसी भी प्रकार से सफलता प्राप्त करना नहीं है। वे मूल्यों, मान्यताओं और आदर्शों को राजनीति का अविभाज्य अंग मानते हैं। राम दुर्बल क्षणों में अपने स्वार्थों की पूर्ति के लिए अवसर का लाभ नहीं उठाते, वे अवसरों का इस्तेमाल आदर्शों की पूर्ति के लिए करते हैं। इसीलिए उनका जीवन काल की बेड़ियों को तोड़कर सनातन हो गया है।

व्यावहारिक राजनीति की शिक्षा राम को विश्वामित्र से मिली थी। पहली बार राम अयोध्या से निकलकर व्यावहारिक जीवन की शिक्षा के लिए विश्वामित्र के साथ उनके आश्रम में आये थे। राम को यहीं से अपना जीवन-कार्य करना था।

राक्षसों के वध का कठिन कार्य पूरा करके राम को अपनी कीर्ति दिगन्तव्यापी बनानी थी। यदि इस कार्य में उन्हें सफलता नहीं मिलती तो वे अयोध्या के राजकुमार ही बनकर रह जाते, लोक-जीवन में उनकी प्रतिष्ठा नहीं हो पाती।

अपनी स्थिति को अच्छी तरह समझकर गुरु विश्वामित्र द्वारा प्रदान किये गये अवसर के अनुरूप राम अपनी कीर्ति को दूर-दूर तक चारों दिशाओं में सफलतापूर्वक फैलाते हैं। भयानक राक्षसी ताड़का का संहार वे एक बाण से करते हैं। जवान हो रहे बालक का यह पराक्रम देखकर सभी ऋषि-मुनि और वनवासी आश्चर्यचकित हो उठते हैं। जब राम मारीच को बिना फल के बाण से मारकर सौ यौजन के विस्तारवाले समुद्र के पार फेंक देते हैं तो उनकी कीर्ति हवा बनकर

दिशाओं में उड़ने लगती है। बलशाली राक्षस सुबाहु का वध करके राम अपने पौरुष और पराक्रम की पूर्ण प्रतिष्ठा कर देते हैं।

राम की कीर्ति-पताका को और ऊँचे फहराने के लिए विश्वामित्र एक नया अवसर खोज निकालते हैं। वे धनुष-यज्ञ में भाग लेने के लिए राम को जनकपुरी चलने के लिए कहते हैं। राम की राजनीतिक बुद्धि गुरु के सामयिक संकेत को पकड़ लेती है, वे चलने के लिए तैयार हो जाते हैं। रास्ते में उन्हें पत्थर बनी अहल्या मिलती है। विश्वामित्र उसके उद्धार की प्रार्थना प्रभु से करते हैं। राम ने राक्षसों का वध करके अपने पौरुष-पराक्रम का डंका पहले ही बजा दिया था। अब अहल्या का उद्धार करके उन्हें अपनी कृपा का ध्वज फहराना था। राम ने चरणों से छूकर अहल्या को मुक्त कर दिया।

इन दोनों प्रसंगों पर आप गहराई से विचारिए। मानव-मन बल और चमत्कार से ही सबसे अधिक प्रभावित होता है। युद्ध, मार-धाड़ और भिड़न्त को लोग रस लेकर देखते हैं, जबकि नहीं चाहते कि उनके साथ ऐसा हो। विजेता के आनन्द में सहभागी होने की लोगों की स्वाभाविक इच्छा होती है। इसी तरह चमत्कार को भी लोग पसन्द करते हैं। यदि कोई साधु-महात्मा चमत्कार कर दे तो लोग उसके चरणों पर बिछ जाते हैं। राम ने दोनों करके दिखा दिये। अतः उनकी लोकप्रियता जन-जन के होंठों पर बैठ गयी थी। राम यही तो चाहते थे कि जनकपुर पहुँचने से पहले उनकी कीर्ति वहाँ पहुँच जाये। इसमें उन्हें पूरी सफलता मिली।

जब जनकपुरी को देखने के लिए वे लक्ष्मण के साथ राजमार्ग पर चलते हैं तो सभी उन्हें आदर-भाव से देखने लगते हैं। युवतियाँ आपस में बातें करते हुए उनके रूप की सराहना करती हैं। राम का यहाँ आना कैसे हुआ—इसके बारे में जो वे कहती हैं, वह जानने योग्य है—

बिप्र काजु करि बंधु दोउ मग मुनिबधू उधारि।
आए देखन चापमख सुनि हरषीं सब नारि॥

—दोनों भाई विश्वामित्र का कार्य करके (अर्थात् राक्षसों का वध करके) और रास्ते में मुनि गौतम की पत्नी अहल्या का उद्धार करके यहाँ धनुष-यज्ञ देखने आये हैं। यह सुनकर सब स्त्रियाँ प्रसन्न हुईं।

अब विचार कीजिए—ये बातें स्त्रियाँ कर रही हैं। उस जमाने में रेडियो, टेलीविजन या अखबार जैसे संचार के माध्यम नहीं थे। स्त्रियाँ उन्मुक्त भाव से इधर-उधर विचरण भी नहीं कर पाती थीं। फिर भी राम के बारे में ठीक-ठीक समाचार उन तक पहुँच गया। पुरुषों तक तो निश्चित रूप से पहुँचा ही होगा! इस

तरह राम जनकपुरी में अन्य सभी राजाओं से अधिक लोकप्रिय हो जाते हैं, क्योंकि उनका पौरुष और चमत्कार-प्रदर्शन अभी एकदम ताजा है। जनकपुरी में जन-जन के मन में बैठ जाना राम की सबसे बड़ी राजनीतिक जीत थी। मनोवैज्ञानिक रूप से लोगों ने मान लिया था कि धनुष राम ही तोड़ सकेंगे।

राम व्यक्तिगत हितों से अधिक घर-परिवार और समाज के हित को महत्त्व देते हैं। जब सिंहासन देने की बात उठती है तो राम दु:खी हो उठते हैं। सिंहासन पाना दु:ख की बात नहीं होती, पर सिंहासन से राम का आदर्श आहत हो रहा था। इसीलिए वे दु:खकातर स्वर में कहते हैं कि रघु के निर्मल वंश में एक ही खराब बात हो रही है कि सभी अन्य भाइयों को छोड़कर मुझे सिंहासन दिया जा रहा है, जबकि सभी साथ खेले, खाये और बढ़े थे। पारिवारिक कटुता की आशंका को राम अपने व्यक्तिगत स्वार्थ से अधिक आँकते हैं। इस सन्दर्भ में राम अपने मन की व्याकुलता और छटपटाहट को बड़े ही स्पष्ट रूप में व्यक्त करते हैं।

माँ कैकेयी द्वारा वनवास का समाचार सुनाये जाने पर राम व्यक्तिगत हितों के स्वप्न को खण्डित होते देख बौखलाये नहीं। उन्हें पता है कि भरत और शत्रुघ्न अयोध्या में नहीं हैं। लक्ष्मण राम के इशारे पर चलते हैं। अयोध्या की प्रजा उनकी अनुगामिनी है। क्षण मात्र में वे कैकेयी को कारा में डालकर राजा बन सकते थे। पिता दशरथ उनके पक्ष में थे ही! लेकिन राम ऐसा नहीं करते। करते तो यह स्वार्थों की राजनीति होती। तब शायद भरत भी उनसे टकरा जाते। फिर राम एक साधारण राजा बनकर रह जाते। उनका चरित्र कोई नहीं गाता। सत्ता के स्वार्थ में जूझनेवाले राजाओं को आज कौन याद करता है! इतिहास की दो-चार पंक्तियाँ ही उनकी सत्तालोलुपता का वर्णन करती हैं, जबकि राम का सत्ता-त्यागी चरित्र जन-जन के कण्ठ में बसा हुआ है।

व्यक्तिगत स्वार्थ पर हुई चोट को सहकर राम घर, परिवार और समाज के बिखराव एवं मनमुटाव को बचा लेते हैं। राम वन जाने के लिए पिता दशरथ से विदा लेने हेतु लक्ष्मण और सीता सहित जाते हैं। दशरथ सीता को वन न जाने की सलाह देते हैं। मन्त्री सुमन्त्र और गुरु वसिष्ठ की पत्नी सीता से कहती हैं—

तुम्ह कहुँ तौ न दीन्ह बनबासू।
करहु जो कहहिं ससुर गुर सासू॥

—तुमको तो वनवास नहीं दिया गया है। अत: जो ससुर, गुरु और सास कहें वही करो।

सुमन्त्र और वसिष्ठ की पत्नी की इस मृदु सीख पर कैकेयी झल्ला उठती

है। उसे आशंका हो जाती है कि कहीं भावुक परिस्थितियों का निर्माण कर ये लोग यहीं न रह जायें। इसीलिए वह मुनियों के योग्य कपड़े लाकर राम के सामने रखकर कहती है कि राजा तुम्हें प्राणों से अधिक चाहते हैं। अपने प्यार के लिए वे यश, पुण्य और परलोक की चिन्ता नहीं करेंगे—

अस बिचारि सोइ करहु जो भावा।
राम जननि सिख सुनि सुखु पावा॥

—ऐसा सोचकर हे राम! जो तुम्हारे मन में आये, वही करो! माँ की सीख सुनकर राम सुखी हुए।

इसमें सुखी होने लायक कोई बात नहीं थी। राम को तो क्रोध से जल उठना चाहिए था। व्याकुल पिता सीता को समझा रहे हैं, मन्त्री और गुरु की पत्नी स्थिति की विषमता को सँभालने में लगी हुई हैं। ऐसे समय में कैकेयी का तमकना कितना आघातकारी रहा होगा राम के लिए! यदि वे जरा भी उत्तेजित होते तो लक्ष्मण क्या कुछ नहीं कर बैठते। ऐसी दारुण वेदना की स्थिति में भी राम सुखी होते हैं। पिता की व्याकुलता और सुमन्त्र एवं गुरु-पत्नी की सीख को सुनकर राम असमंजस में पड़ गये थे। कौसल्या के सामने से तो वे सीता को स्वीकृति दिला लाये थे, लेकिन यहाँ फँस गये थे—कुछ बोलते नहीं बन रहा था। ऐसे में कैकेयी के कठोर आघात ने राम को सुखी कर दिया। दशरथ बेहोश हो गये, अत: राम को उनसे कुछ कहने-सुनने की जरूरत नहीं रही।

राम तुरत मुनि बेषु बनाई।
चले जनक जननिहि सिरु नाई॥

—राम मुनि का वेश बनाकर पिता और माता की वन्दना करके वन के लिए चल पड़े।

राम का चुपचाप वन चले जाना ही सारी परिस्थिति को नियन्त्रित कर सकता था। कैकेयी को ठण्डे दिमाग से सोचने का मौका मिलता। पिता दशरथ को वचन-पूर्ति का सन्तोष हो सकता और प्राण से प्रिय भाई भरत को राज मिल सकता। ऐसे नाजुक क्षण में राम ने राजनीतिक सूझ-बूझ से काम लेकर पिता दशरथ के यश को बचा लिया।

वन जाने की तैयारी देखकर लोग विकल हो उठते हैं। राम ने भावी आशंका को भाँप लिया। उन्होंने सोचा कि यदि मेरे जाने के बाद प्रजा विद्रोह कर देगी तो मेरा वन जाना व्यर्थ हो जायेगा। इसीलिए राम सबको समझाते हैं कि मेरा सबसे बड़ा हितैषी वही होगा, जो मेरे न रहने पर मेरे माता-पिता की सुख-सुविधा का

खयाल रखेगा।

अयोध्या में रहने तक राम सिंहासन के उत्तराधिकारी थे। उनकी राजनीतिक दृष्टि एक राजपुत्र की थी। अयोध्या के बाहर राम वनवासी हो गये थे। इसीलिए उन्होंने अयोध्या से बाहर होते ही अपनी राजनीति बदल दी। राम अयोध्या की प्रजा से वचन लेकर आये थे कि वह शान्त और संयत रहेगी। इस तरह उन्होंने भरत के राजा बनने के समय होनेवाली किसी भी रुकावट को समाप्त कर दिया था। अब वन में उन्हें राक्षसों का संहार करना था। इसके लिए आवश्यक निष्ठावान् सैनिक उन्हें चाहिए थे, जो राम के आदर्शों को अपने जीवन में ग्रहण कर संघर्ष के लिए जीवन-दान कर सकें।

वन में राम से सबसे पहले शृंगवेरपुर में निषादराज गुह मिलता है। तत्कालीन व्यवस्था के अनुसार उसे दूर से ही राम से मिलना चाहिए था; लेकिन जिस आन्तरिक अनुराग से वह राम के पास गया, वह बहुत श्लाघ्य था। राम ने उसे अपना लिया, 'सखा' कहकर उसे बराबर का सम्मान दिया। राम जानते थे कि वन में उन्हें जनजातियों और ऋषियों के बीच में रहना है। साधना-तपस्या में रत सन्त-महात्मा राम को आशीर्वाद तो दे सकते थे, लेकिन उनके साथ कन्धे-से-कन्धा मिलाकर रणक्षेत्र में जूझ नहीं सकते थे। रावण के दिगन्तव्यापी आतंक को तोड़ने के लिए वनवासियों को अपनाना राम की सबसे बड़ी राजनीतिक सूझ-बूझ थी। इसके कारण ही राम अयोध्या का सिंहासन छोड़ने के बाद वनवासियों के हृदय-सिंहासन पर बैठ गये।

वनवासियों ने राम के कदमों में अपने हृदय का समूचा प्यार बिछा दिया। कष्ट भोगने आये राम जंगल में आनन्दमग्न हो उठे। सीता को भी जंगल में आनन्द आने लगा। किरात-कोलों की बहुओं ने उन्हें अपने सरल व्यवहार से मुग्ध कर दिया।

जब लौटते समय सुमन्त्र राम से विनयपूर्वक दशरथ की इच्छा बताते हैं तो लक्ष्मण उत्तेजित हो उठते हैं। वे पिता के सम्मान के खिलाफ बोलते हैं। राम नहीं चाहते कि यह बात अयोध्या तक पहुँचे। इसीलिए वे सुमन्त्र को अपनी शपथ दिलाकर कहते हैं कि लक्ष्मण की बात को वे अयोध्या जाकर न कहें। विघटन के कगार पर खड़े अपने राज्य और परिवार को राम किसी भी तरह और कष्ट नहीं देना चाहते हैं।

केवट के प्रसंग में जहाँ भक्त और भगवान् के मधुर बन्धन का आभास मिलता है वहीं राम की राजनीतिक कुशलता भी चरितार्थ होती है। वे केवट की

अटपटी इच्छाओं को पूरा करके गंगातट वासियों को जीत लेते हैं। आगे राम के पहुँचने से पहले ही राम का यश और चरित्र पंचवटी तक गूँज उठता है। राम की कीर्ति-पताका लेकर ये वनवासी इधर से उधर घूमने लगते हैं। राम अपनी उदारता, दयालुता और विनय-भावना के लिए पूरे वन-प्रान्त में प्रसिद्ध हो जाते हैं। यही राम चाहते भी थे। राम की लोकप्रियता रावण के आतंक को मनोवैज्ञानिक पराभव दे सकती थी, वनवासियों के अन्दर विश्वास और आश्वस्ति की भावना भर सकती थी।

भरत को वन से अयोध्या लौटाने के लिए राम बड़ी राजनीतिक सूझ-बूझ और चतुराई से काम लेते हैं। वे वसिष्ठ से कह देते हैं कि आप और जनकजी की जो आज्ञा होगी, वह मुझे मान्य है। अब निर्णय भरत के हाथ में आ जाता है। जनक और वसिष्ठ वही बात राम से कहेंगे, जो भरत चाहेंगे। भरत भावविह्वल हो गये। राम उन्हें समझाते हैं—

सो तुम्ह करहु करावहु मोहू।
तात तरनिकुल पालक होहू॥

—हे तात! तुम वही करो और मुझसे भी कराओ, जो रघुवंश की प्रतिष्ठा के योग्य हो। तुम सूर्यकुल के रक्षक बनो।

इस मधुर-मर्यादित वाणी को सुनकर भरत अपने हथियार डाल देते हैं। वे नहीं चाहते कि वचन के लिए प्राण देने की रघुवंश की जो मर्यादा है, उसपर कोई कलंक लगे। इसीलिए मर्माहत होकर भी भरत केवल राम की पादुका लेकर चौदह वर्ष तक राज चलाने की बात मान लेते हैं।

भरत जिस तरह से पूरी अयोध्या को लेकर चित्रकूट पहुँच गये थे, वह भावना का प्रबल क्षण था। राम को सबकुछ मिल रहा था। भरत वन जाने को तैयार थे। माँ कैकेयी अपने किये पर लज्जित थीं। गुरु वसिष्ठ और जनक भी राम के पक्ष में थे। परिस्थितियाँ इतनी अनुकूल थीं कि राम जय-जयकार के साथ अयोध्या लौट सकते थे। उन्हें किसी प्रकार की असुविधा नहीं होनेवाली थी। लेकिन राम इस सहज स्थिति को स्वीकार करने से इनकार कर देते हैं। उनकी राजनीति भावना का लाभ उठाकर स्वार्थों की पूर्ति के लिए नहीं थी। वे भावना का उपयोग राजनीति में श्रेष्ठ परम्परा की स्थापना के लिए करते थे।

राम वन में रहते हुए वनवासियों और ऋषियों के खोये हुए विश्वास को जगाते हैं। हड्डियों का ढेर देखकर राक्षस-वध का संकल्प लेने के बाद हर ऋषि के आश्रम जाकर वहाँ रहनेवाले लोगों का मनोबल वे बढ़ाते हैं। राम चाहते हैं कि

जिनको साथ लेकर उन्हें भविष्य में संघर्ष करना है, वे उनपर विश्वास करें और उच्च मनोबल प्राप्त करें।

पंचवटी में राम का निवास इन्हीं लक्ष्यों की पूर्ति के लिए था। वे अच्छी तरह जानते थे कि रावण के आतंक से पंचवटी का इलाका सबसे अधिक त्रस्त है। राम चाहते थे कि रावण का यह पहला दुर्ग ढहे, जिससे लोगों के मन में राम के प्रति विश्वास जगे और लोग खुद भी आत्मविश्वास के साथ उठकर संकट का सामना कर सकें।

शूर्पणखा ने राम को यह अवसर बड़ी आसानी से प्रदान कर दिया। जंगल में राम के यश और रूप-लावण्य की ख्याति पहले ही फैल गयी थी। शूर्पणखा का चंचल मन इससे क्षुब्ध हो उठा था। वह सुन्दरी के वेश में राम का वरण करने के लिए आयी और लक्ष्मण के हाथों अपनी नाक कटाकर चली गयी।

रावण को राम के द्वारा यह स्पष्ट चुनौती थी। राम उसे कह-सुनकर भी भगा सकते थे, लक्ष्मण से डराने-धमकाने को भी कह सकते थे। लेकिन तब रावण को चुनौती नहीं मिलती। उसके प्रताप को बाँधनेवाला कोई पराक्रमी आ गया है--यह सत्यघोष रावण के कानों तक नहीं पहुँच पाता। राम ने शूर्पणखा की नाक लक्ष्मण से कटवाकर रावण के गढ़ पंचवटी में अपने शौर्य का डंका बजाया।

इसकी अनुकूल प्रतिक्रिया हुई। पंचवटी में आतंक की बागडोर सँभालने वाले रावण के भाई खर और दूषण राम से भिड़ने के लिए तत्पर हो उठे। पहली बार राक्षसों के अहंकार और अभिमान को किसी मनुष्य ने चोट पहुँचायी थी। क्रोध से वे चिल्ला उठे—

कोउ कह जिअत धरहु द्वौ भाई।
धरि मारहु तिय लेहु छड़ाई॥

—कोई कहता है—दोनों भाइयों को जीवित ही पकड़ लो, पकड़कर मार डालो और स्त्री को छीन लो।

राक्षसों के इस तुमुल नाद को सुनकर राम अपनी रणनीति तय करते हैं। वे लक्ष्मण से कहते हैं कि तुम सीता को लेकर किसी कन्दरा में छिप जाओ। राक्षसों की भयंकर सेना आ रही है। मैं उनसे मुकाबला करने जा रहा हूँ। राम केवल सीता को किसी सुरक्षित स्थान पर छिपाकर लक्ष्मण को अपने साथ भी ले जा सकते थे। युद्ध में लक्ष्मण सहायक होते। लेकिन राम ने ऐसा नहीं किया। वे अकेले राक्षसों का संहार करके उनका मनोबल तोड़ना चाहते थे। वे बताना चाहते थे कि रावण के अत्याचार का साम्राज्य अब चन्द दिनों का ही रह गया है।

अतः राम राक्षसों की प्रबल सेना से अकेले भिड़े। आत्मविश्वास के साथ उन्होंने अपना हथियार सँभाला—

देखि राम रिपुदल चलि आवा।
बिहसि कठिन कोदंड चढ़ावा॥

—शत्रुओं की सेना को समीप आया जान राम ने हँसकर अपने कठोर धनुष को चढ़ाया।

युद्ध के समय आत्मविश्वास और उच्च मनोबल की सबसे अधिक जरूरत होती है। राम की हँसी में हमें ये दोनों तत्त्व देखने को मिलते हैं।

घोर युद्ध करके राम राक्षसों की विराट् सेना का संहार करते हैं। विजयी होकर आतंक से त्रस्त देवता, सामान्य जन और मुनि—सभी का भय राम ने दूर कर दिया—

जब रघुनाथ समर रिपु जीते।
सुन नर मुनि सब के भय बीते॥

—जब राम ने युद्ध में शत्रुओं को जीत लिया तो देवता, सामान्य जन और मुनि—सबके भय नष्ट हो गये।

राम तो यही चाहते थे कि अन्याय से सहमे हुए लोग भयमुक्त हों। यह भाव नष्ट हो कि राक्षस पराजित नहीं हो सकते। अन्याय-अत्याचार कभी दीर्घजीवी नहीं होते। इस समर के बाद सभी का भय जाता रहा। राम के पौरुष-पराक्रम के प्रति लोग आश्वस्त हुए। न्याय, समता और सौहार्द का सूरज निकलने के प्रति सबकी आशा बँधी।

सीता-हरण के बाद जटायु और शबरी को मुक्त करते हुए राम आगे बढ़ते हैं। मार्ग में उन्हें हनुमान मिलते हैं, जो सुग्रीव के साथ राम की मित्रता कराते हैं। राम ने रावण को खर-दूषण का वध करके चुनौती दी थी। रावण ने सीता का हरण करके उस चुनौती को स्वीकारा था। अब एक बड़े युद्ध की तैयारी अनिवार्य थी। राम को सहायकों की जरूरत थी। वे पराक्रमी बालि से मित्रता कर सकते थे, क्योंकि बालि रावण का मान-मर्दन कर चुका था। लेकिन राजनीतिक दृष्टि से यह मित्रता ठीक नहीं होती। बालि अपने बल और पराक्रम के अहंकार में किसी भी क्षण राम की अवमानना कर सकता था, युद्ध के समय रावण से सौदेबाजी कर राम के लिए संकट पैदा कर सकता था।

इन सब सम्भावित संकटों से बचने के लिए राम ने सुग्रीव से मित्रता उपयुक्त समझी। बालि का वध करके राम जब सुग्रीव को राजा बनायेंगे तो सुग्रीव

उनके शौर्य से अभिभूत होगा और उनकी कृपा के प्रति हमेशा कृतज्ञ रहेगा। ऐसे प्रतापी राम का मित्र होकर सुग्रीव अपने को धन्य समझेगा। यह था राम का राजनीतिक चिन्तन। इसी के अनुसार उन्होंने कार्य भी किया।

बालि के वध के बाद राज और पत्नी को पाकर सुग्रीव राम के चरणों पर विनत हो गया। जो सुग्रीव बालि से भय खाता था, वह राम के साथ होकर महाप्रतापी रावण से जूझने के लिए तैयार हो गया। उसने अपनी सेनाओं को सीता की खोज के लिए लगा दिया। राम का कार्य शीघ्र करने के लिए सुग्रीव प्राणपण से जुट गया।

यों तो जटायु से ही राम को पता चल गया था कि सीता को कौन ले गया है। राम को आगे इतना ही जानना था कि रावण ने उन्हें छिपाकर कहाँ रखा है। इसके लिए वे सुग्रीव की सहायता चाहते थे। स्थान का ठीक-ठीक पता चल जाने पर वे अधिक सुविधाजनक ढंग से अपनी रणनीति तैयार कर सकते थे।

राम यह भी चाहते थे कि रावण पर सीधा प्रहार करने से पहले उसे मनोवैज्ञानिक स्तर पर पराजित किया जाये, उसके कभी न हारनेवाले उच्च मनोबल को दलित किया जाये। इसीलिए उन्होंने हनुमान को यह दायित्व सौंपा। जब हनुमान वन्दना करके राम से विदा लेने लगे तो उन्होंने अत्यन्त स्नेह से उनके सिर का स्पर्श किया—

परसा सीस सरोरुह पानी।
कर मुद्रिका दीन्हि जन जानी॥

—अपने कर-कमलों से हनुमान के सिर को छूकर राम ने उन्हें अपना सेवक समझकर अँगूठी उतारकर दी।

यह संकेत हनुमान जैसे 'विद्यावान् गुणी अति चातुर' के लिए पर्याप्त था। वे इसे समझकर राम-कार्य करने को आतुर हो उठे। लंका पहुँचने से पहले ही हनुमान ने अपने बल-विक्रम की खबरें लंका तक पहुँचा दीं। सुरसा और छाया पकड़नेवाली राक्षसी को छकाकर हनुमान लंका के मुख्य द्वार पर पहुँचे और वहाँ भी उन्होंने लंकिनी पर प्रहार करके धाक जमायी। आक्रामक युद्ध-नीति ऐसी ही होती है। आक्रमण करके दुश्मन को आत्मरक्षा के लिए विवश करना हनुमान की नीति थी। इसमें उन्हें पूरी सफलता मिली। लंकिनी उनकी स्तुति करने लगी—

तात मोर अति पुन्य बहूता।
देखेउँ नयन राम कर दूता॥

—हे तात हनुमान! मेरे बड़े भाग्य हैं, जो मैं राम के दूत को स्वयं देख पायी।

लंकिनी के मनोबल को तोड़कर हनुमान ने अपनी विजय-यात्रा का अच्छा श्रीगणेश किया था। वे अब भगवान् का स्मरण करके सूक्ष्म रूप में रावण के राजमहल का निरीक्षण करते हैं। माँ सीता को देखने की उनकी उत्कण्ठा प्रबल है। घूमते हुए वे एक ऐसे घर को देखते हैं, जो अन्य घरों से भिन्न है। वहाँ 'राम'-नाम अंकित है। यह घर विभीषण का था। वे दाँतों के बीच जीभ की तरह लंका में रह रहे थे। उनको रावण ने दबा रखा था। कुम्भकर्ण को सोने से फुरसत नहीं थी। वह रावण की मनमानी का कोई विरोध नहीं करता था। विभीषण स्वस्थ स्थिति में थे, वे रावण की मनमानी का विरोध करते थे। रावण उन्हें अपना विरोधी समझकर नजरबन्द रखता था। वे चाहकर भी कहीं भाग नहीं सकते थे। रावण के विरोधी को भला कौन शरण देता! हनुमान को देखते ही विभीषण के मन में यह आशा जगी कि वे रावण के आतंक से मुक्त हो सकते हैं। जिसका दूत लंका में इस तरह निश्शंक होकर घूम रहा है, वह अवश्य ही इतना प्रतापी होगा कि उन्हें शरण दे सके—

तात कबहुँ मोहि जानि अनाथा।
करिहहिं कृपा भानुकुल नाथा॥

—विभीषण हनुमान से कहते हैं—हे तात! मुझे अनाथ जानकर सूर्यकुल के नाथ श्रीरामचन्द्रजी क्या कभी मुझपर कृपा करेंगे?

विभीषण की दीन-दशा देखा हनुमान दया से भर उठते हैं। वे राम की कृपा-भावना का वर्णन करते हुए विभीषण से कहते हैं कि प्रभु हमेशा सेवक से प्रीति करते हैं। मेरे जैसे अधम वानर पर भी राम अपार स्नेह रखते हैं।

अपनी रक्षा का आधार पाकर विभीषण ने हनुमान को बता दिया कि सीता कहाँ और कैसे रह रही हैं। उसने यह भी बताया कि वहाँ तक कैसे पहुँचा जा सकता है। विभीषण के भय-व्याकुल मन को हनुमान ने पहचान लिया था। राम की दया-भावना का वर्णन करके उन्होंने विभीषण को यह संकेत दे दिया था कि समय पड़ने पर यदि तुम राम की शरण में जाओगे तो तुम्हारी रक्षा हो सकेगी। इस विश्वास के बल पर ही विभीषण कई बार रावण का मुखर विरोध करने में समर्थ हुआ।

सीता से मिलने के बाद हनुमान चुपचाप वापस नहीं लौटना चाहते थे। वे राम के शौर्य की एक झलक रावण को दिखाने के लिए व्यग्र थे। उन्होंने फूल-फल खाने के नाम पर सीता से कुछ कर दिखाने की अनुमति ले ली। खाने से अधिक वे बाग को तहस-नहस करने में रुचि ले रहे थे।

लंका में घुसकर कोई उत्पात करे, यह अनहोनी घटना थी। रावण ने उस वानर को पकड़ने के लिए कुछ बहादुरों को भेजा।

सब रजनीचर कपि संघारे।
गए पुकारत कछु अधमारे॥

—सभी राक्षसों को हनुमान ने मार डाला। जो घायल हुए, वे चीखते-चिल्लाते रावण के पास भागे।

रावण ने हनुमान को पकड़ने के लिए अपने पुत्र अक्षय कुमार को भेजा। हनुमान ने उसे भी मार डाला। रावण के लिए यह आश्चर्यजनक स्थिति थी। जो बात वह सोच भी नहीं सकता था, वह घट रही थी। उसने बन्दर को पकड़ने के लिए मेघनाद को भेजा, जिससे वह देख सके कि यह उत्पाती वानर कहाँ से आया है।

मेघनाद ब्रह्मास्त्र से बाँधकर हनुमान को रावण के पास ले गया। अब हनुमान को रावण का भी सामना करने का मौका मिला। जब रावण ने उनसे पूछा कि वे कौन हैं और कहाँ से आये हैं, तो हनुमान ने राम के प्रताप की बढ़-चढ़कर स्तुति करके रावण को तुच्छ और महत्त्वहीन सिद्ध करना चाहा। उन्होंने रावण को सीख भी दी कि वह जानकी को वापस कर दे—

प्रनतपाल रघुनायक करुनासिंधु खरारि।
गएँ सरन प्रभु राखिहैं तव अपराध बिसारि॥

—हे रावण! रघुनाथजी शरणागतों के रक्षक और दया के समुद्र हैं। शरण में जाने पर वे तुम्हारा अपराध भुलाकर तुम्हें क्षमा कर देंगे।

हनुमान के भाषण को रावण पचा नहीं सका। वैसे, हनुमान अवसर का पूरा लाभ उठा चुके थे—रावण के दरबार में ही उसे खरी-खोटी सुना चुके थे। रावण इस सीख की गम्भीरता को उड़ाने के लिए और हनुमान की निर्भयता से विजड़ित अपने दरबारियों को स्वस्थ करने के लिए कहने लगा कि हे बन्दर! तू तो बड़ा ज्ञानी गुरु है! तेरी मौत करीब आ गयी है, इसीलिए तू मुझे शिक्षा दे रहा है। उसने हनुमान को मार डालने की आज्ञा दे दी। ऐसे समय में विभीषण मन्त्रियों के साथ सभा में आये और कहा कि दूत को मारना ठीक नहीं है, किसी और दण्ड की व्यवस्था करें। रावण ने हनुमान की पूँछ जला देने की सलाह दी।

पूँछ में आग लगते ही राम का प्रताप दिखाने का एक और मौका हनुमान को मिला। वे कूद-कूदकर एक घर से दूसरे घर पर जाने लगे। इस तरह लंका में एक भीषण अग्निकाण्ड मच गया। जिस रावण के सामने देवता भी नजर उठाकर नहीं देख पाते थे उसी रावण की लंका आज धू-धू कर जल रही थी। रावण की इससे अधिक प्रताड़ना और क्या हो सकती थी! उसके देशवासियों का मनोबल राम के एक सेवक ने खण्ड-खण्ड कर दिया था। चारों तरफ हाहाकार मच गया था। खर-

दूषण के मरने के बाद रावण को राम के प्रताप की झलक मिल चुकी थी। आज हनुमान के शौर्य को देखकर वह भय से विकल हो गया। पहली बार वह राम से डरा। उसके मन पर लंका-दहन की भयानकता की छाप इस कदर पड़ गयी थी कि जब वह अंगद से हुए संवाद में राम के बल को तुच्छ बताता है तो उसे हनुमान की याद बनी रहती है।

लंका जलाकर हनुमान के वापस लौटने पर राम को अपनी रणनीति में पहली बड़ी सफलता मिली। वे रावण के मनोबल को बहुत हद तक तोड़ने में सफल हुए। लंकावासियों के मन में राम को लेकर अजीब दहशत छा गयी। यह आशंका सबके मन में घर कर गयी कि अब सर्वनाश निकट है!

राम गरम लोहे पर आघात करना चाहते थे। इसीलिए उन्होंने तुरन्त समुद्र पार करके रावण पर चढ़ाई करने की योजना बनायी। वे समय देकर रावण की सेना को तैयारी का मौका नहीं देना चाहते थे। हनुमान के पराक्रम से भय-विजड़ित रावण-सेना को राम अपनी आक्रामक रणनीति से ध्वस्त कर देना चाहते थे। शत्रु को तैयारी का तनिक भी मौका न देना राम की नीति थी।

रावण की लंका में हनुमान ने जो आतंक पैदा किया था, उसे विभीषण ने और बढ़ाया। वह रावण के पास जाकर राम के गुणों का गान करने लगा, उनकी दयालुता बखानने लगा। रावण का मन्त्री माल्यवन्त भी राम के गुणों के प्रभाव में आकर विभीषण की तरफदारी करने लगा। इसपर रावण क्रोध से आगबबूला हो उठा। उसने दोनों को सभा से बाहर निकल जाने का आदेश दे दिया।

माल्यवन्त तो घर चल गया, लेकिन विभीषण अपनी प्रार्थना पर अड़े रहे—

तात चरन गहि मागउँ राखहु मोर दुलार।
सीता देहु राम कहुँ अहित न होइ तुम्हार॥

—हे तात! मैं चरण पकड़कर आपसे भीख माँगता हूँ कि आप मेरा दुलार रखिए। राम को सीताजी दे दीजिए, जिससे आपका अहित न हो।

रावण को विभीषण का यह उपदेश भला कैसे अच्छा लग सकता था! जिस शत्रु के कारण उसकी प्रतिष्ठा धूल में मिल रही थी उसी की बड़ाई वह कैसे सह सकता था! वह भय-ग्रन्थि से ग्रस्त हो अपने ही प्रताप का प्रलाप करने लगता है और लात मारकर विभीषण को भगा देता है—

रामु सत्यसंकल्प प्रभु सभा कालबस तोरि।
मैं रघुबीर सरन अब जाउँ देहु जनि खोरि॥

—विभीषण कहते हैं—श्रीराम ही सत्य संकल्पवान् प्रभु हैं। हे रावण! तुम्हारी सभा

काल के वश है (नष्ट होने वाली है)। अतः मैं राम की शरण में जाता हूँ। मुझे दोष न देना।

विभीषण का लंका छोड़ना राजनीतिक दृष्टि से रावण की सबसे बड़ी हार और राम की सबसे बड़ी विजय थी। लंका का सारा सामरिक रहस्य विभीषण के माध्यम से राम के लिए सहज सुलभ हो गया। रावण को शिकस्त देने के लिए इससे अच्छी बात और क्या हो सकती थी! इसीलिए राम ने विभीषण को तुरन्त स्वीकार कर लिया और उसे लंका का भावी सम्राट् तथा मित्र कहकर गले लगा लिया। राम लंका तक विभीषण के राजतिलक की खबर को पहुँचाकर दो लाभ उठाना चाहते थे। एक तो वे रावण को बताना चाहते थे कि अब उसका सर्वनाश निकट है और दूसरे, वह लंकावासियों को यह आश्वासन देना चाहते थे कि लंका के राज्य को हड़पने का उनका इरादा नहीं है। वे रावण का अत्याचार और अन्याय समाप्त करके विभीषण को राजा बनाने के लिए संकल्पबद्ध हैं।

इससे विभीषण को भी सम्मान मिला। रावण से अपमानित होकर आनेवाले विभीषण को यदि सबसे पहले किसी चीज की जरूरत थी तो सम्मान की! राम ने उसका राजतिलक करके और उसे अपना परम प्रिय मित्र बनाकर न केवल उसे सम्मान दिया, अपितु उसका विश्वास जीतने में भी सफलता प्राप्त की।

राम को विभीषण के राजतिलक का समाचार रावण तक पहुँचाने का अच्छा मौका मिल गया। विभीषण की गतिविधि देखने के लिए रावण ने शुक नामक दूत को भेजा था, जिसे वानरों ने पहचानकर मारना चाहा, लेकिन लक्ष्मण ने दया करके उसे बचा लिया और एक पत्र लिखकर उसके हाथों रावण के पास भेजा।

विभीषण की दुर्गति की खबर जानने के लिए रावण उतावला था। उसने दूत को देखते ही अनेक प्रश्न किये।

मिला जाइ जब अनुज तुम्हारा।
जातहिं राम तिलक तेहि सारा॥

—दूत ने कहा—हे नाथ! जब आपका भाई विभीषण जाकर राम से मिला तब उसके पहुँचते ही राम ने उसका राजतिलक कर दिया।

इस घटना का उल्लेख करने के साथ ही दूत राम की सेना की शक्ति का वर्णन भी अभिभूत होकर करने लगा। यह वर्णन राम की सेना की वास्तविकता बताने के लिए नहीं, रावण के मन में राम का भय उत्पन्न करने के लिए किया गया है। दूत की बात पर जब रावण हँसता है तब दूत उसे लक्ष्मण का पत्र देता है, जिससे राम के प्रताप का और उन्मुक्त वर्णन होता है। रावण को लक्ष्मण ने सलाह दी है—

की तजि मान अनुज इव प्रभु पद पंकज भृंग।
होहि कि राम सरानल खल कुल सहित पतंग॥

—हे रावण! या तो अभिमान छोड़कर अपने छोटे भाई विभीषण की भाँति प्रभु के चरण-कमलों का भौंरा बन जाओ, अन्यथा रे दुष्ट, श्रीराम के बाण रूपी अग्नि में परिवार सहित पतंगा बनकर जलने के लिए तैयार हो जाओ।

रावण यह पढ़कर हँस पड़ता है। इसपर शुक उसे समझाता है। रावण उसे भी विभीषण की तरह लात मारकर निकाल देता है।

अब रावण के मन में राम का आतंक फैल चुका था। लंकावासी भी राम से भय खाने लगे थे। राम ऐसे ही समय में रावण पर चढ़ाई करने के लिए तैयार हुए। समुद्र को पार करने की योजना बनी। लक्ष्मण ने कहा कि बाण मारकर समुद्र को सुखा दिया जाये, लेकिन राम ऐसा नहीं करना चाहते थे। वे पहले समुद्र से प्रार्थना करने की नीति अपनाते हैं।

राम को इसमें सफलता नहीं मिलती। अत: वे क्रोध करके भयानक अग्निबाण का सन्धान करते हैं और समुद्र आर्त्त होकर उनके चरणों पर बिछ जाता है। वह राम को युक्ति बताता है कि कैसे समुद्र पर सेतु बाँधा जा सकता है। राम ने उसकी सलाह मानकर सेतु-बन्धन करने के लिए नल, नील आदि योद्धाओं से कहा। समुद्र के झुक जाने से लंका में राम के नाम का आतंक और बढ़ गया।

सेतु-बन्धन की प्रक्रिया प्रारम्भ करने के पहले राम ने शिव की पूजा की और अपने को शिव का सबसे बड़ा भक्त घोषित किया। उन्होंने कहा कि जो शिव से द्रोह करके मुझे पाना चाहता है, वह मुझे स्वप्न में भी अच्छा नहीं लगता।

राम की राजनीति बेजोड़ है। रावण अपने को शिव का सबसे बड़ा भक्त मानता था। उसने शिव की आराधना में अपने शीश काटकर रख दिये थे। उन्हीं शिव को राम ने आदर और श्रद्धा प्रदान की। आस्था के जिस शिव-तन्तु को रावण ने पकड़ रखा था, उसे राम ने उसके हाथ से खींच लिया। अब शिव यदि राम का समर्थन नहीं करते तो विरोध भी नहीं कर सकते थे। इस तरह रावण की एक आधिभौतिक शक्ति का क्षय हो गया।

अन्तत: समुद्र को पार करके राम लंका की भूमि पर चरण रख देते हैं। इसी धरती को उन्हें युद्धभूमि बनाना है। अपने आगमन का आतंक फैलाने के लिए भालू-बन्दरों को इधर-उधर घूमकर फल-फूल खाने की आज्ञा राम दे देते हैं।

वानरों को और क्या चाहिए वे फल खाते हैं और वृक्षों को तोड़कर फेंक देते हैं—राह में मिलनेवाले निशाचरों को मारते हैं, परेशान करते हैं, उनके कान और

नाक काट लेते हैं। वे राक्षस जब जाकर रावण को बताते हैं कि समुद्र को लाँघकर राम लंका की भूमि पर आ पहुँचे हैं, तो उसके आश्चर्य की सीमा नहीं रहती। तुलसीदास इस आश्चर्य को बड़े काव्यात्मक ढंग से प्रस्तुत करते हैं—

बाँध्यो बननिधि नीर निधि जलधि सिंधु बारीस।
सत्य तोयनिधि कंपति उदधि पयोधि नदीस॥

—क्या सचमुच ही राम ने वननिधि, जलधि, सिंधु, वारीश, तोयनिधि, कम्पति, उदधि, पयोधि और नदीश को बाँध लिया?

रावण ने दसों मुखों से समुद्र के दसों नाम चकित होकर लिये हैं। यह उसके अन्दर बसे भय का प्रतीक है। राम का प्रताप अब उसके मन में बुरी तरह छा गया है—

निज बिकलता बिचारि बहोरी।
बिहँसि गयउ गृह करि भय भोरी॥

—अपनी व्याकुलता को समझ, ऊपर से हँसता हुआ, भय को भुलाने का प्रयत्न करता हुआ वह अपने महल में गया।

रावण समझता था कि महल में जाकर वह अपने आपको राम के भय से मुक्त कर सकेगा, लेकिन ऐसा सम्भव नहीं हुआ। नियति ने ऐसी परिस्थितियाँ उपस्थित कीं, जिनसे उसके भय में और वृद्धि हुई।

समुद्र-बन्धन का समाचार रावण की पत्नी मन्दोदरी को भी मिल चुका था। वह व्याकुल थी। पति का सर्वनाश उसे निश्चित लग रहा था। अपने सुहाग के प्रति चिन्तित होना स्त्री का धर्म है। इसीलिए जैसे ही वह रावण को देखती है, समझाने लगती है—

नाथ बयरु कीजे ताही सों।
बुधि बल सकिअ जीति जाही सों॥
तुम्हहि रघुपतिहि अंतर कैसा।
खलु खद्योत दिनकरहि जैसा॥

—हे नाथ! वैर उसी से करना चाहिए, जिसे बल और बुद्धि के द्वारा जीता जा सके। आप में और रघुनाथजी में बड़ा अन्तर है—वे सूर्य जैसे हैं और आप जुगनू जैसे!

भला सोचिए, उस व्यक्ति की हालत क्या होगी, जिसकी पत्नी शत्रु की प्रशंसा करने लगे! राम के भय का भूत मन्दोदरी के सिर पर भी चढ़ गया था। रावण की दयनीय स्थिति की जरा कल्पना कीजिए! उसकी पत्नी शत्रु से समझौता करने के लिए ही नहीं कह रही है, बल्कि अपने पति के ही सामने उसे (अपने पति को)

अत्यन्त छोटा बता रही है। पत्नी की इस विश्वासहीनता को देखकर रावण उसे समझाने लगता है। घर में आराम करमे के लिए आया रावण मन्दोदरी की सहमी हालत को देखकर फिर दरबार में जा बैठता है।

मगर यहाँ भी नियति उसे नहीं छोड़ती। जब मन्त्रिगण रावण को चिन्ता न करने को कहकर ढाढ़स बँधाते हैं तब उसी का पुत्र प्रहस्त राम का गुण गाकर सीता को लौटाकर सन्धि करने की प्रार्थना करता है। पुत्र की बात सुनकर रावण जल उठता है—

सुत सन कह दस कंठ रिसाई।
असि मति सठ केहिं तोहि सिखाई॥

—रावण ने गुस्से में भरकर पुत्र से कहा—अरे मूर्ख, तुझे ऐसी बुद्धि किसने सिखाई?

रावण उठकर विलास के लिए पर्वत शिखर पर स्थिर अपने महल में चला जाता है। वहाँ उसके रास-रंग की ध्वनि को राम सुबेल पर्वत से सुनते हैं। उन्हें बादल गरजने का भ्रम होता है। विभीषण उनकी शंका निवारित करते हैं। रावण का अभिमान तोड़ने के लिए राम बाण-सन्धान करते हैं। यह बाण रावण के मुकुट और मन्दोदरी के कर्ण-आभूषण को काटकर जमीन पर गिरा देता है—

अस कौतुक करि राम सर प्रबिसेउ आइ निषंग।
रावन सभा ससंक सब देखि महा रसभंग॥

—ऐसा चमत्कार करके राम का बाण तरकश में वापस आ गया। यह महान् रस-भंग देखकर रावण की सभा भयभीत हो गयी।

राम का यह उपाय बहुत सटीक था। भरी सभा में रावण अपमानित हुआ। रास-रंग में जब वह इन्द्र के समान मग्न था, तब राम ने बाण चलाकर उसंके मद को चूर्ण किया। रावण को भय से हिला देने का इससे अच्छा अवसर और कोई नहीं हो सकता था। उसके श्रेष्ठ सभासद भी डर गये। मन्दोदरी रावण का अन्त निकट समझकर भीतर तक हिल गयी। सभासदों के जाने के बाद मन्दोदरी फिर राम से समझौता करने की विनती रावण से करने लगी—

कंत राम बिरोध परिहरहू।
जानि मनुज जनि हठ मन धरहू॥

—हे प्रिय! राम से विरोध छोड़ दीजिए। उन्हें मनुष्य जानकर मन में हठ न पकड़े रहिए!

वह राम के ब्रह्म स्वरूप का वर्णन करने लगती है। इससे रावण क्षुब्ध हो

उठता है। वह स्त्रियों के चरित्र की निन्दा करने लगता है और उसके गम्भीर वचनों को मजाक में उड़ाकर अपने दरबार में चला जाता है।

□

अपनी रणनीति को अन्तिम रूप देने के लिए राम अपने मन्त्रियों से विचार-विमर्श करते हैं। जामवन्त ने सुझाया कि युद्ध से बचने का अन्तिम प्रयत्न करने के लिए अंगद को दूत बनाकर भेजा जाये। सभी इस बात को स्वीकार करते हैं। अंगद को उपयुक्त दूत मानकर राम कहते हैं—

बहुत बुझाइ तुम्हहि का कहऊँ।
परम चतुर मैं जानत अहऊँ॥

—तुम्हें मैं अधिक क्या समझाऊँ। मैं जानता हूँ, तुम बहुत चतुर हो।

काज हमार तासु हित होई।
रिपु सन करेहु बतकही सोई॥

—शत्रु से वही बात करना, जिससे हमारा काम हो और उसका कल्याण हो।

वास्तव में यही आदर्श राम की राजनीति का केन्द्रबिन्दु है। वे अपने हित के साथ शत्रु का भी कल्याण चाहते हैं। स्वार्थसिद्धि राम का उद्देश्य नहीं है।

अंगद के बल के चामत्कारक प्रताप से राम एक बार और अन्तिम रूप से रावण के पौरुष की जड़ को हिला देना चाहते हैं। दूत के रूप में अंगद का दायित्व-निर्वाह हनुमान से कम नहीं है। वह राक्षसों को मारते-पीटते रावण की सभा की ओर बढ़ते हैं। रावण के दरबार में अंगद सिंह की तरह निश्शंक भाव से घुसते हैं और अपने को राम का दूत बताते हुए, रावण को समझाते हुए सीख देने लगते हैं—

सादर जनकसुता करि आगें।
एहि बिधि चलहु सकल भय त्यागें॥

—सीता को आगे कर तुम भय त्यागकर राम के पास जाओ।

आगे राम के शरणागत-पालक स्वभाव की चर्चा करते हुए अंगद कहते हैं कि राम तुम्हें मारेंगे नहीं, क्षमा कर देंगे! रावण यह सुनकर क्रोधोन्मत्त हो उठता है। इसपर अंगद फिर राम के प्रताप का वर्णन करते हुए उसे हताश करते हैं। अजीब होड़ लगी हुई थी—रावण अपनी महिमा गा रहा था और अंगद राम के प्रताप का बखान कर रहे थे। यह प्रसंग बहुत रोचक बन पड़ा है। अपने मुख से अपनी प्रशंसा भयग्रस्त या कायर करते हैं। इससे रावण के भीतर का भय प्रकट हो रहा था। राम की प्रशस्ति अंगद कर रहे थे, इससे प्रभु का वास्तविक तेज प्रकाशित हो रहा था।

पूरे दृश्य को अन्तिम चरण में ले जाने के लिए अंगद अपने बल की दो

झलकियाँ प्रस्तुत करते हैं। रावण के मुख से राम की निन्दा सुनकर अंगद अपनी दोनों भुजाओं को जमीन पर पटकते हैं। पृथ्वी हिलने लगती है, सभासद गिर पड़ते हैं। रावण गिरते-गिरते बचता है, पर उसके सिर से मुकुट गिर जाता है। इससे लज्जित होकर रावण कहता है कि इसे मार डालो! अंगद और क्रोधित हो उठते हैं। वे रावण को खरी-खोटी सुनाते हुए अपने पैर को पृथ्वी पर टिकाकर प्रण करते हैं—

जौं मम चरन सकसि सठ टारी।
फिरहिं रामु सीता मैं हारी॥

—ओ दुष्ट रावण! यदि मेरे पैर को उठा सको तो राम लौट जायेंगे और मैं सीता को हार जाऊँगा।

सभी राक्षस अपना जोर आजमाने लगे। मेघनाद ने भी कोशिश की। मगर जब कोई नहीं उठा सका तब रावण उठा। अंगद ने व्यंग्य करते हुए कहा—मूर्ख! मेरे पैर पकड़ने से तेरा कल्याण नहीं होगा। तू जाकर राम के चरण पकड़।

अंगद की दो-टूक वाणी सुनकर रावण का सिर लज्जा से झुक जाता है। सभी सभासद और योद्धा बलहीन हो जाते हैं। सारी लंका में यह बात हवा की तरह फैल जाती है कि जिस बालि ने रावण को एक बार दबोचा था, उसके पुत्र अंगद ने राम का दूत बनकर रावण सहित सभी राक्षस योद्धाओं का मान-हनन किया है। मनोवैज्ञानिक रूप से रावण यहीं मर जाता है। जब वह उदास होकर घर जाता है तब मन्दोदरी भी राम का प्रताप गाकर, समझौते की बात कहकर उसे मनोबलहीन करती है। इस प्रकार राम की शक्ति दिनोदिन बढ़ती जा रही थी और रावण अकेला होता जा रहा था।

युद्ध का बिगुल बज उठता है। राम अपनी सेनाओं को चार भागों में बाँटकर लंका के चारों द्वारों पर मुठभेड़ के लिए तैयार करते हैं। रावण का प्रतापी पुत्र मेघनाद भयानक युद्ध में लक्ष्मण के हाथों मारा जाता है। राम कुम्भकर्ण का संहार करते हैं।

अब राम-रावण के युद्ध का समय आता है। मदोन्मत्त रावण को श्रेष्ठ रथ में आरूढ़ और राम को पैदल युद्ध करते देख विभीषण अधीर हो उठते हैं। राम इस स्थिति में रावण का मुकाबला कैसे कर सकेंगे, यह चिन्ता विभीषण को होती है—

नाथ न रथ नहिं तन पद त्राना।
केहि बिधि जितब बीर बलवाना॥

—हे नाथ! न आपके पास रथ है, न तन की रक्षा के लिए कवच है और न पैर में

जूते हैं। आप वीर-बलवान रावण को कैसे जीतेंगे?

रावण के वैभवशाली शौर्य के सामने विभीषण श्रीहत और भयभीत हो गये थे। राम उनके भय को दूर करने और मनोबल को उठाने के लिए कहते हैं कि हे मित्र! जिससे विजय होती है, वह रथ कुछ और ही होता है! शौर्य और धैर्य उसके पहिये हैं, सत्य और शील उसकी ध्वजा-पताका हैं। बल, विवेक, संयम और परोपकार—ये चार उसके घोड़े हैं। ये घोड़े क्षमा, दया और समता रूपी डोरी से रथ में जोड़े हुए हैं। ईश्वर का भजन ही चतुर सारथि है। वैराग्य ढाल है और सन्तोष तलवार है। दान फरसा है और बुद्धि प्रचण्ड शक्ति है। श्रेष्ठ विज्ञान कठिन धनुष है। निर्मल और अचल मन तरकश के समान है। शम, यम और नियम—ये बाण हैं। ब्राह्मणों और गुरु का पूजन अभेद्य कवच है। इसके समान विजय का दूसरा उपाय नहीं। ऐसा रथ जिसके पास हो, उसे कोई जीत नहीं सकता।

राम की राजनीतिक सूझ-बूझ इस प्रसंग में दर्शनीय है। वह विभीषण के हारे हुए मन को समझाने के लिए 'चारित्रिक रथ' का सुन्दर वर्णन करते हैं। राम अपने अनुयायी को यह बताना चाहते हैं कि रावण के पास कुशल कारीगरों द्वारा बनाया हुआ सुन्दर रथ भले ही हो, किन्तु चरित्र का रथ नहीं है। जीतता वही है, जिसके पास चरित्र का रथ होता है। यह बात विभीषण की समझ में आ जाती है और वे निर्भय हो, उच्च मनोबल से युद्धभूमि में कूद पड़ते हैं।

राम की राजनीति का एक और मनोहर प्रसंग देखिए। जब रावण के साथ युद्ध का दूसरा चक्र आरम्भ हुआ, तब देवराज इन्द्र ने अपना रथ और सारथि राम के पास भेजा। उन्होंने युद्ध के आरम्भ में रथ नहीं भेजा था—रावण से डरे हुए थे। जब उन्हें विश्वास हो गया कि अब राम के हाथों रावण मरे बगैर नहीं रह सकता, तब राम को सहयोग देने की बात देवराज इन्द्र को सूझी—

तेज पुंज रथ दिब्य अनूपा।
हरषि चढ़े कोसलपुर भूपा॥

—दिव्य, अनूप और तेज के पुंज रथ पर राम हर्षपूर्वक चढ़ गये।

ध्यान दीजिए! राम ने रथ पर चढ़ने से इनकार नहीं किया। उन्होंने इन्द्र को खरी-खोटी भी नहीं सुनायी कि अब तक कहाँ थे? अब, जब मैं जीत रहा हूँ तब मक्खनबाजी के लिए रथ भेज रहे हो? राम ने इन्द्र से यह भी नहीं कहा कि चरित्र का रथ उनके पास है, उन्हें सोने-चाँदी के इस रथ की जरूरत नहीं है। वे उसपर हर्ष-पूर्वक बैठ गये।

यही राम की राजनीति-कुशलता है। विभीषण के टूटते मनोबल को कायम

रखना था और उसके दिल का भय दूर करना था, इसलिए राम ने विजय के 'स्यन्दन आना' की महिमा गायी। यहाँ युद्धभूमि में राम को सचमुच रथ की जरूरत थी। वे जानते थे कि कोई भी उन्हें रथ नहीं देगा, क्योंकि सभी रावण के आतंक से भयभीत हैं। अत: वे पैदल लड़कर अपने शौर्य का प्रदर्शन कर रहे थे। जैसे ही देवताओं को विश्वास हुआ कि राम का प्रताप रावण से प्रबल है, वे रावण के भय से मुक्त हो गये, उन्होंने रथ भेज दिया। राम ने सुविधापूर्वक लड़ने के लिए उसे हर्षपूर्वक स्वीकार कर लिया।

सब मिलि जाहु बिभीषन साथा।
सारेहु तिलक कहेउ रघुनाथा॥
पिता बचन मैं नगर न आवउँ।
आपु सरिस कपि अनुज पठावउँ॥

—राम ने अपने भाई लक्ष्मण और सहयोगी वानरों से कहा कि तुम लोग जाकर विभीषण का राजतिलक करो। और विभीषण से उन्होंने कहा कि मैं पिता के वचनों से बँधा होने के कारण नगर में नहीं जा सकता; लेकिन अपने समान भाई लक्ष्मण और वानर वीरों को अपने प्रतिनिधि के रूप में भेज रहा हूँ।

राम बहुत सोच-समझकर व्यवहार करते हैं। विभीषण राजा होने जा रहे हैं। वे अपने आपको छोटा न समझें, लोग उन्हें राम का पिछलग्गू न कहें, इसका ध्यान राम रखते हैं। वह विभीषण को राजा बनते समय पूरी गरिमा देते हैं। अपने मित्र के राज्याभिषेक के समय पड़ोसी राज्य के प्रतिनिधि के रूप में वे सुग्रीव और उनके साथियों को तथा अपने प्रतिनिधि के रूप में लक्ष्मण को भेजते हैं।

राम यदि राजनीति के श्रेष्ठ आदर्श को नहीं पालते तो एक और रास्ता था। वे लंका भर में अपनी दरियादिली की डुगडुगी बजाने के लिए कह सकते थे कि पिता की आज्ञा के कारण मैं नगर में नहीं जाऊँगा। तुम लोग यहीं मेरे निवास पर ही बड़ा सा शामियाना लगाकर राजतिलक का उत्सव करो। मैं विभीषण को स्वयं मुकुट पहनाकर आशीर्वाद दूँगा।

राम ऐसी आज्ञा देते तो उन्हें कोई रोकता नहीं, उलटे लोग प्रसन्नता से फूल उठते। लेकिन तब राम विभीषण के संरक्षक भले बन जाते, नीति, धर्म और मर्यादा के संरक्षक नहीं बनते। तब वे आज के घटिया राजनीतिज्ञ की तरह इतिहासं के दर्पण में दीन-हीन दिखाई पड़ते।

जिस स्वर्णमयी लंका को एक बार सपने में भी देखने के लिए लोग लालायित रहते थे, उसे देखने राम नहीं गये। विभीषण के आग्रह को उन्होंने

विनम्रता से ठुकरा दिया। कुछ लोग कहते हैं कि राम को भरत के पास जाने की जल्दी थी, समय पर राम न पहुँचते तो भरत प्राण त्याग देते। यह बात सच है। इससे किसी को कोई विरोध नहीं।

राम के लंका-दर्शन में भरत बाधक नहीं थे। राम को पुष्पक विमान से जाना था। उनके पास काफी समय था। वे सीता को खूब अच्छी तरह घुमाते-फिराते प्रयाग तक विमान में गये थे। फिर वहाँ से हनुमान को अकेले अयोध्या भेजा था। हनुमान के लौट आने पर वे विमान से अयोध्या गये। कहने का मतलब यह है कि उनके पास समय की कमी नहीं थी। लंका-दर्शन में समय ही कितना लगता? चार या छह घण्टे। आधे दिन में राम की यात्रा पूरी हो जाती। राम को गली-गली, गाँव-गाँव नहीं जाना था, केवल राजभवन तक की यात्रा करनी थी। भरत को वे हनुमान से समाचार भेज सकते थे कि भैया, चिन्ता मत करना, मैं जरा लंका देखकर दो दिन बाद पहुँच रहा हूँ। भरत इसका बुरा नहीं मानते, खुश ही होते।

सम्भव होते हुए भी राम ने लंका की यात्रा नहीं की। वे लंका जाते तो विभीषण को उनका राजकीय सम्मान करना पड़ता; क्योंकि सिंहासन उन्हीं की कृपा से विभीषण को मिला था। इस सम्मान का खराब असर लंका की जनता पर पड़ता। विभीषण अपने ही राज्य में राम से छोटे हो जाते। युद्ध के बाद का समय बहुत संवेदनशील था। राम ने इसको समझकर व्यवहार किया।

राम के व्यवहार को समझने का एक और कारण है। उन्होंने भरत को वचन दिया था कि चौदह वर्ष बीतते ही मैं आ जाऊँगा। जरा भी देरी नहीं होगी। लंका में स्वागत-सत्कार पाने के लोभ के लिए सत्यसन्ध राम अपने वचन को नहीं तोड़ सकते थे। अत: वे लंका नहीं गये।

विभीषण ने राम के समक्ष एक और इच्छा प्रकट की थी। यहाँ उसकी भी चर्चा कर लेना उचित है।

देखि कोस मंदिर संपदा।
देहु कृपाल कपिन्ह कहुँ मुदा॥

—विभीषण का वह प्रस्ताव लंका-यात्रा के निमन्त्रण से अधिक आकर्षक था। वानर-भालुओं को राम ने प्यार के अलावा और कुछ दिया नहीं था। उनके पास भी यही एक पूँजी थी। आज राम को विभीषण यह अवसर दे रहे हैं कि वे अपने सेवक वानर-भालुओं को अपार सम्पदा लुटा सकें; लेकिन राम इस अवसर के आकर्षण को अस्वीकार कर देते हैं। दूसरे के धन को लुटाकर महादानी बनने की इच्छा राम में नहीं थी।

राम द्वारा अस्वीकार करने के बाद भी विभीषण नहीं माने। राजमहल आकर पुष्पक विमान को धन-सम्पदा से भरकर राम के पास ले गये और उनके सामने रख दिया। विभीषण ने सोचा था कि धन-सम्पदा लंका से लाने के लिए कहने में विनीत राम संकोच कर रहे हैं। अत: वे खुद उठा लाये। विभीषण सोच रहे हैं कि अब जब धन राम के सामने है तो वे लुटा देंगे। राम सोचेंगे कि जब धन यहाँ तक आ ही गया है तो लुटा देने में क्या हर्ज है? लेकिन विभीषण तब चकरा गये जब राम ने उनकी सोच के अनुसार व्यवहार नहीं किया।

चढ़ि बिमान सुनु सखा बिभीषन।
गगन जाइ बरषहु पट भूषन॥

—राम ने कहा—हे सखा विभीषण! सुनो, विमान पर चढ़कर आकाश में जाकर वस्त्रों और गहनों की वर्षा कर दो।

राम का यह व्यवहार श्रेष्ठ राजनीति, मर्यादा, व्यवहार-कुशलता और भक्त-वत्सलता का अनूठा संगम है। धन और वस्त्र विभीषण का था तो गौरव राम क्यों लेते? श्रेष्ठ राजनीतिज्ञ राम विभीषण के राज्य में उन्हीं के धन को लुटाकर चरित्र को धूमिल करनेवाली वाहवाही क्यों लूटते! बैसाखी लगाकर गौरव पाने की ललक राम में नहीं थी। वह दूसरे के कन्धे पर चढ़कर अपना कद बढ़ाने में विश्वास नहीं रखते थे।

राम अपने मित्रों और सहयोगियों को गौरव तथा गरिमा देने की राजनीति करते थे। अपने आपको चमकाने के लिए वे मित्रों-सहयोगियों का इस्तेमाल नहीं करते थे। उनकी हमेशा यही नीति रहती थी कि उनकी चमक की आभा उनके मित्रों-सहयोगियों को भी दीप्त करे।

□

वनवासी राम

जहँ जहँ राम चरन चलि जाहीं

अयोध्या छोड़ते ही राम वनवासी हो गये थे। राजपुत्र की मर्यादा को त्याग-कर उन्होंने तपस्वी जीवन में प्रवेश किया था—

तापस बेष बिसेषि उदासी।
चौदह बरिस रामु बनबासी॥

—माँ कैकेयी ने महाराज दशरथ से माँगा था कि राम तपस्वी के वेश में विशेष रूप से उदासीन (वैरागी) होकर चौदह वर्षों तक वनवास करें।

कैकेयी का यह कथन वरदान-याचना नहीं है। इसमें राजनीति की गहरी दृष्टि छिपी हुई है। कैकेयी चाहती थी कि राम तपस्वी बनकर रहें और उनके जीवन में सांसारिक वस्तुओं के प्रति विशेष प्रकार की उदासीनता भी हो। राम को वनवासी कहने की बात तो ठीक ही है। घर से बाहर रहने पर आदमी के लिए वन में रहने के सिवा और कोई चारा उस समय था भी नहीं। लेकिन विशेष रूप से उदासीन होने की बात कहकर कैकेयी ने अपनी राजनीतिक चतुरता का अच्छा परिचय दिया है।

राम वन में रहेंगे तो कुछ-न कुछ काम तो करेंगे ही! वे तपस्वी होकर भी ऋषि-मुनियों की तरह साधना-तपस्या तो कर नहीं सकते थे। उस समय यह काम ब्राह्मणों तक ही सीमित था। गाधिपुत्र विश्वामित्र ने ब्राह्मण की पदवी बड़ी मुश्किल से लड़-झगड़कर पायी थी। राम ऐसे किसी झमेले में पड़ना नहीं चाहते थे। फिर चौदह वर्ष वन में क्या करेंगे, यह कैकेयी की चिन्ता थी। उसे भय था कि इतने लम्बे समय में राम कोई षड्यन्त्र न कर बैठें, जिससे भरत के हाथों से सत्ता लेने में उन्हें सफलता मिल जाये। इसीलिए कैकेयी एक ही वरदान में दो महत्त्वपूर्ण बातें माँग

लेती है। वह राम को तापस वेश बनाने के लिए कहती है और साथ ही उन्हें विशेष रूप से उदासीन होने की शर्त भी लगाती है। जब राम अपने जीवन को उदासीन होकर जीयेंगे तो कोई राजनीतिक षड्यन्त्र भरत के खिलाफ नहीं कर सकेंगे—ऐसा कैकेयी का विश्वास था।

कैकेयी के इस विश्वास के अनुरूप ही राम ने अपने जीवन को ढाला। भरत के खिलाफ राम षड्यन्त्र करेंगे, कैकेयी का यह भय तभी निर्मूल साबित हो गया जब राम के वियोग में भरत जोर-जोर से रो पड़े। अपनी माँ को उन्होंने आवेश में जो-जो शब्द कहे, वे भरत का राम के प्रति गहरा और आन्तरिक प्यार दरशानेवाले हैं। यहाँ उसकी चर्चा हम नहीं कर रहे हैं। इस प्रसंग में हमें केवल इस बात पर ध्यान देना है कि राम ने माँ कैकेयी के वरदान के अनुरूप चौदह वर्षों तक अपने जीवन को कैसे एक आदर्श रूप दिया।

वन में राम सांसारिक इच्छाओं से सचमुच ऊपर उठ गये थे। उन्हें कोई आकर्षण बाँधने में सफल नहीं हुआ। भाइयों में राम सबसे अधिक प्यार भरत से करते थे। उसी भरत ने राम के चरणों पर बिछकर निवेदन किया था कि भैया, आप अयोध्या का राज ले लो और मुझे वन में जाकर तप करने दो। लेकिन राम ने इसे नहीं माना। मानने में उनके दो हित थे—एक तो उन्हें अपमानकर ढंग से खोया हुआ अयोध्या का राज सम्मानपूर्वक मिल जाता; दूसरे, प्राणप्रिय भाई भरत की इच्छा भी पूरी हो जाती। ये दोनों उपलब्धियाँ राम के लिए लुभावनी थीं। यदि राम राज ग्रहण करके भरत से कहते कि तुम्हें वन में रहने की कोई जरूरत नहीं है, तो भरत भी वन से वापस लौट आते। इस तरह राम को चिन्ता करने की कोई जरूरत ही नहीं रहती। माँ कैकेयी अपने किये के लिए पहले से ही पछता रही थीं—

लखि सिय सहित सरल दोउ भाई।
कुटिल रानि पछितानि अघाई॥

—चित्रकूट में सीता सहित दोनों भाइयों (राम-लक्ष्मण) के सरल स्वभाव को देखकर कुटिल स्वभाववाली रानी कैकेयी बहुत पछतायी।

आइए, अपने प्रसंग को विस्तार देने से पहले इस चौपाई के मर्म को भी छूते चलें। यहाँ सीता, राम और लक्ष्मण को सरल स्वभाववाला कहा गया है। इसका अर्थ यह है कि जो लोग ऐसे स्वभाव के होते हैं, वे दूसरे की बुराइयों या कमियों की ओर नहीं देखते हैं। उनका स्वभाव होता है—आदमी की अच्छाई को देखना। इन तीनों लोगों ने कैकेयी को चित्रकूट में देखकर श्रद्धापूर्वक प्रणाम किया था, भरपूर सम्मान दिया था—

प्रथम राम भेंटी कैकेई।
सरल सुभायँ भगति मति भेई॥

—राम चित्रकूट में सबसे पहले कैकेयी से मिले और अपने सरल स्वभाव एवं अपनी भक्ति से उसकी बुद्धि को तर कर दिया।

तुलसीदास यहाँ भी अपनी प्रतिभा का परिचय देते हैं। आचरण और भक्ति से लोग प्रायः दूसरों के हृदय को तर करते हैं। जिसके प्रति आपका आचरण मृदु और आपकी भक्ति होती है, उसका हृदय आप्लावित होता है। यहाँ स्थिति विचित्र है। राम ने कैकेयी की बुद्धि को तर किया। वास्तव में कैकेयी का हृदय तो बड़ा विशाल था—उसने हमेशा राम को भरत से अधिक प्यार दिया था। राम के प्रति कैकेयी का स्नेह-भाव अयोध्या में कहानी बना हुआ था। लोग कामना किया करते थे कि जैसे कैकेयी राम को प्यार करती है वैसे ही हर माता अपने पुत्र को प्यार दे। किन्तु स्नेहमयी, ममतामयी कैकेयी ने राम को वनवास दे दिया। ऐसा क्यों हुआ? क्योंकि उसकी बुद्धि नष्ट-भ्रष्ट हो गयी थी। हृदय की तरलता ज्यों-की-त्यों थी, बुद्धि ही गरम हो गयी थी। राम ने इसी गरम बुद्धि को तर किया—अपने स्वभाव और भक्ति से। राम को तो कैकेयी की बुद्धि ठीक करनी थी। इसलिए वे सबसे पहले कैकेयी से मिलते हैं। वे मानिनी कैकेयी के अहं को चोट नहीं पहुँचाना चाहते—

पग परि कीन्ह प्रबोधु बहोरी।
काल करम बिधि सिर धरि खोरी॥

—राम ने कैकेयी के चरणों पर गिरकर—काल, कर्म और विधाता के सिर दोष मढ़कर उनको सान्त्वना दी।

राम के इस सरल स्वभाव को देखकर कैकेयी की बुद्धि अपना टेढ़ापन छोड़ने लगी। इसीलिए तुलसीदासजी ने लिखा कि कुटिल रानी पछतायी। जो कुटिल हो, वह पछताये—यह सरल और सहज बात नहीं है! कुटिल व्यक्ति जब अन्दर से पिघलता है, तभी उसके अन्दर पछतावा आता है। पछताने का अर्थ होता है—अपने किये के प्रति लज्जित होना।

कैकेयी में इस तरह की भावना का उदय होने से साफ जाहिर होता है कि राम के निश्छल व्यवहार ने उसकी बुद्धि की कुटिलता को एकदम धो दिया था। ऐसी अनुकूल स्थिति में राम आराम से वन से वापस लौटने के लिए प्रजा, भाई और माँ की इच्छा को एक सुन्दर कारण बताकर और उसपर भरत, कैकेयी का हस्ताक्षर कराकर वसिष्ठ और जनक से अपने आदर्शवादी होने का प्रमाण-पत्र भी ले सकते

थे। किन्तु राम ने ऐसे आदर्श को नहीं चुना। अपनी सुविधा के लिए आदर्श और सिद्धान्त गढ़ना या आदर्शों और सिद्धान्तों का उपयोग करना राम का स्वभाव नहीं था। अत: उन्होंने वन में रहना ही स्वीकार किया। आकर्षणों और प्रलोभनों के मायाजाल को चीरकर राम ने अपनी उदासीनता का सच्चा परिचय दिया।

सांसारिकता के प्रति उदासीन रहकर भी राम जीवन के प्रति उदास नहीं हुए थे। राम के जीवन में आपको खोजने पर भी निराशा नहीं मिलेगी। आशा, विश्वास और दृढ़ता का त्रिवेणी-प्रवाह राम के जीवन का मौलिक वैशिष्ट्य है। हताशा, कुण्ठा और थकान राम ने जानी ही नहीं।

वन में राम एक नये संसार की रचना करते हैं। अपनी राजसी पहचान का दम्भ छोड़कर जन-जीवन की परम्पराओं एवं आस्थाओं से स्वयं को वे जोड़ लेते हैं। उनके व्यवहार में कहीं राजस वृत्ति अपने आभिजात्य के साथ दीखती ही नहीं। वन में वैरागी होकर जीना राम ने इस कदर अपना लिया था, मानो वहीं वे पैदा भी हुए हों। इस तरह एक आभिजात्य जीवन से बिना किसी पूर्वाभ्यास के, अचानक कटकर नंगे पाँव धूप, बरसात और गरमी में चौदह वर्षों तक वन की आपदाएँ झेलने का साहस जुटा पाना सामान्य व्यक्ति के लिए अकल्पनीय है। राम ने अपनी आत्मिक शक्ति का जागरण अपने संकल्प और उद्देश्य के अनुरूप कर लिया था। वे चौदह वर्षों तक अपने भीतर के संकल्प-बल के कारण कभी थकते नहीं, झुकते नहीं, रुकते नहीं। लक्ष्य की साधना और पिता के वचन की सिद्धि में राम अपने मन, प्राण और शरीर को होम करते हैं। इसी के सहारे उनके जीवन में एक नये तेज का उदय होता है। जो दीन-दु:खी और दलित हैं, उन्हें अपने बाहुओं में भरकर उठा ही नहीं लेते, बल्कि उन्हें आन्तरिक प्यार से गले भी लगाते हैं।

वनवासी राम सबसे पहले निषादराज गुह से मिलते हैं। वन में रहनेवाली जनजातियों का यह सरगना राम के नाम और प्रताप से परिचित है। ऐसे व्यक्ति से दूर से ही हाल-चाल पूछकर राम काम चला सकते थे। लेकिन जैसे झोंपड़ी में रहकर महलों के सपने नहीं देखे जा सकते उसी तरह वन में रहकर राजसी तामझाम और ठाट-बाट नहीं किया जा सकता, यह राम अच्छी तरह जानते थे। राजपुत्र का कुलाचरण राम अयोध्या में ही छोड़ आये थे। अब वे वनवासी थे। वनवासी तपस्वी सबसे प्यार से मिलता है; उसका कोई आभिजात्य परिचय नहीं होता।

निषादराज गुह राम के आने की खबर पाकर भेंट-उपहारों के साथ राम के पास आता है। सभी चीजों को राम के चरणों पर रखकर वह प्रभु को प्रणाम करके अत्यन्त अनुराग से उन्हें ताकने लगता है। राम उसका कुशलक्षेम पूछते हैं, उसे

अपने एकदम करीब बैठा लेते हैं।

आह! निषादराज के लिए यह कितना अलौकिक क्षण रहा होगा। जिसे दूर से ही राजाओं को प्रणाम निवेदित करने का परम्परागत संस्कार मिला था, वह प्रभु के इतने करीब बैठ गया। सचमुच, राम ने अपने को केवल बाहरी आचरण में ही नहीं, भीतर के चिन्तन में भी बदल लिया था—तभी तो वे ऐसा कर सके थे। निषादराज की प्रसन्नता की कोई सीमा नहीं थी। वह उपलब्धि के आकाश में तैर रहा था। इसीलिए उसने राम के चरणों पर अपना सबकुछ न्योछावर कर दिया—

देव धरनि धनु धामु तुम्हारा।
मैं जनु नीचु सहित परिवारा॥

—हे प्रभु राम! यह पृथ्वी, धन और घर—सब आपका है। मैं तो परिवार सहित आपका सेवक हूँ।

वह राम से अपने घर में रहने का आग्रह करता है। यह केवल शिष्टाचार नहीं था, इसमें उसका हृदय बोल रहा था। राम इस समर्पण पर मुग्ध हो उठते हैं। उन्हें निषादराज के धन, धरती और धाम तो नहीं लुभा पाते, लेकिन गुह के हृदय में छलकते प्यार पर राम रीझ जाते हैं और निषाद को 'मित्र' कहकर सम्बोधित करते हैं। जंगल का एक नीच और छोटा आदमी कभी यह सोच नहीं सकता था कि किसी राजा का पुत्र उसे 'मित्र' कहकर मजाक में भी पुकारेगा!

राम गुह को जीत लेते हैं। वह अकेला ही नहीं, अपने दल-बल सहित राम का बन जाता है। पहली बार किसी राजा ने जनजातियों को छूकर अपनापन दिया था। यह अपनत्व व्यर्थ नहीं गया। राम से मिलने के लिए जा रहे भरत से भी लड़ पड़ने की संकल्प-शक्ति निषादराज ने इसी अपनत्व के कारण दिखायी थी।

राम का यह प्रयोग बहुत सफल रहा। इसके बाद उन्होंने केवट को भी अपने प्यार और दुलार से भर दिया। केवट ने राम से पैर धुलाने की बात जिस तरह की थी, उसे सामान्य भाषा में बदतमीजी कहा जा सकता है; लेकिन राम ने तनिक भी बुरा नहीं माना—उलटे हँसे और उसकी बात भी मान ली। यदि वे चाहते तो लक्ष्मण से कहकर उसे दो-चार हाथ लगवा भी सकते थे, निषादराज से कहकर दूसरी नाव की व्यवस्था भी अपने लिए करवा सकते थे। लक्ष्मण के डाँटते ही केवट के होश ठिकाने आ जाते; वह एक क्या, दो-चार नावें उनकी सेवा में लाकर हाजिर कर देता। लेकिन ऐसा यदि राम ने किया होता तो उनमें फिर आदर्श और मर्यादा की आत्मा कहाँ रहती! राम केवल नाम के ही रह जाते!

जंगल की जनजातियों ने राम को प्यार से भर दिया था। सीता को जितनी

आन्तरिक प्रसन्नता इन ग्राम-वधुओं से मिली उतनी शायद ही चौदह वर्षों में और कहीं मिली हो। स्त्रियाँ सीता से बड़े रसीले प्रश्न पूछती हैं—

कोटि मनोज लजावनिहारे।
सुमुखि कहहु को आहिं तुम्हारे॥

—वे पूछती हैं—हे सुमुखी सीता! करोड़ों कामदेवों को लजानेवाले ये पुरुष तुम्हारे कौन हैं?

सचमुच, सीता को जीवन का यह रस कहाँ मिला होगा? जनकपुर में सखियों ने राम से जरूर कुछ छेड़छाड़ की होगी, पर उस समय सीता को होश कहाँ था! वे तो राम को पा लेने की खुशी को ही नहीं सँभाल पा रही थीं। फिर अयोध्या में प्यार-मनुहार के दिन आते ही वनवास के दिन आ गये। सीता हतभागिनी की तरह जीवन के रस को चख भी नहीं पायी थीं कि विधाता ने उन्हें वन की खाक छानने की व्यवस्था कर दी। ऐसी सीता से जब ग्रामवधुओं ने यह रस भरा प्रश्न पूछा होगा तो उन्हें कितनी आन्तरिक राहत मिली होगी, यह सहज कल्पनीय है!

राम और लक्ष्मण का परिचय अपने मुख से देने का अवसर सीता को पहली बार मिला था। वह संकोच से सिकुड़ी जा रही थीं; उनकी समझ में नहीं आ रहा था कि क्या करना चाहिए। जवाब न देने से ग्रामवधुओं को दुःख होगा और जवाब देने से सीता का संकोची स्वभाव शरमायेगा। इस मधुर समस्या ने सीता के दिल को कितना गुदगुदाया होगा? पलंग से पाँव न उतारनेवाली सीता पैदल चल रही थीं। कोई हमउम्र आत्मीय उनके साथ नहीं था, जिससे वे संकोचहीन होकर हँस-बोल सकें। राम पति थे, लक्ष्मण अपनी ही खींची गयी मर्यादा से बँधे थे। ऐसे रूखे वातावरण में वे ग्रामवधुएँ सीता को मिली थीं, जो अपनी भोली-भोली, रस भरी वाणी में सीता को कुछ बोलने के लिए मधुर ढंग से बाध्य कर रही थीं—

सहज सुभाय सुभग तन गोरे।
नामु लखनु लघु देवर मोरे॥

—सीता ने कहा—ये जो सहज स्वभाव, सुन्दर और गोरे शरीर के पुरुष हैं, इनका नाम लक्ष्मण है। ये मेरे छोटे देवर हैं।

लक्ष्मण का परिचय सीता ने बड़ी सरलता से दिया, लेकिन राम के परिचय में उनकी यह सरलता संकुचित हो उठी। पति के प्रति अपने आन्तरिक प्यार को उड़ेलते हुए सीता केवल मुख से ही नहीं, नारी-सुलभ समस्त आंगिक भंगिमा का रसमय उपयोग करते हुए राम का परिचय देती हैं। सबसे पहले वे अपने चन्द्रमुख

को आँचल से ढक लेती हैं और फिर प्रियतम राम की ओर भौंहें टेढ़ी करके निहारती हैं—

खंजन मंजु तिरीछे नयननि।
निज पति कहेउ तिन्हहिं सियँ सयननि॥

—खंजन पक्षी जैसे अपने नेत्रों को तिरछा करके सीताजी ने इशारे से बताया कि ये मेरे पति हैं।

सीता की इस सांकेतिक मधुर अभिव्यक्ति से ग्रामवधुएँ आनन्द से भर उठती हैं। सीता भी उनके साथ आनन्द की अनुभूति करती हैं। इस दुर्लभ आदर और प्रेम-भाव को पाना हर किसी के भाग्य में नहीं होता।

यह प्रेम-भाव यहीं खत्म नहीं हो जाता। राम ने जिस तरह वनवासियों को अपने निकट स्थान देकर अपनाया था, वह उनके लिए अकल्पनीय था। फलत: यात्रा-भर वे राम के आगे-पीछे लगे रहते हैं। जिस ग्राम-नगर से राम गुजरते हैं, श्रद्धा की भावना से उमड़ी हुई भीड़ उनके दर्शनों के लिए उफन पड़ती है। उनके बड़े भाग्य थे, जो राम वन में आये। उन्हें इस बात का दु:ख था कि राम ऐसी दीनता के साथ वन में आये हैं, लेकिन उन्हें इस बात की खुशी भी हो रही थी कि ऐसा न होता तो राम कहाँ आते—

एक कहहिं भल भूपति कीन्हा।
लोयन लाहु हमहि बिधि दीन्हा॥

—एक ने कहा—महाराज दशरथ ने अच्छा ही किया! इसी बहाने हमें भी विधाता ने राम के दर्शन का अवसर दिया।

इस चौपाई में केवल आध्यात्मिक भाव ही नहीं है—इसमें राजा-प्रजा के सम्बन्धों पर गहरी दृष्टि डाली गयी है। आम जनता किस स्थिति में उस समय जी रही थी, इसका भी स्पष्ट उल्लेख किया गया है। राजा को उन्होंने कभी देखा नहीं था। शहरों की मोदमयी जिन्दगी छोड़कर जंगलों में जाने की फुरसत किस राजा को मिलती है! अबोध लोगों को भय और आतंक से वश में रखने का प्रयत्न ही राजनीति का सफल और श्रेष्ठ तत्त्व माना जाता है। आम आदमी को भयभीत करके सत्ता हमेशा से काम चलाती रही है। राम यदि राजा रहे होते तो शायद वे भी इन वनवासियों को भय और आतंक से वश में करते। लेकिन यह वनवासियों पर विधाता की कृपा थी कि राम तापस वेश में उनके पास आये थे। राजपुत्र के सारे आचार और आडम्बर राम ने उतार फेंके थे। उनकी मुसकराती छवि, स्नेह से ललकती आँखें, हृदय में समेट लेने के लिए आकुल बाँहें वनवासियों को धन्य

कर रही थीं। राम राजा नहीं, मित्र, हितैषी और सहयोगी के रूप में उनके अपने हो गये थे।

राम के स्पर्श से इन वनवासियों का पूरा जीवन ही बदल गया था। वे अब राम के आचरण के अनुरूप अपने जीवन को ढालने लगे थे। सेवक भी स्वामी की तरह बनने की कोशिश करता है। उनके जीवन की धन्यता इसी में है। वे राम की सेवा के लिए अपने अवगुणों को छोड़कर श्रद्धा से समर्पित होते हैं। यही श्रद्धा उनके जीवन में एक नया मोड़ लाती है—ऐसा मोड़, जिसकी कल्पना भी उन्होंने कभी नहीं की थी।

वनवासियों की प्रतिष्ठा में भारी परिवर्तन आ गया था—वे अब राम-सखा हो गये थे। इस प्रतिष्ठा के अनुरूप उन्होंने अपने व्यवहार को सँवारा। जब राम से मिलने के लिए भरत चित्रकूट की यात्रा करते हैं तो रास्ते में ये वनवासी उन्हें मिलते हैं और चमत्कार हो जाता है! जिनकी औकात भरत और वसिष्ठ को देखने भर की नहीं थी, उन्हें भरत और वसिष्ठ अपनी दोनों भुजाओं में भरकर भेंटते हैं। राम-सखा जानकर भरत सभी लोगों को मान-सम्मान देकर अपने भाव भरे हृदय के द्वार खोल देते हैं।

कोल-किरातों को अपनाने के बाद राम दक्षिण भारत की भालू-कपि जातियों को अपने प्रेम में लपेटते हैं। वे जानते हैं कि सभ्य आदमी सत्ता का मोही होता है।

राम तपस्वी हैं, उनके पास कोई सत्ता नहीं है। किसी को वे कुछ भी नहीं दे सकते। देने के लिए उनके पास प्यार के अलावा कुछ था भी नहीं! सत्ता से भय खानेवाले 'सभ्य और जागरूक' समाज से उन्हें कोई आशा नहीं थी। ऐसे लोग अपनी सुविधा-सम्पदा को छोड़कर संघर्ष का मार्ग नहीं अपनाना चाहते। सुविधा-भोग किसी आदर्श के प्रति समर्पित होने में बाधक होता है। इसलिए राम ने ऐसे लोगों को अपनाया, जो श्रद्धावान् होते हैं, हृदय के प्यार को समझते हैं।

अयोध्या से निकलकर राम ने कोल-किरातों को अपनाया। राम का स्नेह पाकर ये वनवासी यह भूल गये कि यदि वे राम को आदर-मान देंगे तो भरत उनकी खाल खींच सकते हैं। 'सभ्य' कहा जानेवाला आदमी इस भय को नहीं भूल सकता। सुविधा-सम्पदा की माया से मुक्त वनवासियों ने राम का प्यार पाकर उन्हें अपना सबकुछ दे दिया।

यही स्थिति भालू-कपियों की भी रही। राम को पाकर वे बालि और रावण दोनों के आतंक को भूल गये। सुग्रीव का जितना कुछ जा चुका था, उससे अधिक जानेवाला नहीं था। उसके दो बड़े योद्धा—जामवन्त और हनुमान—मनोबलहीन

और श्रीहत होकर उसके साथ पर्वत पर रह रहे थे। बालि के सामने किसी का वश नहीं चल रहा था। ऐसे कठिन समय में राम का प्यार उन्हें मिला था। किसी ने पहली बार विश्वास भरे स्वर में अभय होने के लिए सुग्रीव से कहा था—

सखा सोच त्यागहु बल मोरें।
सब बिधि घटब काज मैं तोरें॥

—हे मित्र! मेरे बल पर तुम अपनी सभी चिन्ताओं को छोड़ दो। मैं सब तरह से तुम्हारे हित को पूरा करूँगा।

राम का यह विश्वास भरा आश्वासन पाकर सुग्रीव का खण्डित मनोबल फिर सँवर उठा। कालजयी योद्धा जामवन्त और हनुमान अपने खोये हुए शौर्य को पाने में सफल हुए। कितनी मनोवैज्ञानिक बात है! भयभीत सुग्रीव के साथ रहते-रहते जामवन्त और हनुमान भी अपना तेज खो बैठे थे। महाभारत के युद्ध में कौरव दल का साथ देकर जैसे भीष्म पितामह ने अपना विवेक खो दिया था वैसे ही सुग्रीव के साथ रहकर भालू-कपि योद्धा भी साहसहीन हो गये थे। अपने सेवा-भाव के कारण वे साथ छोड़ भी नहीं सकते थे और सुग्रीव की पराजित एवं भयग्रस्त वृत्ति के कारण संघर्ष की राह भी नहीं अपना सकते थे। ऐसे में जब उन्हें राम मिले तो वे अपने बौने व्यक्तित्व की सीमाओं से मुक्त होकर महाबली हो गये।

राम ने बालि का वध करके भालू-कपि सेना तथा सुग्रीव में नये जोशीले रक्त का संचार किया। उनकी धमनियों में गरम लहू उबलने लगा, जिसका अहसास उन्होंने जाने कितने समय से खो दिया था। जिस सुग्रीव ने कभी अपने भय का वर्णन करते हुए राम से कहा था—

तार्कें भय रघुबीर कृपाला।
सकल भुवन मैं फिरउँ बिहाला॥

—हे कृपालु रघुवीर! मैं बालि के भय से सारे लोकों में विकल होकर फिरता रहा। वही सुग्रीव आज राजा बन गया था।

पर्वत पर साधारण चौकीदार की भूमिका निभानेवाले हनुमान में समुद्र लाँघने की शक्ति आ गयी थी। बूढ़े जामवन्त की बुद्धि और बल का तेज बढ़ गया था। नल-नील आदि बन्दरों के स्पर्श मात्र से समुद्र में पत्थर तैरने लगे थे। भालू-कपि वीरों में शक्ति का जागरण राम के शौर्य और पराक्रम के प्रभाव से हुआ था। यदि राम उन्हें नहीं छूते तो उनकी जिन्दगी में यह चमत्कारी उत्कर्ष नहीं आता।

इसे राम का प्रताप ही माना जायेगा कि भालू-कपियों ने शक्ति-सम्पन्न होकर कोई अनाचार नहीं किया, किसी का हक नहीं छीना। वे राम के काम में लग

गये। जिस प्रभु ने उन्हें जिन्दगी दी थी उन्हीं को उन्होंने वह समर्पित कर दी। वे अभी-अभी सत्ता में आये थे। बहुत दिनों से जंगलों में रहने के कारण उसके उपभोग का सुख वे भूल गये थे—अब उसे चखना चाहते थे। सुग्रीव एवं उसके सभी योद्धा सहज वृत्ति के कारण राज पाते ही सत्ता, धन और नारी के उपयोग में रम गये थे। तभी राम को क्रोध आया था और सुग्रीव को मार डालने का आवेश उन्होंने प्रकट किया था। लक्ष्मण उनकी इच्छा पूर्ण करने के लिए तत्पर हुए थे, पर दूसरे ही क्षण जब राम का आवेश शान्त हुआ तो उन्होंने लक्ष्मण से सुग्रीव को केवल डाँट-डपटकर लाने को कहा, मारने से मना किया। सत्ताभोग के आकर्षण की तीव्रता को राम अच्छी तरह समझते थे, इसलिए उन्होंने इस अपराध को क्षम्य माना था। लेकिन वे नहीं चाहते थे कि सुग्रीव का पतन हो, इसीलिए उन्होंने अपने कार्य का ध्यान दिलाकर उसकी वृत्ति को भोग से हटाकर आदर्श की ओर मोड़ना चाहा।

सुग्रीव ने अपनी गलती स्वयं स्वीकार कर ली। सत्ता की भूख कितनी लुभावनी और असंयत होती है, यह लक्ष्मण के भय से सुग्रीव स्वयं बोल देता है—

नाथ बिषय सम मद कछु नाहीं।
मुनि मन मोह करइ छन माहीं॥

—लक्ष्मण को अपनी सफाई देते हुए सुग्रीव कहता है—हे नाथ! विषय के समान और कोई मद नहीं है। यह मुनियों के मन में भी क्षण मात्र में मोह उत्पन्न कर देता है।

सुग्रीव की यह स्वीकारोक्ति बड़ी गूढ़ है। उसको अब जीवन के सारे आदर्श याद आ रहे हैं, क्योंकि धनुष-बाण ताने लक्ष्मण से जीवन की रक्षा पानी है। आदमी दो तरह के होते हैं—एक वे, जिनका विवेक सहज रूप से जाग्रत् होता है और जो स्वभाव से ही अपने आचरण को सही दिशा देते हैं; दूसरे वे, जो भय से ज्ञानी बनते हैं—जब उनकी जान पर बन आती है तब वे ऊँचे आदर्शों को याद करते हैं। जिसकी कोई हत्या कर रहा हो, उसे अहिंसा के आदर्श की बड़ी याद आती है; लेकिन जब वह स्वयं किसी की हत्या करता है तो उसे याद दिलाने पर भी 'अहिंसा' शब्द का अर्थ समझ में नहीं आता। सुग्रीव इसी हालत में है। बालि जब विषयों में लीन था और उसने सुग्रीव का सबकुछ लेकर उसे अधिकारहीन कर दिया था तब सुग्रीव को न्याय, विवेक, धर्म और संयम की बड़ी याद आती थी। आज बदली हुई परिस्थिति में, जब वह राजा बनकर सुख भोग रहा था, वह ये सारे शब्द भूल गया था। शौर्य-पुरुष लक्ष्मण को देखकर उसे अपना धर्म याद आया, विषय-मद का दार्शनिक विवेचन करने की बुद्धि आ गयी, ऋषि-मुनियों के चरित्र

से अपने को जोड़ने की समझ आ गयी। आज के किसी भयभीत अफसर की तरह दूतों की फाइलें उसने सीता की खोज के लिए दौड़ा दीं।

राम ने सुग्रीव से मित्रता की थी। अत: वे उसे गुण-दोष सहित अपनाते हैं। उसे दोस्ती नहीं कहा जा सकता, जिसमें मित्र के गुणों को ही स्वीकारने की भावना होती है। दोस्ती तो सम्पूर्णता में मित्र को स्वीकार करने की वृत्ति का नाम है। इसी कारण राम बिना किसी सफाई के सुग्रीव को अपना लेते हैं। लेकिन सुग्रीव तो अपने अपराधों के प्रति गड़े जा रहे हैं। इसीलिए वे प्रभु के सामने उनका बयान करके अपराध-भाव से मुक्त होना चाहते हैं। वे कहते हैं—जिसको स्त्री से आसक्ति नहीं हुई, जो लोभ में फँसा नहीं—हे राम! वह मनुष्य आप ही के समान होगा। आपकी कृपा से ही इन बन्धनों से व्यक्ति को मुक्ति मिल सकती है।

राम यह भाव-विकल प्रार्थना सुनकर सुग्रीव को अपनी कृपा देते हैं—ऐसी कृपा, जिससे वह भविष्य में मोह और लोभ के बन्धन में पड़कर अपने आदर्श को न भूले--

तब रघुपति बोले मुसुकाई।
तुम्ह प्रिय मोहि भरत जिमि भाई॥

—तब राम मुसकराकर बोले—हे भाई! तुम मुझे भरत के समान प्यारे हो।

राम की इससे बड़ी कृपा और क्या हो सकती है कि वे किसी को भरत जैसा भाई कहें! भरत राम की साँसों में बसे हुए हैं। जब राम किसी को भरत जैसा कहते हैं तो समझना चाहिए कि वे उसे अपने आपसे भी अधिक महत्त्व और मान दे रहे हैं। उन्होंने सुग्रीव को ऐसा ही मान दिया। इसके बाद सुग्रीव कभी मोह और लोभ में नहीं फँसे—हमेशा राम के लिए आतुर रहे, अपनी सारी शक्ति को उन्होंने अभय होकर राम के सहयोग के लिए लगा दिया। रावण जैसे प्रतापी शत्रु की तनिक भी चिन्ता उन्होंने नहीं की। उन्होंने ही नहीं, छोटे से बड़े तक उनके सभी सैनिकों ने समर्पित भाव से राम के साथ युद्ध में रावण का मुकाबला किया।

उपेक्षित और दलित समाज को राम ने पहली बार इतने व्यापक पैमाने पर उठाने के लिए प्रयत्न किया था। जो लोग सभ्यता की दृष्टि से अत्यन्त नीचे गिरे हुए थे, उन्हें राम ने अपने गले लगाया और उनके जीवन का एक बड़ा आदर्श निश्चित किया था। इससे पूर्व उनके जीवन की कथा बड़ी विचित्र थी।

यह हमारि अति बड़ि सेवकाई।
लेंहि न बासन बसन चुराई॥

—उन्होंने अपने वास्तविक गुणों का वर्णन करते हुए कहा था—हमारी सबसे

बड़ी सेवा यही है कि हम आपके खाने-पीने के सामान और कपड़े-लत्ते चुरा नहीं रहे हैं।

ऐसा जीवन जीनेवाले वनवासियों में राम ने नये संस्कार डाले, उनके जीवन-आदर्श बदले, उनके सिकुड़े और दबे जीवन को वास्तविक औकात दी, उनकी शारीरिक शक्ति और हृदय की भक्ति को जगाया। अन्याय और अत्याचार के प्रतीक रावण को परास्त करने के लिए इनसे अधिक श्रद्धावान और सबल सैनिक राम को और कहाँ मिल सकते थे! राम की नजर ने इनके जीवन के अन्तरतम में छिपे सत्त्व को पहचाना और इन्हें अपना लिया।

ऐसा नहीं था कि राम ने मात्र स्वार्थों के वश होकर ही इन्हें अपनाया था। जब राम लंका पर विजय प्राप्त करके अपने लक्ष्य की सिद्धि कर लेते हैं तो सभी को पूर्ण सम्मान देते हैं। विभीषण से वे कहते हैं कि इन भालू-कपि वीरों ने मेरे लिए बहुत कष्ट सहा है, कभी कुछ माँगा नहीं है। आप आभूषण और कपड़े विमान में रखकर आकाश से बरसाइए।

आकाश से वस्त्राभूषणों की बारिश होती है। सब अपनी मनचाही चीजें ले रहे हैं। आभूषणों को मुख में रखकर भालू-कपि खाने का प्रयत्न करते हैं, किन्तु उन्हें स्वादहीन पाकर थूक देते हैं।

हँसे रामु श्री अनुज समेता।
परम कौतुकी कृपा निकेता॥

—कृपाधाम और परमविनोदी राम वानरों के इस व्यवहार को देखकर सीता और लक्ष्मण के साथ हँसने लगते हैं।

जैसे पिता अपने बच्चे के साथ खेलता है, उसी तरह राम वानरों के साथ खेल रहे हैं। इन अनाम सेवकों को शायद ही कभी प्रभु के करीब आने का मौका मिला हो! जिसके लिए उन्होंने संघर्ष किया था, उसे इतना करीब और हँसी-मजाक के भाव में देखकर उनके आनन्द का ठिकाना नहीं रहा होगा।

राम अपने समर्पित सेनानियों से प्रेमपूर्वक कहते हैं कि तुम्हारे ही बल से मुझे विजय मिली है। राम उन्हें अपने आशीर्वाद देकर अभय भी प्रदान करते हैं—

निज निज गृह अब तुम्ह सब जाहू।
सुमिरेहु मोहि डरपहु जनि काहू॥

—अब तुम सब अपने-अपने घर जाओ। मेरा स्मरण करते रहना और किसी से डरना नहीं।

यह एक प्रेरक सन्देश है। चाहे कोई कितना भी छोटा या अदना क्यों न

हो, यदि वह राम को याद करेगा तो उसे किसका भय रहेगा! भालू-कपियों ने अपनी आँखों से प्रभु का प्रताप देखा है—उनकी जय-जयकार कर अपने अन्दर शौर्य के उमड़ते हुए समुद्र का भी अहसास किया है। फिर उन्हें किस बात का डर हो सकता था! राम के नाम का स्मरण अभय का दूसरा नाम है। जो राम को भजते हैं, राम का चरित्र उनके अन्दर संक्रमित हो जाता है। तेजस्वी जीवन की कामना जिन्हें हो उन्हें राम के नाम का स्मरण जरूर करना चाहिए। वे शौर्य और पराक्रम के साक्षात् रूप हैं।

प्रभु प्रेरित कपि भालु सब राम रूप उर राखि।
हरष बिषाद सहित चले बिनय बिबिध बिधि भाषि॥

—प्रभु राम की आज्ञा से वानर-भालू श्रीराम के रूप को हृदय में रखकर और अनेक प्रकार से विनती करके हर्ष और विषाद सहित घर को चले।

राम को छोड़कर जाने का जहाँ भालू-बन्दरों को दुःख था वहीं इस बात का सुख भी था कि वे राम का काम पूरा करके वापस लौट रहे हैं। जो लोग राम का काम करते हैं, उन्हें प्रभु की कृपा मिलती है। राम के प्रति जिनका समर्पण हो जाता है, उनके जीवन से व्यक्तिगत स्वार्थों की भूख चली जाती है। वे अपने लिए नहीं, दूसरों के लिए—श्रेष्ठ आदर्श के लिए बलिदान होने में गौरव महसूस करते हैं। वनवासी भालू-बन्दरों में राम के साथ रहते-रहते इसी भावना का उदय हुआ था।

राम ने छोटे सैनिकों को प्रेमपूर्वक विदा कर दिया था, लेकिन बड़े योद्धा अभी तक राम के पास रह गये थे। सुग्रीव, नल-नील, जामवन्त, अंगद, हनुमान और विभीषण राम की आज्ञा की प्रतीक्षा कर रहे थे। राम ने उनके हृदय की प्रीति को पहचान लिया। उन्हें अपने साथ लेकर प्रभु विमान से अयोध्या की ओर चल पड़े।

राम अपने किसी भी बन्धु को भूलते नहीं। जैसे ही उनका विमान शृंगवेरपुर उतरता है, वे ऋषि-मुनियों से श्रद्धापूर्वक मिलते हैं। संकट के दिनों के प्रिय हितैषी और मित्र निषादराज गुह भी राम को वहीं मिल जाते हैं। राम उस 'अधम निषाद' को भूलते नहीं, पहचानने में एक क्षण का भी विलम्ब नहीं करते हैं—

प्रीति परम बिलोकि रघुराई।
हरषि उठाइ लियो उर लाई॥

—परम प्रेम देखकर राम ने चरणों में झुके निषादराज को अपने हृदय से लगा लिया।

परिस्थितियों का कोई भी असर राम पर नहीं था। आज राम चौदह वर्ष पहले के तपस्वी नहीं थे। चौदह वर्षों में उन्होंने अपने शौर्य का डंका बजाकर अलौकिक ख्याति पा ली थी। रावण जैसे प्रतापी का वध उन्होंने किया था। अपने

चरमोत्कर्ष को पाकर राम इतरा सकते थे, लेकिन यह वृत्ति उनमें कभी नहीं आयी। जिसे उन्होंने अपना लिया उसे हमेशा के लिए अपनाया। किसी को मँझधार में छोड़ना या अपने व्यवहार से किसी को ठेस पहुँचाना उनका स्वभाव नहीं था।

चौदह वर्षों तक वन में बिताया गया राम का जीवन दो दृष्टियों से हमारे लिए आज भी प्रेरक और प्रिय है। सबसे पहली बात तो यह है कि व्यक्ति को घोर संकट में भी घबराना नहीं चाहिए, हिम्मत नहीं हारनी चाहिए। जितने कष्ट राम ने उठाये उतने और कौन उठा सकता है! यदि हम उन्हें ईश्वर मान लें तो भी राम ने अपने ईश्वरत्व को मानवीय जीवन की गतिविधियों में बाधक नहीं बनने दिया। उन्होंने एक मनुष्य की तरह नियति की विडम्बना का मुकाबला अपने पौरुष-पराक्रम एवं बल-विक्रम से किया। राम किसी के सामने भीख माँगने नहीं गये, दीनतापूर्वक सहयोग के लिए किसी से याचना नहीं की। जो जिसने दिया, उससे उतना ही उन्होंने लिया। जब वह जंगल में अकेले थे तो जनजातियों और ऋषि-मुनियों ने उन्हें गले लगाया, लेकिन आधुनिक चापलूसों के पूर्वज देवताओं ने राम की कोई मदद नहीं की। वे तो रावण के दरबार में नगाड़े बजा रहे थे। लेकिन राम की विजय के बाद वे ही देवता उनकी स्तुति करने के लिए दौड़े आये। प्रभु ने उन्हें भी दुत्कारा नहीं।

राम के वनवासी जीवन की दूसरी महत्त्वपूर्ण बात यह है कि उन्होंने किसी को छोटा या बड़ा नहीं समझा। अपने आदर्शों की पूर्ति के लिए उन्होंने सबको अपनाया। जैसे मूर्तिकार पत्थर में भगवान् को गढ़ देता है, उसी तरह राम ने वनवासियों को अपने हाथों से गढ़कर नये रूप में ढाल दिया था। अपने प्रेममय, विनीत और स्नेहमय आचरण से राम ने सबको नयी जिन्दगी दे दी थी। ये जंगली लोग निर्भय होकर अन्याय और अत्याचार के विरुद्ध उठ खड़े हुए। बहुत सम्भव था कि राम अकेले ही रावण को मार डालते। किन्तु यदि वे ऐसा करते तो विषम परिस्थितियों से जूझने के लिए प्रचण्ड इच्छाशक्ति के जागरण की भावना आदमी में कैसे पैदा होती? आज तो राम के उदाहरण से हम सोचते हैं कि कठिन समय में उपलब्ध छोटे-से-छोटे उपकरण और साधन का प्रयोग करके भी विजय की प्राप्ति की जा सकती है। छोटे-से-छोटे व्यक्ति की भी श्रद्धा जगायी जाये तो उसमें विराट् का बोध उत्पन्न हो सकता है। राम अकेले जूझते तो मानवता को संहयोग के अनुभव का फल कैसे मिलता? अपने आदर्श जीवन के उदाहरण से मानवता को प्रेरित-अनुप्राणित करने के लिए ही तो श्रीराम का अवतार हुआ था!

□

राजा राम

नहिं दरिद्र कोउ दुखी न दीना

राजा के रूप में राम का चरित्र सदा से प्रेरक रहा है। जन-कल्याण की दृष्टि से रामराज्य एक आदर्श और सम्पूर्ण व्यवस्था के रूप में प्रसिद्ध है। महात्मा गांधी ने आधुनिक भारत के लिए ऐसी ही शासन-व्यवस्था की कामना की थी, जो रामराज्य के अनुरूप हो। राम के चरित्र में राजशाही और लोकतन्त्र का अनोखा संगम है। वे मतदान के द्वारा चुनकर राजा नहीं बने थे; लेकिन जनता की इच्छा को जाने बगैर वे कुछ करते भी नहीं थे। वे अपने स्वार्थों के लिए प्रजा की इच्छा की अवहेलना कभी नहीं करते थे। इसी आदर्श को ध्यान में रखकर उन्होंने प्राणों से प्यारी धर्मपत्नी सीता का परित्याग किया था, व्यक्तिगत कष्ट सहकर भी राजा का दायित्व निभाया था।

राम कुरसी को लपकने के लिए कभी उतावले नहीं रहे, इसीलिए कुरसी की कमजोरियाँ उन्हें बाँध नहीं पायीं। वे आश्वासन देते नहीं फिरते थे। जो कहते थे, वह करते थे। प्रजा ही नहीं, अपने परिवार का भी अखण्ड विश्वास उन्होंने प्राप्त किया था। वे सबके दिलों में गहरे बैठे हुए थे। मनमानी करने की छूट उन्हें थी, लेकिन वे राज्य-नियमों की मर्यादा से हमेशा जुड़े रहे।

चौदह वर्षों के वनवास के बाद राम को सिंहासन मिल रहा था। लेकिन वे अधीर और असंयत नहीं हुए। उन्हें अपनी चिन्ता बहुत कम थी। उन्होंने सबसे पहले अपने सेवकों को आज्ञा दी कि वे जाकर सुग्रीव आदि मित्रों को स्नान करायें। इसके बाद राम ने भरत को बुलाया और अपने हाथ से उनकी जटाओं को सुलझाया—

पुनि करुनानिधि भरतु हँकारे।
निज कर राम जटा निरुआरे॥

—राम ने भरत को बुलवाया और अपने हाथ से उनकी जटाओं को सुलझाया।

यह तो आप जानते ही हैं कि भरत अयोध्या में रहकर भी तपस्वी हो गये थे। माँ कैकेयी के अपराधों का प्रायश्चित्त उन्होंने अपने को गलाकर किया था। तपस्वी जीवन में, श्रृंगार के प्रति उपेक्षा के कारण उनकी जटाएँ बढ़कर उलझ गयी थीं।

आज जब संकट का समय गुजर चुका था और राम सिंहासन पर बैठने जा रहे थे तो इस जटा को सँवारने की जरूरत थी। राम ने उन्हें अपने हाथों से सुलझाया। अपने तीनों भाइयों को नहलाने के बाद राम ने अपनी जटा को सँवारा और गुरु की अनुमति लेकर स्नान किया। राजा होने की हड़बड़ी में भी राम अपने परिवार के प्रति दायित्व को नहीं भूले। भरत को सँभालने-सँवारने के बाद ही उन्होंने अपनी चिन्ता की।

सिंहासन मिलने के बाद केवल प्रजा ही नहीं, देवताओं आदि ने भी राम की स्तुति गायी। वेदों और शिवजी ने भी प्रभु की वन्दना की। राम को इतना मान-सम्मान मिला, लेकिन वे इससे फूलकर अपने विवेक को खो नहीं बैठे। अपने कर्तव्य की याद उन्हें बनी रही। जैसे ही महादेव गये, प्रभु ने अवकाश पाकर पहला काम यह किया कि लंका से आये अपने मित्रों के लिए अच्छे आवास की व्यवस्था करायी। राजा के रूप में राम की यह प्रथम आज्ञा थी। जिन्हें केवल राम का भरोसा है, उनकी देखभाल के लिए प्रभु सबसे पहले चिन्तित हुए। प्रायः कुरसी पाते ही राजा अपने बारे में अधिक व्यग्र हो जाता है, उसे अपने लिए सुन्दर निवास की चिन्ता होती है। लेकिन राम की वृत्ति अपने बारे में सोचने की नहीं थी।

राज्य-व्यवस्था को सुचारु रूप से चलाने के लिए राम उस ओर अधिक ध्यान देना चाहते थे। इसीलिए उन्होंने लंका से आये सभी मित्रों को विदा करना चाहा। विदा से पहले राम उनकी बड़ाई करते हैं, उन्हें अपना सबसे प्रिय पात्र बताते हैं। सबको उपहार देकर राम भरे हृदय से विदा करते हैं। निषादराज गुह अयोध्या के करीब थे, इसीलिए राम उनसे बराबर आते-जाते रहने के लिए कहते हैं—

तुम्ह मम सखा भरत सम भ्राता।
सदा रहेहु पुर आवत जाता॥

—हे निषादराज! तुम मेरे मित्र हो और भरत के समान भाई हो। अयोध्या में सदा आते-जाते रहना।

राम का यह कथन पड़ोसी छोटे राजा के प्रति राम की श्रेष्ठ राजनीति का भी परिचायक है। पड़ोसी राजा से वैर प्रायः हो ही जाता है; लेकिन राम ने इसे खत्म कर दिया था। उन्होंने गुह को भरत के समान कहकर अपने घर-परिवार का सदस्य

बना लियां था। विरोध और वैर की सारी आशंकाएँ मिट गयी थीं।

राजा बनकर राम ने प्रजा की ओर ध्यान दिया और एक कल्याणकारी राज्य की स्थापना की। सभी लोग अपनी मर्यादा में रहने लगे। राम ने मनुष्य, जीव-जन्तु और प्रकृति के बीच में समन्वय स्थापित किया। मनुष्य सदाचारी बने, जीव-जन्तुओं ने अपनी पशुवृत्ति को संयत किया और प्रकृति सदा फूलने-फलनेवाली बन गयी। समाज में दूषण न होने के कारण प्रकृति में प्रदूषण की समस्या भी नहीं थी। सभी का जीवन सहज और संयत था—

बयरु न कर काहू सन कोई।
राम प्रताप बिषमता खोई॥

—कोई किसी से वैर नहीं करता। राम के प्रताप से सारी विषमताओं का अन्त हो गया है।

इन विषमताओं को समाप्त करने के लिए राम ने कोई जादू नहीं किया था। सहयोग, सलाह और समन्वय की नीति अपनाकर राम ने यह उपलब्धि पायी थी। उन्होंने सबको सम्मान देकर अपने लिए सम्मान प्राप्त किया था। वे सबके सहयोग से निर्णय लेने में विश्वास करते थे। वे समन्वय के पक्षधर थे, अपने किसी आचरण से अलगाव या भेद उत्पन्न करना नहीं चाहते थे।

नहिं दरिद्र कोउ दुखी न दीना।
नहिं कोउ अबुध न लच्छन हीना॥

—रामराज्य में न कोई दरिद्र है, न कोई दुःखी है, न कोई दीन है, न कोई मूर्ख है, न कोई शुभ लक्षणों से हीन है।

राम के शासन का यह सबसे शुभ परिणाम था। क्योंकि उनका शासन प्राकृतिक न्याय पर आधारित था। जैसे सामान्य ढंग से मृत्यु हो जाने पर कोई किसी को दोष नहीं देता, उसे सामान्य घटना मानकर आदमी सन्तोष कर लेता है, उसी तरह राम के राज्य में जीवन की गति सामान्य और सहज थी। दुःख-दीनता और दरिद्रता का नाम भी कोई नहीं जानता था। इसका मतलब यह नहीं है कि हर आदमी लखपति था। इसका अर्थ यह है कि हर आदमी को अपनी कमाई में सन्तोष था। वह अपनी कमाई नैतिक साधनों से करता था। अर्थोपार्जन धर्म से अनुशासित था।

दैहिक दैविक भौतिक तापा।
रामराज नहिं काहुहि ब्यापा॥

—रामराज में दैहिक, दैविक और भौतिक ताप किसी को नहीं व्यापता था।

इस चौपाई का अर्थ कुछ लोग यह लगाते हैं कि रामराज में कभी कोई दुःख

या पीड़ा किसी को छूते भी नहीं थे। यदि ऐसा था तो लोग मरते कैसे थे, यह प्रश्न कुछ लोग उठाते हैं। वास्तव में यह चौपाई एक खास बात की ओर हमारा ध्यान खींचती है। आदमी को जब धर्म में या प्रभु के नियम में अखण्ड और अटूट विश्वास हो जाता है तो वह दुःख की मार से छटपटाता नहीं है, उसे सहज मानकर शान्त मन से स्वीकार कर लेता है। राम के राज्य में ऐसी ही स्थिति थी। लोग सुख का आनन्द तो उठाते थे, लेकिन दुःख में चिल्लाते नहीं थे, इसे जीवन का अनिवार्य अंग मानकर स्वीकार करते थे।

बहुत ही स्पष्ट ढंग से राम मानवीय आदर्शों की विवेचना करते हुए कहते हैं कि सबसे बड़ा धर्म है—दूसरों के कल्याण के लिए काम करना—

पर हित सरिस धर्म नहिं भाई।
पर पीड़ा सम नहिं अधमाई॥

—वे कहते हैं—हे भाई! दूसरों की भलाई के समान और कोई धर्म नहीं है; दूसरों को दुःख पहुँचाने के समान और कोई नीचता भी नहीं है।

मनुष्य के जीवन को मर्यादित करने का यह अनूठा सिद्धान्त है। यदि आप दूसरे की भलाई करेंगे तो आपकी भलाई होगी ही! जो दूसरों की प्यास बुझाता है, वह खुद प्यासा नहीं मर सकता। लेकिन जो दूसरों को प्यासा रखता है, उसके तड़प-तड़पकर मरने की आशंका अधिक होती है। दूसरों को कष्ट देने से बड़ी नीचता और कुछ नहीं हो सकती। इस नीचता से आदमी रामराज्य में बचा था। उसे हर युग में इससे बचना चाहिए। दूसरों को दुःख पहुँचाकर क्षणिक सुख भले ही मिले, पर मानसिक सन्तोष नहीं मिल सकता।

राम राजा के रूप में अपने श्रेष्ठ आचरण से पूरे समाज को उच्च आदर्शों के लिए प्रेरित करते हैं। राम का चरित्र दोमुँहा नहीं है। मंच पर प्रजा के लिए आँसू बहाकर घर में रंगरेलियाँ मनाने की मंशा उन्होंने कभी नहीं की। राजा के रूप में उनका जीवन प्रजा के लिए पूर्ण समर्पित था। वे अन्तःकरण से यह स्वीकार करते थे कि मनुष्य का तन हर किसी को बड़े भाग्य से मिलता है—इसका सदुपयोग होना चाहिए। राजा को ऐसी व्यवस्था करनी चाहिए, जिससे हर मनुष्य अपना पूर्ण विकास कर सके।

आखिर आदमी का लक्ष्य क्या है? राम ने इसे स्पष्ट किया है। वे कहते हैं कि मनुष्य केवल विषयों के भोग के लिए पैदा नहीं हुआ है। यह सब तो वह पशु-योनि में रहकर भी कर सकता है। यह मनुष्य-शरीर तो किसी और ही काम के लिए बना है।

नर तनु भव बारिधि कहुँ बेरो।
सन्मुख मरुत अनुग्रह मेरो॥

—मनुष्य का शरीर भवसागर पार करने के लिए बेड़ा है और मेरी कृपा अनुकूल वायु है (जिसके सहारे यह सागर पार किया जा सकता है)।

यह कहकर राम अपनी प्रजा को श्रेष्ठ आदर्शों की ओर झुकाना चाहते हैं। वे राज्य में ऐसी व्यवस्था कर चुके हैं, जहाँ आदमी अपने व्यवसाय के अनुरूप सुख-सुविधाओं से भरा जीवन जी सके; और वे यह भी चाहते हैं कि उनकी प्रजा सदाचरण करते हुए मोक्ष भी प्राप्त करे।

राम की यह चिन्ता एक श्रेष्ठ राजा का आवश्यक कर्तव्य है। जो राजा अपनी प्रजा के पूर्ण विकास की व्यवस्था और चिन्ता नहीं करता, वह प्रजा का प्यार नहीं पा सकता—उसकी शासन-व्यवस्था समाज को सुख-शान्ति नहीं दे सकती। राम इस सत्यं को अच्छी तरह जानते थे। इसीलिए उन्होंने अपनी प्रजा की लौकिक और पारलौकिक जिन्दगी को सँवारने के लिए व्यावहारिक प्रणाली की रचना की। इसीलिए आज भी हर कोई रामराज्य की कामना करता है।

□

ब्रह्म राम

राम ब्रह्म परमारथ रूपा

मानव के रूप में जीवन के प्रत्येक क्षेत्र में मूल्यों, मर्यादाओं और मान्यताओं की श्रेष्ठ एवं व्यवहार-योग्य परम्परा स्थापित करनेवाले राम को तुलसी ने अपनी भक्ति-भावना के कारण ब्रह्म के रूप में चित्रित किया है। राम के मानव-व्यवहार को वे 'लीला' के रूप में रखते हैं और अलौकिक आचरण को उनका ब्रह्मत्व घोषित करते हैं।

इतना होने के बावजूद तुलसी मानव के रूप में राम के चरित्र को कहीं खण्डित नहीं होने देते--उसे अलौकिकता का पुट देकर अस्वाभाविक नहीं बनाते। राम जब संकट के समय मुसकराते हैं तब उनका धैर्य प्रकट होता है; व्याकुलता में विलाप करते हैं तो उनके हृदय की ममता पिघलती है; कृतज्ञता में किसी को गले लगाते हैं तो मानवीय सम्बन्धों के प्रति उनकी गहन आस्था झलकती है। यहाँ तक कि राम जब किसी को मारते हैं तो उसमें भी मानवता के उद्धार की कामना निहित होती है।

पूरे 'रामचरितमानस' में राम प्राय: अपने को मानव के रूप में ही प्रस्तुत करने के लिए उत्कण्ठित हैं। उनका जन्म इसीलिए हुआ था। समाज-जीवन से मर्यादाओं का लोप हो जाने के कारण नैतिक अराजकता की स्थिति उत्पन्न हो गयी थी। अव्यवस्था ही व्यवस्था बनी हुई थी। समाज के मानबिन्दुओं का खुलेआम अपमान और तिरस्कार हो रहा था। अत्याचारियों ने यज्ञ-होम से गमकनेवाले वनों में ऋषि-मुनियों की हड्डियों के ढेर लगा दिये थे। धरती का हृदय विदीर्ण था। सज्जनों को दुर्जनों की दया पर जीना पड़ रहा था। ऐसे समय में समाज को एक ऐसे मनुष्य की जरूरत थी, जो अपने शौर्य, प्रताप एवं बल-विक्रम से समाज

के दलित एवं खण्डित मनोबल को फिर से उन्नत-सिर कर सके। राम यही करते हैं!

यह कार्य बहुत कठिन और दु:साध्य था। सामान्य आदमी के वश में नहीं था कि वह पूरे समाज को उठा सके। 'अवतार' कहे जानेवाले परशुराम भी उस समय जीवित थे, लेकिन अपनी आयु से अवश थे। संघर्ष का मनोरथ होते हुए भी उनमें माद्दा नहीं रह गया था। समाज को फिर मनुष्य के रूप में किसी दैवी शक्ति-सम्पन्न चरित्र की आवश्यकता थी। राम के अवतार से वह आवश्यकता पूर्ण हुई। राम का ब्रह्मत्व इसी में है कि उन्होंने अपने विद्युत्-व्यक्तित्व से छूकर मृतप्राय समाज को चैतन्य से भर दिया; यहाँ तक कि भालू-कपि भी धर्मयुद्ध में खेत होने के लिए सन्नद्ध हो गये।

राम के जीवन में ऐसे बहुत कम अवसर आये हैं, जब उन्होंने अपने को ब्रह्म बताने का यत्न किया हो। तुलसीदास ने प्राय: विभिन्न पात्रों के माध्यम से राम के इस रूप को उजागर किया है। सती के सन्देह करने पर स्वयं शिव कहते हैं—

मुनि धीर जोगी सिद्ध संतत बिमल मन जेहि ध्यावहीं।
कहि नेति निगम पुरान आगम जासु कीरति गावहीं॥
सोइ रामु ब्यापक ब्रह्म भुवन निकाय पति माया धनी।
अवतरेउ अपने भगत हित निजतंत्र नित रघुकुलमनी॥

—ज्ञानी, मुनि, योगी और सिद्ध निरन्तर निर्मल चित्त से जिनका ध्यान करते हैं तथा वेद-पुराण और शास्त्र 'नेति-नेति' कहकर जिनकी कीर्ति गाते हैं उन्हीं सर्व-व्यापक, समस्त ब्रह्माण्ड के स्वामी, मायापति, नित्य परम स्वतन्त्र, ब्रह्मरूप भगवान् श्रीराम ने अपने भक्तों के हित के लिए रघुकुल के मणिरूप में अवतार लिया है।

राम के ब्रह्मत्व का प्रमाण-पत्र देने के लिए शिव से उपयुक्त और कौन हो सकता था? उनकी उक्ति का बल पाकर राम का ब्रह्मत्व प्रमाणित हो गया।

कुछ ऐसे प्रसंग मिलते हैं, जिनमें स्वयं राम यह संकेत देते हैं कि वे ब्रह्म हैं। जब वे श्रृंगवेरपुर में गंगा को देखते हैं तो उन्हें प्रणाम करते हैं, उनका माहात्म्य बखानते हैं। लेकिन वे गंगा की पूजा नहीं करते—

उतरे राम देवसरि देखी।
कीन्ह दंडवत हरषु बिसेषी॥

—गंगा को देखकर राम रथ से उतर पड़े और बड़े हर्ष से उन्होंने गंगा को दण्डवत् प्रणाम किया।

राम ने गंगा की पूजा नहीं की। यह काम सीता ने सम्पन्न किया—

सियँ सुरसरिहि कहेउ कर जोरी।
मातु मनोरथ पुरउबि मोरी॥

—सीताजी ने हाथ जोड़कर गंगाजी से कहा—हे माता! मेरा मनोरथ पूरा कीजिए!

यमुना-तट पर पहुँचकर भी उन्होंने केवल प्रणाम ही किया, कुछ माँगा नहीं—

पुनि सियँ राम लखन कर जोरी।
जमुनहि कीन्ह प्रनामु बहोरी॥

—फिर सीता, राम और लक्ष्मण ने हाथ जोड़कर यमुना को प्रणाम किया।

दोनों स्थानों पर राम कोई याचना नहीं करते। कोई भी मनुष्य इन पवित्र नदियों में नहाकर और इनसे कुछ माँगकर अपने को धन्य समझता है। लेकिन राम इस तरह का कोई कार्य नहीं करते। वे चाहे गंगा में नहायें या त्रिवेणी में, शिव के अतिरिक्त और किसी को आराध्य के रूप में महत्त्व नहीं देते। यह जानते हुए भी कि गंगा सब सुखों को देनेवाली और दुःखों को हरनेवाली हैं, वे उनसे कुछ नहीं माँगते—

गंग सकल मुद मंगल मूला।
सब सुख करनि हरनि सब सूला॥

—राम कहते हैं—गंगा समस्त आनन्द-मंगलों की मूल हैं, सब सुखों को देनेवाली और सब पीड़ाओं को हरनेवाली हैं।

इस विवेचन का तात्पर्य मात्र यही है कि राम अपने व्यवहार से यह संकेत देते हैं कि वे ब्रह्म हैं—उनका काम देना है, माँगना नहीं है। उन्हें कुछ पाना है तो अपने पुरुषार्थ और पराक्रम से। वर माँगकर कार्य सिद्ध करने में राम की कोई रुचि नहीं है। वे तो दूसरों को सफलता के लिए वर देते हैं। आराध्य के रूप में राम केवल शिव को ही स्वीकार करते हैं।

अनेक अवसरों पर स्वयं तुलसी ने कह दिया है या मानस के गायक शिव, याज्ञवल्क्य अथवा काकभुशुण्डि के मुख से कहला दिया है कि राम ब्रह्म हैं। किन्तु जटायु से मिलकर राम स्वयं अपने ब्रह्मरूप का उद्घाटन करते हैं—

तनु तजि तात जाहु मम धामा।
देहुँ काह तुम्ह पूरनकामा॥

—राम ने कहा—हे तात जटायु! तुम पूर्णकाम हो, मैं तुम्हें क्या दूँ! अपना शरीर छोड़कर तुम मेरे धाम जाओ।

यह 'मम धामा' जाने की बात मानव राम नहीं कह रहे हैं। वे जटायु को

अयोध्या भेजने के लिए व्यग्र नहीं हैं। यह 'मम धाम' बैकुण्ठ है। इसे प्रदान करनेवाले राम ब्रह्म ही हो सकते हैं।

वन में शरभंग और सुतीक्ष्ण ऋषि से मिलने पर राम ब्रह्म रूप में दिखाई देते हैं। शरभंग राम को ब्रह्म मानकर उनकी वन्दना करते हैं—

जोग जग्य जप तप ब्रत कीन्हा।
प्रभु कहँ देइ भगति बर लीन्हा॥

—योग, यज्ञ, जप, तप, व्रत आदि जो कुछ मुनि ने किया था, उसे प्रभु को समर्पित करके बदले में भक्ति का वरदान ले लिया।

शरभंग के बाद राम सुतीक्ष्ण ऋषि से मिलते हैं। वहाँ भी राम को अपने ब्रह्म रूप में आना पड़ता है। मुनि के भक्ति-व्याकुल हृदय में राम चतुर्भुज रूप धारण करके प्रविष्ट होते हैं—

भूप रूप तब रामु दुरावा।
हृदयँ चतुर्भुज रूप देखावा॥

—राम ने अपना राजा का रूप छिपाकर मुनि के हृदय में चतुर्भुज रूप प्रकट कर दिया।

ध्यान से विरत होकर मुनि भाव-प्रवण हृदय से राम की वन्दना करते हैं और वरदान देने के लिए राम से कहते हैं। राम इतने आर्त्त भक्त को कुछ देने से अस्वीकार कैसे कर सकते थे—

एवमस्तु करि रमानिवासा।
हरषि चले कुंभज रिषि पासा॥

—राम ने मुनि को सबकुछ दे दिया। इसके बाद वे हर्षपूर्वक अगस्त्य ऋषि के पास चल दिये।

यहाँ राम को 'रमानिवासा' कहा गया है। तुलसीदास शब्दों के प्रयोग में बहुत सजग रहते हैं। राम को ब्रह्म बताने के लिए यह नियोजित शब्द-प्रयोग है।

शबरी के पास भी राम का ब्रह्म रूप प्रकट होता है। राम उसे उपदेश देते हैं कि उन्हें किस तरह से पाया जा सकता है; भक्ति कितनी तरह की होती है—

कह रघुपति सुनु भामिनि बाता।
मानउँ एक भगति कर नाता॥

—राम ने कहा—हे शबरी! मेरी बात सुन। मैं केवल एक भक्ति का सम्बन्ध मानता हूँ।

इसके बाद राम नवधा भक्ति का बखान करते हैं। इस प्रकार का विश्वास

ब्रह्म राम ही दे सकते थे। लेकिन राम केवल राजपुत्र होते तो ऐसी बातें नहीं करते—

जोगि बृंद दुरलभ गति जोई।
तो कहुँ आजु सुलभ भइ सोई॥

—राम कहते हैं—जो गति योगियों के लिए भी दुर्लभ है, वही आज तुम्हें सहज ही प्राप्त हो गयी है।

इतना ही नहीं, राम इससे भी आगे जाते हैं और नितान्त स्पष्टता के साथ अपने ब्रह्म रूप को प्रकट करते हैं। शबरी की भक्ति के सामने राम अपने सहज रूप को खोलकर रख देते हैं—

मम दरसन फल परम अनूपा।
जीव पाव निज सहज सरूपा॥

—हे शबरी! मेरे दर्शन का परम अनुपम फल यह है कि जीव अपने सहज स्वरूप को प्राप्त कर लेता है।

राम का यह वक्तव्य बहुत गूढ़ है। प्रभु के सामने जो पहुँच जाता है, उसका आवरण उतर जाता है। ऐसा हो नहीं सकता कि कोई प्रभु को पा भी ले और उसके जीवन का छल-छन्द भी बना रहे। एक को पाने के लिए दूसरे को छोड़ना ही पड़ता है। जो लोग सांसारिक सुख-वैभव के पीछे भागते हुए प्रभु को भी पाना चाहते हैं, वे भ्रम में हैं—ऐसा नहीं हो सकता!

आधुनिक युग के श्रेष्ठ महात्मा रामकृष्ण परमहंस से एक धनवान व्यवसायी ने माँ काली की कृपा प्राप्त कराने का अनुरोध किया था। बार-बार आग्रह करने पर रामकृष्ण ने उनकी इच्छा पूरी कर दी। थोड़े दिनों बाद वे महाशय भागते हुए उनके पास आये और बोले—आप अपनी कृपा वापस ले लें! मेरा मन व्यवसाय में लगता ही नहीं। व्यापार गया तो मेरे बाल-बच्चों का क्या होगा? मैं आपकी तरह साधु नहीं हूँ। रामकृष्ण ने हँसकर अपना आशीष वापस ले लिया। धनवान भक्त व्यवसाय में लग गये।

आदमी को एक ही मिल सकता है—माया या राम! इसीलिए राम जोर देकर कहते हैं कि जो मेरे स्वरूप का दर्शन कर लेता है, वह माया-मोह के सभी आवरणों से मुक्त होकर अपने असली रूप को प्राप्त कर लेता है—बीच में कोई रुकावट नहीं रह जाती—भक्त और भगवान् एक हो जाते हैं।

जिस किसी ने भी राम का ब्रह्म रूप पहचाना, वह सांसारिक आकर्षण से मुक्त हो गया। केवट ने राम के ब्रह्म रूप को पहचाना, इसीलिए उसने सीता की मणि की अँगूठी—जो उसे सांसारिक सुख दिलाने में समर्थ थी—लेने से इनकार

कर दिया। जटायु ने राम के ब्रह्मत्व को जान लिया था, इसीलिए राम द्वारा प्रलोभन देने पर भी उसने शरीर को बनाये रखने से इनकार कर दिया। राम ने छूकर जटायु को पीड़ा से मुक्त कर दिया था। अपने प्राण जटायु ने खुद बचा रखे थे। शरीर को जीवित रखने की विनती राम ने जटायु से की थी, पर राम को देखने के बाद जटायु यदि शरीर के आकर्षण में फँस जाता तो उसकी सद्‌गति कैसे होती!

राम के ब्रह्म रूप को बालि ने भी समझ लिया था। इसीलिए जब राम प्रसन्न होकर उससे कहते हैं कि मैं तुम्हारे शरीर के घावों को ठीक कर देता हूँ, तुम अपने प्राण को कायम रखो; तो बालि मना कर देता है। वह भी जटायु जैसा ही जवाब देता है। जिसको पाने के लिए बड़ी-बड़ी साधना और तपस्या करनी पड़ती है, वह सामने हो तो शरीर का मोह किसे होगा—

जासु नाम बल संकर कासी।
देत सबहि सम गति अबिनासी॥
मम लोचन गोचर सोइ आवा।
बहुरि कि प्रभु अस बनिहि बनावा॥

—बालि ने कहा—जिसके नाम के बल पर काशी में शिव सबको मुक्ति देते हैं, वही राम मेरे नयनों के सामने खड़े हैं। हे प्रभो! क्या ऐसा सौभाग्य संयोग फिर कभी बन पड़ेगा?

ऐसे लोग, जो आकर्षण में जल्दी फँस सकते थे, राम के ब्रह्म रूप को पहचानने के कारण आकर्षणों से अलिप्त रहे। केवट गरीब था। धन उसके लिए सबसे बड़ा आकर्षण था। जटायु वृद्ध था, स्वस्थ शरीर उसका सबसे बड़ा लोभ हो सकता था। बालि राजा था, शरीर पाकर वह और सुख-वैभव भोग सकता था, सत्ता का उपभोग कर सकता था। लेकिन तीनों में से किसी ने भी इन चरम आकर्षणों के प्रति आसक्ति नहीं दिखायी, क्योंकि उन्होंने राम के ब्रह्म रूप को पहचान लिया था।

विभीषण को शरण में लेते समय भी राम अपने ब्रह्म रूप का बोध कराते हैं। जब सुग्रीव उन्हें सलाह देते हैं कि विभीषण रावण का जासूस भी हो सकता है, अतः उसे शरण न दी जाये, तब राम जो भाषा बोलते हैं वह एक वनवासी राजकुमार की भाषा नहीं, ब्रह्म की भाषा है—

सनमुख होइ जीव मोहि जबहीं।
जनम कोटि अघ नासहिं तबहीं॥

—जीव ज्यों ही मेरे सन्मुख होता है त्यों ही उसके करोड़ों जन्मों के पाप नष्ट हो जाते हैं।

यह अधिकारपूर्ण घोषणा ब्रह्म राम के सिवा और कोई नहीं कर सकता। राम की यही उक्ति उन्हें ब्रह्म सिद्ध करने के लिए पर्याप्त है!

राम अपने ब्रह्म रूप का उल्लेख नारद से भी करते हैं। जब सीता-हरण के बाद राम विरह से व्याकुल थे तो नारद को बहुत दुःख हुआ। उनको इस बात की ग्लानि हो रही थी कि मेरे ही शाप देने के कारण राम को 'नारी-विरह' का दुःख भोगना पड़ा है। भक्त के शाप को भी प्रभु अंगीकार कर लेते हैं।

नारद राम के पास जाते हैं तो प्रभु उन्हें हृदय से लगा लेते हैं। इससे नारद को बहुत सन्तोष होता है। उनके मन में यह आशंका बनी हुई थी कि राम मेरे ही शाप के कारण दुःख झेल रहे हैं, अतः वे शायद मुझे नहीं अपनायेंगे। लेकिन हुआ इसके विपरीत। राम ने उन्हें पास बैठाकर हाल-चाल पूछा। राम की इस उदारता से प्रभावित होकर नारद एक वर माँगते हैं; लेकिन पहले से ही उन्हें वचनबद्ध कर लेते हैं, जिससे वे वर देने में आनाकानी न करें।

जन कहुँ कछु अदेय नहिं मोरें।
अस बिस्वास तजहु जनि भोरें॥

—संसार में ऐसा कुछ भी नहीं है, जो मैं अपने भक्त को न दे सकूँ। यह विश्वास भूलकर भी न छोड़ना!

राम का यह कथन उनके ब्रह्म रूप का, दयामय रूप का बहुत स्पष्ट परिचय देता है। इस आश्वासन को पाकर नारद कहते हैं कि हे प्रभु! यद्यपि आपके अनेक नाम हैं, लेकिन मैं चाहता हूँ कि राम नाम का प्रभाव सबसे अधिक हो—यह नाम सभी पापों को नष्ट करनेवाला बने।

राम वचनबद्ध थे। इसलिए उन्होंने स्वीकृति दे दी। यदि राम ब्रह्म नहीं होते तो इस तरह का वचन देने का साहस उन्हें नहीं होता। मनुष्य राम के वश की यह बात भी नहीं थी। तब उनके पास नारद आते भी नहीं।

नारद एक और सवाल उठाते हैं। वे कहते हैं कि हे प्रभु! जब मैं विवाह करना चाहता था तो आपने मुझे वानर का मुख देकर रंग में भंग क्यों किया? क्या मेरा विवाह करना आपको अच्छा नहीं लग रहा था? राम इसका उत्तर भी ब्रह्म की गरिमा से ही देते हैं। वे कहते हैं—जो सभी सहारे छोड़कर मुझे भजता है, मैं उसकी रक्षा उसी तरह करता हूँ, जैसे माँ बच्चे की करती है। भक्त भी बच्चे की तरह होता है। उसके हित-अहित की चिन्ता प्रभु को रहती है। ज्ञानी सयाना होता है, वह अपनी चिन्ता खुद कर लेता है। इसीलिए प्रभु भक्तों के प्रति अधिक कृपालु होते हैं।

नारद राम की कृपा से प्रेरित होकर एक और जिज्ञासा कर बैठते हैं। वे राम से पूछते हैं कि सन्त पुरुष के लक्षण क्या हैं? राम सन्तों के अनेक लक्षण बताते हैं। यहाँ उन सबका उल्लेख करना जरूरी नहीं है। किन्तु एक-दो लक्षणों के बारे में जान लेने से हम यह समझ सकते हैं कि साधु को कैसा होना चाहिए—

सावधान मानद मदहीना।
धीर धर्म गति परम प्रबीना॥
निज गुन श्रवन सुनत सकुचाहीं।
परगुन सुनत अधिक हरषाहीं॥

—सन्त हमेशा सावधान, दूसरों को मान देनेवाले, अभिमानरहित, धैर्यवान, धर्म के ज्ञान और आचरण में अत्यन्त निपुण होते हैं। कानों से अपने गुण सुनने में सकुचाते हैं और दूसरों के गुण सुनने से विशेष हर्षित होते हैं।

इन गुणों को जानकर मन कितना आनन्दित हो उठता है! सन्त-महात्मा सचमुच अपने भीतर ईश्वर के गुणों को उतार लेते थे। इसीलिए उन्हें समाज में ऊँचा स्थान दिया गया था। उनपर इतना अखण्ड विश्वास किया गया था कि कुछ भी हो जाये, वे मानव-मूल्यों को गिरने नहीं देंगे। उनका आचरण समाज को प्रेरणा और प्रोत्साहन देगा।

आज की स्थिति विचित्र लगती है। आज सन्त-महात्माओं की संख्या और प्रसिद्धि दोनों में वृद्धि हुई है। राम के द्वारा बताये गये आचरण यदि इनके भीतर होते तो आज का समाज शुद्ध सोने की तरह हो जाता। किन्तु जाने क्यों, इसका उलटा हो रहा है। आज का सन्त-महात्मा केवल सावधान है, और यह सावधानी भी अपनी छवि तक ही सीमित है। शेष गुणों के विपरीत वह चल रहा है। अपने को मान देनेवाला, अभिमान करनेवाला, धैर्यहीन और धर्म का दुरुपयोग एवं व्यापार करने में वह निपुण हो गया है। अपने गुणों को सुन इतना प्रसन्न होता है कि प्रचार के लिए पागल हो जाता है, मगर दूसरों के गुण सुनने में उसे बुखार आता है।

जिस समाज में सन्त ऐसा आचरण करने लगें, उसकी अवनति कौन रोक सकता है? ब्रह्म राम द्वारा बताये गये सन्त-गुण को यदि आज के हमारे महात्मा लोग अपना लें तो समाज भी उनसे प्रेरणा लेकर श्रेष्ठ बन जाये और उनका जीवन भी प्रभु के करीब हो जाये।

देवता, ब्रह्मा, शिव, इन्द्र, वेद आदि युद्ध होने के बाद से लेकर राम के राजा बनने तक उनकी स्तुति करते हैं। सभी स्तुतियों में राम को ब्रह्म रूप में निरूपित किया गया है। लेकिन ऐसे स्थलों पर राम नितान्त चुप हैं। प्राय: स्तुति के समय राम

मुखर नहीं होते; वे शान्त ही रहकर भक्त के हृदय की विकलता को अनुभव करते हैं। प्रसन्नता व्यक्त करने पर भक्त का उत्साह बढ़ने का भय रहता है—वह स्तुति को और लम्बी कर सकता है। सामान्य जीवन में भी आप देखते होंगे महत्त्वपूर्ण व्यक्तित्व स्तुति करनेवालों पर अधिक ध्यान नहीं देते। यदि देने लगें तो सारा समय स्तुति सुनने में चला जाये।

राजसिंहासन पर बैठने के बाद राम जब लंका से साथ आयी अपनी मित्र-मण्डली को विदा करना चाहते हैं तो उस समय भी वे राजा के रूप में नहीं बोलते—

अब गृह जाहु सखा सब भजेहु मोहि दृढ़ नेम।
सदा सर्बगत सर्बहित जानि करेहु अति प्रेम॥

—हे सखा! सब लोग घर जाओ! वहाँ दृढ़ नियम से मुझे भजते रहना। सदा सर्वव्यापक और सबका हित करनेवाला जानकर मुझसे अत्यन्त प्रेम करना।

इस दोहे में 'भजेहु' और 'सर्बगत' शब्द राम के ब्रह्मत्व को व्यक्त करते हैं। मित्र दूसरे मित्र को याद कर सकता है, लेकिन भजने के लिए तो प्रभु ही होते हैं! इसी तरह राजा 'सर्वहित' करनेवाला तो हो सकता है, लेकिन सर्वगत होने के लिए परमात्म स्वरूप होना जरूरी है।

राजा राम से जब सनकादि मुनि मिलने आते हैं, तब भी राम अपने सहज स्वरूप को उजागर करते हैं। वैसे तो राम प्रार्थनाओं और स्तुतियों के बाद कुछ बोलते नहीं, लेकिन सनकादि मुनियों की प्रार्थना को वे ध्यान से सुनते हैं और उनके द्वारा माँगे गये वर भी देते हैं। यह बताने की आवश्यकता नहीं कि मुनियों ने राम की वन्दना राजा के रूप में नहीं की थी। उस जमाने में जाने कितने राजा रहे होंगे! सबके पास जाने की, सबकी स्तुति करने की सनकादि जैसे श्रेष्ठ मुनियों को भला क्या रुचि हो सकती थी! सर्वत्यागी मुनि प्रभु के अलावा और किसी के पास भला क्यों जाते!

जब राम मुनियों का दर्शन करने के बाद कहते हैं कि आपके दर्शनों से ही पाप कट जाते हैं, तो गद्‌गद होकर मुनिगण उनकी प्रार्थना करने लगते हैं—

जय भगवंत अनंत अनामय।
अनघ अनेक एक करुनामय॥

—वे कहते हैं—भगवान् आपकी जय हो! आप अन्तरहित, विकारहीन, पापरहित, अनेक रूपों में प्रकट एक करुणामय हैं।

राम की ऐसी स्तुतियाँ अनेक महात्माओं ने की हैं। यहाँ उनका उल्लेख

हम इसीलिए कर रहे हैं, क्योंकि उन स्तुतियों के उत्तर में राम कुछ बोलकर अपने ब्रह्म रूप को प्रकट करते हैं। अन्यत्र वे मन्द मुसकान या गम्भीर मौन से ही काम चलाते हैं।

मुनियों की वन्दना समाप्त होने पर राम उन्हें उनका मनचाहा वरदान देते हैं—

बार बार अस्तुति करि प्रेम सहित सिरु नाइ।
ब्रह्म भवन सनकादि गे अति अभीष्ट बर पाइ॥

—प्रेमसहित बार-बार स्तुति करके और सिर नवाकर तथा अपना अत्यन्त मनचाहा वर पाकर मुनिगण ब्रह्मलोक को गये।

इस दोहे में इस बात की स्वीकृति है कि राम ने मुनियों को मनचाहा वर दिया, लेकिन यह पता नहीं चलता कि क्या वर दिया गया। माँगनेवाले त्यागियों और देनेवाले प्रभु को देखकर यह कल्पना की जा सकती है कि ऋषियों ने कोई दिव्य इच्छा ही प्रकट की होगी! उनके द्वारा राम से सांसारिक वर माँगने का सवाल ही नहीं उठता। ब्रह्मलोक जानेवाले मुनि मृत्युलोक का जंजाल माँगकर क्यों अपनी जान आफत में डालते।

राम अपने श्रीमुख से स्वयं ब्रह्म होने की कथा अपने पुरवासियों को भी बताते हैं। राजा होने के बाद राम ने एक बार अपने राज्य के सभी महत्त्वपूर्ण व्यक्तियों का आदर्श विवेचित करते हुए कहा था—

बड़े भाग मानुष तन पावा।
सुर दुर्लभ सब ग्रंथन्हि गावा॥

—बड़े भाग्य से यह मनुष्य शरीर मिला है। सभी ग्रन्थों ने यही कहा है कि यह शरीर देवताओं को भी कठिनता से मिलता है!

कठिनता से मिले शरीर का श्रेष्ठतर उपयोग करने की सलाह राम अपने पुरवासियों को देते हैं। अनेक बातें समझाते हुए, उनपर आचरण करने के लिए लोगों को प्रेरित करते हुए राम जो बात कहते हैं, वह एक सामान्य राजा नहीं कह सकता—

सुलभ सुखद मारग यह भाई।
भगति मोरि पुरान श्रुति गाई॥

—हे भाई! मेरी भक्ति का मार्ग सुलभ और सुखदायक है। पुराणों और वेदों ने इसे गाया है।

वेद और पुराण तो हमेशा ब्रह्म के ही गुण गाते हैं, ईश्वर की लीला का ही

आख्यान करते हैं। अत: राम का ब्रह्मत्व स्वत: सिद्ध हो जाता है। राम अपने मुख से कह देते हैं कि मेरी भक्ति करो, यही वेद-पुराणों का मत है।

भक्ति के बारे में राम ने बहुत सुन्दर बात कही है। उसे वे सुखद और सुलभ बताते हैं। भक्ति में कोई टण्ट-घण्ट नहीं है, कोई कर्मकाण्डी झमेला नहीं है। जहाँ चाहिए, जब चाहिए, प्रभु के गुण गाने के लिए बैठ जाइए! बैठने की जगह न मिले तो खड़ा रहकर भी नाम-स्मरण कर सकते हैं। यह है भक्ति की सुलभता! अन्य सभी साधना-मार्गों में आदमी को बहुत किल्लतें उठानी पड़ती हैं। मार्गभ्रष्ट होने का खतरा उनमें ज्यादा है। भक्ति-मार्ग पगडण्डियों की तरह सर्पीला नहीं, राजमार्ग की तरह सीधा है। इसमें भटकाव नहीं होता, उलझाव नहीं होता। साधक मस्ती में जो भी, जब भी, जिस भी तरह गुनगुनाये, प्रभु उसे सुनते हैं।

इतना सुलभ होने के कारण ही भक्ति का मार्ग सुखद होता है। कष्ट-साध्यता में दु:ख है और सुलभता में सुख। आदमी की वृत्ति मुश्किलें सहने की नहीं होती। वह हर सम्भव प्रयत्न करके मुश्किलों को आसान बनाना चाहता है। आसानी जैसे ही उसे मिलती है, सुख उपलब्ध हो जाता है।

राजा राम और ब्रह्म राम का व्यक्तित्व पूरे 'रामचरितमानस' में एक-दूसरे से गुँथा हुआ है। इसे काटकर अलग-अलग रूपों में प्रस्तुत करने की कोशिश बौद्धिक व्यायाम के लिए तो ठीक हो सकती है, लेकिन इससे राम के चरित्र को समग्रता में जानने की दृष्टि नहीं मिल सकती। रामकथा का सौन्दर्य इसी में है कि राम के दोनों रूपों को एक ही साथ देखा जाये।

यों तो पूरे 'रामचरितमानस' में राम के ब्रह्म रूप की विवेचना करनेवाली उक्तियाँ भरी पड़ी हैं, लेकिन उत्तरकाण्ड में उनकी बहुलता है। इसमें हर कोई राम को ब्रह्म के रूप में सम्बोधित करता हुआ नजर आता है। राजा राम और ब्रह्म राम यहाँ एक-दूसरे के साथ एकात्म हो गये हैं।

राम अपने मुख से बहुत आत्मीय और निकट के लोगों के बीच ही अपने ब्रह्मत्व का उल्लेख करते हैं। आधुनिक भगवानों की तरह जहाँ-तहाँ अपने बारे में बोलने का प्रयत्न वे नहीं करते। अपने भक्तों, मित्रों और आत्मीय जनों के बीच ही वे अपना ब्रह्म रूप व्यक्त करते हैं। मनुष्य का अस्तित्व एक नंगा सत्य है। ईश्वर का होना एक आस्था है। 'मैं मनुष्य हूँ' की पहचान के लिए राम को कोई श्रम नहीं करना था; लोग उन्हें अपनी पार्थिव आँखों से देख सकते थे। किन्तु 'मैं ब्रह्म हूँ' की पहचान के लिए केवल आँखों से काम नहीं चलता; इसके लिए श्रद्धा, विश्वास और आस्था की जरूरत होती है।

यह आस्था सब में नहीं उत्पन्न हो सकती। जो करीब होता है, रोज के अनुभवों से गुजरता है, उसके अन्दर आस्था उत्पन्न होती। आस्था की इन्हीं आँखों से ईश्वर को देखा जा सकता है।

जब तक व्यक्ति में ये आँखें उत्पन्न नहीं हो जातीं, राम अपने ब्रह्म स्वरूप की चर्चा नहीं करते। वन्दनाओं, स्तुतियों एवं प्रार्थनाओं पर चुप ही रहते हैं।

हमें यह मानने की भूल नहीं करनी चाहिए कि राम की चुप्पी उपेक्षा की चुप्पी होती है। वे अन्तर्यामी हैं—भक्त को बाह्यान्तर जानते हैं। जो उन्हें हृदय से चाहता है, पुकारता है, उसे मिलते हैं—यह उनका प्रण है!

इस प्रसंग-विवेचन में हमने उन सन्दर्भों को नहीं छुआ है, जिनमें अन्य लोग राम को 'ब्रह्म' कहते हैं। अपनी विवेचना में हमने केवल उन्हीं प्रसंगों पर दृष्टि डाली है, जिनमें राम स्वयं अपने ब्रह्मत्व का बखान करते हैं। उनके कथन को किसी साक्ष्य की जरूरत नहीं है। वे अधिकृत वचन हैं। उन वचनों को आधार मानकर ही राम के इस परम पावन व्यक्तित्व को विश्लेषित किया गया है।

वैसे, रामकथा के अध्येता विद्वान् और साधक यह अच्छी तरह जानते हैं कि राम ब्रह्म न हों तो भी उनका आचरण मानवता के स्वस्थ विकास के लिए परम वन्दनीय है। राम ने अपने हर व्यवहार में आदर्शों को केवल उच्चता ही नहीं, सहजता भी दी है। आदर्शपालन के चक्कर में यदि कोई असहज और अस्वस्थ हो जाये तो उस आदर्शपालन का क्या अर्थ होगा! आदर्श तभी आचरण को संगत और श्रेष्ठ बनाते हैं, जब वे सहज और स्वस्थ रूप से व्यक्ति में रूपान्तरित होते हैं। राम को ऐसा ही रूपान्तरण अभीष्ट था।

अत: ब्रह्म राम और राजा राम दोनों की ओर हमारी दृष्टि होनी चाहिए। लोक और परलोक दोनों में राम के पदचिह्नों पर चलना सहायक हो सकता है। जो रूप हमें सहज लगे, उसे ही पकड़कर हम आगे बढ़ें। राजा राम को पकड़ने से ब्रह्म राम भी मिलेंगे और ब्रह्म राम को यदि आपने पकड़ लिया तो कुछ भी दुर्लभ नहीं रह जायेगा।